潮汕歷代書畫人物錄出版誌賀

汲古溉今

丁酉春許欽松

许钦松为本书出版题词

刘海粟题词

关山月题词

鸣　谢

（按姓氏音序排列）

蔡垂政先生

蔡　榹先生

蔡文胜先生

陈　郴先生

陈景熙教授

陈贤武先生

陈　椰先生

陈荫昌先生

陈　灼先生

郭培鸿先生

何卫毛先生

黄光武先生

黄外浩先生

黄迎涛先生

洪　浩先生

洪　勇先生

柯汉琳教授

李炳炎先生

李锦顺先生

李仲昕先生

林俊聪先生

林奕宏先生

林　勇先生

林志达先生

罗　毅先生

马庆贤先生

芮俊武先生

孙杜平先生

温贝迪女士

吴榕青教授

吴晓峰先生

谢　铿教授

许习文先生

许自敬先生

杨焕钿先生

姚泽建先生

曾旭波先生

张　榕先生

张无碍先生

郑鹤龄先生

郑鸿奇先生

周继先先生

周修东先生

庄少武先生

《潮汕文库》大型丛书组委会

主　任：顾作义　方健宏　许钦松

副主任：周镇松　曾晓佳　赵　红　方赛妹　罗仰鹏

委　员：许永波　徐义雄　黄奕瑄　邱锦鸿　饶　敏

林　农　刘雨声　陈荆淮　陈海咏

《潮汕文库》大型丛书编委会

顾　问：饶芃子　曾宪通　陈平原　陈春声

主　任：顾作义

副主任：罗仰鹏　林伦伦　徐义雄

委　员：（按姓氏音序排列）

陈海忠　陈荆淮　黄　挺　刘洪辉

倪俊明　吴二持

《潮汕文库》大型丛书编辑室

成　员：曾旭波　林志达

《潮汕历代书画人物录》编委会

潮汕文库·文献系列

潮汕文库

潮汕歷代書畫人物錄

選堂題

蔡仰颜　林凯龙　主编

暨南大學出版社
JINAN UNIVERSITY PRESS
中国·广州

图书在版编目（CIP）数据

潮汕历代书画人物录/蔡仰颜，林凯龙主编．—广州：暨南大学出版社，2019.4
（潮汕文库．文献系列）
ISBN 978－7－5668－2478－3

Ⅰ.①潮…　Ⅱ.①蔡…②林…　Ⅲ.①书画家—列传—潮汕　Ⅳ.①K825.72

中国版本图书馆CIP数据核字（2018）第292870号

潮汕历代书画人物录
CHAOSHAN LIDAI SHUHUA RENWULU
主　编：蔡仰颜　林凯龙

出 版 人：徐义雄
项目统筹：黄圣英
责任编辑：亢东昌　黄佳娜
责任校对：陈皓琳　吴　庆
责任印制：汤慧君　周一丹

出版发行：暨南大学出版社（510630）
电　　话：总编室（8620）85221601
营销部（8620）85225284　85228291　85228292（邮购）
传　　真：（8620）85221583（办公室）　85223774（营销部）
网　　址：http：//www.jnupress.com
排　　版：广州市天河星辰文化发展部照排中心
印　　刷：广州家联印刷有限公司
开　　本：787mm×1092mm　1/16
印　　张：22.25
字　　数：510千
版　　次：2019年4月第1版
印　　次：2019年4月第1次
定　　价：98.00元

总　序

潮汕文化历千年久远，底蕴渊深，泱泱广袤，又伴随着潮人的迁播而兼收并蓄，独树一帜，是中华文明中的重要一脉。

秦汉之前，潮汕囿于海角一隅，与中原殆少来往；自韩愈治潮，兴学重教，风气日开，人文渐著。宋朝文教兴盛，前七贤垂范乡邦；明朝人才辈出，后八贤称显于时。明清以来，粤东地区借毗邻大海的地理优势，与域外商贸频仍，以陶朱端木之业，成中西交汇之势，造就多元开放的文化格局。饶宗颐等学界巨匠引领风骚，李嘉诚等商海翘楚造福民生，俊采星驰，郁郁称盛。

而今国家稳步发展，蓬勃兴盛，潮汕地区凭借深厚的历史积淀，务实进取，努力发展传统文化及其产业，如潮剧、潮乐、潮菜、工夫茶、陶瓷、木雕、刺绣等，保持并革新精巧特色，在世界各地广泛传播，备受青睐。更有海外潮人遍布全球，为经济文化交流引桥导路，探索共赢模式，拓宽发展空间。

为促进潮汕文化的传承与创新，进一步推动潮汕文化“走出去”，在广东省委宣传部的大力支持下，海内外学者编写《潮汕文库》大型丛书。本丛书包括文献系列和研究系列，涉及历史、文学、方言、民俗、曲艺、建筑、工艺美术等多方面，囊括影印、笺注、点校、碑铭、图文集、口述史等多种形式，始终秉承整理、抢救传统文化的原则，尊重潮汕地区的家学渊源和治学传统。以一腔丹心，在历史沿袭中为文化存证，修旧如旧，求新而不媚俗于新；以一笔质朴，在字斟句酌中为品质立言，就事论事，求全而不迷失于全；以一纸恳切，在纷扰喧嚣中为细节加冕，群策群力，求深而不盲目于深。惟愿以此丛书，提升潮汕文化品位，凝聚海内外潮人，齐心发展，助力腾飞。

在成书过程中，广东省委宣传部高度重视，协调汕头、潮州、揭阳、汕尾市委宣传部，委托潮汕历史文化研究中心、韩山师范学院、暨南大学出版社组织编写与出版。海内外潮学研究专家倾注笔墨，潮汕历史文献收藏机构及热心人士鼎力襄助，在此一并致谢！

《潮汕文库》大型丛书编委会

2016 年 7 月

四厢花影怒于潮

——序《潮汕历代书画人物录》

五十多年前，我第一次去潮汕。当时潮汕地区和中国其他地方一样，工农业生产热火朝天，经济发展取得巨大成就，同时也带动了文化创作的热潮。潮汕的美术家们被乡土情怀驱动，热情高涨，创作出一大批具有浓郁地方特色和时代气息的优秀作品，给我留下了深刻的印象。

几十年来，京潮之间多次往返，潮人开朗朴实的性格和锐意进取的群体风格深深感染了我。特别是仰颜兄，他不仅在美术教育与美术创作方面博得颇高的评价，还积极从事美术理论研究。由他组织编写的《潮汕近现代美术史略》，史论结合地重点阐述了自鸦片战争至今潮汕地区美术概貌及分布在国内外的潮人画家奋斗历程和岭东画风形成的艺术特征，资料翔实，主题明确，条理分明，是一本展现潮汕美术发展历史轨迹、揭示潮汕美术发展趋向、具有较高史料价值的佳作。

潮汕平原位于广东省东部韩江下游，面朝大海，背依五岭，历来山川毓秀，风物繁茂。自韩愈刺潮广开教化之后，历代文人辈出，民间工艺发达。潮人足迹踏遍世界，潮商更是名闻天下，李嘉诚就是这里的人。正是地理环境，造就了潮汕美术的开拓精神；正是人文环境，孕育了潮汕美术的群众基础；正是潮商的推动，增加了潮汕美术与外界交流的机会，使潮汕美术在传统与现代、继承与创新的碰撞中融百家之长，逐渐形成了地域性风貌。

“继承传统，却能锐意创新；来自生活，但不为生活原型所囿；力求融汇诸家各派之长，从中汲取融化，变为自己的个性，这就是岭东画家的共同艺术特色与追求。”仰颜兄在《喜看岭东新画风》一文中提出的观点，我十分赞同。也有专家学者提出“潮汕画派”的概念，并归纳出“立足本土，注重吸纳，讲求境界，崇尚笔墨”等特点，为研究者提供了一个新的视角。

一个地方的美术能够形成地域性风格并且能独立成史，殊不容易。这不仅需要历代画人在艺术上的共同追求与创造，还需要理论上的总结与归纳。

理论研究历来是潮汕美术的薄弱环节。但是，近二十年来，潮汕地区以请进来、走出去的方式，邀请名家莅汕讲学，示范表演，举办展览观摩会，并在当地报刊开辟美术评论专栏。同时，搜集整理地方美术史料、画家史传，为《潮汕百科全书》撰写美术条目，由潮汕历史文化研究中心出版相关著作，以及仰颜兄主编，林凯龙、蔡向葵、黄刚、陈嘉顺等青年学人编著的这本《潮汕历代书画人物录》等，营造了良好的美术批评和学术研究气氛。这些都表明，潮汕美术理论研究有了起色，的确让人欣喜。

“叱起海红帘底月，四厢花影怒于潮。”（龚自珍《梦中作四绝句》）龚自珍这几句诗，一直被广泛引用在有关潮汕文化的书籍中。在这里，也借末句为题，祝愿潮汕美术繁荣昌盛，如怒放的鲜花，傲立在东方美术的枝头！

马　克

2007 年初冬写于京华寓所

（马克，人民日报社文艺部主任编辑、高级记者，中国美术家协会理事，中国版画家协会副主席。）

凡例

一、本书收录人物均是已故者，范围为潮汕籍（今汕头、揭阳、潮州三市）书画人物以及落籍的外地书画人物；曾长期在潮汕生活，对潮汕书画发展有着影响的人物也酌情收入。

二、本书收录人物标准为有传世书画（原作、石刻、印刷品）作品者，或文献记载其擅书画者，1949 年后曾加入书协、美协等书画专业社团者也予以收入。

三、本书所指书画范畴为书法、国画、油画、水彩水粉画及版画（木刻）。

四、人物入编本书者，其内容由两部分组成：一是姓名、生卒时间、字、号、籍贯、职务、职业等基本情况，地名使用当时名称，并括注该地点现在的名称；二是代表作品或艺术风格的简单评价。人物词条后附主要参考文献或材料提供者姓名。

五、本书收录人物按其姓名拼音为序。

六、书中行文使用简体汉字，个别特殊地名及人名，无法繁简转换的，则依原字过录。

七、书末附所收录人物的笔画索引，以及本书主要参考文献，以便查阅。

T

W

X

Y

B

白玉（生卒年不详），广西桂林人。曾任桂林卫指挥，明万历十五年（1587）任南澳副总兵。在深澳有其题诗："锁钥东南控上游，高标砥柱界中流。六师威震诸夷服，一剑霜寒万里秋。鼙鼓声喧鲸浪静，楼船凯唱阵云收。燕然未勒封功石，且颂升平纪海洲。"用笔纵放自如，毫无含蓄，更显苍劲，快健流畅，于苍劲中见挺秀，意态万千。

（《南澳县文物志》）

贝廷（1927—1964），原名文哉，笔名郁廷、沸腾、贝丁。揭阳县河婆湖光村（今属揭阳市揭西县）人。毕业于韩山师范学校、潮安艺专。1948 年加入抗征队，后任闽粤赣边纵队第二支队政宣队副队长。新中国成立后，历任《潮汕农民报》《粤东农民报》记者、编辑，《工农兵》杂志编辑。擅画连环画、宣传画。出版有连环画《李子长》等。

（《揭阳美术家人名辞典》）

C

蔡炳钦（1901—1949），号卧云。揭阳砲台镇石牌村（今属揭阳市揭东区）人。幼随父学泥塑，后以泥塑出名。亦能国画，喜学郑板桥墨竹。抗日战争期间有国画作品参加孙裴谷、范昌乾倡举之"潮汕抗日救国画展"。展出后，有爱国华侨以法币三千元投购携往泰国再次展览，售画款悉数捐赠作抗日之用。

（《揭阳美术家人名辞典》）

蔡楚生（1906—1968），潮阳铜盂人。1934 年编导的《渔光曲》在莫斯科国际电影节上获荣誉奖，成为中国第一部在国际上获奖的影片。1938 年在香港编导了《血溅宝山城》等影片。1947 年与郑君里合作编导《一江春水向东流》，被誉为战后电影的里程碑。1963 年与陈残云、王为一合作编导了《南海潮（上集）》。历任文化部电影局艺术委员会主任、电影局副局长、中国影协主席、中国文联副主席等职。他一生自编、自导和与人合作编导的影片共 26 部，创作的电影剧本共 12 个，发表的电影理论、评论文章和回忆录合计有 10 多万字。

蔡楚生喜欢书法，他故居大门的牌匾及里屋的门楣，留有其手书"平等""博爱""自由""进步"等，这些作品挺拔俊逸、清新脱俗。

（《潮汕百科全书》《潮阳历代题刻》）

蔡楚畹（清末民初），海阳（今潮州市潮安区）人，住潮州市甲第巷。擅画花卉，有《富贵图》辑入《瀛壶居士六十征画》，画面为牡丹配两枝盛开着的桂花。牡丹及桂花都繁茂，确切表达题意："花如海，富贵又长春。"该画作笔墨纯熟，物象表达恰切，牡丹之肥大繁密，桂花之瘦硬稀疏，描出了不同的植物形象。题款为："竹铭宗伯大人花甲志庆，宗侄蔡楚畹绘祝。”

（《潮州历代美术家辞典》）

蔡创荐（1898—1962），字乙斋。澄海东湖村人。少从父亲在乡塾就读。及长，曾先后在汕头、安南（今越南）、港澳等地商界任职。1933年回乡，被乡人推为村中熹东学校义务校长。擅书法，尤精小楷，笔致劲健秀逸，结体妍媚舒展，用墨停匀，布白规整，通篇气象圆融。

（《澄海历代书法概览》）

蔡达三（1888—1955），名贻裁。揭阳坪上南森乡人。早年在汕头同文学校及商业学校就读。1906年留学日本早稻田大学，攻读药理学，期间结识柳亚子并由其介绍加入同盟会。1916年回国后，立志创办新兴的民族工业，1917年在家乡办化工厂，生产小苏打等成药。抗日战争胜利后居汕头，以文为生，原先“汕头金库”“中国人民银行汕头支行”“新加坡潮州同乡会馆”的大匾额均为他的手笔。

蔡达三业余以书法为乐，孜孜不辍。其书各体皆精，以楷书为擅，用笔挺劲凝练，结体严谨，古朴苍润，神韵生动。蔡达三为人和善，对待书法却一丝不苟。揭阳河婆的西山公祠门上“西山公祠”四字是蔡达三的书法代表作，这四字前三字笔画简寡，后一字笔画较繁，四字横排在匾额上，在章法分布上确实不易。

（《揭西文史》第2辑）

蔡非（1903—1979），字非子，号是斋。潮阳神仙里人。1923年入上海东方美术学校学国画、音乐，后转入上海艺术大学，初学油画，继攻国画，旁及音乐，兼治金石。毕业后回汕，先后在潮阳、汕头多所中学任职，从事美术教育工作40多年。于山水、人物无不精妙，能在传统的基础上融合写生技法，风格秀逸，恬静优美，充满淳朴的乡土气息。出版有《蔡非书画选集》。

蔡非所画的《水仙图》，描绘沿着斜坡从下往上生长的水仙，一丛丛成斜势，花正盛开。水仙花叶均用勾线填色法画出，色彩淡雅翠绿。花的后面画石头两块，一浓一淡，花石集中在中下部，淡墨点皴把山石画得玲珑剔透，轻微的汁绿在山石凹处烘染，使墨光映发，显得神采奕奕。而山坡上的灌木杂草墨色黑中透亮，充满生机，传达出蓬勃盎然的情调。

（《汕头文化艺术志》《江山漫说潮阳好》）

蔡公衡（1919—1978），字齐均，又字绍度，自署百尺楼主。揭阳锡场潭蔡村（今属揭阳市揭东区）人。就读于广州南中美术学院和岭南艺苑。随名家高剑父学花卉，继而随黎葛民学山水。20世纪40年代居香港，又随赵少昂专攻花卉草虫，再从赵崇正学走兽技法。50年代潜心唐代工笔仕女，师法仇英、唐寅。在香港设百尺楼画院授徒，专心绘画和研究画史。著有《梅兰竹菊画法大全》《花鸟画大全》《蔡公衡画谱》。

（《蔡公衡画谱》）

蔡光讱（1916—1981）， 字缄铭，笔名冰苇，号杏园主人，澄海程洋冈人。早年肄业于上海美术专业学校，1941 年以优异成绩考入重庆国立艺专国画系，师从著名艺术大师潘天寿、傅抱石。蔡光讱擅长描绘山水、花鸟和翎毛等。作品《柳丝鹭鹚》入选 1932 年全国第二届美术展。革命事迹题材的作品《老虎祠堂山》《大南山马牙槽》《大南山白水礤》入选 1956 年两广美术联展。蔡光讱在日常创作中，还不断总结提高，撰写了《中国花鸟画起源、演变和发展简史》，并整理出版有《花鸟百图屏》。

1979 年出版的《潮汕国画家选集》收入他的代表作《雄鹰》。蔡光讱用书法的笔致写画，故而笔调劲健浑厚、雄奇沉壮。无论是用浓墨画成的鹰，还是用淡墨画的石，均十分厚重而富于质感和生命力。浓淡的比较形成鲜明的对比，在构图上也得以避轻就重，突出雄鹰在画面上的主体处，墨彩神融。

（《程洋冈村志》，《汕头文物》第 17、18 期）

蔡光远（1916—2003）， 汕头人。早年师从高振之、黄史庭，后毕业于上海国画院函授班，得名师缪国瑛、许徽白的悉心指导。此后长期在汕头工艺美术部门从事国画创作。为广东省美术家协会会员、汕头画院画师。作品多次参加国内外展览。

画作颇具恽南田之风，而又自出新意，以工带写，形成清秀妍丽、刻画入微的画风。他几十年如一日，对花鸟虫鱼的神态、生活习性、生存环境观察细致，故其笔下花卉翎毛，形神兼备，自然清新。其所画芍药、菊花、鹌鹑各擅胜场，尤以牡丹为人称道，有“蔡牡丹”之雅称。如所作芍药立轴，几株芍药穿插生长于玲珑剔透的湖石前后，骨清神和、赋彩典雅、笔致俊逸。盛开的花朵正侧有姿，一派春意盎然。另一幅鹌鹑图立轴，五只鹌鹑情态各异，以巧石、菊花、雁来红等作陪衬，画面意境空灵，韵致生动。又如《百蝶图》，采用墨线勾勒物象，然后以勾填法填彩，细致入微，工整秀美，所作蝴蝶或清逸淡雅，或妍丽精致，各具神韵，为不可多得的写生佳作。

（《蔡光远国画集》）

蔡鹤汀（1855—1919）， 名洲，字鹤汀，以字行。揭阳榕城人。贡生。光绪三十年（1904）任榕江学堂校监，襄助主持校务历十余年。设帐授徒，诲人不倦。杨淡吾、黄乾修即其学生。擅文章，工书法，宗颜鲁公，运笔严谨。

（《揭阳美术家人名辞典》）

蔡寰青（1907—1970）， 又名著，澄海澄城城西人。正风文科大学文东高师毕业，长期旅居马来亚、新加坡。初任马来亚大学中文系秘书；旋任教柔佛新文龙中华中学，兼任马大中文学会国画导师；晚年受聘为南洋大学中文系讲师。其篆书学三代吉金，虽不尽古致，但规矩不爽；行书学赵孟頫，遒劲流美，清丽隽永。

（《澄海历代书法概览》）

蔡见六（1878—1936）， 又名名龙。潮州城人，住甲第巷。蔡见六一生经商，曾开办蔡泰泉银庄，1918 年 8 月至 1920 年 7 月任潮安县商会副会长。蔡见六办商业之余喜画花卉，并对大儿媳郭瑞珊、次子蔡狂父（又名儒英）都有所影响。蔡见六孙子蔡青宜家中藏有其祖父两幅遗作，一幅是墨梅，40 多岁时所画；另一幅是荷花，约任商会副会长时所作。

（《潮州历代美术家辞典》）

蔡经德（1927—1996），号尘夫。揭阳砲台镇石牌村（今属揭阳市揭东区）人。少聪颖，好学，尤喜书法，时用笔蘸清水在红砖上练字。初师颜鲁公，进而学北魏汉碑，以楷体为精。所作稳妥端严，笔墨圆润。

（《揭阳美术家人名辞典》）

蔡敬翔（1906—2007），生于潮安意溪。20 岁入汕头美术学校进修人物素描和双勾白描等技法，21 岁时又考进上海人文艺术大学，主攻油画，深造西洋画理论和技法。1930 年，蔡敬翔于上海艺大毕业后，先后执教于潮汕多家学校。晚年为广东文史馆馆员，创作了大批富有生活气息的翎毛、兽畜、山水、人物题材的精彩作品，充分显示其精湛的艺术功力，并积极参加各级的艺术展览活动。出版有《蔡敬翔画集》《蔡敬翔作品集》等。

蔡敬翔潜心钻研北宗的勾勒、南宗的渲染，并渗透西洋画的透视、光线、色彩等理论，擅长花卉翎毛、人物兽畜、山水风景等题材。他集南北二宗之长，折中中西画技笔法，注重构图、动态透视、虚实描写的合理性，采取“撞水”“撞粉”的技法，洗天染地，丰富画面，创新求变，中西融汇，逐渐形成自已独特的画风。

1945 年抗日战争胜利前夕，蔡敬翔在兴宁潮州同乡会的支持下，举办个人义卖画展，积极救援抗日受害的难民，获得广东省政府和兴宁潮州同乡会的赞誉，并被聘任为广东省文化运动委员会的委员。翌年，又被聘请为广东省艺专副教授，兼任国立侨二师范学校的美术教师。

（《潮州日报》2009 年 5 月 21 日）

蔡举华（1930—1967），揭阳淡浦村人。曾任小学校长。擅书，宗康有为。著有《书法集》，惜毁于十年“文革”间。

（《揭阳美术家人名辞典》）

蔡狂父（1920—1970），又名蔡儒英。潮州城人，住甲第巷，系蔡见六次子。狂父因出身书香门第，父亲见六常作画，大哥蔡儒兰常写诗，对他都有影响，使他从小便喜欢书法。长大学有所成，曾为商家写招牌字，也常画花卉自娱。作品得到时人好评，佃介眉曾作《狂父尊人墨梅》诗：“琼枝雅士何尝辞，下笔宁堪甜俗欺。纸上幽香无岁月，问他雪海几多时。”

（《潮州历代美术家辞典》）

蔡立绵（1929—1998），字训嵩，斋号嵩庐。澄海岭亭村人。退休前为澄海市委统战部办事员。擅小楷，曾任汕头市书法家协会第一届理事，澄海书法协会第一届副秘书长、第二届副会长、第三届理事。

（《澄海历代书法概览》）

蔡连辉，澄海城柑园池人。乾隆三十一年（1766）进士，曾任河南中牟县令，为人爽直。据传曾因精楷书，而被指名书写围屏为太后祝寿。又工诗能文，少年时曾咏《澄海八景》诗，流传颇广。

（《汕头文物》第 16 期）

蔡曼精（1915—1972），俗名亚哑，字光彩。揭阳梅云镇大西村（今属揭阳市榕城区）人。家贫好学，其叔父在梅云境内任教，随之学。擅书，后以鬻书为生。

（《揭阳美术家人名辞典》）

蔡梦香（1889—1972），潮州城人，家在潮州城南春路，系著名华侨诗书画家。蔡梦香昔年就读于金山中学，后毕业于上海法政大学。曾在潮州开设“困而学舍”，兴办教育事业，是饶宗颐的书法启蒙老师。蔡梦香后到南洋，执教于新加坡之端蒙、崇光、爪夷等校。蔡梦香侨居海外，常以诗书画自乐，给友人诗有句云：“客绪不佳也不恶，生涯依然画书诗。”饶宗颐在《蔡梦香先生墓志铭》中说他的书法“自擘柬小楷，波磔点画，靡不殚究。锲而不舍，若有神鬼役其指臂，而执笔之法屡易，老而日新，自出机杼，俯仰今古，无当意者；晚岁书所造益奇，而解人益不易得矣”。萧遥天也曾评其书艺“其意态多皱折，而情味通畅；其点划似苍劲，而内质实膏腴”。蔡氏书法初学汉魏，后以魏碑笔法入行草，点画苍劲有神。曾见他写赠胡镇福的楷书册页，书写七绝一首，字字坚实，碑意明显。又见其为饶锷《天啸楼集》题签两件于封面及扉页，封面作隶书，秀丽活泼，扉页为碑法行书，体奇笔刚。蔡梦香的山水画独创一格，甚为高雅，蔡梦香长期侨居海外，忆旧怀乡之情甚浓，从其诗作“临老天涯几断肠”“久滞天涯未得归”“回首故知各一方”等可见一斑。1972 年游新山时旧病复发，在新山中央医院医治无效逝世。饶宗顾为其撰写墓志铭，表彰其艺术成就。5 年后，星槟各地好友为其出版《蔡梦香先生书画诗集》，饶宗颐为画集题词，萧遥天写评论文章：《死生不出地球外，四海六洲皆故乡》。

（《潮州历代美术家辞典》）

蔡怒飞（1933—1980），澄海外埔人。20 世纪 40 年代，蔡怒飞就读于外埔学校。高小毕业后，凭着对艺术的追求和爱好，虽然辍学，但他还是经常向名师请教。后来分别到澄海华侨中学、苏北中学、澄海中学、坝头中学从事美术、音乐、语文教学工作。

教学之余，蔡怒飞坚持国画、水彩画、版画等艺术创作。1959 年，蔡怒飞与蔡仰颜、李锦堂、李昭泉、丁绍深等画家合力创作了反映潮汕平原新貌的套色木刻版画《园田新歌》组画，参加 1960 年广东省美术展览后又被编入《广东十年美术选集》大型画册；1963 年，蔡怒飞创作的《岭南春早》套色水印木刻又获得广东省第三届群众美术展览二等奖，该作品以一棵盛开红花的木棉为背景，树下放牧着一群白鹅，色彩鲜明，富有艺术感染力。

1978年，蔡怒飞的《百鹅图》被选送广东省美术展览，不但获得广东省职工系统美术评比三等奖，还应邀参加中南五省卫生美术作品巡回展览，备受好评。1980年初，蔡怒飞加入中国美术家协会广东分会。

（《汕头特区晚报》2003年2月24日、《征访册》）

蔡起贤（1917—2003），号缶庵。潮州彩塘人。长期从事教学工作，曾任韩山师范学校、汕头市第一中学、汕头市教师进修学院、汕头教育学院教师及岭海诗社副社长等。擅长诗词，对地方文史也深有研究。蔡起贤的词承接詹安泰，取径“一石（白石道人）二窗（吴梦窗、周草窗）”，主张重拙大而去其奥僻，晚年所作，更见苍莽，主编《前贤诗萃》，著有《缶庵诗词钞》《缶庵论潮文集》。还整理詹安泰《花外集笺注》和审订温廷敬《潮州诗萃》。

蔡起贤书法明显受詹安泰影响，从唐楷入手，继学“二王”，晚年偏爱“二爨”，以汉隶魏碑笔意入行书，笔画方中取圆，方圆结合，内涵丰富，深藏着学识修养的沉雄功力，字体结构和章法布局比较简单普通，看似平平淡淡，而其点画笔致却蕴含着极其丰富的内容，细心体察之后，让人为之倾心，回味无穷。

（《汕头十四书家遗墨集》）

蔡谦（清初），潮阳铜盂集星村人，乾隆八年（1743）题书铜盂集星村蔡氏始祖祠内匾，雍容厚重，颇具气势。

（《潮阳历代题刻》）

蔡时名（清末民初），揭阳砲台镇埔仔村（今属揭阳市揭东区）人。以泥工为业，擅嵌瓷、壁画等，尤以捏制泥人出名。善观察并抓住人物特征，曾为画家范昌乾之双亲捏制泥人，细致入微，惟妙惟肖。亦能国画。

（《揭阳美术家人名辞典》）

蔡士烈（1893—1983），澄海莲下程洋冈人，是程洋冈卫生馆世代名医的传人。幼承庭训，天资聪颖，矢志勤学，博览医籍，得家传中医治论，仍力学不懈，先后毕业于上海医专和浙江大学中文系。

晚年聘任广东省文史馆馆员，汕头画院画师和澄海县政协委员，在悬壶之余，又精擅书画和文学创作，晚年致力于文史研究，著有《岭东猫蝶画法》等。

蔡士烈自幼酷爱绘画，早年师事潮汕画家吴凌、吴楷、蔡竹谿等学习绘画，勤攻猫蝶。在上海求学时，又拜于新华艺专教授金镕门下。蔡士烈在注重笔墨的基础上，坚持写生，他经常从不同的角度审视猫蝶的神态，注重目识心记，依据生态捕捉他们运动着的美感，达到状物言情的效果，故而作品多能神肖形似，笔致工秀，素艳相宜，雅俗共赏。1979年创作的《百蝶画册》和《猫蝶图》轴由吴南生撰序题词，为广东省博物馆收藏。

（《程洋冈村志》《征访册》）

蔡粟庵（生卒年不详），生活在明嘉靖年间，澄海人。澄海莲下程洋冈的丹砂古寺门外牌坊上有蔡粟庵书写的“千年宝光”四字和“香云结影连三藏，德雨敬虞湿十方”诗匾。澄海虎丘山有蔡粟庵所题“即此是虎丘”和“振衣千仞”二处石刻。从这些书迹看来，蔡粟庵的书法用笔浑厚爽劲，潇洒劲健，整体风格飘逸超迈、骏快飞扬，天真自然。

（《澄海县文物志》）

蔡特风（1921—2007），潮安人。毕业于上海专科学校，受业于刘海粟、王远勃诸名师，后从事艺术教育工作四十多年。擅长油画、书法，作品多次获荣誉大奖，被海内外收藏。出版有《特风油画作品选》及《特风书法集》等。其传略、作品入编《世界当代书画篆刻家大辞典》《中国当代艺术界名人录》《中国美术书法界名人名作博览》《中国当代美术界书法家汉英辞典》等。为广东美术家协会会员、汕头市油画研究会顾问。

（《蔡特风画集》，张依琳提供）

蔡维田（1857—?），又名蔡心侬，别署如意，耕夫。澄海莲下渡边村人。少年时，佃耕田间，随父学画，用功甚勤，心记手摹，后抵香港从事实业，依然勤画不辍。蔡维田诗书画印皆精，其后裔珍藏有他手抄的《西厢记》及自刻印章50余枚。据传，渡亭村中的“紫气东来”“旧竹光畴”“奠安”“濒溪”等大门门匾皆出其手迹。其书法用笔以方入圆，出于“六分半书”，典丽朴实、柔里见刚、食之能化；其篆刻师法皖浙印派，但师之不泥，融汇新意，以画意入印，平实隽雅。

蔡维田画竹擅用水墨，其作于己酉年的《墨竹四屏》，每幅各有不同的表现手法，画家借题发挥，以竹的自然特性，比拟人的秉性节操，寄寓作者的人生观和艺术观，在题款诗中更为深刻地借物抒情，表达画家的精神追求。其画法虽出自郑板桥，但笔致趋于平和，整体达到和谐统一的美，堪称雅俗共赏之作。

（《汕头文化艺术志》）

蔡伟民（1938—1993），汕头人。早年攻读美术，自20世纪60年代起任《汕头日报》美术编辑，同时潜心书法，临摹历代名家书迹，吸收各家精华，融会贯通。又喜音乐，好读书。后致力于实践现代书法，吸收篆刻的结构布局，从字的形象到字距、行距都作精心设计，独有新意。有《蔡伟民硬笔书法》《蔡伟民书法》传世。

（《蔡伟民书法》）

蔡戊子（1888—1970），潮州城人。以创作潮绣花稿为业，毕生设计潮州绣花稿无数，用线绘画花纹图案，十分熟练，曾在广州当众表演绘画花稿，得到名家赞赏。他还精通弦乐，幼年曾随师学二弦，二十多岁时其演奏技巧已形成独特风格，远近闻名，有“潮州戊子弦”之称。他生前是潮州市政协委员、潮州民间音乐团艺人。

（《潮州历代美术家辞典》）

蔡修其（1898—1944），字锡爵。饶平县蔡厝围人。蔡修其擅长书法、国画、油画。清末至民初，蔡修其研习国画，曾延师张真（潮安人）、黄燕庭（南澳人）教授工笔人物画，20世纪20年代中期赴新加坡端蒙学校教授美术兼学油画，继而归梓受聘于本县第二中学为美术教员，业余兼作画授徒。时有黄冈人黄作德、蔡栖虹、余卓雄等人投其门下学画。蔡栖虹后为泰华艺术协会理事长。蔡修其现存作品有古文、大篆、小篆、籀篆等，还有早期自画油画像，藏于其子蔡汉忠家。

（《潮州历代美术家辞典》）

蔡学元，字榕浦。新安（今深圳）松岗沙浦村人。乾隆六十年（1795）举人，嘉庆十三年（1808）进士，任内廷咸安宫官学汉教习。后返广东，改任肇庆府教授（正七品）。十八年（1813）调任潮州府教授，为官清廉。擅书法，笔法飘逸，遒劲秀丽。

（《潮州历代美术家辞典》）

蔡彦士（1864—1924），字文炯。揭阳榕城人。中年旅居汕头市，开古董商店。擅书法，尤精楷书。同邑画家王逎画作，多出其手，亦能画。汕头存心善堂现存有蔡彦士书写的碑刻及匾额，皆为碑体，笔画严谨、朴厚灵动，丰腴不失于板刻，上承汉隶，下开唐楷，兼有隶楷两体之神韵。

（《揭阳美术家人名辞典》）

蔡永青（1922—1993），名秋松。生于潮安县磷溪镇。15岁进通利瓷庄，师承堂兄蔡俊辉，学习彩瓷，从徒工到艺人长达四十多年。作品汲取众家之长，创造了一批潮彩生产样品及精品力作。并独创潮彩山水画"单笔多技"，形成了自己独特的个人风格，被业内人士称为"潮彩蔡家山水画"。1963年被汕头专区授予"艺人"荣誉称号。1986年被评为工艺美术师，成为中国工艺美术学会会员、潮州市政协委员。1937年以前在本村私塾读书。1938年后随堂兄学习丝竹、美人、山水及杂花等彩瓷技艺，并先后在多家彩瓷庄跟其他师傅学艺。1940年在大埔高陂"通利"瓷庄当徒工，1941年在饶平"源裕"瓷庄当彩工。1942年在大埔高陂"南洋""鹏记"瓷庄当彩工。1944年在揭阳"成化"瓷庄当彩工。1945年在大埔高陂"源裕""陶精""同安"等瓷庄当彩工。1946年在"通利"及汕头"陶金玉"瓷庄当彩工。1947年在"合成昌""源裕"瓷庄当彩工，1948年在潮州"集兴""陶发号""源裕"瓷庄当彩工。1950年在由潮州市7家私营彩瓷庄重新组合成立的潮州市城镇联营彩瓷庄当彩瓷工。1952年由17名失业彩瓷工组织成立潮彩加工组（潮彩的创始）并任组长。1956年加工组集体下放至现在的潮州市彩瓷总厂。在潮彩技艺创作室任创作设计员及组长，后任彩瓷总厂科技股副股长，负责全厂的创作设计工作。蔡永青先后在大埔、高陂、饶平、揭阳、汕头等地拜师学艺，得到多位名师的传艺，彩绘人物、花鸟、山水、走兽都很传神，生动逼真。彩绘山水画以独创"单笔皴"技法，结合多种传统山水画技法，达到了较高的艺术效果。作品技艺用笔苍劲雄健，爽利精细，多有肃疏野逸神韵，风格独特，被称为"潮彩蔡家山水画"，在国内外享有盛名，对潮彩产生很大的影响。书法也有较高艺术造诣，潮州彩瓷生产的产品的题字大部分出自他手，是诗、书、画、印四绝不可多得的艺术家，作品先后多次参加国家及省级工艺美术作品展并获奖。代表作有《黄山》《孔雀牡丹》《西厢记》《小桥流水人家》等。并编写《潮彩彩绘技法》教材，先后为潮彩培训了大批技艺人才，其中部分已取得国家、省、市级工艺美术大师及高、中级工艺美术师称号。

（《潮州历代美术家辞典》）

蔡兆彤（1917—1995），号濒石、其愚。澄海澄城城西人。20世纪40年代在上海工作，得童大年、叶恭绰指点。书法毕生喜赵松雪，擅作小楷，用笔精绝，秀逸可人，后受王鼎新影响，临习《张黑女墓志》，典雅端庄，晚年兼以行草书行世。作品于1980年入选南方八省、北方十三省美术、摄影、书法巡回展览，并获一等奖。曾为澄海书法协会顾问。

（《书画集萃——澄海首次征集名家书画藏品》《澄海历代书法概览》）

蔡振言（1934—1997），潮安庵埠人，原籍澄海程洋冈。小学就读于澄海简易师范学校，早年在澄海埔美、港口等地任小学教师，后于汕头师范学校继续深造。善画，1963年在庵埠创办虹霓画室，1965年参与创办庵埠摄制厂，1968年受邀参与创办庵埠乐器厂，其设计制作的古筝、琵琶、小提琴等乐器极具特色，闻名海内外。1979年任庵埠纸箱厂美术设计与会计。曾参加省林业厅举办的书画美术展，获得专家与业内人士好评。1990年其作品《粉画》入选《汕头市宗教界人士书画展览》。

（《征访册》）

蔡竹君（1850—1930），署所居曰凌云别墅。揭阳榕城人。擅书，受任伯年影响，以花卉动物画知名闾里。揭阳黄跃生藏其设色的花卉动物图，作于1919年夏月，受海派影响而略拘束。

（《揭阳美术家人名辞典》）

蔡竹铭（1865—1935），字卓勋，号瀛壶居士，曾署室名吹万室。澄海城西门人。十五岁举博士弟子，光绪二十四年（1898），循例得岁贡，后就读广州广雅书院，回乡后历主澄海县崇祀先贤、弘扬文化教育之文祠暨其所属同善祠理事。1913年受聘为汕头市总商会协办，1921年在汕头福安街创设有余银庄，1931年在汕头组织瀛壶社，整理出版了著作《小瀛壶仙馆文钞》《小瀛壶仙馆诗钞》《闲闲录》《小瀛壶仙馆别集》等。1924年冬，六十寿辰时，广集诗文画，编印有《瀛壶居士六十征画》《蔡瀛壶遐龄集》。后又刊有《小瀛壶仙馆诗府》。平生书作极少见，仅见得其书与吴雨三、吴泽庵兄弟的信札一帧，此作以楷法为基，收放得宜，冲和雍雅，骨峻气遒。

（《澄海文史资料》第6辑）

蔡宗铭（1927—1992），十六岁时，曾任民国汕头日报社记者，后投身教育事业，任汕头红阳小学教导主任、校长，1958年被打成右派，“文革”期间被遣送回蓬洲，期间坚持读书看报，以刻印饭菜票谋生，又事母至孝。平反后，回十四中学任教，评为书法级教师，业余痴迷书法，曾在汕头市“万年青”杯书法比赛中获奖。兼能象棋、唱歌。

（黄锦华提供）

蔡醉红（约1914—约1958），澄海人。早年侨居泰国，是泰国泰京文隐深处谜学研究社中坚分子，以诗和谜著称于泰国文坛。20世纪四五十年代，其在泰国创造出被称为“叱字谜”的新谜种。常在有泰国灯谜之县美称的泰针辰协助同乡谜家“四蔡一莲阳”主持灯谜会猜。他极其嗜酒，相传“叱字谜”就是醉中“叱”出来的。平生以代人书写商号招牌为生，终年四十四岁。其书法初师颜真卿、赵之谦，所作楷书，笔致婉转圆通，笔墨趋于放纵，笔力雄健，洒脱自如，饶有赵之谦风韵。

（《潮汕灯谜史》）

陈宝莲（1878—1934），笔名华池氏。揭阳榕城人。绘画、书法、刺绣均能。光绪三十一年（1905）在其家昭武第创办闺秀女学，授以《幼学琼林》《四书》及绘画、刺绣。后受聘于潮阳、普宁各地，致力于女子教育。擅梅花。孙裴谷曾列其门墙。1931年全国多处水灾，尤以陕西秦川平原饥民最惨，陈宝莲以所作梅花到汕头参加义卖，梅花每件售价三十二元之高，画款全数捐献救灾。

（《揭阳美术家人名辞典》）

陈宝瑜（1863—1902），字琼莹，号艮山居士、艮珊，海阳（今潮州市沙溪）人。光绪十四年（1888）举人。王师愈为其撰《艮山居士传》，谓“君性嗜奇，凡经史文集，偶丽辞赋，旁逮碑帖印章，庄老佛耶，外国之学，莫不探讨。而尤精于史法，尤擅古泉布，广搜而博考，集录三代秦汉至今及外夷岛国为《庋古阁泉拓》若干卷……所著有《改二十四史草稿》《庋古阁篆刻自课》《图书丛集帖本》《图书丛集摹本》”。他兴趣广泛，多才多艺，亦是鉴藏家，与曾习经友善。

陈宝瑜行书有气魄，曾为少泉写行书四条屏之一（另三幅由谢义谦、王延康、李香黯所书），每幅高123厘米，宽30厘米。陈宝瑜写行书三行，末行最后五个字缩小书写，让出位置落款，款为“少泉四兄大人正，陈宝瑜”，盖白文印，印文为“陈宝瑜印”。该件构图茂密，笔画粗壮，气势万千。

（《潮州历代美术家辞典》）

陈葆真（1914—1969），陈小豪之子。潮安庵埠人。1931年考进上海美术专科学校西洋画系，越年与张望等发起组织“MK木刻研究会”，作品通过陈烟桥请鲁迅指导，其中《上海之十一月七日》被推荐到法国和苏联展出，《时代的推轮者》等两幅被选入《木刻纪程》画集。1934年5月，“MK木刻研究会”被定为非法组织，陈葆真与周金海等四人被捕。1936年出狱后到香港，一直任美术教师至去世。

（《潮州历代美术家辞典》）

陈本立（1915—1996），潮州人。广东书协会员、汕头书协第一届副秘书长。其书法从唐楷入手，后学王羲之、黄庭坚，多掺己意，别具一格。

（《汕头十四家遗墨集》）

陈秉天（1921—1984），普宁涂坑乡人。毕业于普宁兴文中学。在校即为学校壁报作画，木刻处女作《向前冲》发表于校刊。曾向谢海若学木刻。1940 年起先后在普宁、潮阳、揭阳各地学校任美术教师。中华人民共和国成立后历任普宁县委宣传部部长、汕头地委宣传部文教科科长、汕头地区文联副主席等职。为汕头画院画师。私淑罗铭画麻雀技法。尤擅长竹和雀，一动一静，相得益彰。

（《揭阳美术家人名辞典》）

陈炳忠（1895—1971），字勉之，号训谦。澄海建阳村人。1915 年考入广东澄海县立四年制中学，第二年创办私立养和小学校，自任校长，1931 年又开办苏湾师范学校，两校均聘名师任教。还曾任县立景完小学教育长，校长，县立职业学校校长。擅小楷。

（陈静娜提供）

陈步墀（1870—1934），字子丹。澄海隆都前美人。幼攻举业，以文章自负。后失意于科场，而清廷亦废科举，便弃学从商，赴港协助父兄打理生意。陈家开乾泰隆号，经营米业。其长袖善舞，交游广泛，好接待南北文士，交谊深厚，并在经济上支持遗老效忠清室的活动。曾任香港保良局总理，致力推动慈善事业。

陈步墀在香港刊印《绣诗楼丛书》数十种，保存大量清末民初罕见文献，甚为珍贵。其中《绣诗楼诗》《绣诗楼诗二集》《茅茨集》《宋台集》《寒木春华斋诗》《有光集》六种皆为陈步墀个人的诗集，迭经战乱，知者不多。逝后温肃为其撰《陈子丹墓志铭》。

他的书法，神情散朗，姿态超逸，文人味十足。其故居的石刻门联即出自其手笔，此联可见他书写时既着重于点画之内的丰富变化，写出的笔画浑劲、婉通劲健；又注意点画向外部推进时的形态，笔画显得雄强舒展，气血充沛。

（《岭南书学研究论文集》《征访册》）

陈昌龄（1877—?），字兆五，号寿南山人、无竞居士、一百五十万道人等，自署愚甫、金山山民，署所居为嘉酒轩。潮安庵埠人。自幼天资聪颖，临摹能力极高，加之刻苦学习吴昌硕等名家技法，打下深厚功底，笔墨熟练，临摹名作几可乱真。书法学秦篆汉隶，纯朴古雅。兼吸收篆刻技法，得金石美。能诗，为南社诗人。陈昌龄墨迹，今世仅见十多件，有些藏于墨工室及胡镇福家。墨工室所藏扇面花鸟画，描写天竹、八哥。胡镇福家藏花鸟画二册页，描写菊花、小鸟及梅花、竹、石、八哥。三幅画均构图恰当，体现出作者笔墨的娴熟，八哥站在枝头或石头上，小鸟歇在花枝上。三只鸟的鸟身都用斜线排笔画成，花卉离开鸟身，突出鸟的形象。扇面画上的题款是“寿德轩主人龄写于汕岛一曲小楼”，册页上题款一为“兆五陈昌龄写”，一为“果甫龄”。墨工室所藏扇面金文，细小精巧，系为“俊臣老兄”而作。胡镇福书斋藏二幅册页书法，一幅是临石鼓文，全文 66 字，另一幅写隶书，字体方正，笔画均匀。所盖印章有“遇翁”“愚公”“昌”“金山山民”“陈氏金石”等。

（《潮州历代美术家辞典》）

陈筹（1890—1962），名添，字筹，又名海民，笔名半饱，以字行。普宁洪山乡人。先后在揭西、普宁、汕头等地任教职，长达数十年。曾办汕头进国文补习学校。后为汕头华侨中学图书馆管理员，1956 年为广东文史馆馆员、汕头市政协委员等。能诗擅书，著有《半饱漫墨》《半饱诗钞》《进集》等，书宗“二王”。

（陈奇元提供）

陈楚生（1922—2007），澄海莲下建阳人。20 世纪 40 年代毕业于中山大学。曾任邮电学院汕头专区邮电局函授站主任、讲师，汕头市超声工业公司工程师。退休后经商，并任澄海版画会顾问。在澄海中学读初中时，得到洪风的指导，开始学习木刻，《澄中版画》收有其作品《不好惹的狂风》《瞄准》等，进入金山中学读高中后，仍坚持木刻创作。晚年重习木刻，并筹划重印《澄中版画》《金中木刻》。

（《澄中版画》《征访册》）

陈传若，又名唐逸。潮安庵埠人。中国翰墨文化促进会会员，潮州美协会员，潮安县美协名誉主席。平生酷爱书画，20 世纪 70 年代创办“龙溪艺苑”，在工艺行业独树一帜。作品多次被选送美国、英国、日本、塞浦路斯及中国香港、澳门等地展出。个人作品经常在省、市各级报刊发表，并在潮州市举办个展，蜚声艺坛。作品《墨竹》荣获“广东首届企业家书画大赛”一等奖。

（《潮州历代美术家辞典》）

陈传文（1910—1955），揭阳地美都军民村（今属揭阳市揭东区）人。20 世纪 30 年代毕业于中山大学哲学系，历任汕头海滨中学教师、韩山师范学校校长。专攻心理学。擅书法。

（《征访册》）

陈垂祖（1925—2004），潮阳海门镇人。长期从事贝雕工艺美术设计，工笔画《鲤鱼》入选 1989 年汕头市侨眷美术展。

[《潮阳美协会员名录会员作品选》（1990 年 7 月）、《征访册》]

陈大凌（现代），揭阳榕城人。揭阳工艺厂艺人。擅竹编工艺，1954 年织成一支竹扇，扇面织出“八仙过海”人物画，景物生动，为其代表作。亦擅长织动物、花鸟，尤以兰竹见长。1962 年织制《梅兰竹菊》屏画，被选作国礼赠送国际友人。

（《揭阳美术家人名辞典》）

陈大器，字国成，号石塘。潮阳棉城人。正德丙子（1516）举乡试第二，丁丑（1517）成进士，选东阳令。历巡直隶、山东、广西，差竣，遂有湖广典试之命，旋授河南道监察御史。有文《重修潮河记》《寄吴月庭书》和诗《游乌岩洞》等传世。告归后偕同年萧与成等雅集于潮阳东山曲水流水帘亭，为觞咏良游，且自书擘窠字"观海"镌于石，"观海"二字，字大逾二尺，以欧体为本，飘逸潇洒，蕴厚遒丽，刚而不狠，健而不犷，有着颇具魅力的创作个性。

（《征访册》）

陈大羽（1912—2001），潮阳棉城人。原名汉卿，后白石老人改其名为翱，字大羽，遂以字行。1936 年毕业于上海美术专科学校中国画系，之后到北京师事齐白石，受其激赏，白石老人曾多次在其画上题词策励，如"赵吴之后，独具陈君"，"下笔超雅，陈生过我"。在《虬松图》题："大羽弟画此幅，真是龙蛇飞动，年小思深，不多见也。"在《雄鸡图》题："论艺术要有天分过人，有此画鸡天分，天下人自有眼目，况天道酬勤，大羽弟应得大名。"此期间创作颇丰，先后在京、津、沪、港、澳等地展览，为画界所瞩目。1947 年冬，在上海出版《陈大羽画集》，并接受刘海粟校长之邀回校执教。之后担任南京艺术学院教授，美术院名誉院长，中国书法家协会常务理事，江苏美协、书协副主席。出版有《陈大羽画集》《陈大羽画选》《陈大羽书画篆刻作品集》《九十春秋书画集》，2001 年获中国书协艺术荣誉奖。

陈大羽以大写意花鸟著称于中国画坛，兼及山水、书法、篆刻。他长期坚持观察写生，汲取生活养料，不断激发创作灵感，强调笔墨功底厚实和以书法入画，在继承传统中不断追求新意。他常以中锋篆意入笔、侧锋辅之，用笔轻徐疾涩，浓淡枯湿并举，墨色染泼相兼。其画作气势浑厚奔放，笔墨酣畅有致，色彩鲜丽明快，意境清新隽永，厚积薄发而自出新意，作画强调创作激情，重视气韵和笔墨的推陈出新，因而其作品具有鲜明的艺术个性，体现气势恢宏、爽朗奔放而又苍润浑厚的艺术风格。如其作品《多福多寿》《茹素佳味》《壳坚爪利图》，熔书画印于一炉，也是画家禀赋、气质、才情的总汇，笔墨老辣凝重，赋色雅致拔俗，而又浓艳典丽，缘物寄情，意境清新，充满天趣的自然美。

陈大羽的书法早年临习《张迁碑》，篆书得力于《三公山碑》，糅合石鼓文笔法，体势方正宽博，开张雄畅，壮伟深蕴，纵横驰骋，富有骨力妙趣，一扫当时书坛恪守古法的僵化局面，而直逼齐白石之门。《中国书法美学》（金学智著）把陈大羽、邓散木列为继邓石如、吴熙载、赵之谦直至吴昌硕、齐白石之后的篆书、篆刻名家，认为他们的篆书、篆刻是书法形质的历史性延缓。行草则取吴昌硕、齐白石之长，融合古人狂草意态，形成潇洒沉雄、大气磅礴而富于内涵的书风。笔气流丽，潇洒遒劲，气满神光，沉雄秀逸，跌宕奇肆，隽永深长。

陈大羽篆刻初期追秦索汉，后受齐白石的印风影响较大。治印巧拙相济，遒劲有力，痛快淋漓，别具一格，"书从印入，印从书出"。

（《潮汕百科全书》）

陈德懋（1904—1969），自号洪阳山人。普宁洪阳人。求学于汕头礐光中学，天资聪慧，爱好美术。后负笈上海美术专科学校，得到校长刘海粟等名师的教导，又为吴昌硕所赏识，悉心指导，美术造诣精湛，对于国画、西洋画、水彩、粉彩、水墨等画法，俱能擅长。回汕后在多所中学任美术教职。1937 年始于越南西贡南侨中学任美术教师，还曾在西贡、曼谷、新加坡等地举办画展，卓有声誉。

陈德懋在绘画美术中为多面手，工于素描。1934 年间，曾好画大幅布景，均系西洋油画，名噪一时，及后熔中西画法于一炉，注重写实，传达精神。后期专攻花鸟虫鱼走兽，以画虎称雄。有上山虎、下山虎、临壁虎等，笔墨纵横雄健，虎头大而圆，开口展威，凶猛异常，传神处有“虎视眈眈，其欲逐逐”之势，色彩鲜明，浓淡得体。其画飞禽，有鹤翔碧空，优游自得，简练明快，生气浓馥。其画花卉，则以素描入手，画梅为精，花密枝荣，行笔劲健，生意盎然。

（《普宁文史》第 4 辑、《潮汕国画家选集》）

陈典，字吉亭。潮州城人。生活于清咸丰年间。终身以画为业，人物画学晴波、谢铭。在潮州城昌黎路开办“陈典画店”，专画人像佛像及鬼神群像，也画花卉、山水。其子陈松圃继承该画店，仍用陈典铺号营业。陈典画品远销海外，在清末享有盛名。

（《潮州历代美术家辞典》）

陈斗生（1899—?），名焕奎，字斗生，以字行。潮州名书家陈炎初之子。住潮州城内后铺仔，系潮州中学堂（原名金山书院）的首届毕业生。以教书为生，民国后，受聘于凤塘淇园智勇小学、意溪四维高等小学、城南高等小学堂等。自幼跟随父亲习画，又学颜鲁公、赵文敏书法。书画皆有成就，既能作花卉、山水、翎毛以及佛像，又能写小楷以至擘窠大字。抗战时因饥饿死亡。陈斗生书画艺术纯属继承传统，他刻了一方印，文为“我法古人”，在写赠胡镇福的册页中就用了这枚印。两册页一写行楷，一画梅花。行楷秀丽，得“一笔画”效果。题字为“一树寒枝白玉条，迥临郗落傍溪桥，不知近水花先发，疑是经冬雪未消”。该画作于戊寅年（1938）。

（《潮州历代美术家辞典》）

陈耳（1917—1998），原名伟尔。澄海人。生长在书香世家，自幼学习书法。1936 年到新加坡从商。1982 年从商场退休后，全心专注于书法，潜心创作诗文及对联并以书法艺术形式加以表现。作品曾多次参加新加坡及国内各种书画展览，1989 年获颁陈景昭书法奖。1994 年任新加坡狮城书法篆刻会副主席，逝世后狮城书法篆刻会为其出版《陈耳诗联书法作品集》。其书法以行草见长，点画圆润遒劲，落笔浑成，首尾相应，笔笔相生，结体工稳而不呆板，很有意趣。

（《陈耳诗联书法作品集》）

陈蕃，字梅林。潮阳河浦人。自幼从伯父英猷游，工古文辞，尤邃经学。乾隆三十年（1765）拔贡生，嘉庆元年（1796）授四会教谕，节俸薪修葺两庑，倡建绥江书院。在任十年归，有留别诗四章，并各僚友送行诗，成《绥江伟饯集》。居乡立族规，纂修

《家谱》。著有《经史析疑》二十四卷、诗集古文辞六卷、《经史余闻》四卷。年八十八犹能楷书小字，笔致圆润而少露锋芒，无滞无碍，超逸神俊，平和简静。

（《潮阳县文物志》）

陈芳跃（1947—1977），潮州市人。系潮州市彩瓷厂技艺室设计师。芳跃自幼酷爱绘画，多方求教，自学成才。他的作品主要是工笔花鸟画，并主攻菊花。他师古师今，更师造化，他注重写生，勤于外出收集素材，哪里有菊花盛开，他便到哪里对景作画。某年，他得知汕头市中山公园举办菊花展览，便前往写生，一连站了几天作画，公园管理人员大受感动，搬来椅子让他坐着作画。他画起画来，如痴如醉，不知疲劳，由于他师法自然，刻苦磨炼，其作品画得十分逼真传神。1972 年曾赠丘金峰两件菊花小品，线条坚实流畅，色彩艳丽，画面生意盎然。

（《潮州历代美术家辞典》）

陈凤兮（1905—2002），潮安庵埠茂龙乡人。幼承家学，聪慧过人，12 岁已有格律诗在汕头《公言》《大风》两报同时发表。1927 年至上海，入田汉的上海艺术大学文学系读书。1928 年秋，转到复旦大学中文系学习。时经济无助，在陈望道帮助下，以全部课程 90 分以上的高分获“苦读生”名额，免去学费。后刻苦用功，3 年时间以优异成绩完成 4 年学业，于 1931 年留校中文系任教。期间，结识了何香凝、柳亚子等知名人士，颇受何香凝器重。1936 年，为避上海法租界巡捕抓捕，远走重庆，在《新蜀报》编社会服务版（时金满成在该报编副刊），颇受读者欢迎。1946 年，被越南侨报《远方日报》聘为副刊编辑。后陈毅通过胡志明捎信，邀她回国。1949 年夏，她经香港辗转回到北平，后任何香凝秘书，并兼任华侨事务委员会宣传科长。1952 年，《北京日报》创刊，她调任该报编辑。“四人帮”倒台后，她老当益壮，笔耕不辍。在《八十一岁抒怀·其一》中，表述了晚年孜孜不倦的人生追求：“六十学棋七十琴，学书八十费追寻。丹青若许从零始，九十画山上桂林。”

（《征访册》）

陈庚（1871—1918），字梦初，号家楷。澄海建阳村人。光绪二十四年（1898）岁荐，善诗文，工书法。现其故居遗存有楷书“稚龄宝笈”四字，结体严谨，笔画稳健。

（陈静娜提供）

陈个民（1893—1953），揭阳棉湖人，同盟会会员，曾在汕头创办《晨报》。1925 年被周恩来委派，代汕头市市长一职，但不久去职。其书法用墨饱满，墨浓字肥，沉雄茂密，变化多姿。

（郭培鸿提供）

陈光豪（1928—1989），原名陈俊文。揭阳霖磐镇德桥下畔乡（今属揭阳市榕城区）人。1942 年考入揭阳一中，毕业后任教于磐东、渔湖、炮台、云路、登岗等地，历任教导主任、副校长。为政协揭阳县委员会第五、六届委员，揭阳县美协会员。其画宗岭南派，擅长花卉虫鱼。

（《揭阳美术家人名辞典》）

陈骅（1934—2013），原名陈祖明，笔名文舒、阿丹、佐明、沐阳等。普宁人。中共党员。中国戏剧家协会会员、北京九州书画院研究员、中国老年书画研究会会员。1958 年毕业于北京政治学院，留校任教。1962 年开始从事潮剧工作，先后在广东潮剧院任编剧、研究室组长、剧团副团长、党委办公室主任等职。退休前任广东潮剧院副院长。退休后受聘于潮汕历史文化研究中心，从事潮汕文化传播与研究。曾先后出版《海外潮剧概观》《海外潮人》《潮人在新加坡》《潮人在马来西亚》等专著。与人合作编写《近现代潮汕戏剧》《潮汕文化大观》，由中国戏剧出版社、花城出版社出版。与此同时，于闲暇时间勤习书法，有作品见诸海内外报刊并参加全国及省、市有关单位举办的书法展览，为法国、美国、新加坡、泰国等国家和香港、澳门、台湾等地区有关团体及友好人士收藏，并与简历同时编入《中国书法家选集》。2009 年出版《陈骅书法作品选》。

（《戏外翰墨》）

陈鸿，清末庵埠人。善画人物，汕头市博物馆藏其《挑刺图》（立轴），高 130 厘米，横 63 厘米，画为渔翁忍痛挑刺场面。渔翁抱足忍痛，挑刺者同情、小心地为其挑刺，一孩童在旁观看，神情十分紧张，三个人物的不同表情反映出不同的身份和性格，是件绝妙的生活小品。题识为：“时在戊寅夏四月，拟新罗山人画法于五山十水之室，即奉口尊兄大人雅属并希指正之。”

（《潮州历代美术家辞典》）

陈厚实（1943—1994），普宁流沙人。1968 年毕业于中山大学历史系。1983 年起历任中共汕头市常委、市委副书记、政协主席，其间兼任汕头市纪检书记、汕头市党校校长、党委书记等，辑有《陈厚实诗文集》。能篆书，结体修长，遒劲平整，婉畅多姿。

（《陈厚实诗书集》）

陈焕章（1892—1984），乳名毓贞，字慈亨，又名秉元，号亨利。澄海隆都后埔村人。幼时在家乡读私塾，后就读于潮州金山书院，及长转读于广州高等师范学校。30 岁任广东省参议员，兼任饶平县县长，在职 18 个月。1933 年转任汕头市商会主席，至汕头沦陷时止。抗日战争胜利后又当选为饶平县“国大”代表等。陈焕章后半生独钟于练习书法，他以“诚默斋”为名出版《诚默斋诗词稿》书法字帖和《书法十讲》两本著作，提倡学书要从临篆、隶入手，还须选临多种字体帖式，多看多写，领悟各家书法结构和运笔之长，融会贯通，合炉而冶为自己之体。在后埔村里建有宅府“百里侯第”，内厅“元庐”匾额便为其手书。1922 年“八·二”风灾后，南洋华侨赈灾隆都，用善款在隆都后埔韩堤上建成棠荫亭，当时陈焕章任饶平县长，便为棠荫亭题写亭名，气韵贯通，灵动潇洒。

（《书林拾翠》《澄海文史资料》）

陈惠友（1925—2004），潮阳金灶镇沟头乡人。1946年至1951年任揭阳渔湖京岗乡、潮阳关埠下底乡中心小学四科教员兼训育主任，在此期间师从著名书画家十万山人孙星阁，其书画深得十万山人神韵。1952年被粤东行政公署文化科调进怡梨潮剧团任文化教员。1954年被行署文化科调至潮阳元华剧团任编剧，1958年至1960年在玉浦剧团（后转正为潮阳县地方国营艺华潮剧团）任编剧兼作曲、教唱等工作。

（《戏外翰墨》）

陈惠润（1911—2004），字仰吾，号富之。澄海外砂龙头村人。他是澄海开设西医诊所的第一代西医医师之一，长期居澄海城西，平生喜爱琴棋书画，书法擅楷、篆、草，作品常在报刊发表。其所临《兰亭序》，颇得王羲之用笔之妙。

（《书画集萃——澄海首次征集名家书画藏品》《澄海历代书法概览》）

陈嘉猷，潮阳金灶镇沟头村人。嘉庆年间秀才，为潮州名门塾师。书法走“二王”、赵、董为主导的正统之路，结体紧密端正，笔法圆浑醇厚，存世作品极少。

（《征访册》）

陈江佑（1914—1982），字遇鸿。揭阳榕城人。同邑余梅画弟子。擅用工笔，受民间彩绘画影响很大，尤精飞禽。有《百鸟图》大中堂，设色多彩夺目，各鸟或飞或蹲或俯或仰，姿态不一，动静有殊，漆画彩绘味极浓。

（《揭阳美术家人名辞典》）

陈颉龙（1868—1944），字乙骙，号洁庵。揭阳榕城人。光绪二十六年（1900）秀才。蓝元弟子。长期任教，历任广西、潮安、潮阳、新加坡、汕头诸校校长。1924年任揭阳县县长，富庋藏，架藏典籍两万多册，书宗描金篓纸上，圆劲饱满厚重，小字胜于打大字。《百木园随笔》谓“陈大令洁庵，富藏书，喜在书籍做眉批，随手书写，如水成文，淡然无营，亦自可观”。

（《揭阳美术家人名辞典》）

陈锦松（1902—1995），学名柏如，又称石庐居士。澄海人。平生酷爱书画，尤精鉴赏。善书法外，也善画兰竹。

（《书画集萃——澄海首次征集名家书画藏品》）

陈进瑞，澄海人。乾隆年间主讲潮阳东山书院。潮阳东山曲水流有其“有本者如是”题刻，任情率意，血肉丰满。

（《潮阳历代题刻》）

陈景仁，名云秋，号俊澜。潮州彩塘金砂陈厝村人。清末贡生，曾任刑部贵州司主事。父敬堂为新加坡著名侨领。陈景仁曾留学日本，精通日语、英语。参加过康有为的“公车上书”运动，在汕头办《汉潮报》，宣传“戊戌变法”。该报亦是潮州首创公开发行之报纸。他是新加坡中华商会、端蒙学校发起人之一，是商会两届副总理，学校首任义务校长。晚年归梓养老。陈自幼研习历代诸家名帖，善写各种字体，书法造诣很深，尤以隶书见称。他深究汉代《史晨》《张迁》等碑帖。所写隶书古朴有力，金石味浓，节奏感强，抑扬顿挫，形神兼备，为时人所称道，名闻遐迩。现潮州市文星路中段一门额“宋家园”三个大字及兴宁巷38号大门上面石刻“松园”二字均为陈景仁所书，潮州开元寺修建的石经幢上的隶书也是他写的。陈景仁传世的作品不少，丘金峰家藏其写给王显诏的隶书，高120厘米，宽50厘米，是临《张迁碑》之作，该作品有张碑方劲高古的气质。署名为“陈景仁云秋”。胡镇福收藏其写给卿云先生的隶书扇面，九行十八字，写得很精彩，是书道成熟之作。陈景仁墨迹多是隶书，其他少见，胡镇福还收藏其章草墨迹，是作跋的册页，共三页，写得纯熟古拙无火气，题款是“云秋跋”，盖“景仁”印。

（《潮州历代美术家辞典》）

陈景炘，名炎初。潮州城人，住潮州城后铺仔。宣统年间廪生。民国初年曾任教于潮安龙溪中学。擅画花卉，作品秀丽隽逸，富书卷气。书学清代王文治，得其精髓，曾见其写给“非僧仁棣”两件行书，气势磅礴，结体严谨恣肆，用笔遒劲爽健，其中一件是扇面，至今完好无损，另一件是条幅，已经破烂，有数字残缺。行书是陈景炘脱颖之作，其汉隶也深得古法，作品有浓烈的魏碑味道，不落俗套，个性较强。当时潮州各商家请他写招牌者甚多。

（《潮州历代美术家辞典》）

陈景昭（1907—1972），早年负笈上海，毕业于暨南大学法学院经济系，曾于广东省立高级商业学校、汕头礐光中学及广州大学任教，1949年到新加坡，历任端蒙中学校长及中正中学总校教师。陈景昭从教之暇，融情于书画，热心参与新加坡的艺术活动。曾担任新加坡文化部及各美术团体联合主办之多项美展评选委员、中华书画研究会导师及中华美术研究会监察主任等。

在上海求学时，深得谢公展、黄宾虹、叶恭绰等名师指点，并博览各家所藏古今名迹，艺事大进。其画以花鸟为主，受谢公展影响最大，尤以菊花见长。书法各体皆精，擅长正、行、草书，于魏碑用力至深，既有碑的厚重，也有法帖的笔墨韵味。行草书中受叶恭绰影响很深。其用笔运腕，独有心得，书风峭拔遒劲，刚柔并济，绰约多姿，跌宕有韵。

（《新加坡第一代书画家翰墨集珍》）

陈椝（1933—1987），澄海莲下人。1955年毕业于华中师范学院（现为华中师范大学）中文系，并于当年被分配到湖北省监利县城关中学工作。1980年荣获“地市县级先进教育工作者”称号，同年调到荆州市教育学院（现为长江大学）工作，任该学院中文系主任、教授，并担任荆州市政协委员。

陈椝擅长古筝、扬琴、二胡等乐器，书法颇精，尤擅行书、隶书、篆书。

（陈静娜提供）

陈君励（1925—1984），字锦伟，号梅窗，自署老君、陈燮、爱梅庐主等。揭阳仙桥镇永东乡（今属揭阳市榕城区）人。幼年随舅父学画，随本乡陈书春学古文诗词。1951年进入揭阳县文化馆，任《榕江文艺》编辑。1961年调任仙桥学校。1983年受聘至福建省漳浦县文化局书画培训班授课。擅书，初宗赵之谦，中年师何子贞，晚年醉心郑板桥“乱石铺街体”。画以梅花见长。作画多题自咏诗。有《莺啼序》长调多首评论历代书法，为书家麦华三所激赏。范昌乾称他“善于构图，画面清静，水墨尤美，诗书画三者和谐结合，可谓揭阳一绝”。有《梅花诗三百首》《金瓯诗集》稿本。今人刘青山主编有《陈君励书画集》。

（《揭阳美术家人名辞典》）

陈开贤，揭阳榕城人。活动于清中晚期。与同邑木雕艺人林西科、谢国强齐名。曾参加潮州安政王朝的木雕装饰工程，当时，雇主在开工前招各地木雕艺人，请每人自撰题材各雕成品，再加评议，以决定人选。时陈开贤自报雕“蟹篓”，人皆笑其避难就易。待“蟹篓”雕成，但见篓壁篾眼织细小巧，纹路交错，繁而不杂，而且篓底之蟹共二十多只，神态各异，爬行俯仰，备极传神。其他艺人方为之叹服。

（《揭阳美术家人名辞典》）

陈垲，天津人。光绪十五年（1889）任潮阳知县，曾为潮阳西岩问潮泉、后溪古渡天后宫题刻。“问潮泉”三字及落款为楷书，端正劲美，庄重怡然，“问潮泉”下有其所书题记，用行楷写成，冲和淡远，遒劲秀挺。

（《潮阳县志》）

陈昆（民国），号泉六。潮安庵埠人。善画人物、山水、花鸟，曾收徒授画，弟子余翔继承其技法，绘画山水、人物、花鸟，颇有成就，亦以绘画为业。

（《潮州历代美术家辞典》）

陈廓连（？—1977），澄海鮀浦乡（今汕头市金平区）人。父琼之，国民党员，曾组织地方保卫团，自任团长。陈廓连初任职于乡、县政府机关，抗日战争爆发以后出任国民党澄海县党部书记长。1946年选为澄海县“临时参议会”副议长，旋当选为澄海县议会议长。1949年10月往香港，后举家迁台湾，任台北纺织公司安全室主任等。其书法轻灵娴熟，中宫紧收，体态瘦长，神清骨秀。

（《汕头史志》1993年第3期）

陈来凤（1690—1736），揭阳霖田都棉湖人。陈元才之兄。康熙五十年（1711）

武举人。擅书，宗王右军、李北海。有题棉湖“花果古寺”匾，点画大度，不乐浮华。

（《揭阳美术家人名辞典》）

陈礼传（1912—1998），别字思源，外号晚香斋主。澄海上华人。曾获国立中山大学法学学士学位，并任“中华学术院”哲士、香港诗书画会会长。1950年在香港创办正风教育出版社，编著出版有《六十年来海外潮州人物志》《陈礼传书画集》《晚香斋诗文瀚墨选》《龙蛇书画集锦》《孙中山心理建设自序书法》《生存与生活》《亲情》《应用文之写作》等专著二十多种。

陈礼传能诗文，善绘画，工书法。其诗格高古，文风朴实，画风隽逸，以意怡情。书法早年得于右任亲授，出颜入碑，融会众体，尤擅章草、小楷。陈礼传的章草飘洒飞逸，奇趣超妙。学古而能变，把碑和帖的用笔、结体、气质、风韵共同糅入古体的章草中，形成洒脱随意、风流蕴藉的用笔气质，又有结构凝练、点画矫健的间架特征。

（《征访册》）

陈良弼，福建海澄人。康熙六十年（1721）任南澳总兵。在南澳深澳金山顶有其两首石刻诗，一首是《登金山绝顶》：“地分闽粤界，人共摄衣观。雾霭岚光小，烟消海宇宽。百年空说剑，此日庆安澜。棠荫留余泽，思君借寇难。”另一首是《九日登金山》：“十载驱驰岛上秋，高峰勒马问丹丘。太平不事安边策，一剑霜寒百粤流。”笔致屈曲回环，变化开阖，龙蛇盘踞，笔势圆劲流丽，中锋运笔，疾迟交互，饱含苍劲之力，雄浑之气。

（《南澳县文物志》）

陈良伟（1938—?），汕头市潮南区两英镇人。1958年毕业于韩山师范学校，从事美术教育30多年。系美协汕头支会会员、潮阳美协理事、峡山书画协会会长。水彩和国画作品多次参加市、县级展出并获奖。20世纪90年代初期曾到广州美院中国画系进修，所作花卉注重笔墨的写意性和线条的书写性，华丽之中具有清新脱俗的风韵。2004年岭南美术出版社出版了《陈良伟书画选》。

（《陈良伟书画选》）

陈烈彬（1933—1993），潮州人，生于越南堤岸，少年时期与父母随祖父在越南经商。12岁随父母回归故里。他自幼喜欢绘画，小学五年级时曾获全校美术比赛第一名。13岁因战乱而辍学，当彩瓷工人。1950年进照相馆工作，一直到退休。1951年参加“潮州市工人业余美术组”，得名师指导，画艺日高，被选为美术组副组长。1957年油画《出田》入选全国青年美展，收入《全国青年美术作品选》。1959年创作的《为庆祝建国十周年而干杯》由上海人民美术出版社出版，后多次再版，还被复制成巨型大画悬挂上海街头。后又编入年画美术刊物《东风》《建国十周年宣传画选集》。接着又创作《庆丰收》《向1960年迈进》，均在上海出版。20世纪60年代，广东出版界向陈烈彬约稿，他创作了年画《旭日东升》《毛主席像太阳》，在广州出版。1960年陈烈彬加入中国美术家协会广东分会。1965年创作年画《欢乐歌舞颂英雄》入选全国美术展；创作木刻《金谷山村》，后被中国美术馆收藏。1980 年创作瓷塑《白蛇仙子》、年画《南国瓷花》，入选广东民间美术展览。1986 年摄影作品《吻》入选广东省第十一届摄影艺术展览，得金牌奖。

（《潮州历代美术家辞典》）

陈林每，福建莆田人。康熙六十年（1721）从征台匪朱一贵，以功拔把总，升守备。乾隆十年（1745），调任南澳总兵，十六年（1751）调任台湾总兵。在南澳深澳蒙庵，有其“瞻屺”大字题书，遒紧健劲，丰润浑茂。

（《南澳县文物志》）

陈龙庆（1868—1929），字芷云，晚号潜园老人。先世为海阳籍，避乱居澄海蓬洲所，因此有两籍。未弱冠补博士弟子员，负笈穗垣吕香谱门，文誉日噪。前后七度赴秋闱，频得复失。遂援例以府经历分闽，后弃去。与台湾丘沧海、梅县杨季岳、大埔何士果，设《岭东日报》社并任主笔，开启民智。1904 年，在家门张联曰“家庭办学校，世界进文明”，广招乡中弟子入学，不久创办沦智两等小学兼师范讲习所，复倡立毓秀女子师范学校。其书少见，在鮀浦绎思堂有其所撰的《绎思堂重光赋六章》题壁，隶书写成，结字高古，庄严雄伟，用笔朴厚，方圆兼备，笔力遒劲。

（《征访册》）

陈玛原（1922—2010），澄海莲阳乡建阳村人。幼承家学，精通潮乐，广涉西洋音乐，谱曲作词皆有造诣，是中国音乐家协会会员，广东省音乐家协会理事，汕头市音乐家协会副主席，潮州市音乐家协会名誉主席，潮州市民间音乐团顾问，澄海潮乐研究会顾问。陈玛原亦擅长书法，晚年作品多为狂草，气势磅礴，布局大开大合，落笔千钧，气势奔放纵逸。发行有《赤叶河》《潮筝古韵》，著有《玛原书法选集》。

陈玛原从小能操潮乐的二弦、椰胡、扬琴、古筝等多种乐器。19 岁担任小学教员，后考入浙江衢州新闻大队宣传队，1948 年参加中国人民解放军闽粤赣边区纵队，此期间创作歌曲《解放大合唱》、潮州方言歌曲《硗仔苦》《刺仔花》《南风凉哩哩》等。1959 年他参与潮安文工团的组建工作，并担任该团编导组长，继续从事潮州方言歌的创作实践。1961 年调入潮剧团工作，先后担任正天香潮剧团、潮安潮剧团编导组长，他致力于探索潮剧的唱腔和音乐改革，尤其在科学发声和解决男女同腔同调方面做了很多有益的研究和实践，并先后为神话剧《八仙闹海》、现代戏《杜鹃山》《焦裕禄》《平原作战》等剧目作曲。20 世纪 80 年代移居汕头市，从事书法与古筝的研究，曾应新加坡邀请赴该国举办个人书展和古筝演奏。

（《征访册》）

陈明德（？—1535？），字思准。海阳县下外莆都辟暨村（今属汕头市澄海区）人。陈明德在私塾求学时便接受陈白沙的学说，没有参加科考，专心揣摩“道心合一”的学理，学成后曾在玉林书院、玉华书院、宗山书院等学府讲学多年，受到当时潮汕地方官和学子的尊崇。陈明德能绘画，作品不传，曾画墨竹赠揭阳主簿季本。

（《潮汕文化百期选》）

陈墨夫，别署爱桐山人。潮安东凤乡人。其性静雅，嗜画，入名家黄史庭之门，颇得其师真传，用笔豪放，气韵横生，造意超尘。曾到上海举办个展，得到海上名家鼓励，赞为后起之秀。1931 年加入孙裴谷等在汕头组织的艺涛画社，其作品《花开富贵》入选艺涛画社出版的《岭东名家画集》，用笔酣畅，清逸可观。

（《岭东名家画集》）

陈朴庵（1897—1961），原名陈成名，字丁榜，号朴庵，自署朴庐主，以号行。揭阳仙桥古溪玉寨村（今属揭阳市榕城区）人。宣统元年（1909）秀才。曾习经弟子。长期任教职。擅诗，与林清扬时相唱和。著有《朴庐诗存》稿本。擅书，宗柳公权、欧阳询，苍劲秀逸。

（《揭阳美术家人名辞典》）

陈普之（1911—1950），原名建通，又名兰伽。澄海东里樟林南社人。1930 年考入上海美术专科学校，后参加左翼美术家联盟，1932 年底与张望、陈葆真、金逢孙等发起组织“MK 木刻研究会”，由当时的版画家陈烟桥送作品给鲁迅指导，鲁迅把普之的《船夫》《黄包车夫》两件作品选入我国第一部木刻作品选集《木刻纪程》。他的木刻连环画《轮辗》等拓稿，一直由日本友人内山嘉吉保存，先后编入在日本出版的《鲁迅先生与中国新兴木刻艺术》与香港出版的《中国现代木刻选》。

陈普之创作勤奋多产，但多已散佚。其作品现保存于日本和北京鲁迅博物馆的仅十多幅，却鲜明地反映了他的艺术观和政治倾向。他刻作时，在深思熟虑之后，竟然站立，激情亢奋，引刀直干。如前面谈及的《黄包车夫》，人物风骨嶙峋，目光炯炯，刻画了生活在社会底层的富于反抗精神的工人形象，画风粗犷遒劲，手法洗练，被评为“中国式的表现派”。

（《潮汕百科全书》，《汕头文物》第 17、18 期）

陈其铨（1917—2003），号奇明。丰顺人，生于潮州。1929 年考入广东省立第二师范学校（今韩山师范学院），得李芳柏、詹安泰及王显诏亲授，以篆、隶、草、真融合一体，自成面目，独创综体书法。有《论书》诗云：“笔法传承源一脉，顿提转折道兼通。篇章离合情虽异，点书回互理则同。气韵风神窥品学，纵横欹正显机锋。错综群体浑成趣，篆隶草真共治融。”

1937 年抗日军兴，投笔从戎，后随军至台湾。历任台湾东海大学教授、嘉应大学客座教授、新加坡书法研究院名誉院长。晚岁往返海峡两岸之间，于汕头市环碧花园设席课徒，并在韩山师范学院设陈其铨书道馆。多次举办个展及书法讲座，促进文化交流，弘扬中华书道传统。

（《征访册》）

陈奇鸿（1920—1993），揭阳榕城西门陈厝池人。20 世纪 20 年代末随长辈来汕，汕头沦陷后回揭阳至抗日战争胜利，遂定居汕头，开办印染、印刷作坊，精通丝版印制，在当时的汕头埠小有名气。公私合营后，先后在汕头印染厂、第二电机厂工作。工余坚持自学，晚年以园艺自娱，所栽盆景多参加各项展览，远近知名。书作多为行草书，率意放情、清劲可喜，惜身后作品几无存世。

（《征访册》）

陈祺年（1866—1918），字康侯。揭阳榕城人。光绪十七年（1891）举人，吉林候补知府，以病告假归家。1914 年起任惠来县县长两年多，刑简政宽，郭玉龙戏之曰“宰葵二十多余月，赢得慈悲菩萨名”。书法欧阳询，亦研习北碑。揭阳市博物馆藏其行书四条屏，笔画挺秀，章法疏朗，字距变化不大但很连贯。

（《揭阳美术家人名辞典》）

陈谦（1913—1999），原名彰谦，又名肖文、肖丹等。饶平海山人。历任汕头市文联主席，汕头市副市长、中共汕头市委副书记，汕头市政协主席等。离休后任岭海诗社社长、广东中华诗词学会理事。著有回忆录《履迹思痕》《苑边草》等。擅长行、草书，温润娴雅，笔意流动而神含不露，其间意态挥洒，用笔遒劲，结体妍丽。

（《履迹思痕》《韩师史略》）

陈琴仪（清末民国），澄海莲下建阳人。现存她写给学友陈长淇的信札，书法不仅见功力，也见格调。她主要是受清代帖学影响，用笔劲气内敛，左右盘辟，管随指转，浓纤相间，顺逆互用，结体似漫不经心，却伸缩自如，通篇茂密流畅，为一般女书家所不逮。

（《澄海历代书法概览》）

陈琼，号韩江，字玉山。明末生于澄海下外都，中年移居潮州，在金山北坡陈厝楼居住，善山水，与黄壁同师翁铨。幼时即能写生，后攻习人物画，但传世作品以水墨花鸟画为多，融合闽、粤两派画家之所长，独出心裁。其画声名远播，作品时人皆宝之，得之皆称珍品。其传略见于《中国历代画史汇编》《岭南画征略》《广东画人录》《广东历代名画选集》等。广州美术馆藏有其水墨画《鹭鹚觅食图》，澄海博物馆藏有其《富贵花开图》等作品。

潮州博物馆藏其所画的《修堤图》，反映清代中期潮州人民的修堤情况，全画分“截流抢险”“填土打夯”“筑堤植草”和“演戏庆功”四个部分，反映当时潮州人民齐心协力，修复韩江北堤热火朝天的场面。其中以“演戏庆功”最为精彩，画面是广场上临时搭建的六柱戏棚，台上以竹帘为幕，竹帘两边的“出将”和“入相”门有绣帐为障，帘后可见锣鼓和准备上场的演员，帘前有一桌二椅，奏乐者分坐两边，左边是三人：一抱琵琶，一吹笛，一奏钹；右三人：一吹笙，一拍板，一击鼓，神采各异。台前广场观众人山人海，其中有官员，也有农夫、小贩、奔走叫卖的小童和远处楼阁上观戏的妇女，无不神形毕肖，生动多姿。

（《潮汕百科全书》）

陈瑞琼，澄海莲下建阳人，生活在清末民国。曾先后在建阳养和学校和林培翮山房任教。从其传世手札看，虽是小字，但行笔流畅，字多舒展，中锋用笔，颇见豪气。

（《澄海历代书法概览》）

陈尚发（1848—1902），又名宗陶。澄海澄城沟下池人。行伍出身，历任潮阳海门中军守备、南澳镇澄协中军都司、广州大鹏协镇等职，曾随抗法名将刘永福入越抗法和赴台御倭。现在潮阳海门莲花峰峰门石阶右侧有擘窠大字“龙”，是陈尚发于光绪二十七年（1901）为示其对刘永福将军的崇仰而题，风骨烂漫，天真纵逸。

（萧泽阳提供）

陈少文（1891—?），澄海岭亭人。两广方言专门学校毕业，曾任汕头自动电话管理委员会总务委员、汕头自来水公司总经理，汕头商会会长。1931 年，参与组织修筑汕樟公路，1947 年任汕头参议会参议员。其书法常以轻盈飘洒、灵活自然的笔墨，起笔轻捷，收笔沉着，主要笔画适当伸展，给人以笔势翩翩、潇洒大方、平和娴雅、神爽超迈的感觉。

（《汕头市临时参议会第二次大会会刊》）

陈实甫（1890—?），揭阳榕城人。陈祺年长子。大学毕业。民国初任榕城敦睦小学校长。1924 年 12 月至 1925 年 3 月任揭阳县县长。擅书，今存祠堂石刻“晓风清彻骨”五绝首句，书宗黄鲁直，舒放雍容。

（《揭阳美术家人名辞典》）

陈士献（1650—1726），号梅亭。揭阳磐溪都奎地村人。康熙十七年（1678）举人。初任四川荣县知县，有政声，民为其立生祠。仕至南城兵马司指挥。擅书，宗董香光。《百木园随笔》称“偶得梅亭前辈书杜工部七绝诗轴，惜已残破，上款不能识”。

（《揭阳美术家人名辞典》）

陈世霖（1919—1993），潮阳溪东人。自幼喜丹青，17 岁学画于广州新华职工美术学校，1938 年到上海拜王师子为师，学画 3 年后赴上海新华艺术专科学校深造，师从汪亚尘、王师子、唐云等。1948 年回潮阳，在多所中小学从事美术教学工作。为汕头美术家协会会员、潮阳文联顾问。工花鸟，善画金鱼、雏鸡，笔墨娴熟，意态生动。1956 年所画《金鱼》入选“全国第二届国画展览”。

（《陈世霖画集》）

陈世缨（1917—2003），字静山，别号小山，署室名憨猿云洞。澄海人。长期在潮州市做文博工作，擅长书画、篆刻和文物鉴定。广东省书法家协会会员、潮州市书法家协会顾问。书法以行书和隶书行世，沉厚朴拙，雄健老到，别具意趣。

（《征访册》）

陈书本（1912—1985），揭阳仙桥镇玉寨村（今属揭阳市榕城区）人。十六岁随同村艺人陈时华学泥塑壁画，后又向陈名石学嵌瓷。出师后到饶平黄冈当泥水匠，在黄冈镇即景所画的《众人围听留声机播唱图》，极具生活气息，为在场观众所赞扬。1954年进揭阳县文化馆，专事泥塑工作。1959年进揭阳县工艺厂。擅泥塑、漆画，所作生动传神。亦能国画。孙淑彦主编刊印其遗作成《陈书本作品选》。

（《揭阳美术家人名辞典》）

陈斯鸣（1925—2007），普宁人。毕业于普宁兴文中学、桂林国立汉民中学、国立厦门大学。1939年参加地下组织，长期从事青年学生工作。1981年参与筹建汕头大学工作。曾任汕头大学书法学会会长，汕头市老年书协理事、名誉理事。善隶书，其书师法汉碑张迁、曹全，旁涉清人金农、李瑞清。其书有清人味道。

（陈红冰提供资料）

陈署木（1901—1988），澄海樟林人。生于泰国，8岁时回中国读书。1926年在泰国创办《晨钟日报》。1932年夏考入黄埔军校第八期华侨特别班，同年北上抗日，转战于河北、热河一线，参加过长城抗战各对日作战战役。1937年“七七事变”后，陈署木回乡组织民众抗日，1939年调任饶平县县长，在任内组织饶平民众打游击战、伏击战，抵御日寇。后又任揭阳县县长。1981年，陈署木作为国家邀请的唯一泰国华人代表，赴北京参加辛亥革命纪念大会，1994年，中国人民抗日战争纪念馆举办“华侨与抗日战争展览”，展出了陈署木的这一事迹。著有《陈署木诗文选编》。

陈署木兼善诗书，榜书、小楷均极精妙，其在饶平石壁山上题有“锦绣河山”四字，结体宽博，顾盼自雄，气象浑穆。

（《陈署木诗文选编》）

陈舜羌（1919—1987），潮安县意溪镇莲上村人。1934年开始当木雕学徒，师从张鉴轩，进步很快。1954年师徒二人应邀到广东省美术创作室创作潮州金漆木雕，有近百件作品问世。1955年他创作的《蟹篓》，参加波兰国际艺术展览会，获三枚纪念章。1957年师徒合作的金漆木雕送世界青年联欢节艺术展览会展出并获奖。20世纪80年代退休后先后参加潮州开元寺等处古木雕修复工程。1986年任潮州工艺美术研究所顾问。广东省人民政府授予其“工艺美术大师”称号。陈舜羌儿子陈培臣继承父业，在潮州城百花台创建“陈舜羌金漆木雕研究所”培养人才，创作金漆木雕，畅销国内外。

（《潮州历代美术家辞典》）

陈松圃（1894—1976），潮州城人。画家陈典之子。松圃继承其父画坊，终生经营，招牌沿用“陈典”字号，以致有人误认他就是陈典。画店位于潮州城昌黎路，占地十平方米。主要画人像、佛像、神鬼群像，曾为某华侨绘韩文公像，该华侨对陈松圃作品十分满意，来信称赞他“妙笔传神”。陈松圃作画用大画板，靠墙树立，画纸四边黏糊贴于板上，用纸捻灰打稿，站着作画，描线、渲染皆方便。渲染时，画面先用清水喷湿，后用淡墨多次染成，称为“洗托”，表现雨景特别有气氛。1949年后，松圃画店生意冷落，晚年生活清贫，终日闲坐店中。偶有顾客请他画老人相、祖公相，所得酬金低微，不足维持生活。他曾对丘金峰叹息：“人生不可以画为业。”1976年寿终，享年83岁。

潮州各画坊，维持到1949年后的不多，维持至“文革”时期的就更少了，“文革”后仅存陈典画坊及庄叔舆画坊。陈典、陈松圃都以画佛像为主，兼善画山水、花卉。松圃曾于1964年至1975年先后为丘金峰画过几幅山水，其一是《水榭攻读》，作于1974年，该画纵70厘米，横35厘米，画面群山隐隐，山脚下的丛林里深藏屋宇，室内老翁手捧书卷，小童侍茶一旁，山坑水从屋宇下流过，画面层次丰富，雅俗共赏，是潮州民间山水画家的代表作，美中不足的是作者书法水平太低，他认认真真写了：“韩江松圃作”。另两幅小册页（每幅纵18厘米，横27厘米）作于1964年。1974年丘金峰要求作者补款，作者不乐意写字，只盖了三个章。以上三幅山水画风格雅致，都极尽渲染（洗托）之能事，有树木处必加染，天空、水面也渲染，仅于某些显凸处留白，使画面亮起来，不因渲染而灰暗。

（《潮州历代美术家辞典》）

陈素（1893—1981），字予龄，号慎五、无那。潮安人。同盟会会员。武昌起义后参加学生军，光复潮汕，曾主编《汕头新报》，任普宁饶平县县长。创办武汉《中山日报》。抗日战争时期任国民党港澳总支部执委兼书记长，抗日胜利后任国民党中央执委。书法各体兼善，著有《东海吟草》等。

（《征访册》）

陈泰年，又名芝，字式瑞，号东溪。清代潮阳河浦人。陈英猷弟，从小受哥哥的熏陶和教诲，发奋向学，刻苦攻书，富有聪明才干。陈泰年二十三岁时考中庠生，三十四岁进京参加礼部会试，次年出仕任浙江於潜县令。他为官清廉，治政有方，秉公断事。在河浦叠石山，有陈泰年所书“海阔天空”等石刻，皆雅健浑厚，笔力内藏，刚而不露，极为沉着。

（《河浦乡情》）

陈天啸（1898—1978），号天啸外史。潮安庵埠人。生于木工世家。自幼攻读古典文学兼学中国画，青年时代在乡里就小有名气。20世纪20年代末到香港，任天真石印局画师。30年代被聘为上海美术学校专科教授，上海东吴大学文学、美术教师，参与组建杭州中国画院。

曾先后在温州、上海、南京等地举办个人画展，反响热烈。20世纪30年代初期至1949年，漂泊欧亚各国，曾先后在印度尼西亚、新加坡、泰国以及意大利、法国、瑞士等11个国家举办个人画展，总计达百余次之多，盛况空前，受到各地观众特别是华侨的热烈欢迎。得到不少国家政府官员、华侨社团及学校的展出邀请。当地华侨报纸曾评论说：“斯为首创，关系我国国粹。”50年代初，在中国第一、二届全国画展上，他的国画《梅花》两次获奖。50年代末被错划为右派。

陈天啸于抗日战争时期在海内外多次举办画展，将七成收入捐赠给当时宋庆龄、何香凝主持的“中华妇女协会抗日救国后援会”，得到蔡元培、王震、叶恭绰、林森等人的赞赏。

陈天啸书画艺术用笔劲健，寓意深远，功力非凡。少时书学钟、王，兼学苏、米。继学颜真卿及夏承碑，画宗石涛、复堂辈。其画专研徐天池、陈白阳，以古拙脱俗为美。擅山水、花卉、人物，尤以画梅特工，写竹颇示己意。

每次出展时，他必演奏古琴，时人誉为“诗、书、画、琴”四绝。其艺术上的成就名扬海外，张大千先生曾许以“梅竹之友”，叶恭绰先生誉为“邦家之光”，原中国美协主席邵宇为其题字“艺德永存”。陈天啸有著作《国画存津》一册，《放庐艺刊》两册，《天啸之画》两册。1978 年人民美术出版社出版《陈天啸画辑》。

［《中国美术年鉴·国画家陈天啸传略》(1948 年)、《陈天啸画辑》］

陈天资，字汝学，号石冈。饶平人。生于嘉靖年间，系嘉靖十四年（1535）进士，官至湖广布政使，晚年归里，钦赐进阶一品，并敕封“真乐翁”。住饶平县东界大埕。

陈天资擅书法。曾于饶平东界区龙湾乡西北面普陀岩（又名上湾岩）题诗《九日游普陀岩》：“海国深秋乐事稀，普陀岩下扣禅扉。寺经岁月几僧在，木落山空一鸟飞。欲觅黄花迷旧径，暂从玄圃问真机。题糕忽忆当年事，插遍茱萸酩酊归。”款识为“明湖广布政使陈天资”。陈归故里后，曾撰写《佘氏族谱序》及《东里志》。《东里志》为手抄本，经数百年流传而不废，是粤东现存地方志书中较早的一部，为史家所重视。

（《潮州历代美术家辞典》）

陈铁汉（1928—?），又名少铧，斋号碧海画苑。潮安人。自幼喜爱美术，师承家学，担任小学美术教师十多年，曾任浮洋镇庵后小学校长，后从事美术工艺设计，任汕头陵海美术工艺厂负责人，产品销全国十多省市。擅长丝版制作及设计小连环画图片等实用美术。作品精工细致，古朴典雅。其人像写真、历代名贤图像绘制深受客户喜爱，对仙佛、仕女、山水、花卉、走兽、虫鱼、名将、博古界样样均能，油画、水粉画、电影广告、舞台布景、商标设计等均能按客户要求制作。作品以民间画与文人书相结合形成雅俗共赏艺术风格。

（《征访册》）

陈廷对，福建人。万历四十七年（1619）科试状元，曾任南澳巡检，崇祯二年（1629）任南澳副总兵，善草书，题有《金山》诗：“九日登高处处同，谁从岭表控闽中。搀枪已就星躔落，格泽还凭霜露融。碧海洗兵堪对酒，青山秣马欲追风。丹心不用茱萸佩，叨沐皇灵重化功。”此作笔势圆劲流丽，中锋运笔，疾迟交互，凌空取势，痛快沉着，直按直提，甚有笔力。

（《南澳县文物志》）

陈廷杰（1867—1941），字莪士，普宁洪阳人，举秀才，后东渡日本，进宏文师范学院。1905 年回国，曾在潮阳东山、普宁三都高等小学堂任教，民国后迁汕头。其能诗擅书，与张兆熙、陈芷云等日夕唱和，时称“鮀江六老”。其书法受何绍基影响极深，又渗以“二王”、张旭、怀素等法帖，骨力遒劲，雄健气足。

（《汕头文物》第 17、18 期）

陈抟夫（1901—1978），笔名洪岩樵叟。普宁洪山乡楼上村人。1929 年侨居泰国，初当杂工，后办实业。1957 年组织泰国红黄蓝球队到中国观光、比赛，受到周恩来总理和贺龙元帅接见。在“五一节”登天安门城楼参加观礼后，书毛泽东《沁园春·雪》诗词，入藏中国历史博物馆。返泰后，遭当局怀疑，被囚五年，于 1962 年经亲友营救始出狱。擅书画，曾与泰国潮属书画家庄礼文兴办雅庐书画社。书宗“二王”和清代刘石庵。著有《书后闲话》和《余光拾墨》，均为他平生研习书法经验之谈。

（《揭阳美术家人名辞典》）

陈望（1922—2006），揭阳棉湖人。20 世纪 30 年代末开始木刻创作，毕业于广西省立艺术师范学校。1946 年由重庆赴泰国，任华文报社美术编辑。1949 年夏回汕，任《团结报》编辑、《潮汕日报》美术编辑。1953 年调广东省美术工作室。1955 年加入中国美术家协会、中国版画家协会。1958 年任《汕头日报》美术编辑。1960 年后，历任汕头专区文联、汕头地区文联副主席、汕头画院副院长，后任汕头市文联名誉主席、汕头画院名誉院长等。作品被法国及国内多家美术馆和博物馆收藏。1991 年获“中国新兴版画贡献奖”。出版的作品有《木刻选集》和《陈望版画集》《陈望国画集》《陈望版画新作》等。

陈望在 1949 年前的木刻创作，是直接受当时左翼文艺思想的熏陶，同时也受到西欧批判现实主义艺术的影响，在他的作品中，存在着珂勒惠支和米勒等艺术大师的“影子”。1949 年后，他创作了一批反映社会主义农村生活题材的作品。原生活在社会底层的农民成了生活的主人，农民获得土地的喜悦。农民对文化渴求以及对建设新农村的决心和憧憬，都在他的作品中生动和形象地体现了。

（《潮汕百科全书》）

陈伟烈（1904—?），澄海鮀浦人（今属汕头市金平区）人。1924 年，自汕头私立回澜中学毕业后，投考广东大学不中，转而负笈上海群治大学，曾参加五卅运动。1926 年初，转学广东大学法律系（同年底，广东大学改名中山大学）。1929 年毕业，获法学学士学位。在学校期间加入中国国民党。后任职于潮阳、澄海、揭阳、汕头等地国民党党部，1939 年被聘为省府参议，负责在潮汕沦陷区开展活动，抗日战争胜利后任国民党汕头市党部书记长，兼潮汕区 11 县市局党务督导，1945 年后任汕头市参议会议长等。陈伟烈任汕头市参议会议长期间曾规划筑东南长堤、建华侨新村、兴筑南潮等“三大建设”，还曾参与筹办潮州大学。1949 年底，陈伟烈往香港，翌年再往台湾。

其书法楷隶相参，隶意浓厚，但结体却方整而近于楷书，颇具个性，奇姿异态，稚拙古朴，拙中带巧。

（《汕头史志》1993 年第 3 期、《汕头市临时参议会第一、二次大会会刊》）

陈文希（1906—1990），揭阳渔湖白宫村人。自幼钟情于绘画艺术，幼年读私塾后，负笈揭阳县城，之后到汕头读书。中学毕业后，初考进上海美术专科学校，再转上海新华艺术专科学校，1932 年毕业后，曾执教于汕头多家中学，并担任韩山师范学校和汕头南侨学院讲师。1948 年起定居新加坡，从事教育和美术研究、创作工作，为南洋美术专业学校讲师、新加坡美术研究会及艺术协会会员。出版有个人画集 8 册，曾获新加坡国立大学荣誉文学博士学位，新加坡总统尤索夫授予其公共服务勋章。

陈文希国画受其师潘天寿影响，继而受黄瘿瓢、齐白石影响。花鸟画受徐青藤、八大山人的影响，而没有为古贤所囿，重在师法自然。中年后又钻研西洋画，从后期印象派、表现派、野兽派、立体派到抽象派，无不认真学习，深入其中并汲收各派精华和技法，融为我用，从而形成自己的风格。有论者以为，“陈文希氏的技巧乃冶各家不同作风于一炉，即将传统的中国画法与现代的西方作风合而为一，但是在作品所表现的创作上，却保留着其独特的中国笔法”。

陈文希致力于中西绘画艺术融合的尝试与创作。其西洋画由写实入手，融全印象派的色彩效果和野兽派的创作手法，并发展成为非具象的特点；其中国画能从造型入手，注重点、线、面的有机结合，既有中国画的传统特点，又富于现代感，实际上是传统中国写意画与西洋现代画融合的结晶。其画风强烈厚朴、泼辣豪放，不落俗套，自立艺术门径，以成功的融合中西艺术的技法，而被著名书画家王学仲称为“东方之毕加索”。

所作《葫芦鸡》中，画家满怀激情，舞秃笔如蛇矛。潇洒出尘的笔法，摇曳着淋漓酣畅的墨彩藤枝的纷披历乱。几个葫芦深浅不一，意在其神而形似脱；三只鸡在觅食，用色画鸡身，再用墨粗略勾出其线，便是栩栩传神，既融入西画的色彩效果，而不失中国书画的笔法墨韵，达到继承、融合、发展、统一的高度一致。

（《陈文希画集》）

陈吾（1924—1995），海丰人。擅长水彩画、中国画。早年曾在汕头生活，1944 年毕业于广西艺师。历任中国作家协会广东分会《作品》美术编辑，中国美术家协会广东分会秘书长。作品有《峡谷涛声》《远眺橘子洲》《南海》等。

（《征访册》）

陈武升（清末民国），普宁人。光绪二十五年（1899）汕头建存心善堂，带徒弟何翔云应聘，同潮阳、澄海嵌瓷艺人竞技，获得好评。

（《揭阳美术家人名辞典》）

陈熙壁，澄海苏湾银砂人。乾隆十七年（1752）中恩科进士，其祖父春英则是康熙五十二年（1713）进士，号称公孙进士。现澄海建阳龙舌铺斯友祖祠有其手书画像赞。此作藏露结全，逆入回锋，多为圆润，笔道停匀，腾挪起伏，横画多起伏，有曲折之美。字形趋扁方，字势横展，有的字介于行、楷之间，显得流美动人。

（《书林拾翠》）

陈贤忠（1934—2004），潮州市人。1959年毕业于韩山师范专科学校，从事教育工作。1964年转入潮州市彩瓷厂。1979年被评为工艺美术技术员，先后担任厂胶印设计室主任，总厂研究所业务负责人，瓷用花纸厂副厂长等职。在任技艺室胶印负责人期间，潜心研究陶瓷生产的胶印刻制、花样设计和瓷用花纸印制技术，追求胶印工艺达到手工绘画效果。研制设计的作品线条刚柔得体，再现手绘精彩笔法，有效进行批量生产。图面创新上，运用书法篆刻深厚功底，创作了潮州彩瓷产品底标“中国潮彩”，使用几十年，已是传统专标。创作的以纯胶印操作的餐茶具花面，得到用户、同行好评。与此同时，做好技术的“传、帮、带”，培养出一批技术人员。

（《潮州历代美术家辞典》）

陈显达（1921—1986），曾用名伯琦。幼时就读于樟林广智小学，于汕头大中读完初中后，到香港珠江中学读高中，后到万国美术学院学习。1939年至1941年在广智小学、饶平下堡乡中心小学任教。1942年与杜国庠到广西桂林找其叔陈卓凡。1943年在四会县政府任科员。1945年抗日战争胜利后，回到樟林，后到澄海县党部任宣传委员会秘书。1946年曾任汕头市党部宣传干事。1948年在香港参加民革。在香港期间，以“阿琦”为笔名在中共机关刊物《群众周刊》发表漫画，宣传革命。1950年，在陈卓凡帮助下，经人介绍到若瑟中学任教。1951年回家乡参加劳动。后在历次政治运动中长期遭受批斗。直到1978年摘去“地主帽”，才真正恢复自由。1984年，省政协李洁之、胡希明两位副主席联名向省统战部推荐安排他在文史研究馆工作。1986年4月，他接到省有关部门的通知，要求他填写其个人简历等情况后到澄海县文联上班。可惜的是他回家后刚填写完有关简历等情况就突然去世。

（《樟林塘西》《征访册》）

陈香泉，又名陈泽。清朝道光年间人。家住潮州城柳衙巷。善画人物，也画屏风松鹤，艺授詹沄。

（《潮州历代美术家辞典》）

陈湘兰，祖居澄海隆都，随父来潮州城石牌巷居住，遂为潮州人。陈系富家女，自幼喜欢书法，尤擅隶书，师从陈景仁。其书法艺术闻名于民国。

（《潮州历代美术家辞典》）

陈小豪（1888—1950），潮安庵埠人。民国初毕业于汕头华英中学。1918年，在汕头创办《民声日报》，开辟“暮鼓晨钟”专栏以针砭时弊。1925年12月，在民众要求收回教育权的呼声中，华英中学校长英国人华何力把校权交出。小豪被推为校长，更校名“南强”。1943年潮汕饥荒，陈小豪上书县政府请减征粮，并为文登载于汕头报陈其事。1946年，为汕头市参议员。陈小豪能诗善对，擅书法，曾书杜甫《秋兴》八首四幅送广州书法研究会主任劳适予评定，后送南京全国书展，积书法作品成《南村存稿》。用笔沉厚劲健，气势开张，真气弥漫，魄力不凡；笔画劲健厚重，字体秀美，法度严谨，神采焕发。

（《庵埠志》）

陈修龄（1900—1982），潮州城人。广东省文史馆馆员、中国美术家协会广东省分会会员、潮州市政协委员、潮州市文学艺术联合会常务理事。陈修龄昔年毕业于潮安金山中学，后长期从事教育事业达40年之久，一生工作兢兢业业，忠于职守，在教育和艺术创作中堪为典范。他从小喜爱美术，长期刻苦自学，从潮州刺绣、彩瓷、木雕等民间艺术中吸收养分，广征博采，艺事日进，教学之余，常伏案作画，时有佳作面世。其作品内容丰富，山水、花鸟、人物等都有所描绘。他既擅工笔，也能写意，有全国知名画家曾誉之为“能文能武”。陈修龄的作品，以工笔菊花最为精彩，工细精妙，形质俱佳，生气盎然，赋色明丽而不妖冶，笔法工整而有力气，风格明净、清新、隽逸、雅致。陈修龄昔年画蝶学岭东画蝶名家胡楷技法，采用炭精粉画蝴蝶翅膀，以加强质感和动感，使之更显得栩栩如生。蝴蝶的黑眼睛周围以白粉勾勒，更为传神。他收集蝴蝶标本，潜心研究，作起画来胸有成竹。代表作《蝶恋花》构图新颖，色彩缤纷，菊花丛中粉蝶成双成对、翩跹起舞，一派生机。另有代表作《百蝶图》，采用浪漫主义手法，将大自然中千姿百态的蝴蝶集中于尺幅画面中，构图聚散有致，开阖有度，群蝶起舞，刻画入微，神态毕现。更于绿茵草地上，淡描数朵争妍斗艳的花朵，更烘托出春光明媚、繁荣昌盛的景象。墨工室收藏其工笔菊花、蝴蝶条幅，纵128厘米，横28厘米，作于1972年1月，署“绍彭陈修龄设色”，画面有红、黄、白各色菊花八朵，蝴蝶三只，两只对舞，一只停在花上。菊花设色华丽，层层加染。陈修龄在“文革”时期没有受到冲击，每天作画不止。时纸张紧缺，他常用学生作业纸练笔画兰草。陈修龄为人谦和、谨慎，甘居一隅，辛勤耕耘。晚年退休后，还应邀到工艺美术部门传授工笔画技法，培养设计人员，门生众多，有的现已是工艺美术行业中的佼佼者。1986年1月，潮州市文化部门在东门楼举办“陈修龄先生国画遗作展览”，展出陈修龄创作的国画作品六十多幅及部分金石篆刻，深得观众赞赏。

（《潮州历代美术家辞典》）

陈秀升（1870—1932），字钟毓，号天问先生，别署白云野史、黄石东邻、桂山小隐、希夷第二、太瘦生等。潮阳贵山都华美乡人。幼聪敏好学，四岁入塾，五岁识字千计，能切四声。光绪九年（1883）应童子试第一，十五年（1889）中秀才，入潮州金山书院，受业于翰林吴玉臣门下。十七年（1891）偕族叔陈龙友入双髻山石室治经济之学，以为当时时势，外侮将至，而深究兵事、地理、外交，以待时用。二十三年（1897）入国子监。三十一年（1905）科举废止，仕出无门，顿感失意，遂在乡倡办联立界河小学堂，翌年任潮阳县劝学所所长。历任潮阳县立高等小学堂、六都高等小学堂校长。1924年倡办桂屿文学社，任社长，以研究文学为职志，保存国粹为宗旨，主撰《桂屿文学社季征》共两期。晚岁闭门谢客，沉酣哲理、诗文、书画、医学，采辑《孔门学案》。今人汇辑其遗文为《天问楼集》。潮阳贵屿北门村有其所书石刻，用隶书写成，运笔沉着，稳而不板，入以方笔，出以铺毫，方整劲挺、古拙雄浑。

（《潮阳县贵屿镇志》《儒学在潮阳》）

陈衍虞（1699—1688），字伯宗，号园公。海阳县秋溪（今潮州潮安区）人，居潮州城铁巷。其父陈延策，崇祯年间贡生，在乡里教授诗文。衍虞自幼随父读书，专攻诗文。于崇祯十五年（1642）中举人，顺治十二年（1655）出任广东番禺县教谕，升任广西平乐县令。后以老乞归。

陈衍虞的书作，笔致稳重而隽逸，柔中有刚，神韵生动。现存笔迹有开元寺前大照壁上石刻“梵天香界”，潮城管巷火神爷庙前照壁石刻“阳海阴晴”。

陈衍虞归里后，以诗自娱，建“种墨亭”，修湖山胜迹，优游其间，所著诗文甚多，有《蔚园文稿》《莲山续文稿》《照潭集》《色乘论》《序录》《种墨亭后集》《尺牍》，还有哭陆汉东（陆竹溪后人，我潮名士）诗等。相传陆汉东与陈衍虞为莫逆之交，汉东忽卒，衍虞苦之以诗：“乱后无家家转多，芝坪桄岸各营窝，二乔不并铜台锁（公多内宠），千里常随铁骑过（两地往来每尾兵后）。墨浪吹纹成豹彩（善书），楸坪落子烂山柯（善弈）。茫茫地下今埋玉，黄鹤双歌听得么？”

（《韩江记》《潮州历代美术家辞典》）

陈尧佐（963—1044）， 字希元，阆中（今属四川）人。宋端拱元年（988）登进士第。咸平二年（999）任开封府推官，时因上书针砭时弊获咎，被贬至潮州任通判。在潮虽不满二年，却关心民疾，重视教育，修建了孔子庙、韩愈祠堂，并在各地开办了些学校，培育了不少才士。其时鳄鱼遗种肆虐，在韩江硫黄村吞噬了个姓张的孩童，陈尧佐派了百余名勇士把鳄鱼捕获。他亲自撰《戮鳄鱼文》，宣布恶鳄的罪状后，把鳄鱼当众杀死。

陈尧佐对潮州有着深厚感情，回京后曾写有《送登第归潮阳》：“休嗟城邑住天荒，已得仙枝耀故乡。从此方舆载人物，海滨邹鲁是潮阳。”潮州自此有了“海滨邹鲁”的美称。潮人没有忘记陈尧佐的功绩，每年二月中旬，龙湖村民都要举行舞蛟龙游园活动，以示纪念。在潮州历史上，陈尧佐与韩愈并称“韩陈”，足见其功早与韩愈齐名。景祐四年（1037），陈尧佐拜相。

陈尧佐善古隶八分，点画肥重，人称“堆墨书”。著有《愚丘集》《遗兴集》《潮阳编》《野庐编》等。

（《潮州历代美术家辞典》）

陈一松（1498—1582）， 字宗岩，号乔东，晚年自号玉简山人。海阳南桂都（今属潮州市潮安区东凤镇）人。嘉靖二十二年（1543）登癸卯科举人，二十六年（1547 年）登丁未科进士，授翰林院庶吉士、除兵部主事。后历任湖广佥事、广西苍梧道佥宪、福建粮储参议、湖广副使、陕西参政、福建按察使、江西布政使、应天府（今南京市）尹等地方官职。所到之处有宦声，去职时民遮道挽留，又为其立生祠崇祀。隆庆六年（1572）二月至万历元年（1573）九月，任大理寺卿，不避权势，竭力平反一批冤案，深受朝野正义人士赞扬。万历元年九月，迁任工部左侍郎，督修皇陵加俸服一级。乞省墓归乡，闭门谢谒。后卒于家，皇帝下谕祭葬。曾筑室讲学于玉简峰甘露岩，著有《玉简山堂集》10 卷。

陈一松书法今传有潮州市湘桥区磷溪镇溪口村“刺史刘公祠”与“大夫堂”二匾、潮安区金石镇仙都“林氏家庙”匾、潮安区彩塘镇境内桑浦山甘露寺“玉简书院”石刻。以上书迹皆为行楷榜书，唯仙都“林氏家庙”匾有“兵部尚书翁万达赠”“工部侍郎陈一松书”上下两款，余皆无款。

（陈振鹏提供）

陈乙星，号天枢。潮州城人，居铁巷。自幼聪颖好学，弱冠以书画音乐知名。三十岁左右，创办世馨小学，自任校长。“五四运动”时，潮安各界掀起抵制日货高潮，他自编自导救国新剧，在世馨小学演出，颇有影响。抗战开始，潮城遭受空袭，陈乙星避居黄金塘乡，仍以教学为生。后因外出时适逢山洪暴发，与女儿齐溺毙于水。其画学吴昌硕，有较高水平。曾画扇面墨梅花一幅，构图疏聚有致，用笔简练有力，用行书题诗，笔画浑厚刚劲，书画并美。

（《潮州历代美术家辞典》）

陈亿谦（1901—?），笔名陈谦。澄海溪南埭头人。14 岁便在东里樟林画家温德庵的指导下专攻工笔画，18 岁回埭头开画馆以画头像、富绅像为生，潜心钻研画鲤鱼的技法，所画鲤鱼活灵活现，惟妙惟肖，备受行家的好评。后经常应邀到澄海县文化馆作画参加展览并被收藏，其子孙几代人均承家学，以画鲤鱼名世。

（《征访册》）

陈翼（1846—1900），字鹤生。澄海莲下建阳人。同治年间潮州府试第一，继又授业于探花陈子砺门下，诗词书法皆精妙。一生设帐授徒，桃李盈门，淡泊度日，严课子孙，勤奋向学。遗作有《陈鹤生先生诗课遗稿》。书法笔画清秀，圆转遒丽，间架方正，字势横展，重心平稳，显得严谨端庄。

（《书林拾翠》）

陈银笋（1889—1983），又名长淇。澄海莲下建阳人。少时在家做手工。30 岁才开始读书，由陈瑞琼老师授教三年。33 岁随老师同往樟林培翢山房任教。后又回家乡仰荣家塾、协顺书斋任教，边教边进修诗文、书法，前后三十多年。其小楷结体匀称，点画一丝不苟，颇见功力。

（《澄海历代书法概览》）

陈英飞（1933—2010），笔名石草。潮安人。生于泰国，幼年随父母回国。1960 年毕业于华南师范学院中文系。1962 年开始从事剧本创作，任潮安潮剧团编剧。1978 年调任潮剧院编剧。主要作品有《袁崇焕》《德政碑》等。出版《陈英飞剧作选》（中国戏剧出版社 2008 年出版），戏外之余，对书法颇有研究，擅行、草书。

（《戏外翰墨》）

陈英皋，潮州城人。善书画。20 世纪 50 年代在潮安一中工作，任学生宿舍管理员。那时该校的美术教员主要是郑茂熙、林白桦，不教美术的画家有庄华岳、蔡瑜、黄孝仁；至于陈英皋，学生只知他会写大字。每逢节日、校庆或政治宣传需要写大字时，少不了派陈英皋的差，而美术工作，未见陈英皋显身手，只有到过他宿舍，见到他画作的人，才知道他画得很好。曾闻其宿舍墙上挂有幅风景炭精画，非常精美。陈英皋经常身着四口袋中式衣服，戴着眼镜，瘦个子，略微弯腰，工作耐心。胡镇福藏陈英皋行书册页二幅，写得随和圆美。

（《潮州历代美术家辞典》）

陈英猷（1676—1752），字式霭，号石泉，门人称为“叠石先生”，民间称为“死国师”。潮阳河浦人。陈英猷4岁开始认字，14岁参加乡试考取庠生。在河浦叠石山上扩建书斋，招纳门生。他专攻《周易》，研究孙吴兵法及武侯阵法，评选《史记》《周礼》《秦汉》等书。他认为《周易》疑义殊多，并提出见解，历十四载撰写《演周易》四卷。其书法笃实纯厚，骨力遒劲，丰腴雄浑，结体宽博，气势恢宏。

（《河浦乡情》）

陈映曦（清末民国），字晓棠，号石颠、磊落小隐、石颠山人。澄海人。生平镌印谱十余卷，篆刻高古朴拙、气势博大，苍劲雄奇。

（《暹罗澄海同乡会成立一周年特刊》）

陈永铎（1940—2006），达濠人，电影三级美术师，曾任潮阳县影剧院宣传组副组长。1961年毕业于汕头艺术学校，后随刘昌潮学国画，所作墨竹水墨淋漓，气势磅礴，奔放不羁，不拘泥于形似。作品多次被选送广州、深圳、香港等地展览。曾为美协汕头支会会员、潮汕国画会会员、潮阳美协常务理事。

［《潮阳美协会员名录会员作品选》（1990年7月）、《征访册》］

陈咏文（1925—2000），字铭赋，号人诗。汕头市金平区鮀东桥头人。早年耕田，晚岁耕砚。知天命时，弃田事砚，服务乡民，设“鮀农斋写处”于鮀浦直街，晚号老鮀农。晚年皈依三宝。能书法，曾主持1990年鮀东首届书画展，并任鮀东书画社名誉社长、升平区书画协会成员。能诗，所作平和，常以俚语入句。

（《征访册》）

陈用先（1901—1965），饶平县黄冈镇人。教育界知名人士，饶平二中第一任校长。青年时随兄到泰国半工半读，1921年回国，考进中山大学，专攻博物（即生物）兼修外语。1926年中大毕业后，执教于广东省立第二师范学校（今韩山师范学院）。与詹安泰、李芳柏为挚友，协力推行新教育。1926年回饶平，首任饶平县第二中学校长，连续12年。在校努力革新学制，招聘优秀师资，扩建校舍，设置图书馆、实验室，奠定发展中学教育基础，并致力公益事业，曾任黄冈中山公园管理处主任，为黄冈丁未革命烈士纪念碑手书碑文。抗日战争时期，到潘段、长彬、大埕等村小学任校长。1949至1950年再出任饶平二中校长，1951至1953年执教饶平一中。因受极“左”路线影响，于1953年被诬下狱，1961获释，1965年病逝。1986年广东省高级人民法院宣布其无罪，撤销原判，恢复名誉。

饶平黄冈中山公园中的“黄冈丁未起义纪念亭”有其所书的《黄冈丁未革命死难烈士纪念亭碑文》，楷书。款曰：“国民革命军陆军独立第二师第三团团长抗日将领钟芳峻敬，饶平县立第二中学校长陈用先敬书。中华民国二十三年十月十日竖。”

（《饶平县志》，黄外浩提供）

陈由亮（1925—2003），澄海隆都前美村人。历任澄海县委宣传部副部长、县科教（文）办公室副主任、县委党校副校长等职。退休后从事文化活动，参与并主持点校嘉庆《澄海县志》，编写《澄海四百年大事记》，后受聘为新编《澄海县志》副主编。主编《晚晴集》《王天性集》，著有《苜蓿集》。曾为汕头岭海诗社社员。其书法多为小楷，端正方整，秀雅和劲。

（《征访册》）

陈玉堦（1889—1952），字璇玑。普宁占陇镇四德村人，生于潮安。武进士陈见田子。两广工业高等学堂毕业。历任金山中学和韩山师范学校图画、音乐教师。1942 年举家迁回普宁，创办三民小学。能画，擅长山水、花鸟，以中西画艺结合，形成较有个性的画风。有长卷国画《金山全景》在巴拿马国际博览会上获奖。代表作有《江东图》《潮州西湖全景》。其后人亦多能画。1985 年普宁县举办“陈玉堦家庭书画展览”。

（《揭阳美术家人名辞典》）

陈元才（1694—1778），字汉光，号健亭。揭阳霖田都棉湖人。康熙三十五年（1696）武举人。后封文林郎。性喜任侠抱不平，热心社会公益事业，甚得乡人及知县陈树芝好评。乾隆六年（1741）以举人身份赴鹿鸣宴。擅书，垂心颜鲁公。

（《揭阳美术家人名辞典》）

陈元德，普宁人。雍正二年（1724）进士，巴县知县。乾隆十年（1745）参与编修《普宁县志》。能诗，工书，书法“二王”。今普宁县马嘶岩有他在乾隆年间书撰的行书诗碑，跋为“马嘶岩，唐大颠师初创道场，韩夫子方外交实始于此。乙丑兴修普志，得悉其详。寄题二绝句，百花洲陈元德草”。字体遒媚，点曳亦工。

（《揭阳美术家人名辞典》）

陈元章（咸丰间），字燮山，号巴凌樵子。在潮州城以画为业。擅画花鸟，作品精细，书法也佳。陈元章作品不多见，画友翁桂芝先生家藏四幅，中有两幅系绢本花鸟画，每幅高 96 厘米，宽 24 厘米。一幅画紫藤燕子瀑布，紫藤自左边向右边生发，占画面主要地位，叶茂花艳，藤下（画幅正下方）出口流水潺潺，空中一对燕子比翼双飞，另一只燕子在藤上观望，画面描绘春暖花开、小鸟歌唱的美好景象。题字为“蕊生三兄雅正，燮山陈元章”，盖二方小印，一为“元”字，一为“章”字。另一幅右下角画地坡、石头、茶花，画面中部右边向左画二花枝，花枝上各站一只鸟，一上一下，两相对望。题字为“仿包山子笔法，燮山”。盖白文印“元章”。

（《潮州历代美术家辞典》）

陈沅（1885—1958），字梅湖，号光烈。饶平隆都大巷（今属汕头市澄海区）人，秀才。早年在泰国曼谷等地经商，任泰国中华公学学监。民国建立后在粤军、广东高等法院等任职，曾任广东通志馆编纂。1939年汕头沦陷后汕头市伪政府成立，陈沅任秘书长、警察局长，后任东区绥靖督办行政专员兼保安司令。1941年春自以迂戆为由辞官，后剃度受十戒并灌顶皈依佛门。其题刻于南澳叠石岩上的“天南法乳”，容夷婉畅，编著的《南澳县志》稿本，书体行、草、楷皆备，娴熟娟秀。

（《征访册》）

陈运彰（1905—1955），潮阳铜盂人。原名陈彰，字君漠，又字蒙安、蒙庵、蒙厂、蒙父，号华西，斋堂为证常庵、华西阁。历任上海通志馆特约采访、潮州修志局委员、之江文理学院、太炎文学院及圣约翰大学教授等。擅书画，精篆刻，工诗词，又喜印章。

陈运彰喜《兰亭序》，连居室名也称为五百兰亭室。汉、魏、唐、宋碑帖收藏极多，并详加考订题跋。在欣赏大量名作的基础上，陈运彰的书法由“宋四家”上窥褚遂良、“二王”，从而使其书法具有平淡而又痛快、潇洒中见天趣和浓烈的书卷气的特点。

陈运彰挥毫时得心应手，运笔十分讲究，点画及转折均极为精到，行笔中强调了起伏顿挫，具有较强的节奏感和韵律感。他还巧妙地将“二王”、欧、褚诸家融为一体，又加入浓厚的隶味，使笔画粗细有变，既瘦劲飘逸，浑穆圆润，又绰约多姿，和谐自然。陈运彰的草书，圆转流畅，蕴藉典雅，深得王羲之之韵味。而其行书则笔画圆润，流转秀逸，字体娟秀，行间宽疏，温文尔雅，含有宋四家的风格。

（《征访册》）

陈章滨（清末民国），号石流。揭阳桂岭古溪乡（今属揭阳市揭东区）人。擅诗词、书画、篆刻，有墨迹稿本数册传世。书法宗颜鲁公，篆刻师汉印，西泠印社张耕源读其印，称“极具汉铸印风范，非有相当功力而不可为”。有自撰自书联，颇可见其治学精神：“惜精神，闹中取静；做学问，忙里偷功。”卒时仅三十余岁。

（《揭阳美术家人名辞典》）

陈哲，澄海人。高振之弟子，其擅长花鸟画，特别是画鹌鹑和紫藤，20世纪50年代曾和刘昌潮、蔡光远等老艺人同赴北京献艺。用笔潇洒，用墨淋漓，自然流畅，全在不经意的轻描淡写之中。其风格以清高秀逸和超凡脱俗的格调取胜。

（《征访册》）

陈哲明（1890—?），学名天寿，号戒怒，乳名来庆。澄海樟林南社人。1917年南渡马来亚创业，开采锡矿，又从事粮食、椰油、杂货、肥皂等生意，也曾设帐课徒。陈哲明为人温文尔雅，磊落慷慨，热心社会公益事业，历任霹雳火葬会财政、霹雳佛学社副总理、德善堂副总理、各寺院名誉理事、韩江公会及育华学校文化主任等。

陈哲明1957年回乡捐资重修公益设施，如樟林的东官路、石汀渡的二处凉亭，均有其所撰书法，由此二件作品而论，其书平和自然，笔势委婉含蓄，别具神采。

（《马来亚潮侨通鉴》《中国纪游》）

陈镇庭（1898—1963），字振庭。澄海城北人。1939 年入上海美术专科学校学习，在学期间，成绩卓著，受到刘海粟、谢海燕等画师器重，毕业之后留任教职。1942 年先后到泰国和越南培英学校任教，并创办“国画社”，门墙桃李，遍及泰越。在泰期间，多次举办画展，所得笔润，均资助家乡福利事业，出版有《镇庭翎毛走兽图册》《陈镇庭画存》等。

陈镇庭绘画无所不精，西画、国画皆具风格，尤以国画为最，特别擅长翎毛走兽。赋色淡雅，疏朗散漫，线条精妙，刻画入微，墨韵清幽。陈镇庭书法受欧阳询影响，用笔刚健险劲，起笔收锋应规入矩，转折提按分明，结体略取长势，既有方正峻利之势，又有风姿秀雅之韵。

（《汕头文物》第 17、18 期，《汕头市文化艺术志》）

陈之华（清末民国），揭阳地美都（今属揭阳市揭东区）人。廪生。以教书为业，历任华美学校校长。年七十卒。能书法，初学柳公权，后学颜鲁公，擅长楷书。

（《揭阳美术家人名辞典》）

陈芝山，潮州府城人，住潮州城昌黎路。作品多数是花卉。“文革”前王显诏家中客厅挂其立轴，画面纵 110 厘米，横 34 厘米，画牡丹、桃花及兰花，兰花连根离土，牡丹、桃花均为摘枝。三种花组成长条形构图。题识为“仿新罗山人”，其实该画并无新罗山人风格。该图用熟宣纸，以工、意并举笔法为之，所绘形象准确，构图恰当。“文革”期间，王显诏怕招“四旧”之嫌，用自己书写的毛主席诗词将其覆盖住，及至书法取出展览时，这幅花卉已霉烂不堪，颇是遗憾。

（《潮州历代美术家辞典》）

陈钟鸣（1936—?），潮州人。中国工艺美术大师，中国陶瓷艺术大师。11 岁进瓷庄从事陶瓷彩绘。1956 年进景德镇陶瓷学院雕塑专业学习，毕业后到广东省枫溪陶瓷工业研究所工作。在艺术实践中，坚持理解材料、适应材料、驾驭材料，将艺术规律用活。人物瓷塑以塑为主，充分运用枫溪瓷土质地柔润洁白的特点，少施彩绘。在继承中国传统瓷塑的基础上，勇于创新，创作出独具新意的古代仕女系列作品，不局限于一种风格，丰富多彩。他还善于从当地富有特色的工艺美术门类中汲取养料，使作品充满浓郁的乡土气息。1986 年其作品《金陵十二钗》获全国美术陶瓷评比一等奖，被中国工艺美术馆收藏；《黛玉葬花》被中国博物馆收藏；《妙韵》瓷塑获中国工艺美术百花奖一等奖；《寄菊琵琶通花瓶》（合作）获保加利亚国际博览会金奖。同年在多伦多科技中心做了为期半年的技艺表演，受到好评。其所作瓷塑《张衡》由中国国家地震局赠送给美国科学基金会和英国科学博物馆。

（《潮州历代美术家辞典》）

陈仲容（约1885—1927），又称陈二。揭阳和顺乡莲塘村（今属揭阳市揭西县金和镇莲池村）人。曾任教于揭阳榕城工业学校。与吴泽庵、林芙初甚投契。能诗，《泽庵诗集》中多有其唱和诗，如《秋夜有怀仲容羊城》《喜陈仲容君至》《读陈二过随园诗》等。擅书。

（《揭阳美术家人名辞典》）

陈著升（1922—2004），又名贤顺，笔名云中子、云樵子。南澳县云澳镇人。系清代南澳武进士陈定举后裔，父亲陈象力是位渔业桁槽长年（技术员），后为船主。陈著升虽命运多舛，但乐观豁达，刚直不阿，奋斗不息。18岁患肺病，但他在岛上屏山岩休养，大种白菊花，长期煮其叶饮之，两年后病愈，并自此自学成业余中医。30多岁时胃病严重，练内养功治愈。57岁大病住院，以晨练新气功疗法康复。中年逢逆境于饶平山内，吃苦耐劳，科学种田养猪，皆胜人一筹。同时无偿为村民治病，治愈邻居一少年聋哑症。其虽仅读至初一，但天资聪颖，记性极佳，刻苦自学，以学为乐，以书为伴，勤钻研，善思考，重积累，活到老，学到老，磨炼出多才多艺，参加南澳县政协海韵诗社吟翁、擅诗联，工书法，通医道，善器乐。“文革”结束后，常至汕与族兄定持诗僧酬唱。诗联逾20首（副），书匾数幅，被载于南澳诗刊、书籍，并多数书刻于寺庙。

（《征访册》）

陈卓凡（1898—1976），原名万安，澄海樟林塘西人，1919年赴日本东京早稻田大学留学。在日参加留学生爱国运动，与彭湃等组织赤心社。1924年毕业回国后，历任揭阳县县长、漳州各属政治监察员、国民革命军第四军第二十六师政治部主任。1928年参加邓演达创立的中华革命党，任组织委员会和工农运动委员会委员，并在上海创办南强书局。1930年8月中华革命党改名为中国国民党临时行动委员会，翌年任该会南方委员会副书记。1933年冬参加福建事变，任龙溪县县长。抗日战争时期，任广东省第八区民众抗日自卫团统率委员会副主任、第十二集团军政治特派员办公室主任秘书、第十集团军总司令部政治特派员、粤汉铁路国民党特别党部书记长、广东省第五区行政督察专员兼保安司令。1949年后，历任中国、广东省和广州市政协委员，广东省政协副秘书长、省参事室副主任，中国农工民主党中央委员、广东省委委员等。

陈卓凡的书法以北碑为基，运笔精深，提按清晰，间架平整，出规入矩，方圆兼用，秀润挺拔。又以魏碑笔法参入行书，行笔迅起急收，点画峻利沉实，结构疏密自然，字密而行疏，错落有致，洒脱隽逸，给人以秀雅恬静的美感。

（《潮汕百科全书》《樟林塘西》）

陈卓坤（1908—2002），又名李福如、呈陆，别名陈广。兴宁人。1928年就读于西湖国立艺术院，学习中西绘画及图案。1930年参加中国左翼作家联盟，曾主办团中央《少年真理报》，江苏省团委机关报《先锋》。1931年参加鲁迅创办的木刻讲习班，为13名成员之一，参与创办上海“一八艺社”。1930年至1933年参与主持左翼美术家联盟工作。期间发表有《评庞熏画展》《美术大众化与大众美术》等长篇论文，创作第一幅鲁迅木刻像。他还几度被捕，1937 年于南京出狱奔赴延安，长期在革命部队工作。1949 年后历任汕头市文教局局长及汕头市文联主席、广州美术学院办公室主任等，是中国美术家协会会员。20 世纪 50 年代始致力于中国画创作，擅花鸟画。他的作品以花鸟画为主，深受海派任伯年、赵之谦、吴昌硕以及齐白石、潘天寿等影响，又能自创新意，他的画充满稚气，真率钝拙，却又狂傲恣肆，似有刚烈之气充斥于画面里，更显得卓尔不群。

（《兴宁文史》第 1 期）

陈子承（1728—?），族名文赜，字铁山，号仰斋，揭阳霖田都棉湖人，陈元才仲子。乾隆二十五年（1760）举人，仕至衡州通判，病逝于任上。四十八年（1783）任《揭阳县志》分纂。能诗善文，工大字。揭阳黄岐山崇光岩现存有他于乾隆四十九年（1784）书刻的“客啸雏吟”四字，字大一米见方，行书，属颜鲁公笔意，遒劲俊逸。

（《揭阳美术家人名辞典》）

陈子南（1876—1953），潮州城待诰巷人。以医为业，曾于潮州四狮亭脚开设“世兰轩”中药店。幼年喜临颜真卿字帖，打下用笔基础。晚年以书画自娱，作品颇多，但都在“文革”期间毁灭，现能见到的只有其亲戚林逸民家中所藏山水画，画冬夜归途，一老者披风戴雪帽被一小童护着行路。该画作于乙丑年（1925）。

（《潮州历代美术家辞典》）

陈子欣（1918—2007），又署梓欣、老梓。其书法结体端庄，字势雄强，尤擅长榜书。20 世纪 70 年代至 80 年代初，汕头市井的招牌尤其是商业行业的招牌大多出于其手笔。如人民饭店、大华饭店、杏花饭店、鮀江旅社等，还有华侨、百货、石油等公司的招牌。汕头经济特区设立后，位于迎宾路的“万商楼”大招牌字也是陈子欣所书。

（吴著明提供）

陈宗瀚（清末民国），惠来梅花宫人。光绪间任湖南衡阳知县。擅书，今惠来名胜榕石庵有他于光绪十六年（1890）所书“榕石”二字石刻，大字师北碑，宽厚凝重；小字“光绪十六年庚寅人日邑人陈宗瀚书”，为篆书。

（《揭阳美术家人名辞典》）

陈宗瑞（1910—1985），名楷，字式华。汕头鮀浦人。从小就偏喜艺术，课余摹影自娱，并独自负笈上海。回汕头后与曾幻一、陈文希、林受益等创办春阳绘画社举办展览、培训，为西洋画在潮汕普及做出贡献。1931 年美术专业学校毕业后，陈宗瑞移居新加坡，从事文化教育工作，先后在马六甲中华学校、新加坡道南学校、端蒙中学、华侨中学、中正中学、师资训练学院、南洋美术专业学校等机构任职。1935 年，他倡办“中华美术研究会”，先后担任副会长、会长，该会定期举办活动，并多次接待国内画家到新活动，如徐悲鸿、王济远等。他还长期兼任新加坡艺术协会副会长、水彩画会会长和财务；执掌多次该国绘画比赛的评审工作，两度获得新加坡总统颁发的该国给予艺术家最高荣誉的“公共服务星章”。

陈宗瑞驰骋于艺坛逾半个世纪，涉猎甚广，水彩、中国水墨画、油画、素描、中国书法，无不学而后精。作品取材宽广，他曾于1952年，与刘抗、钟泗滨、陈文希等画家到马来西亚东海岸写生，之后又多次与画友到世界各地写生；他奉“读万卷书，行万里路”为艺术信条，重视写生与技法的结合。他的画作多在强调传统功力的同时，做到尊重自然，着意表现真实。

（《新加坡第一代书画家翰墨集珍》）

陈作舟（1788—1860），字楫，号笠渔。潮阳河浦人。1834年任梅州东山书院主讲，之后出任三水县训导，1839年任广州府教授，因治学有方，人才辈出，成绩斐然，清廷于1845年下诏钦加州同衔，1847年又奉旨钦加五品衔。1848年权授罗定州训导。其诗作诗律精细，雅隽不俗，文朋诗友遍布海内。著有《罗浮篇》《羊城杂咏》《同声集》《三益轩诗草》等书。陈作舟故后，遗体葬在现河浦龙虾山、他生前自选的彩云洞。现洞口大石上保存他为自择墓穴所题的石刻二件。一件是题诗，另一件是他从1834年至1848年的任职简述。从这些题书来看，陈作舟书法结构严谨、端庄方正、笔画清新、刚劲有力。

（《河浦乡情》）

成子学，字怀远，号井居，又号惟道。海阳县隆津都龙湖寨人。嘉靖十六年（1537）考中举人，至嘉靖二十三年（1544）考中进士，被誉为“潮州七俊”之一。成子学初任江西峡江县令，政绩卓著。后调任两淮监察御史、江西按察司佥事，迁湖广布政司参政、山东按察司副使，累官苑马寺卿。成子学青年时期师事心学大师王阳明，《海阳县志》载其：“得良知宗旨。又与吉水罗洪先往复寓书，阐明理学。”

成子学书法今可见有江苏淮阴盱眙第一山中其于嘉靖三十二年（1553）三月所作的草书诗刻《玻璃泉亭成惜别一首》。全文为草书阴刻，共二十行，218个字，整个石刻横约三十二寸，竖约十八寸，字径约一寸。

其诗曰：

“天地有正气，一六钟灵杰。涓涓出山下，分自瑶池泬。风恬波不兴，露浥味还冽。崛起淮泗滨，影漾崆峒月。春和玄鸟鸣，夏吞黄河咽。霜雪零秋冬，玉佩环金阙。代谢成古今，清渟被朱越。静涵空谷音，造化理应泄。撼石震寒蛩，穿树惊啼鴂。流澌涤肝胃，奸回骨已裂。光泽洒杏林，佳人日采撷。掬之荐明堂，岂为涧沚啜。芬芳通鬼神，洗心得真诀。一笑扫沉疴，寿世消白发。亦有流离子，探取疗饥渴。顿令尘世人，登览羡奇绝。倬彼玻璃泉，萃美镌水碣。对饮甘醇醪，惜别诗弥切。”

末处落款是：“嘉靖癸丑春二月之吉，赐进士第巡按直隶监察御史海阳井居成子学书。”

这处题刻是成子学现今唯一可见的书法作品，而传闻潮安区庵埠镇梅溪乡洪氏家庙内原来也悬挂着一块成子学题写的牌匾，其正文为“祀先堂”三个大字，其末落款为“甥成子学拜赠”，而原匾已佚，今所见的牌匾为祠堂重修时乡人所仿造。

程赟（乾隆间），潮州城人。作画师陈琼，擅山水、人物画，尤善画龙，曾于潮州开元寺壁画龙，时人称“程赟龙”。

（《潮州历代美术家辞典》）

池泉，揭阳梅冈都人。嘉庆十九年（1814）贡生。擅书，有诗稿残本传世，师欧阳询《仲尼梦奠帖》，劲峭严正。

（《揭阳美术家人名辞典》）

D

戴泽山，字咸亨。大庾人。于嘉庆初年掌教韩山。性好砚，藏端砚数百枚。将其居室名为“百砚山房”。郑昌时有诗曰：“文光荣，斗山高，百砚登囊气自豪，作记玉楼何太急，为公涕泪几沾袍。”即为怀念其师戴泽山而作。

戴泽山善书画，百榕斋收藏戴氏山水画两帧，皆上品。一幅钤白文“咸亨”、朱文“泽山”两章，一幅钤白文“泽山”章。

（《潮州历代美术家辞典》）

戴贞素（1883—1951），号仙俦，字祺孙。潮安归湖溪人，移居潮州城岳伯亭总兵巷。戴贞素17岁中秀才，主考官很赏识他的辞章，曾亲笔书赠对联。戴出身世代书香门第，祖父戴介圃是清朝举人，父亲戴漉巾是潮州有名的“三布衣”之一，子戴平万是中国现代文学史上有影响的左翼作家。戴贞素自幼聪颖过人，能诗词，擅书法，他的书法初学苏、赵，后融合《黑女碑》，长期精心揣摩苦练，运笔刚劲雄健，清脱俊逸，流畅含蓄，自成一体，当时潮郡学习其书法者甚众。其墨迹流传很广，潮州、港澳、津沪，南洋各埠也有其手迹。诗文清新隽永，有《听鹃楼诗钞》传世。

戴贞素于辛亥革命后进北京大学深造，后因母病重辍学归家，于1912年任教潮州城南高等小学，继而受聘任韩山师范、金山中学、潮安县立中学教员，毕生从事教育事业。

（《潮州历代美术家辞典》）

邓林梅（1714—1768），字景行，号介峰，惠来龙溪都长青村人。乾隆十九年（1754）进士。出任四川潼川府遂宁县知县，有政声。擅书，宗颜鲁公、欧阳询。《百木园随笔》载：“昨于冷摊喜得惠来邓大令介峰书杜工部七绝诗轴，风神俊朗。惜无纪年。”

（《揭阳美术家人名辞典》）

邓万林，字振东，湖南长沙人。进士出身，曾任广西西道御史。光绪八年（1882）以记名提督任碣石镇总兵，十二年（1886）任南澳总兵，二十六年（1900）升广东陆路提督。在南澳深澳猎屿铳城下座前，其题书“海阔心雄”四个大字，笔力劲健，严整峻美，恣肆奇崛。

（《南澳县文物志》）

佃介眉（1887—1969），名颐，又名寿年，号雁门退士、荻江居士，晚年自署老眉，斋号宝籀斋、印香室。金山书院首届毕业生。其天资聪颖，潜心研读经史，学博艺精，有“凤城才子”之美誉。生前是省书法篆刻协会会员、汕头地区文联委员、潮安县政协委员。佃介眉从事教育工作近六十年，传授古典文学、书画、篆刻技法，著名国学大师饶宗颐、侨领庄静庵、书法家佘惠文等年轻时皆曾追随其学艺。佃介眉百岁寿辰时，由汕头画院编印《佃介眉书画篆刻选》。

佃介眉幼承家学，随乃翁佃月汀学习书画篆刻，遍临诸家法帖、名画。其擅长书画诗文，工篆刻，主张“师古不泥古，贵在好简真、求传神”。其书法最为突出，篆隶行楷，皆汲取历代名家所长，而自成一格。晚年常以秃笔作隶，而苍古雄奇，曾应日本友人之邀作《赞苏武牧羊》条幅，用笔阔厚与苍辣兼施，具有潇洒落拓、古劲端丽之气。

佃介眉作画，自谓“好写胸中物”，故而其作简淡清疏、意境幽远。代表作有《四季山水》及《指画潮州八景》，笔墨精练，气度沉雄，浑厚自然，简朴中见酣畅，滞顿中见淋漓，赋色淡不至轻，浓不至俗。其篆刻能潜心秦汉古玺，融会贯通，有泼辣雄健神气，一生治印甚多，有《印剩》等书留世。

（《潮州历代美术家辞典》）

佃月汀（1852—1919），潮州人，住潮州城猷巷。以诗书画印自娱，是潮城享有盛名的书法篆刻家。书法尤以真书为妙，其蝇头小楷在当时更是称绝，篆刻作品精巧，其子佃介眉因得到他严格教育而成材，且青出于蓝。佃氏极喜收藏，珍藏历代名家书画、古籍及古玩等文物甚丰，有汉瓦当及晋砖，故自署斋名为“汉瓦晋砖之室”，自称“汉瓦晋砖室主”。家中常有文人雅士会集一堂，欣赏名家书画，或讨论金石篆刻，或吟诗作对，当时名流如符子琴、饶勋、王延康、黄笠芗常为座上客。可惜众多文物、古籍及佃氏作品都毁于“文革”中，现佃氏子孙保存遗印八方，分别为：“佃子月汀”，朱文，正方形分二行直书；“生于壬子之秋”，朱文，正方形分三行直书；“佃子之印”，白文，正方形分二行直书；“月汀”，朱文，直书；“佃氏珍藏”，朱文，直书；“佃大”，朱文正方形横书；“月汀临古”，朱文，正方形，分二行直书；“佃氏”白文，方形横书。这几方印都属于小巧精细，大抵以规摹入手，印面整齐光洁，与其子佃介眉的豪放风格不同。

（《潮州历代美术家辞典》）

丁达夫（1809—1857），字庆春。原籍丰顺。清诸生。在丰顺创办私塾，弟丁日昌受其影响颇大。曾到梧州任幕僚，以子贵诰封光禄大夫。精六艺，善书法，初学汉碑，后宗颜鲁公、米海岳，结体严谨大度。揭阳丁家光藏他三十七岁时作品，为十六开行书册页，运笔正侧互用，藏露结合，随意而潇洒。

（《揭阳美术家人名辞典》）

丁惠衡（1847—1884），字俊卿。丁日昌长子，长期居揭阳榕城。江西补用知府，书受其父影响，又得力于颜鲁公。为林长晖《绕绿书山庄诗稿内集》作序，手书影印，行书，遒劲流利，不拘不束。

（《揭阳美术家人名辞典》）

丁惠康（1868—1909），名惠康，字叔雅，号惺庵。原籍丰顺，长期居揭阳榕城。丁日昌第三子，自幼深受乃父熏陶。光绪八年（1882）其父谢世后，闭门力学，发所藏书读之。对经史百家、训诂辞章、金石考古、目录版本学都有涉猎。后赴长沙进谭嗣同所办南学会，参加戊戌维新变法。又曾受派往日本考察，一年后回北京，为国事奔走南北。但才不得施，抱恨在北京去世。同里书家曾习经为其理丧，与谭嗣同、陈三立、吴彦复并称“清末四公子”。诗学李义山、龚定庵，绝无尘俗气，为当时名家所称许，著有《丁叔雅诗集》。书法初致力于唐楷，进而法钟元常，楷书笔法浑厚，结体严谨，精紧遒劲。

（《揭阳美术家人名辞典》）

丁乃潜（1863—1928），原名惠馨，字旭卿，又字文涤，后更名乃潜，号讷庵，署所居为匏存室。原籍丰顺，长期居揭阳榕城。丁日昌次子。光绪十九年（1893）副榜（副举人），浙江候补道员。晚年与其妻孙言言潜心诗、书、医理，往往一庐标灯，夜深而未辍。为妻校订《书星楼医案》。诗为名家陈石遗所激赏，著有《匏存室诗钞》等。擅书，初学苏东坡、董香光，晚年渗以刘石庵、翁松禅，融会变通，自成风格。吴泽庵有诗纪之：“讷庵先生书法其得意处，当为岭东近今第一人，知者尚少。为此诗所以坚讷庵之自信，促嗜书者之共赏，非阿所好也。松禅已死啬庵老，海内书家竞炫奇。独守师承兼变化，讷公绝艺无人知。”揭阳市博物馆藏其《和陶饮酒诗》、私人藏有《题书绝句》手迹，都为其晚年所书，书法纯炼，结体紧而字长，运笔纯而锋铎藏，高雅绝俗。又有《清故诰赠奉政大夫林公宜人揭阳孙氏墓志铭》，楷书，秀整端慎，不为沓拖自恣。

（《揭阳美术家人名辞典》）

丁培纶（清末民国），名伯仲，号培纶，以号行。丰顺汤南人，长期居揭阳、汕头。丁日昌侄孙。国民党陆军少将处长。抗日战争期间，曾任广东政军特派慰问华侨专员到南洋宣传抗日战争募捐。能书，尤擅行楷，得力于颜鲁公，所作丰腴有神。亦能诗，与普宁张伯封时有唱和。

（《揭阳美术家人名辞典》）

丁日昌（1823—1882），族名仁寿，名日昌，字禹生，亦作雨生，号东海老农，斋室名先后称：读五千卷书室、实事求是斋、清节堂、得恩堂、蕉雨书屋、百兰山馆、持静斋、洁园等。原籍丰顺县汤坑（今属梅州市），寄寓揭阳县榕城。贡生。仕至福建巡抚。为“洋务运动”中坚。擅辞章，著有《抚吴公牍》《丁禹生政书》《百兰山馆古今体诗》等。喜藏书，架藏六万多卷，与李盛铎、朱学勤合称“咸同三大藏书家”，有《持静斋书目》。书法早年宗欧阳率更、王大令，信札多自然高雅，《新加坡揭阳会馆银禧特刊》刊他青年时致陈升三信札，盘骨紧密，秀媚动人，得力于《十三行帖》。后师颜鲁公、黄鲁直、苏东坡，掺以北碑，自成藏巧于拙、绵里藏针的风格。喜用圆笔，多写行楷。揭阳黄克敏藏其录苏东坡诗四连屏，书于晚年，运笔圆润，血脉贯通，为得意之作。与当时名书家何子贞、莫友芝、翁松禅等非泛泛之交，这种氛围对其亦有影响。与何子贞时相唱和，后手稿雕刻成《荔枝唱和册》，广为流布；加之他的学生多，幕僚亦多，故其诗、书在潮汕特别是在揭阳、丰顺影响颇大。

（《揭阳美术家人名辞典》）

丁思益（1903—1980），潮安磷溪镇仙田乡人。儿时随其父亲学外江音乐，后来师从凤塘郑八少爷及彩塘镇黄雅威学二弦、琵琶、古筝演奏，其中以二弦演奏为突出。后学画，擅长水墨画，尤以画墨蟹、鱼虾最为拿手。书法以行书、楷书为主。后来任韩山师范学院中乐老师，除了经常演奏示范外，还编写《中乐概论》《潮乐入门》等理论教材，为潮州民间音乐理论教材研究作出贡献。

（《潮州历代美术家辞典》）

丁天骏（1916—1995），别署虬翁。丁韵初次子。揭阳榕城人。弱冠为将军张寿记室，刁斗草檄，下笔千言，以文思敏捷见称。晚年寄居广州。能诗，清新雅健，为中国诗词学会会员。著有《天骏诗集》《济阳世译》。擅书，宗欧阳率更，章法疏朗，平正安稳，亦为广州市书法家协会会员。

（《揭阳美术家人名辞典》）

丁以忠，潮安仙田乡人。自幼酷爱书画，名其居室为“培桂山房”。大学毕业后在外地工作，曾任职于国民政府，后因病归原籍仙田乡，解放前病故。抗日战争时期，胡镇福避难侨居仙田乡，丁、胡两人谈书法艺术甚为投机。丁曾为胡的“书画集锦”题写册页一帧，为小行楷九行，其中有云：“窃论书画，不仅陶情养性，且可留真迹于万世，其价值非黄金可计也。”该书字体丰厚，富丽堂皇，书时岁次丁亥（1947）。

（《潮州历代美术家辞典》）

丁逸史（1890—1975），字仙寿，晚年自署髯叟。原籍丰顺，长期居揭阳榕城。具家学渊源，幼承庭训，通声乐，能诗词，尤擅书法。昔年学颜鲁公、黎二樵。中年喜翁覃溪、刘石庵、何子贞，博采众长，以求个人风格。晚年仍能作蝇头小楷。与族弟丁天骏书名共誉。喜奖掖后进，在揭阳有不少书学学生。

（《揭阳美术家人名辞典》）

丁韵初（1885—1920），名鸿胪。丁乃潜次子。历任教职。天不假年，卒时仅三十五岁。擅诗，著有《问樵诗草》，为名诗人陈石遗所盛称，说“三世诗家世所无”。书法受其父影响颇大，从唐人写经入手，参以己意。今存《问樵诗草》手稿。

（《揭阳美术家人名辞典》）

丁绍深（1934—1996），澄海人。曾先后于澄海工艺美术研究所、汕头专署农业局、澄海文化馆及电影公司工作，美术师，系广东省美术家协会会员、潮汕版画会会员、澄海美协秘书长。

20 世纪 50 年代开始美术创作，深得版画家陈望的指导，主攻版画，兼作国画。作品多以潮汕平原为素材，富有地方特色。他和蔡仰颜、李锦堂、李昭泉等被版画大师黄新波及著名评论家周佐愚评为澄海版画提高的新起点。作品《山塘水库灌良田》（1962）入选第五届全国版画展，由辽宁博物馆收藏；《在潮汕平原上》（1963）入选全国农村画展；《在建设中的外砂大桥》出国展览（与杜应强、李锦堂合作）；《潮汕田园新歌（版画组画共 7 件）》入选广东省建国十年美术大展、入选《广东省建国十年优秀作品展》大型画册（与蔡仰颜、李昭泉、李锦堂合作）；还有作品《滨海新田》《山区水电站》等入选省美展。

（丁旭先提供）

董德茵（1929—?），澄海人。长期从事教学工作，曾任汕头大华一小高级教师，晚年参加老干部书画研究会、汕头市书法家协会、妇女书画联谊会等。

（《醉墨》，洪浩提供）

董正之（1922—2003），潮州人。毕生从事教育事业，民盟市委会成员，曾任汕头安平第二小学副校长，后又任翠园诗社社长、岭海诗社理事等职，系广东中华诗词学会会员、汕头市书法家协会会员，著有《楼外楼诗草》。晚年书法多行草，墨色自然，浓枯得当，灵秀清雅。

（《岭海诗词三百首》）

杜国玮（1887—?），字英三，号珊俦。澄海莲上兰苑村人。其父杜建圭是秀才，一生以教书为业；其弟便是杜国庠。杜国玮 14 岁考取秀才，有神童之誉，博学多才，文学造诣深湛，工诗词，是南社社员。澄海中学肇建，即被聘为首批六名教员之一，甚有清誉。又擅制谜，与同乡的陈农余、王笑依二位谜家合称为“莲阳三老”。据传抗日战争前，他曾用《长恨歌》全篇诗句为谜面悬谜征猜，当被猜众射中一则谜作后，即再写上原句并换谜目贴上谜台，始终保持全诗原文一句不缺，传为谜界佳话。遗憾的是其谜作大都散佚。

杜国玮擅隶书，澄海苏南集德善堂有其所题对联：“集雨来时与人为善，德星聚处共乐斯堂。”其隶书以《乙瑛碑》为本，旁及汉隶诸碑，结体方正有度，骨肉匀适，波笔常有挫笔大挑之势，方圆毕备，华美流畅而又不掩端庄凝重，体现出汉隶特有的平衡感和壮美感。

抗日战争胜利后，往越南任中学校长，后病逝于该地。

（《书林拾翠》《首届岭南书学论坛论文集》）

杜国庠（1889—1961），字守素，笔名林伯修、吴啸仙等。澄海莲阳人。1907 年赴日本留学，先后进早稻田大学、东京第一高等学校、京都帝国大学攻读。1919 年 7 月归国，在北京大学任教。1925 年 8 月任澄海中学校长，年底接任金山中学校长。1938 年 4 月到国民政府军事委员会政治部第三厅和文化工作委员会工作，还担任《自由导报》总编辑。1949 年后，历任中南军政委员会委员、中共广东省委委员兼文教厅厅长、华南师院院长、中科院学部委员和广州分院院长等行政职务。杜国庠是著名的马克思主义哲学家、历史学家。他的著述甚丰，有《先秦诸子思想概要》《便桥集》《政治经济学辞典》《杜国庠文集》等。

中山大学收藏杜国庠为该校1951年毕业生写的行书题词，质朴率真，有意突出的撇、捺等笔画的表现形式，加大了上扬和伸长的笔势，增强了流动飘逸的感觉，温润娴雅、清新自然。

（《墨者·学者·革命者杜国庠（广东历史文化名人丛书）》）

杜汉章（1904—?），普宁西陇村人。毕业于上海图画美术学校（上海美术专科学校前身），在校期间，专攻西洋画，后任教于汕头，与李道生、陈幼南、林受益、方思良等组织岭东美术会，任副会长。出版《美术画刊》。该会对西洋画在潮汕的传播产生过一定影响。1925年到越南寮省华人学校，专为各界人士绘油画人像。笔法细腻、惟妙惟肖，当地报纸特撰文介绍。两年后因母病危回汕头。之后长期在汕头任教。著有《杜汉章钢笔画集》《杜汉章铅笔画集》。

（《揭阳美术家人名辞典》）

杜进茂（1901—1978），潮安县城（今潮州市湘桥区）人。进茂自幼随长辈学习绣花，年轻时以技术全面、刺绣精良而出名。他虽没念过书，但天资聪慧，善于捕捉人物的表情特征，以针代笔，把各种人物的眉、眼、嘴、鼻和形态刻画得惟妙惟肖。新中国成立后，杜进茂担任西湖潮绣社主任，主要负责培养人才，使潮绣传统工艺后继有人。他绣制的《霸王别姬》《张飞战马超》《三英战吕布》等人物挂屏，参加各级展览，均获好评。1957年7月杜进茂赴北京参加全国手工业联合社社员代表大会，被选为中华全国手工业合作社候补执委。

（《潮州历代美术家辞典》）

杜任夫（约1880—1980），原名国檠。澄海莲上兰苑人。早年毕业于北京朝阳大学，约1946年入主现莲下德邻崇正小学。1949年底后居揭阳。工书法、国画，书法有板桥遗韵，别具一格，有真性情。国画作品如《兰竹图》有风韵，用笔含蓄秀润而不失风骨。存世作品极少。

（吴少昂提供）

杜士乐（乾隆嘉庆间），澄海涂城人。长期在广州六榕寺附近出售书画，颇受世人喜好。曾为广州陈家祠绘制壁画。传世作品多为山水人物，挥洒自如，苍劲浑厚，构图饱满，纵横有致，淹滋蕴秀，颇绕灵动，引人入胜。

（《征访册》）

杜适然（1920—1991），原名式然，化名财副，谜号明珠。莲上镇涂城人。少时天资敏悟，尤酷爱古文书史，凡诗文、棋艺、书法、灯谜、珠算均有造诣。汇有《萧爽楼主为同仁刻印模本》，独创《珠算乘除快速对应表》。

1937年在涂城崇振小学教书，1938年秋赴香港谋生。香港沦陷后，辗转回乡，参加地下党的外围组织春霖读书会，后又建立地下党联络接待站和地下印刷所。1949年后，先后任过澄海县税务局秘书股长、粤东行署税务处科长、办公室主任等职。杜适然平生珍藏的书籍和创作手稿，大多毁于"文革"期间。

（《潮汕灯谜史》《征访册》）

杜阳（咸丰间），字玉山。家住潮州城石狮巷。父杜滨，字杜松。父子皆以画为业。杜阳擅画人物、佛像，其所画花灯，被称为一流。

（《潮州历代美术家辞典》）

杜英俦（1922—2001），澄海莲下人。系广东书协会员、汕头书协理事、顾问，一生致力于诗、书、画的研究、创作和教育。1982年与杨锴在汕头市创办鮀岛书法讲习所，培养书法爱好者，为汕头书法教育的普及作出了贡献。其书法度严谨、稳健灵秀。著有《杜英俦诗草》《书法启蒙》等。

（《汕头十四书家遗墨集》）

杜应机（1924—1995），澄海莲下人。从小自学美术，长期从事美术教育和美术创作，擅长版画、国画。作品主要表现渔村、农村生活和儿童生活，生活气息浓郁，画风朴实自然，独具一格。其画作多次参加国内外展览、发表于国内外刊物并获奖，入编《中国现代美术家人名大辞典》《中国现代黑白木刻选》《群众业余木刻选》（第2辑，上海人民美术出版社，1959年）等辞典、画集。出版有《杜应机版画集》。代表作品有版画《出海》（1958年）、《幽谷》（20世纪80年代）、《鸭蛋丰收》（20世纪80年代）和国画《群雏图》（1991年）。为中国老年书画研究会创作员，广东省美术家协会会员，潮汕版画会会员。

（《杜应机版画集》《醉墨》）

杜之鹏（1909—1988），乳名程阳，别号尚轩。澄海莲上兰苑人。青少年时期受过初中教育，后通过自学，具有一定的古文素养。辍学后在汕头当店员。1937年，别妻离子赴印度尼西亚谋生，初在亲戚家当帮工，后自己经营小五金生意，业有所成。因印度尼西亚突发政变，发生排华事件，杜之鹏遭驱逐，于1966年只身归国。回国后，自撰诗词、谜语，所作皆用楷体书法认真抄录，其亲属将其所撰整理汇编，出版《南洲归雁杜之鹏诗联谜集》。

（《征访册》）

F

范昌乾（1907—1987），揭东炮台人。早年就读于汕头艺术师范学校、上海新华艺术大学。1931年回汕与孙裴谷等创建艺涛画社，1934年与黄裳等创办瀛寰艺术学校。

1956 年旅居新加坡，从事美术教育工作，开课授徒，并任新加坡华翰书画研究会顾问、导师，为新加坡培养了不少美术人才，是新加坡现代水墨画的重要开拓者之一。

范昌乾画作得益于吴昌硕、王个簃、诸闻韵诸家，诗、书、画、印俱精，作画题材广泛，尤精兰竹。王个簃曾题赞道："写真能涉道源。"并附小序："笔墨精妙，艺近乎道，兰竹见秀雅拔俗，书诗金石，能自辟畛畦。"又曾题："昌乾老弟作画，画中有诗、诗中有画、意味浓郁。"国画大师张大千也赞曰："简俊莹洁，妙造自然。"其画作如大中堂《竹石图》，几株修竹挺然而立，笔情恣放，潇洒豪迈，浓淡相融，笔势雄奇，墨华焕发，呈现着郁勃的生机。又以朴厚灵动的行草自配诗云："隐面潆情执意雕，此时仿佛乐中朝。娟娟美好无边竹，一片心声沃里饶。"从而使竹的实体和精神表现得更为充足。

（《范昌乾画集》）

范军予（1903—?），字介眉。潮安人。幼年即从岭南诗画家郭餐雪习绘事，又入汕头专修科深造。后漫游泰、法、南洋群岛等地，尽绘其名山风景。曾开个展于泰国美术学院，深受欢迎。所作山水、花卉无不情韵深厚，别具风趣。

（《潮州历代美术家辞典》）

范家驹（1881—1943），别名芝生，晚年自署蹶翁。潮阳和平人。光绪二十七年（1901）入庠，二十八年中举人，三十年登进士，曾任法部郎中，后绝意仕途，以病辞官回乡，与郑邦任等办六都高等小学堂。1910 年随父往上海经商。在上海期间，与黄遵宪、李瑞清、刘大同、朱汝珍等知名人士往来密切。

范家驹师法汉隶、魏碑，尤喜"二爨"。擅楷书、行书，造诣宏深。笔墨圆厚潇洒，外松内紧，挺劲秀丽，雄浑壮伟，古拙沉实，庄严肃穆，熔隶楷于一炉。潮阳现保存其笔迹多处，多为楷书，似隶非隶，近楷非楷，纯粹魏碑书风，圆厚华润，平正冲和，安静深穆，风度端凝。范家驹传世扇面较多，书法风格大致相同，笔画多有隶意，圆润古拙，骨秀而不瘦，肌丰而不肥。

（范进乐提供）

范其务（1888—1937），字志陆，大埔三河梓里人。广东黄埔陆军水学堂第三期、南京第四陆军中学、日本东京大学政治系毕业。历任广东北伐军排长，钦廉民军联络官，两广盐运使署缉私科长，东路讨贼军上校参谋。广东海关监督、电报局长。1925 年任汕头市政厅长。后任武汉卫戍司令部汉口办事处主任、财政部盐务总处处长、福建省政府委员兼财政厅长、大埔县长等。

其书学"二爨"，稚拙古朴，隶意浓厚，气质高古。传世书作，字体多介于隶、楷之间，质拙凝重，主用方笔，字形或大或小，结法紧密但不类型化，变化丰富，显得端严高古。

（《民国广东将领志》）

范卓坚（1918—1982），潮阳和平福善村人，与清末进士范家驹是同乡族亲。范家驹以魏碑扬名于世，受其影响，范卓坚从小就喜欢书法艺术。在潮阳六都中学读初中期间，他就对隶、篆、楷、草、行各种字体均有所涉猎。初中毕业后，他在经营酒业之余，专攻范家驹的魏碑体和苏东坡的行书，颇有成效。

20 世纪 50 年代中期后，范卓坚更潜心于书法，他的魏碑写得遒劲稳健、厚朴沉实，行书用笔有苏轼丰腴跌宕、天真烂漫之趣。当时，民间上门索字者甚众，尤其是他的魏体，甚是适合作墓碑字，因而目前遗存于山上的墓碑笔迹甚多。对于求字者，他来者不拒，毫不计较报酬，群众口碑甚好。

（范进乐提供）

范祖庚，字绳斋。南澳人。同治年间任粤围副车，光绪三十五年（1909）恩科正榜（赐进士），历任南澳学海书院、饶平瑞光书院主讲。擅书画。

（《潮州历代美术家辞典》）

方朝泰，惠来秀水里人。同治十二年（1873）贡元。能诗，亦能书，惠来前詹铭湖岩内摩崖石刻“香风洞”三字，是他于光绪二十六年（1900）与吴佐熙、谢锡勋同游时所书。

（《揭阳美术家人名辞典》）

方棣棠（1899—1968），潮阳洋乌都司马浦人。曾赴法国、比利时留学，任巴黎道路建筑公司、亨土登建筑事务所、鲁力建筑公司工程师，中国国民党旅欧支部副部长、驻法总支部执委、驻比利时通讯处主任等。回国后，历任中山大学工程办事处主任及石牌新址校舍总监，广东省建设厅技正、第二科科长、技术室主任，广州市都市委员会委员，广东省工业专科学校和中山大学、重庆大学教授。中华人民共和国成立后，任华南工学院（今为华南理工大学）教授，著有《工程力学及结构力学》《工程构造原理》《材料力学》等，

方棣棠长期致力于建筑科学研究，书法较少传世，其书温润娴雅、清新自然、用笔潇洒，令人喜爱。

（《汕头大博览》）

方功惠（1829—1897），字庆龄，号柳桥。湖南巴陵（今岳阳市）人。光绪十年（1884）至二十一年（1895）曾三任潮州知府，长达七年。擅长书法，尤以楷书为妙，时潮州城大街商户多有方太守写的招牌字，现已不可见。光绪十三年（1887），两广总督张之洞定潮，檄方功惠重修韩文公祠，“移祠左大士庵于山坡，开拓界址，而翼以亭阁，山麓架石桥，以便往来，其规模丽倍于昔”。现韩文公祠正堂栋梁有方功惠题字“大清光绪十四年冬十月谷旦两广总督部堂重修，二品顶戴补用道署潮州府知府兼理盐运同候补知府方功惠监修”，正是这次大修韩祠的实物记录。方功惠自幼嗜书，家有碧琳琅馆，藏书十万卷，富甲粤东，当时几乎可与陆氏皕宋楼和丁氏八千卷楼相匹。方氏饶于资财，故他喜欢刻书，所刊《碧琳琅馆丛书》，收书四十四种，其中多是海内罕见孤本；又刻有《古经

解汇函》《古小学汇函》《全唐文纪事》等。

方功惠书法作品甚丰，然至今已不多见，百榕斋收藏方氏小楷扇面，书写工整秀丽，已改变欧体的方劲为圆润，应属方氏自家面目。

（《潮州历代美术家辞典》）

方靖山（1869—1941），名朝安，字靖山，号学稼子，以字行。惠来县秀水里人。就读广州黄埔水陆师学堂。清光绪年间贡生，继赴石城任堂兄方纬星的副官。在抗击法舰入侵石城之战中立功，授江苏补用知府。后加入同盟会，民国年间任广东新丰、从化县县长，广州述善堂总理。又创办述善中学，任校长兼教员。还曾任省城潮州八邑会馆总理、广州商会、广州七十二行顾问等，期间代表商界向朝廷献议，减收税金一半，使业界受益。谢世时，蒋中正书“一方矜式”、林森书“岭南耆德”刻于柱联之上。擅诗能书。有《秀水诗文集》。从化大凹村存有其手书匾额“戒欺书室”，上款“民国二十年国庆”，落款为“惠来方朝安”，皆楷书。较著名的学生有后来成为“普宁民国三大书家”之一的顾百陶。

（《惠来县志》，黄外浩提供）

方隆义（1879—1982），惠来东陇村人。十岁失怙，幼而能自立。1927年参加彭湃在苗海领导的革命武装暴动，负责运送军饷。一生不沾烟、茶、酒。喜吃鱼，少吃肉。性乐观爽直，以武术、书法自娱，书法为乡民所喜爱。1982年春月104岁无疾而终。

（《揭阳美术家人名辞典》）

方明生（1905—1985），普宁东坑人。1927年进汕头震东中学读书。1928年往暹罗当家庭教师，翌年参加暹京反帝大同盟。1937年6月回国，参加普宁县青年抗敌同志会，后历任中共区委书记、特派员等。1949年5月任中共普宁县委常委，参与筹备建立普宁县人民政权的工作。后历任汕头专员公署副专员、中共汕头地委统战部部长等。在汕头离休后，为汕头市归国华侨联合会名誉主席、汕头华侨历史学会会长。其书法疏朗有致，劲若飞动，如朗月清风，书韵自高。

（《普宁县人物传》）

方乃斌（1895—1991），字启东。惠来惠城人。1920年毕业于国立广东高等师范学校，1922年就任广东省立第二师范学校（今韩山师范学院）校长，1927年4月至1948年冬，历任汕头市市长，普宁、阳春、潮阳、增城等县县长，其间曾任汕头市立第一中学和惠来县立中学校长。1949年后移居台港两地。居港台40年间，专事教授、搜集与研究词文，编辑出版专集有《青山草庐词稿》《词史大全第一辑》《葵庐词钞（沁园春百阕）》《葵庐词钞三百首》《历代三千家词》《葵庐文钞》等。方乃斌的书法继承“二王”传统，点画细劲，结体秀长，风格清朗俊逸。

（《韩师史略》）

方瑞麟（1880—1951），字少麟，别字悟庵。普宁洪阳人。光绪三十一年（1905）留学日本，适孙中山于日本东京组织中国同盟会，其在孙中山熏陶下加入同盟会，并受孙中山委派回潮汕协助许雪秋组织起义。辛亥革命后，方瑞麟任南洋华侨宣慰员，后曾任潮安县长、惠来县长、韩江治河处主任等职，1932 年 8 月至 1933 年 4 月任潮阳县长，1936 年任广东政府驻汕头参议员。汕头沦陷后回普宁，出任浚河委员会主任。潮阳成田简朴村三复里克成堂石刻为其所书，古拙沉雄，潇洒奔放，刚健清新。又擅隶书，匀整秀丽、体态扁平、行距疏朗、逸致翩翩、秀美飞动。

（《普宁县人物传》）

方若琪（1916—2004），别号老榕、得古、王理，署居室为常乐斋、六桂草堂。惠来人。1936 年赴上海美术专科学校专攻中国画，花鸟师从潘天寿、王个簃，山水师从汪省远，书法师从李健、马公愚。毕业后历任惠来中学、汕头第一中学、韩山师范专科学校教师。出版有《当代画家作品集・方若琪》《方若琪画展作品集》。

方若琪擅长花鸟画，喜为“闲花”“小草”造像，信手拈来，生机盎然；用笔融冶金石气，古拙奇崛，娇丽清新；构图奇险，尽脱窠臼，视觉冲击力强烈；设色灿烂辉煌，形成奇崛峥嵘、婀娜婉转的鲜明风格。书法方面主要临习《郑文公碑》《爨宝子》《石门颂》和《石鼓文》等，以碑的笔法入行书，在画面上的行书题跋，高古清新，天真野逸，与画浑然一体。作品入选第一、二届全国美术展，海峡两岸名家画展。

（《当代画家作品集——方若琪》）

方寿君（1872—1925），笔名方松。惠来惠城人。擅画，以人物见长，有北派风格，寥寥数笔，浓淡相宜。宣统二年（1910）有《达摩过海图》参加南京全国画展，获第二名。

（《揭阳美术家人名辞典》）

方书宏（1887—1964），普宁洪阳人。青年时往潮安浮洋学泥塑，后赴泰国皇家厨做菜，在泰国生活二十多年。返国后在洪阳等地制作活景，有泥塑、面塑的古装人物等，兼制大戏服、头盔、戏具。独创“麦秆花”，即各种花鸟草虫和各类纸制画屏，匠心独运，技艺独特，深受民间好评。

（《揭阳美术家人名辞典》）

方书林，号鲁斋。抗日战争前后曾在省立韩山师范学校（今韩山师范学院）任教，时胡镇福任该校校医，方为胡所集画册题词，录伊秉绶语，并仿伊君隶书体。其还曾录诗作数首赠同事王显诏，中有《山村绝句》云：“冈峦叠叠拥丹霞，林木青青映几家，野翁朝出锄园草，牧女夜归浇井花。”书隶体，劲健古朴，得力于隶书伊秉绶。

（《潮州历代美术家辞典》）

方勋（1839—1889），普宁洪阳西村人。方耀之弟。曾任福建汀漳龙兵备道。擅书。普宁洪山顶华岩寺纱帽石，有他在光绪十四年（1888）重阳书撰的记游文，为行书。台湾《台南市寺庙匾联图集》载，方勋于光绪三年（1877）为台南三山国王庙书“重瞻山斗”匾，下款为“钦加布政使衔统领台南潮晋全军福建尽先补用道克勇巴图鲁方勋敬撰并书”。

（《揭阳美术家人名辞典》）

方耀（1834—1891），又名辉，字照轩。普宁洪阳西村人。出身行伍，以剿太平军发迹，官至广东水师提督。咸丰元年（1851），方耀在其父方源所率乡团任职，后与太平军作战，从把总升为都司，赐号展勇巴图鲁。同治元年（1862）调海南，补琼州镇右营都司，署三江协副将。七年八月，调任潮州镇总兵。九年，受总督瑞麟委派，开始清办潮州积案，数年间，办案数千宗，杀戮近 3 000 人，其中有义军、抗官抗租者，也有土豪海盗。这就是潮汕民间所称的“方大人办清乡”。十三年起主持韩江流域十八都疏浚韩江水道，令各县开浚溪河以保农田，又命疏浚汕头厦岭海至举登一带水域，并清丈滨海沙田，课税充作军饷。同时，倡办金山书院及各县乡学数百所；开设韩江书局，购刻书籍；在各地广设善堂，救济收养孤儿，收埋冻馁乞丐。光绪三年（1877）调任广东陆路提督。五年再任潮州镇总兵，负责潮州、南澳至碣石防务，先后修筑加固汕头崎碌等处沿海炮台。九年中法战争爆发，调钦州驻防。十一年署理广东水师提督，驻虎门。后卒于任上。

同治间方耀于揭阳棉湖兴建兴道书院，书院门匾背面“砥行立名”四字为方耀所书，笔力雄健，沉着激迈。

（《潮汕百科全书》）

方志星（1919—2006），惠来人，1944 年毕业于桂林美术专科学校，参加在桂林举办的西南剧展及田汉任总领队的桂林文化界组织的文抗队，到前线表演慰问伤病员。后任中学校长，参与组建汕头市人民剧社并任社长，从事美术戏剧工作数十年。曾为汕头市文化广电新闻出版局副处级干部、汕头市书画社主任、中国民主同盟汕头市委员会副主任委员等。素以画竹、兰、棕榈见长，绰约多姿，传递着清新纯净、洒脱高雅之风貌。

（《醉墨》《汕盟艺风》）

房修，字竹漪。闽派画家。清康熙年间，从福建迁居潮州城马房巷。相传房修来潮“入城十三担画稿”。房修在潮期间，曾设帐课徒，传授闽派画法。黄壁、陈琼、李灿、赖焦等均得其亲授。

房修擅长山水、花卉画，尤以意笔花卉见长，常作大幅画，功力深厚。汕头博物馆藏其大中堂山水画，宽 116 厘米，高 213 厘米，经专家鉴定为二级真品。画面壮观，层次丰富，笔墨潇洒遒劲，颇具巨然笔意。清末县令侯乙符（名节）题诗曰：“古瀛论名画，黄壁与陈琼。余颖亦作手，杜元尤铮铮。兹观房修画，气象何峥嵘。诸子伏海滨，中原晦其名。即此尺幅中，千山凛秋声。黄陈与余杜，不知孰横竖。我闻房皋民，山水号最精。修岂其苗裔，韶秀与之争。谁与究画史，一令识者评。君但宝此图，斯乃潮之英。隐岑先生雅属。甲子冬日乙符漫笔。”画中房修题识共两行字，上部已残缺，第一行字存“月中浣之三日”，第二行存“修”字及“房”字一小部分，末有印，白文为“房修”，朱文为“竹漪”。

（《潮州历代美术家辞典》）

冯铿（1907—1931），原名岭梅。潮州城南门人，后随全家迁居汕头。青年时期入汕头礐石女校、友联中学就读，是“友中月刊社”的主将。她经常为《火焰周刊》撰稿，并在《岭东民国日报》的文艺副刊上发表作品，连续刊载的有约百首总题为“深意”的抒情诗，为当时汕头文坛瞩目。1927 年赴潮安县新塘乡任小学教员，并为农会办夜校识字班。1928 年春到澄海县当县立小学教员，因所谓“赤化”罪，被解除教职。5 月回汕头，从事读书与写作，创作的中篇小说《最后的出路》，喊出了妇女争取自身解放的呼声。

1929 年 2 月到上海，入持志大学、复旦大学学习英语。后在中共地下组织领导下，写标语、散传单。5 月，加入中国共产党。1930 年 3 月，出席左翼作家联盟成立大会，并在左联工农工作部工作。在上海投身革命工作之余，仍坚持创作，连续创作出代表作、中篇小说《重新起来》，短篇小说《贩卖婴儿的妇人》《小阿强》《红的日记》等多部作品。1931 年 1 月 17 日，因叛徒告密被捕。2 月 7 日，被当局杀害，为“左联五烈士”之一。

其遗有手稿《夏日即事》诗：“幽梦初回书坠地，瓶花相对淡无言。斜阳一抹胭脂色，荔果枝头熟更繁。”自然率真，流畅生动，体现了知识女性从容自信的风采。

（《汕头市文化艺术志》）

符翕（1840—1902），字子琴，号蔬笋居士，又号蔬叟。湖南省清泉（今属衡阳市）人。宦粤二十余年，先任阳山县令，后调潮州。符翕是全国知名的金石书画家，尤以书法著称。马宗霍《书林藻鉴》第十二篇有曾农髯评他：“于书各体兼擅，其真书直入道因之室，八分得力于《石门颂》《西狭颂》，尤为奇绝。吉湘继道州而起者，首树一帜。”《霎岳楼笔谈》说他：“宦粤二十余年，以金石书画名闻五岭间。分书茂密雄强，得自西狭颂者为多，而风神逸宕，亦兼有乙瑛、杨淮表记遗意。楷书树骨于平原，取势于兰台，气厚而遒，笔颇而驶，榜题举重若轻，尤擅其胜。行书则平原、南宫、东坡、松雪并出腕下，飞腾爽骏，王觉斯、陈曼生不能过也。晚岁参以分隶，奇趣妙理，殆欲与何道州分席。”

符翕居潮期间，常与名士郑心经、杨国崧、胡楷、饶勋、王延康、王春澥、黄笠芗等人来往，曾居于杨国崧“思补轩”画室，为杨国崧写横额“思补”二字，并由郑心经写跋，制成木板匾额，今此匾尚存杨家。符翕留下的书法作品较多，常见的有行书，曾见其写给月澄行书四幅，每幅 140 厘米 ×35 厘米，用红宣纸。又为香荣写团扇，为业山写小中堂，也都是行书；为自己印存写序，也是行书。隶书不多见，只见到为自己写的“蔬笋馆印存”五个字，为黄霖泽写“印谱”两个字，书体确受《西狭颂》的影响，茂密雄强。符翕在潮州西湖有三处刻字，其一题壁诗已不存；其二是书“画境”二字，题于南岩斜壁上，形象活泼、闲易、自由；其三是光绪乙未年（1895）为湖山南岩题书，隶书阴刻，今尚存。

符翕的篆刻对潮州颇有影响，有《蔬笋馆印存》多册传世。如何伟璞题签的《蔬笋馆印存》上下二册，上册有序，作于丙子仲秋，“时客都下”，主要是自己使用的印章 34 方；下册有 40 方印，主要是为张之洞所刻，这 40 方印水平极高。

符翕擅长画花卉草虫，有团扇画《螃蟹菊花》，一只螃蟹咬一朵菊花，题款分左右二处，左边写“子琴再写于岭桥客次”，右边写“天下横行”，“子琴醉中又题”。符翕作画如写字，畅快淋漓，将螃蟹的质感表现得极好。又有《官上加官》之图，画二朵鸡冠花，设色，题款为“蔬笋居士写”，盖“清泉”白文印。这幅也画得很流畅，画鸡冠花用墨与色渗破，浓烈浑厚。

（《西湖山志》《潮州历代美术家辞典》）

符铸（1886—1947），字铁年，号瓢厂，别署闲存居士。祖籍湖南衡阳，生于潮州，后卒于上海。符铸是符翕之子，幼承家学，7 岁能书写三尺余大字，勒于岳山壁，9 岁书写大字勒于潮州金山石壁。书法嫣润秀逸，少年便负书名。现金山题字已毁，西湖题刻“味云”尚存。又题刻在南岩南侧，横书，字大 20 厘米见方，款为“十四龄童子清泉符铸书”。符铸于书道有较高的见地，《书林藻鉴》多处引用他的论点，有评王闿运书法说：“湘绮书笔重墨凝，朴茂多姿，盖从北碑中出，虽为文章所掩，然极堪宝玩也。”评符翕书云：“先君令阳山时，曾刻其所为谳语两册名《阳山丛牍》，其书如《争坐位帖》，涂窜之迹，并见梨枣。书法则兼平原、东坡风骨，尤为其平生杰作。”符铸工画，花卉近徐渭、陈道复；古松怪石，苍润老劲，最为突出。

符铸的墨迹，除西湖题刻外，传世的有写给庄寿彭的行书，隐约有其父书艺形影，但又不囿于乃翁技法，而能熔合褚、米诸家于一炉，苍润老劲，有别其父。此扇面上书法，具旺盛茂密气质，结体高视阔步，气宇轩昂，气脉贯通，流畅自然。上款为“寿彭兄法正”，下款为“铁年符铸”。符铸仅于青少年时居潮州，后随父移家上海，父子名噪上海。

（《潮州历代美术家辞典》）

G

高柏如（1902—1997），又名锦松，斋号石庐，崇尚佛教，喜称石庐居士。澄海澄城城西人。泰国潮人书画家、书画鉴赏家。善画兰笔。书法从颜体入手，受郑孝胥影响较深。字形多显瘦长之势，中部收束紧结，左撇右捺伸展舒放，在端严的气象中时露奇肆的意趣；用笔突出顿按动作，方折坚挺，有清刚之气。有时转折处顿笔出肩十分夸张，一如郑孝胥。

（《澄海历代书法概览》）

高伯雨（1906—1992），名秉荫，又名贞白，笔名林熙、倚筠。澄海人。童年在广州和香港度过，八九岁时回潮州读书。1926 年赴英国留学，主修英国文学，游历欧洲各国。好文化艺术，记忆力强，因时际遇，得随溥儒习画、随杨千里学篆刻。抗日战争期间回港，以精谙清史掌故驰誉文坛，好结交各阶层人士，与文化、学术、书画界名家过从甚密。著作甚丰，有《中国历史文物趣谈》《读小说札记》《春风庐联话》等。

高伯雨精通文学、历史、翻译，也喜欢绘画、金石、书法。其书风画风清丽自然、朴实明快，风流蕴藉，萧疏淡雅，灵动清媚，神采秀逸，落笔竣而结体庄和，有婉约之美、疏宕之雅，给人以超尘脱俗的感受。

（《听雨楼随笔》）

高德纯，潮州市人。韩山师专职员，曾任仙田小学校长。能书画，“文革”后有书法作品参加潮州市美术展览。由于他擅钢板蜡纸刻字，使书法带有钢板字特性，且十分突出。他这种书法的优点是有独创性，不步前人后尘。丁巳年（1977）写给胡镇福两幅册页，以及其他场合所见作品，都是同一笔法。

（《潮州历代美术家辞典》）

高凤清，原名禀，字桐门。潮阳棉城人。道光五年（1825）拔贡，八年中举人，授江苏东台县知县、金匮县知县。贵屿坑仔村振拨祖祠郭氏像赞为其手书，笔力俊劲，笔画刚毅，纤细得衷，给人以精神爽利之感。

（《征访册》）

高修一（1923—2009），澄海外砂（今属汕头市龙湖区）人。1938 年任澄海三区青年抗敌同志会文书，后曾任澄海战时工作队独立中队秘书、区妇委宣传科长、县委宣传部印刷组员、区特派员等。1949 年后任汕头市图书馆馆长、农场副场长、汕头市党史办公室副主任、汕头市离休女干部联谊会会长等职，晚年又参加中国老年书画研究会、广东省老年书画家协会、杏园诗社、岭南诗社、汕头市老干部书画研究会等，著有诗文集《澹泊集》。高修一的钢板字和毛笔字都有一定造诣，在早年革命工作中，经常跟胞姐高梧清藏身于凤凰山大石洞里编辑出版韩江地委机关报《茶园》，受到大家的称赞。

（《汕头日报》2003 年 1 月 5 日、《杏园诗词四百首》、《征访册》）

高煜（1908—1992），原名承光。澄海澄城人。出身望族，自幼受家学熏陶，后毕业于国立杭州艺专，返汕后先后在同济、海滨、二中等学校任教数学等科目，诗、书、画、印皆能。中年以楷书驰誉汕头，晚年以篆书见长。其书行墨涩而取势排宕，笔法方圆兼用，行笔迟重，形象稚拙，宽纵沉稳，洞达疏朗，精美秀整，有“汕头第一篆”之美誉。著有《归吟室诗词书画篆刻选》。

高煜所画《白菜图》，底部画三棵白菜，前面一棵下倾，后面两棵上侧，参差错落，墨色浓淡有致。菜叶用浓淡墨大笔渲染，菜茎以浓墨中锋勾画，并依叶形勾出脉络。笔根蘸淡墨，笔尖蘸浓墨画菇，中墨勾画菇柄，淡墨画出菇褶。辣椒用曙红调胭脂再加淡墨点写，用浓墨画辣椒蒂。这些已经离开泥土的白菜、菇、辣椒，是多么鲜嫩、水灵，多么生机勃勃。画中果蔬看似简单，但仅寥寥数笔，便能跃然纸上，非经多年实践，不能达此效果。红辣椒起了活泼的作用，破除了黑白画面的沉闷，出奇制胜，使极平常的事物，聚添生活情趣，俗中寓雅，雅中见俗。

（《归吟室诗词书画篆刻选》）

高振之（1862—1946），又名高翥。澄海上华镇上滘村人。以画墨竹名世。年届古稀，画作达到了成熟期，绘画艺术也已臻化境，形成了自己独特的风格。《风、晴、雨、露墨竹》四条兼为其晚年之作，以淡墨写竿，浓墨写叶，古拙朴茂，每幅也都配以淡墨山石，运笔貌似不经意，实则深见功力，学养颇为深厚，笔画道健圆劲，气势俊迈，具清影润泽、潇洒出尘之致。他通过洗练的笔墨和娴熟的绘画技巧，表现出竹在不同环境中的不同形态和气格。如写风竹，竹叶飞动而竹竿自岿然不动；写雨竹则绿叶带雨而竹竿坚劲挺立，赋予竹高傲不屈、劲直向上的个性。形神毕肖，栩栩如生，富有感人的魅力。

高振之不但擅画墨竹，其他花鸟画也具很高造诣。如画鹌鹑，以工兼写，把鹌鹑的形神动态表现得淋漓尽致，有“画活鹌鹑”之美誉。他尤长手指画，描法古拙而又灵动，委婉而又狂放，作品率真质朴，为时人所重。高振之不仅画技高超，行草书也古朴遒劲，与其画相得益彰。

1932 年，岭南派创始人高奇峰和他的高足赵少昂在汕头举办个人画展，访问汕头艺涛画社，对高振之的墨竹、鹌鹑特别赞赏，认为其功底深厚，富有岭东画风特色。

高振之还在家乡建有可楼画阁，作为与同好研讨绘画及艺术创作的场所，又与孙裴谷、范昌乾在汕头创办艺涛画社，出版《岭东名画家选集》。在汕头黄史庭装裱店设有求画站，方便国内外求画者，其作品被国内外多家博物馆所珍藏，在省、市拍卖会上获得颇高拍价。

（《潮汕百科全书》）

辜锡奎（1908—1992），潮安金石人。金漆画著名艺人。14 岁随父学艺，1959 年被中共汕头地委统战部授予“二类艺人”光荣称号，后任职于汕头专区美术研究所，从事金漆画的创新研究工作。创作过《三打祝家庄》《洪宣娇》《潮州湘子桥》等漆画精品，作品纯朴多彩，构图强调装饰性，描绘精练娴熟。

（《征访册》）

郭爱华（1943—2007），潮州城南中学教师，曾任区政协常委，为广东省书法家协会会员。酷爱书法艺术，临池不辍。其作品参加全国及省市各级展览，广受好评。

（《潮州历代美术家辞典》）

郭餐雪（1874—1937），名心尧，字伯陶，号餐雪，以号行，又号半生和尚、半生道人。揭阳棉湖人，自幼勤奋好学，天资聪敏，有“神童”之誉，入兴道书院，为光绪年间的优贡生。他初寄潮州城司巷头郭厝祠，开馆课授蒙童。1920 年，王延康在汕头崎碌尾创办私立国粹学校，郭遂与温丹铭、杨雪立等被同聘为教员，后仍回潮州城郭氏宗祠设帐课徒至终老。

郭餐雪多才多艺，诗、书、画无所不能。其画挥洒自如，苍劲浑厚，着意在情、意、境各方面的有机融合，竭力熔诗、书、画于一炉，以求相得益彰。书法为余事，随意出之，时见率真情趣，楷书带有魏碑笔意，以古雅朴厚见称。

（《潮州日报》2005 年 5 月 18）

郭成章（1896—1952），潮阳贵屿东洋村人。早年毕业于金山中学，后任南洋下乡小学校长，1936年任潮阳第六区区长，1945年至1948年任南洋下乡乡长，兼任县参议员。贵屿东洋村有民居石刻为其所题，点画飞动，用笔雄厚，意态奇逸。

（《征访册》）

郭春（清末），潮州城青亭巷人。秀才，善书法，行草俊逸，楷书也佳。长子郭坤，长孙郭幼生，次子郭炷，孙郭少庭，继承家学，都善书法，故有“郭家字”之称。

（《潮州历代美术家辞典》）

郭春华（清末），揭阳榕城人。光绪七年（1881）恩贡生，揭阳县教谕。光绪十四年（1888）任《揭阳县续志》董理校刊。擅长汉隶。今揭阳双峰寺有张国梁书“虎”字碑，上有他的汉隶题跋，谓“光绪丙戌（1886）秋，购得张忠武公墨迹，龙威虎振，如见英风，诸同人善之，劝余勒石以垂不朽并志慕云尔。郭春华谨记”。同年，书仙桥桂竹园岩“曲水流觞”四大字，汉隶。又为黄岐山崇光岩书“山高水长”四字石刻，隶书。隶书取法《曹全碑》《乙瑛碑》，得浑厚庄重、纵横劲拔韵味。

（《揭阳美术家人名辞典》）

郭迪平（1925—2000），潮阳贵屿镇人。早年毕业于中山大学历史系、复旦大学中文系，又获中山大学法学学士。1948年参加革命工作，后长期从事教育事业，先后任教于普宁兴文中学、潮阳高级中学等，历任潮阳砺青中学、关埠中学校长。具有较深的文学造诣，对古文学和中外历史甚有研究，被誉为“潮阳一支笔”，其书法也颇具独特风格，作品多次入选国家、省、市、县书画展并获奖。1986年离休，享受副处级待遇。离休后任潮阳关心青少年下一代工作委员会理事，为中国书画联谊会会员。2000年，负责复核《清光绪甲申年〈潮阳县志〉规范简化汉字点校横排本》工作。

（《征访册》）

郭笃士（1906—1990），名敦，字笃士，以字行。又自称草草庐主，晚号个翁，自署郭、笃、笃翁、竹、竹人、老竹、残竹、个公、个、寒个等。揭阳厚和郭村人，后居榕城。中山大学毕业后，先后执教于韩山师专、潮安一中和揭阳师范等校；曾任广东省和揭阳县人民代表、汕头市政协委员，曾为中国古典文学理论研究会会员、中国古典文学研究会会员、中国农民书画研究会理事、汕头画院画师、汕头岭海诗社顾问，以及揭阳诗社、书法协会顾问、名誉会长。出版过《郭笃士书画合册》《草草庐诗集》。

郭笃士的诗词得古人风韵，古淡秀雅，为其师郭绍虞教授所赏识。书法出碑入帖，苍劲古拙，自成一体，以行草书的艺术成就最高。其画高雅脱俗，以文史学问入国画，画幅小而气格高。其作《西泠图》，但见悬崖高耸，前有紫藤一架，枝干遒劲，直逼崖顶，簇开之藤花如在空中飘浮。石梯沿山逶迤而上，草木苍郁，石桥下清流淙淙，环境幽静，竹木掩映处，隐隐可见吴昌硕坐像。作品行笔枯瘦，疏秀苍润，借鉴了弘仁和萧云从简洁的画风，采用了最能体现山石坚硬质感的“面皴”，轮廓以粗线条勾勒，再以淡墨辅之，刻意将山石块面夸大，使山崖留下无穷空间，给人一种空灵的感觉。石青、土黄、淡紫等弱色调的使用，加强了画面的冷峭静寂之感，令人如沐清泉，似闻幽香，忘忧忘我。

（《郭笃士书画合册》）

郭光（1811—1864），字照堂，号玉川，署所居为归去来斋。揭阳榕城人。道光十五年（1835）举人，以教职历任连州、罗定州、恩平县、阳江县等地。好古力学，平生博览群书，日事著述。对于字学尤有研究。著有《宋史评略》《铎音集》《字学拾遗》《音义千条录》等，均未刊行。年六十四因咯血病逝。目前仅见他在同治元年（1862）书刻于榕城双峰寺内的隶书，为五代陈希夷书“寿”字作跋，谓“希夷先生寿字，龙蟠戛柱，鲤跃龙门，仙笔也。同治元年春郭光由肇郡移来于此”。其对汉隶运笔娴熟，得力于《曹全碑》，其字舒展中见秀美，体态窈窕。

（《揭阳美术家人名辞典》）

郭基扬（1903—1983），号花朝生，晚年称癸卯老人，署所居为自求多福斋。原籍潮阳南阳，后居榕城。曾任南山管理局局长，1949 年旅居香港。擅书，楷、行、隶俱佳，师颜鲁公、王大令。行书骨力遒劲，温润圆浑。香港《国际潮讯》多次刊其书作。

（《揭阳美术家人名辞典》）

郭经（1865—1950），字载生。潮阳贵山都坑仔村人。光绪三十年（1904）初，郭经获官费生资格，东渡日本留学。光绪三十二年（1906）回国，被授予法政科举人，并派任湖南省会同县知县，后回潮阳，被聘为六都高等小学堂总教习。六都高等小学堂在他的主持下，成绩斐然，各乡村学习其经验，办学之风盛行。

民国初年，郭经出任汕头检察厅厅长，任内主持正义，惩治贪官污吏。不久袁世凯称帝，郭经坚决抵制，愤而辞职，又回到家乡，专心从事学术研究和教育事业。1918 年受聘出任潮阳东山中学校长，锐意革新，改进教务，培养人才。此后又先后任汕头市英华中学、大中中学等学校高中国文教员多年。后任潮阳县文献委员会会长，从事文史研究和史料整理工作。其文宗桐城派，其书法用笔雄健，体势险绝，结体险峻，高古雄肆、精妙奇险。

（《潮阳县贵屿镇志》）

郭开平（1911—1999），字启澄，号鹏程。潮阳贵屿山前村人。1933 年就学于广东省立第二师范学校专修班，将毕业时，因参加革命活动，被迫离校，得西画老师陈礼象介绍至上海新华艺专艺术教育系。后长期从事教育及行政工作，历任广西南宁市建设局局长、园林管理局局长、计委副主任等职。

其能书擅画，尤以书法名世，为广西壮族自治区书法家协会理事。其书以“二王”为基，上研魏碑、下习颜柳，又兼习草、隶、篆诸体，博取并蓄，笔意盎然，形成秀润中风骨朗朗，稚拙中老辣天成的艺术风格。

（《潮阳县贵屿镇志》，吴璧提供）

郭霖沅（1910—?），号芷园。揭阳榕城人。幼年随伯父郭玉龙学。广州中山大学法科学院毕业。曾任广州中南大学校长。1949年旅居香港，长期任教职。曾任德明书院和佛教书院教授。著有《国文名著研究》《大学国文析义》等。擅书，行、草均能，喜用浓墨，笔画厚实。

（《揭阳美术家人名辞典》）

郭瑞珊（1902—1982），潮州城人，家住甲第巷。曾在潮安第四女子高等小学任教，同时就学于上海文学研究会函授学校。郭瑞珊父亲为银雕名艺人，自己从小便喜丹青，曾师从书画家黄吉阶学画花卉，又得戴贞素、王显诏、佃介眉等书画家指导，所作工笔菊花，惟妙惟肖。家中庭院种盆菊，心赏笔追，画艺日精。作品赋色淡雅，画花蕊用粉白加淡色，枝叶则以浓墨加花青、藤黄调色。书学右军，结体端秀。丈夫蔡儒兰擅诗文，夫妻相与唱和，并以诗入画，增加情趣。1924年，作《菊花图》为澄海蔡竹铭祝寿。1962年作花卉画八幅参加汕头文化馆主办之首次画展，受到好评。郭瑞珊儿子蔡青宜藏有其母两幅遗作。一幅是镜肚菊花，系1962年所作，画面题款是"1962年秋月，五十有九岁妇人郭瑞珊作于潮州"。另一幅是小条幅菊花画，甚精彩，题款是"霜寒露冷一篱秋，好侣谁将酒债勾。人世已无陶处士，孤芳傲骨到今留。郭瑞珊绘并题用贞素师咏菊韵"，盖"郭瑞珊"印。

（《潮州历代美术家辞典》）

郭少庭（1909—1981），潮州市北门青亭巷人。自幼从父郭奎学书法，成为"郭家字"代笔手。后学颜真卿，得颜体之筋骨，铸成自己楷书体势。其书法颇受欢迎，作品多次参加展出，平时常受委托书写墙头标语及其他宣传品，皆用楷书或行楷为之。郭少庭昔年曾办私塾，传授书法及珠算知识，桃李满门。

（《潮州历代美术家辞典》）

郭石帆，潮州城人。曾任教师，抗日战争前逝世。有书法作品传世。曾见其行书册页，录唐诗一首，书体不求工整，但很有气魄，字字有重感，题款是："郭石帆书"，盖"郭石帆氏"朱文印。

（《潮州历代美术家辞典》）

郭廷序（？—1559），字循夫。潮阳贵屿联堤人。其祖郭浩系进士，曾任广南西路提点刑狱，后定居潮阳。廷序曾拜香山黄佐为师，嘉靖元年（1522）考中举人，二十年（1541）中第四十五名进士，授江西贵溪知县。任职期间，轻徭役、薄赋税，狱无冤抑，为人正直，廉洁奉公。当时宰相方台家在贵溪，大小官吏无不望风影附，唯廷序毫无依附之意。后朝见皇帝南还时，在扬州病逝。他善诗文，工书法，著有《循夫集》流传于世。

（《潮阳县贵屿镇志》）

郭湘苹（1905—1982），又名锦宽。揭阳白塔镇宝联人。1927 年于厦门集美学校师范部毕业，翌年考入上海复旦大学中国文学科，毕业后先后任教于汕头市女子中学、揭阳县真理中学。1939 年 5 月赴柬埔寨金边新华学校任教。1940 年 8 月转赴越南任教员兼堤岸《越南日报》总编辑，并加入中国民主同盟，参与开展爱国进步活动。1949 年后任汕头市军管会文教接管部学校教育处处长。翌年起，先后改任汕头市文教局副局长、教育局局长。1958 年 9 月调任民盟汕头市委员会主任委员。历任汕头地区文联副主席及汕头市政协常委、副主席等。汕头图书馆的牌匾曾为其所题，逸趣天成，神飞墨畅，舒展优雅，具有浓烈的书卷气。

（《潮汕百科全书》）

郭燕庭（1907—1998），又作燕腾。揭阳榕城人。幼随同邑木雕师林雄武学艺，十余年后出师，以技艺露头角。长期任职于揭阳县工艺厂。作品细腻并有大气，线条流畅，尤擅雕刻历史人物。有木雕作品多次获省、市级奖励。1980 年雕刻的大型金漆木雕《双凤朝牡丹》被选送中国驻日本大使馆，中国外交部驻外机构供应处来函盛称该作品“画面设计典雅大方，富于传统色彩，做工细致，是质量较高的工艺品”。1979 年被广东省被轻工业局任命为工艺美术师。1986 年广东省授予其“广东省工艺美术家”荣衔。

（《揭阳美术家人名辞典》）

郭鹰（1914—2002），别名明坤。潮阳人。十三岁始学习潮州音乐，十六岁师从邻乡私塾老师庄以莅学弹秦筝，二十一岁到上海谋生，二十三岁进大舞台当职员后，定制了一架潮式的小型筝，恢复昔日所学，并参加在沪潮人所组织的“新潮丝竹会”。1940 年，在“新潮丝竹会”举办的音乐会上，郭鹰以古筝独奏的形式，演奏了经过自己整理的潮州名曲《寒鸦戏水》，他以娴熟、利落的右手技巧配以变化莫测的点、滑、按、揉左手技巧，表现出寒鸦兴致勃勃戏水的各种生动场面，四座叫绝。潮州筝以其独特的风格在上海听众中展示了魅力。抗日战争胜利后，上海文化广播站在每晚八时的黄金时间，专门约请郭鹰独奏潮筝，他成为第一个在上海广播电台演播古筝的艺术家，潮州筝也因此得以通过广播与上海听众交流，从而扩大了潮州筝在上海的影响。

1950 年，郭鹰发起组织了“上海潮州国乐社”，成员多至四十余人，已有潮州大锣鼓的设备，而古筝独奏或是古筝、椰胡合奏也是该社主要的演出曲目，除经常为上海群众集会时演出外，还招待过外宾，参加过“上海之春”，灌制了一批唱片。1951 年正式加入上海乐团，任专职独奏演员的同时，改编创作了《蝶恋花》《闺怨》《农家乐》等潮州筝曲，并从中探索潮州筝演奏技巧的规律及音乐内在的表现，逐渐形成了自己典雅、含蓄、细腻、华丽的独特风格。后兼任上海音乐学院古筝教师，项斯华、范上娥、王昌元、张燕等都出于郭鹰门下。郭鹰擅长的潮筝名曲有《寒鸦戏水》（中国唱片 20 世纪 50 年代录制）、《过江龙》《一点金》《闺怨》《平沙落雁》《农家乐》（郭鹰曲）等。1992 年 12 月 27 日以郭鹰为首的六十名从事古筝演奏、教育、创作研究以及制作人员成立了上海音乐家协会古筝专业委员会，志在促进这一民族古乐器在上海地区的普及、提高和发展。当晚，上海筝会假座兰心大戏院为庆祝上海筝会成立和郭鹰从艺六十年举办了盛大的“百筝和鸣”音乐会。郭鹰及弟子郭雪君演奏了《寒鸦戏水》，潘妙兴、王蔚等沪上筝家也相继献艺，显示了古筝乐音的魅力。

郭鹰为上海文史馆馆员、上海露香园书画研究会会长、上海海墨画社社员、上海潮州国乐团团长、中国音乐家协会会员、中国古筝学会首席顾问。又师从名家江寒汀学画，为江寒汀入室弟子，专攻花鸟。早年作品酷似乃师，技法娴熟，对双钩廓填和没骨写生尤得精髓，构图稳健，笔墨老到，格调清雅，无论家禽还是野鸟，均能描绘得栩栩如生，神形俱备。晚年形成个人风貌，运用没骨写意手法，工写兼备，用笔大胆从容，干脆利落，清疏雅淡，造型准确，设色秀丽，可见其写意花鸟画的高超表现能力及清新雅致、别具一格的绘画风格，极具观赏和收藏价值。

（《征访册》）

郭颖（1883—1927），字介吾。揭阳榕城人。庠生。民国后任揭阳榕江中学监学。著有《介吾文存》，未刊。擅书，宗米海岳。与揭阳双山吴雨三、吴泽庵昆仲甚投契。

（《揭阳美术家人名辞典》）

郭玉龙（1879—1939），字楚琴，又称五琴。揭阳榕城人。光绪二十九年（1903）举人，考取直隶盐大使，候补入都。辛亥革命后居故里，1929 年至 1931 年，执教新加坡端蒙学校，又曾任揭阳一中、汕头礐石中学等校教职，还任揭阳国医馆馆长。晚年与周子元等结社联诗。性善谑、能诗文。殁后，林清扬搜其遗稿成《楚琴诗文集》，未刊。擅书，宗颜鲁公，行书师《争座位帖》，雄浑刚健，古雅有致。

（《端蒙学校廿五周年纪念刊》《征访册》）

郭照庭（1873—1946），名烓，字照庭。潮州人。清末秀才，书从其父郭春、兄郭坤学，又授子侄多人，因而得“郭家字”之美誉。他在汕头开设“汉文台”书写店，并以私塾教书为生。其书法四体皆能，笔致温润，受时人喜爱。

（《征访册》）

郭之奇（1607—1662），字仲常，号菽子，一号正夫，又号玉溪，自署三士道人。揭阳榕城人。崇祯元年（1628）与同郡宋兆禴、黄奇遇、辜朝荐、李士淳、梁应龙、杨任斯、陈所献等同中进士，世称“潮州戊辰八贤”。选庶吉士，仕至南明礼、兵二部尚书，文渊阁学士。甲申国变后，随南明永历帝转战各地，康熙元年（1662）被清军杀于广西桂林。工诗，少壮之作清而奇，晚年之作多哀时事，忧思悱恻，可接楚骚，为时贤所激赏。著有《宛在堂文集》《宛在堂诗集》《稽古篇》等。擅书，宗虞世南，遒劲秀雅。

（《揭阳美术家人名辞典》）

郭子章（1543—1618），江西泰和（今吉安市泰安县）人。万历十年（1582）任潮州知府。

郭子章擅书法，传世作品不多。现尚能见到的有潮州凤凰塔（又名涸溪塔）门联刻字：“玉柱擎天凤起丹山标七级，金轮着地龙蟠赤海镇三阳。”字大 15 厘米 ×13 厘米，楷书阴刻。

据《韩江记》载，郭子章曾为城南书院题“浩然堂”。潮州春城楼外有南山寺，寺中有重建南山寺碑，系郭子章所书，类似怀素书风，后人拓装成帖。

郭子章的墨迹，苏乾英教授藏有其大立轴一幅，纵 220 厘米，横 110 厘米，书诗一首：“万里通亭徼，三军入如平。日辉天甲色，风静绿车声。直道临边易，长山带海清。圣皇亲赐对，龙虎气纵横。”落款为“子章”二字，末盖二方印。

（《潮州历代美术家辞典》）

H

韩凤修，道光年间潮州郡守。据《韩江记》记载：“道光初，知海阳事于学质，听形家言四乡械斗者，凤台有碍也，楼阁微有所毁，毁后械斗势益炽，后郡守韩凤修重为修复。”

韩凤修擅书法，给潮州留下不少墨宝，但今已极少见到，唯百榕斋收藏其楷书联，用粉红笺纸书写，内容是“梅屋有花人不俗，蕉窗未雨榻先凉”，笔画丰腴秀润，浑厚有力，结体紧凑，字阵整齐而不呆板。其诗、书、印皆佳。

（《潮州历代美术家辞典》）

韩愈（768—824），字退之。河南河阳（今河南孟县南）人，因其郡望昌黎（今河北通州），而自称“昌黎韩愈”，后人称为“韩昌黎”。韩愈是唐代文学家、哲学家、教育家、书法家，被誉为一代文坛巨匠。

韩愈于唐贞元年间得进士，官至监察御史、刑部侍郎。元和十四年（819）一月因谏宪宗奉迎佛骨，被贬为潮州刺史。韩愈在潮期间关心民间疾苦，体察民情，当时恶溪有鳄鱼为害，即撰《祭鳄鱼文》。又写《祭止雨文》《祭界石文》《祭太湖神文》《潮州请置校牒》等文章，关心州民的生活，重视生产修堤排涝。为提高民众素质，他兴学育才，自掏俸禄，赞助办学。后人有诗赞他：“文章随代起，烟瘴几时开？不有韩夫子，人心自草莱。”韩愈治潮八个月，在思想文化方面，给潮州留下深远影响。潮人为纪念他，把员水改称“韩江”、双旌山改名“韩山”，还有“韩山书院”“昌黎路”“湘子桥”（纪念韩愈侄孙韩湘子）等命名。并在韩山修建韩文公祠，立碑称他：“功不在禹下”；在西湖涵碧楼后修建“仰韩亭”（今景韩亭）。在亭内壁上，镶嵌的《白鹦鹉赋》石刻，相传为韩愈所书，刊于 1988 年河南美术出版社出版的《中国书法通鉴》。这件书法，行草兼备，笔法遒健，结构严谨，神态飞动，浩气溢毫端，实开南宫腕法，林大川极喜欢此碑，认为“临鹦鹉碑有四难：法太高古难，势太雄健难，笔太老辣难，结构太严太密难”。该碑是清代潮州知府龙为霖在羊城购得原墨迹，归摹勒于城南韩祠。抗日战争时期潮州沦陷，为日寇偷盗，后未及运走，存放宪兵部，抗日战争胜利后移入景韩亭。

近年修建韩文公祠，又将宋星凤楼刻本及群玉堂帖本中韩愈手迹，摹勒于石，置于北壁。至此，潮州有韩愈笔迹刻石三件。有人认为后两件是真迹，而《白鹦鹉赋》至今未有定论，但该笔迹早已流入日本，日本出版的《书道》杂志刊登过该碑全文。

（《韩江记》《潮州历代美术家辞典》）

何梵音，潮城黉门亭巷人。因父亲是纸行老板，人称“何大舍”。少年曾与朱尊三同拜佃介眉为师学习书法，得隶书、行书奥妙，作品颇受社会欢迎，馈赠亲友颇多。潮安城沦陷后去世。

（《潮州历代美术家辞典》）

何如璋（1838—1891），字子峨，号淑斋。大埔县湖寮镇双坑村人。同治七年（1868）进士，授翰林院编修，任侍读学士、首任驻日大使，后任福建船政大臣期间，因马江之战而被革职。曾任潮州韩山书院山长。其书法清新自然。

（《揭阳美术家人名辞典》）

何探源（1816—1870），字衍明，号秋槎。大埔县大麻镇恭州村人。咸丰八年（1858）进士，选翰林院庶吉士。因父母先后去世，回家守孝六年。后主讲韩山书院，曾协办当地海防等事宜。曾题韩山书院联：“五载赋栖迟看桑海婆娑南珠正媚；三山怀旧侣愿天风鼓荡北斗常依。”同治七年（1868）任四川阆中知县。同治九年（1870），充分考官，所取多名士。后调开县任知县。因主持士子考试过劳得病，仍坚持每天批阅公文，聆讯判案而不稍懈。是年秋病剧，卒于官署。探源早负才名，中岁始登第，晚年方做官。

其书法秀雅，饶洋詹德铭家中有其所书小楷一帧，纸本，册页。书八行，一〇一字。字体端正秀美，有欧、柳遗风。惜用墨浓黑一色，缺变化，布阵管领行气欠流畅。

（《潮州历代美术家辞典》）

何侠（1891—1968），梅州市大埔县湖寮镇双坑村人。中国同盟会会员，曾参加广州起义，后往云南陆军讲武堂接受军事教育。1917 年后曾任元帅府参事、总统府上校参议、前敌少将司令、副军长等职。1949 年后受聘为广东省文史馆馆员。曾短期侨居潮城，平生喜欢书法，住潮期间留下墨迹。曾为胡镇福写册页，篆书“友金石乐，结书画缘”八字。此外，又赠胡镇福行书页，两种书体均刻意学习吴昌硕笔法。

（《潮州历代美术家辞典》）

何翔云（1880—1955），本名金龙。普宁县田心村人。嵌瓷艺人。师从本邑陈武升，擅于制作庙宇祠堂嵌瓷。光绪末移居汕头。1937 年定居柬埔寨金边，仍从事嵌瓷装饰工艺。潮汕各地、台湾及柬埔寨都有他的作品。门人有陈子秋、王维丰、杨清泉、周俊兴、陈如逊等。

（《揭阳美术家人名辞典》）

何子因（约 1859—1930），名绍宗，字子因，号豳泉、简秋、孟雄，以字行。揭阳榕城人。清末附贡生，候补县丞。光绪二十八年（1902）在县城西创办养正、崇道二小学。又设健园，延武师习艺，后组成健园体育队。三十三年（1908）任新加坡端蒙学校校长。辛亥革命时，与林守笃，孙丹崖率部光复揭阳。民国初任清远县县长。1920 年任揭阳县保卫团总局局长。能书，宗颜鲁公，工稳浑然。有 1926 年仲秋题刻邓承孙墓柱联，为

"英魂剑佩鸣泉石，宿将旌旗到峰峦"。

（《揭阳美术家人名辞典》）

洪白虹（1934—2010），潮州市人。广东省书法家协会会员，曾任潮州市书法家协会副主席。长期从事教育工作。自幼喜爱书艺，广为涉猎，在书法艺术创作上，不拘一格，着力于对题材的理解，重立意，求内涵。笔墨情调随题材内容而变化，追求可感的视觉艺术形式与内容的统一，有较强的创造意识。曾先后举办个人书法作品展、出版书法集。偶有作品入展、刊石、获奖、见诸专业报刊，被艺术馆、图书馆、博物馆等机构收藏。

（《潮州历代美术家辞典》）

洪斌，福建漳浦人。康熙四十八年（1709）任南澳镇代总兵，其在离任临别南澳时，捐园二亩给金山寺作香火之用。在深澳东畔山腰，有洪斌"江山如画"四字题书，结构谨严，雄秀丰丽，颇有气势。

（《南澳县文物志》）

洪潮（1931—1999），普宁鲤湖人。曾任教员、剧团编剧、珠江电影制片厂摄影助理、广东潮剧院二团副团长等职，为国家二级编剧、中国戏剧家协会会员、岭海诗社社员。著有《潮州歌谣选》《潮剧字韵》等，书、画、篆刻皆能，尤长于花鸟画，多有作品及评论发表于各级杂志。

（《逢看湖山便忆家》）

洪度之（1877—1941），名楠，字度之，以字行，晚号云野叟，署所居为趣园。揭阳榕城人。晚清秀才。民国后任榕江中学教员。擅诗，宗陶潜，著有《趣园诗钞》，未刊。能书，师法欧阳率更，今所见有《趣园诗钞》手稿。

（《揭阳美术家人名辞典》）

洪风（1915—1999），潮州城人。1936 年毕业于国立杭州艺专。在校期间，参加进步组织"火花读书会"，曾用洪枫笔名创作，与李桦、黄新波、江锋等青年画家参加全国木刻流动展览。毕业后先后于普宁、汕头、澄海中学任教，曾组织美术研究会支持学生抗日宣传活动，为潮汕各地进步刊物制作封面、刊头、木刻宣传画。1941 年至 1951 年任教于金山中学，组织金中剧社，任导演兼舞台设计，制作了《雾重庆》等十多部话剧。1956 年担任广东潮剧团舞台设计组组长，设计了《陈三五娘》《苏六娘》等二十多个剧目布景，发表多篇专业理论文章。曾为广东舞台美术学会、潮剧院顾问，汕头画院画师，潮州美术家协会、画院顾问。

（《征访册》）

洪光玉（1867—1918），字京饯。南澳深澳人。洪名香孙女。其父福建汀州知府洪亮彩因公欲上京，当亲友为之饯行时，忽喜得千金，故认为是祥瑞之兆，遂取名京饯。后随父于福建任上，自幼聪明伶俐，能诗文丹青，又擅刺绣，描龙绣凤，巧夺天工。民国初年，迁居汕头，自办私塾教授妇女诗书，又自画图稿教妇女刺绣，后被懿德女校、淑德女子中学聘为老师。

（《南澳文史》）

洪名香（约1807—1873），乳名水，号商山。南澳深澳人。年轻时于南澳镇右营入伍，历任千总、海门营中军守备等。道光十六年（1836）调碣石镇标右营守备，后调香山协左营都司，升参将、副将。道光二十八年（1848）任碣石镇总兵，二十九年升广东全省水师提督。洪名香在任上屡克强敌，威名大振，被封为“振威将军”。虽身居高位，仍身先士卒、平易近人、礼贤下士、寡居简从。在南澳深澳，有其于咸丰四年（1854）题书“有德堂”三个大字的匾额。又曾为陆丰碣石玄武山题书“帝德光天”匾额，笔力朴拙老辣，结字开阔，拙中寓巧，韵味醇实茂密，气象宏大，又具威严肃穆之感。

（《潮汕百科全书》）

洪世杰（1928—2011），揭阳人。20世纪50年代在汕头市任中学文学和美术专业教师，1979年移居美国旧金山，开创“洪氏画室”。从事美术专业五十多年，为美国肖像美术家协会证书会员，曾于汕头举办油画展。80年代初期，为美国前总统里根夫妇作肖像，获得巨大成功和声誉，1983年加入美国肖像艺术家协会。作品甚丰，多为收藏家及博物馆收藏。已有超过一百处画集、书刊、报纸刊登其作品，他的名字荣登英国剑桥国际传记中心1992年出版之《卓越人士名人录》。2001年，中国人民美术出版社出版《洪世杰油画展》（世界华人艺术家丛书）。著名美术评论家陈传席赞词称：“读世杰先生画，如读王维诗、柳永词、相如赋、白朴曲，清新飘逸，优美动人，隽味无穷。又如孔子闻韶乐，三月不知肉味，吾无闲言矣。”

（《洪世杰油画展》，颜烈提供）

洪寿仁（1938—2006），潮阳人。曾任汕头市文联主席、汕头诗书画文化研究院院长，系中国书法家协会会员、广东省书法家协会名誉理事、汕头市书法家协会名誉主席。其擅长书法，曾得到刘炳森、刘艺及刘文华等诸名家指点，作品气运雄浑、遒劲；行笔线条韧拙，意韵灵健，又创作有不少国画作品，撰写多篇文学著作、序言及评论文章等。书作入选第七届全国书法作品展及中国书协主办的“孺子牛杯”大奖赛，参加过香港、澳门、北京、海南、汕头等地展览。

（《汕头诗书画文化研究院作品集》《征访册》）

洪树龄（1926—1998），别名石松，室名乔松。揭阳白塔人。毕业于中国人民解放军第二野战军军政大学和军委通讯兵学院，荣获胜利勋章。原任广州军区司令部工程师、香港中国奇丰电子贸易有限公司总经理。从小喜爱国画，长期从事创作，师十万山人、范昌乾。1949年曾在总政文工团画布景，作品曾多次参加汕头市、广东省和全国巡回展出，作品被中央博物馆收藏。几十年来，作品受到海内外国画爱好者的喜爱，并被收藏。擅长花鸟虫鱼、山水，笔墨奔放，形象生动，为中老年书画家协会会员、汕头市老干部书画研究会常务理事、副会长。

（《醉墨》，吴伟兵提供）

洪祥宝（1935—2013），普宁人。少年时代热衷水彩画和中国画的学习。20 世纪 60 年代初，在广东汕头艺术学校美术部受过严格的专业训练。毕业后长期从事文化艺术工作和美术创作。曾在广东潮剧院、普宁潮剧团从事舞台美术设计和制作工作。80 年代初调到普宁博物馆任馆长。擅画中国画和水彩画。90 年代以后，对水彩画进行大胆创新。创作出一批色彩明快，质朴无华，随形运笔，因景赋彩，又不矫揉造作的水彩肌理画，博得行家和广大读者的好评。作品经常被选送参加国内外各大型美展并被艺术馆收藏。出版有《大悲咒像解》《洪祥宝水彩画选（三辑）》《洪祥宝画集》《观世音菩萨圣像》等画集。传略被收录于《中国美术家》《中国当代美术家名人录》《潮汕人物辞典》和《世界华人艺术家成就博览大典》等。生前为广东美术家协会会员、揭阳市美术家协会副主席、揭阳市水彩水粉画会会长、揭阳画院副院长，庄世平博物馆艺术中心研究员、潮汕水彩画会顾问。

（《戏外翰墨》）

洪泽湖（1914—1954），名浩，字泽湖，又称一湖，别署汉亭，以字行。揭阳榕城人。洪志坚子。曾任教职，后经商。随同邑姚梓芳学古文，曾为其师编《秋园文钞》。擅书法，随范家驹学书，对《张黑女墓志》尤有心得。书风缜密有古意。

（《揭阳美术家人名辞典》）

洪志坚（1871—1948），字介石，号竹林山人。揭阳梅云（今属揭阳市榕城区）人，后居榕城。以染布为生，亦曾任教职。擅书，宗王梦楼。晚年曾参加榕城老人书法比赛。子泽湖，亦能书，另有传。

（《揭阳美术家人名辞典》）

洪自强（1924—1991），又名成都。揭阳榕城人。长期任教职，先后在揭阳师范、新华中学、真理中学任美术教师。昔年师事黄独峰、林受益、王士龙诸名家。对于素描、版画、油画、国画均有涉足，晚年以素描人像见长。国画受海派影响，糅入油画风味，画风朴实，以山水为所长。为中国美术家学院汕头支会、潮汕国画会、揭阳县美术家协会会员。

（《揭阳美术家人名辞典》）

侯润山（1920—1996），澄海岭亭村人。澄海中学早期毕业生。长期从事教育工作，治学严谨，历任小学教导主任、校长。善吟咏，多抒怀咏物之作。书法崇尚北碑，主要写《郑文公碑》，笔画多出自中锋，方中有圆，圆中有方，妙在不圆不方之间，结体无奇崛诡谲之态，有端庄仁厚之姿，志平气和，颇见作者修养。

（《澄海历代书法概览》）

胡公木（1902—1971），名大松，号恩乔。惠来京陇人，毕业于日本陆军学校。归国后任陆军上校军需处处长，抗日战争期间任广东司令官后方处主任。曾于1941年至1943年、1948年至1949年两任潮阳县长，居官廉正，惠政于民。在家乡亲自规划，出资建造玉带坛水利工程，解除洪涝灾害。同时出资创办小学，设置桌椅，造福宗族。后居台湾，著书立论，作品多发表于台港报刊。晚年潜心族谱世系之收集整理等。擅书法，1982年其弟公溥为其编印《公木遗墨》，序文称他“性喜书法，日必捏管，即事务冗繁，亦未稍废。时临摹颜、钱两家，兼及篆、隶。参悟奥秘，意会神传。著有《胡氏百代辈序谱》，重修《邦衡始祖创潮族谱》及《京陇莱园纪事》等书，亲用毛笔书写，言则多中肯綮，书则雄浑润朴，诚佳构也”。潮阳西岩海潮古刹前亭柱联石刻“海碧天青，千尺阴松盘鹤盖；潮通泉讯，声清磬起龙吟”为其手书，刚劲独立，点如坠石，划如夏云，钩如屈金，博厚雄强。

（《揭阳美术家人名辞典》）

胡翰（1878—1956），字雨香，号墨溪。胡楷之子。胡翰自幼随父学画，长大专攻画蝶技法，父子所画蝴蝶极为相似。胡翰继承父亲传统，重视对蝶写生。他积极收集蝴蝶标本，凡百二十多种，绘画时认真描写，使笔下蝴蝶形神兼备。作品曾于1910年获“南洋劝业会”银牌奖。胡家父子的墨迹时有见到，其构图可分两类，一是以花为主，配以蝴蝶，一是以蝶为主，配以草地。墨工室藏胡翰蝴蝶三小幅（纵23厘米，横28厘米），都是底部画铺地小草，大部分画面布满蝴蝶，五光十色，十分艳丽。蝴蝶多数在空中飞舞，有聚有散，更有六七只缠作一团的，似逗似斗，令人叫绝。其设色之美丽，似胜其父。然父子两人所画蝴蝶，不易辨别。菊蝶画家陈修龄认为，他们父子二人有强弱之分，全在蝴蝶前面一对触须，挺拔匀畅，真实感较强者是胡楷所作，否则则是胡翰所画。我们比较之方知有强弱。所见胡翰三图，画面均无题字，只盖一方印，一为“胡翰”，一为“胡翰印”，另一是“雨香”。胡氏蝶、吴青鱼是潮州两绝，都画得非常工细、逼真。颇受好评，成为潮州画史上两颗明珠。他们之所以能画出新意，独树一帜，是因为注重写生，作品能反映现实，与一味仿古者有别。

（《潮州历代美术家辞典》）

胡浩（1930—2007），潮州市人。自幼酷爱艺术，曾就读于广东金山中学及艺校。青年时曾师从吴藏石、蔡特风，受益匪浅。有较扎实的素描基础，曾于丰顺二中、饶平二中、潮州工艺美术学校教素描、雕塑多年，也教工艺美术设计。林墉评胡浩的速写与写生十分注重虚实、粗细、主次、繁简的对比取舍，笔笔画去，有连有断，很有韵律感，人物速写个性特征跃然纸上，如此传神，几近神妙。

（《潮州历代美术家辞典》）

胡锦芝（约1900—?），潮州城北门人。曾任教师，擅画蝶，是民国时期潮城四大女画家之一。有两幅作品收入《瀛壶居士六十征画》，系工笔蝴蝶，画中群蝶翩翩起舞，画面下部是草地和摘枝花，画得极工细，尤其是蝴蝶，线条工整、柔润，构图恰当，粉蝶顾盼自然，多姿多态，其题跋楷书，字体娟秀。

（《潮州历代美术家辞典》）

胡楷（1853—1921），字澹秋，号怡绵。潮州城人，家住潮城金山脚。幼年学画师詹沄，后学恽寿平的没骨法折枝花卉。毕生绘画工笔花卉、草虫，以蝴蝶画出名。曾集蝴蝶制作标本，供作画时参考。胡楷笔下花蝶，形神兼备，曾作《百蝶图》，蝴蝶动态各异，生动活泼，满纸飞舞。其作品曾于宣统二年（1910）应“南洋劝业会”征画，获农工商部颁发的银牌奖。1915 年，胡楷《菊蝶》参加南京举办的“全国绘画赛会”，获金牌奖。据说胡楷画的蝴蝶，按只计价，每只一银圆。

（《潮州历代美术家辞典》）

胡铭藻（1889—1968），字德舆。开平人。民国少将。1912 年考入保定陆军军官学校，1914 年毕业，入粤军服役，1918 年任第五军司令部参谋。1920 年粤军驱逐桂系，11 月孙中山整编粤军，第五军改编为粤军第三师，胡铭藻任粤军第三师参谋官、参谋处长兼军官讲习所教官。1936 年 10 月至 1938 年，任广东省第五区行政督察公署（驻潮安县）专员兼潮安县县长。1936 年，胡铭藻在潮州西门佛祖爷宫创办戒烟医院。1949 年加入起义。解放后任广东省政协委员、省文史资料委员会委员。胡铭藻擅长书法，曾应《潮安民国日报》请求题写该报报头“潮安民国日报”六个字，报头字左边有“胡铭藻题”四字，并盖朱文印，文为“胡铭藻印”四字。

（《潮州历代美术家辞典》）

胡镇福（1908—1998），潮州市桥东人。上海医科大学毕业，后在潮州开设诊所兼任韩师校医。行医之余喜翰墨，以隶书著称，富收藏善鉴赏。1956 年任潮州市医院门诊部主任、潮州市政协委员。

（胡天民提供）

黄阿蟹（1885—1957），揭阳仙桥高美东厝村（今属揭阳市榕城区）人。长期在揭阳、普宁、潮阳各地从事庙宇、祠堂的木雕装饰。擅长通雕和层雕。子黄自然师承其艺。

（《揭阳美术家人名辞典》）

黄璧（1720—1780），字尔易，晚年酷爱黄大痴画，故号小痴。澄海下外莆人。少年时，与同邑陈琼从翁铨学画，壮岁游历温陵、武夷、西湖、罗浮等名山大川。其作品构图、形象富有真实感和生活气息。以山水、花鸟著称于世，张庚在《国朝画征续录》中说，黄璧山水专攻元四大家之一的梅花和尚；《岭南画征略》也说他“山水浑厚，意在梅花和尚”。

黄璧为人性情高傲，操守廉洁。作画喜用大幅纸本，构图丰富、气脉雄肆，在画中常常流露出端严不苟的精神。他的代表作《急流舟上图》，可以充分体现其艺术特色，画面危岩斜耸立，江流湍急，船夫数人正奋力拉纤、撑船，人物动态准确、有力，表现出激流勇进的气概；岸上大片画面为巨岩、杂树掩映下的茅舍居室，人物在舍内活动自然真实。画作还充分营造急流的氛围，群山耸立、古木横伸、密集点苔，皴法也采取同方向来表现出力度和动感，用笔与设色均周密不苟，但又生动传神，没有板滞之弊。

黄璧是 18 世纪前期，潮汕画坛乃至广东画坛上一位功力深厚，又十分注重真实与自然表现的具有一定代表性的画家。黄璧的书法以草书见长，笔画圆润遒劲，结体跌宕善变，章法纵横潇洒。笔墨恣肆酣畅，气势磅礴，锐气十足，放浪开张，率意驰骋，不计工拙，似奔蛇走虺，点画纷披，形章如卷，戈戟森然。

（《潮汕百科全书》）

黄璧珊（1921—2009），汕头人。毕业从教，曾任下篷中学校长，为人正直，待人热情，深受师生爱戴。他又曾在学校发起青年教师板书比赛，鼓励大家学书法、练书法，陶冶情操。其擅书能画，如晚年所作的水彩画《紫花如诗》，清澈淡雅，意韵飘逸。

（《征访册》）

黄冰垠（1922—1991），自署摩天石主人。普宁灰寨人。1951 年毕业于南方大学，曾任普宁文联常委、政协委员、书法家协会会长等职，是广东省美术家协会会员、汕头画院画师。擅长国画、书法、篆刻。出版有《黄冰垠书法篆刻集》。

黄冰垠的画造型极富动态生气，笔墨富韵律魅力。其代表作《大南山》，画面右下角描绘高松古树，丰茂华滋；上端崇山峻岭，群峰耸立，沟壑纵横，岩洞密布，岗峦交错，层林叠翠，树影婆娑，数条飞瀑顺峭壁倾泻而下，宛如素练垂空；左侧云雾横亘于山麓，逶迤起伏，迷漫苍茫。山峦以干笔皴擦，淡墨浑染，重笔密点，墨与色融，凝重古朴，气象浑沦。云烟用淡墨烘染，白气回环，蜿蜒屈曲，得自然之趣；山泉湍流，离合聚散，水势流转迅猛，喷薄回旋而下，极显生气，构成一种特殊审美意念上的动态之美。这幅作品确实体现了大南山的幽深、雄伟气象，通过尽情地勾画雾霭飘绕、疾流奔泻、崩滩裂岩之态，寄托了对大南山铭刻于心的感情。

（《征访册》）

黄琮（1552—1640），号玉田，又号韩江侣石山人。饶平宣化都大埕人（今饶平大埕镇上黄村）人。明万历二十六年（1598）进士。授大理评事，在任间平反了许多冤案。后出任饶州知府、临江知府，所到之处皆励精图治、政声赫然，后升任云南省督学、福建省按察使、布政使，皆有治绩。黄琮辞官回乡后，定居潮州府城，倡议并主持建筑潮州东津堤、急水塔；每逢初一、十五，给米赈贫，施棺收殓枯骨，孜孜行善，唯恐不及。卒年 89 岁。

黄琮书法今可见者，有其为潮州市潮安区庵埠镇梅溪村的洪氏家庙前牌坊背面的牌匾所题的“孝思维则”四字，又有“眷生黄琮书”款识，匾中正文为行书阴刻，款识为楷书阴刻。

黄道明（1917—2013），汕头市人。6 岁起开始习字，从红砖到描红临摹古帖入手，练就扎实童子功。其书法以楷书为主，兼行、隶书。楷书得柳、颜之流韵，翰墨近百载，自成秀雅一格。退休后自编“柳公权楷书自习帖”教材，使后学者获益匪浅。黄道明是广东省汕头市书法协会、广东省老年书画协会、中国基督教艺术研讨会会员，并于 2007 年 5 月参加第三届中国（深圳）国际文化产业博览会，被官方媒体邀请作为专访嘉宾，且对整场访问进行网络直播。2009 年获得中国老年奥运书画展金奖，作品入编《中国老年奥运书画精品典藏》，并且当选华夏夕阳红书画艺术研究院院士。作品除了在上述协会举办的展览会多次展出以外，也曾先后在中国基督教艺术展、南京太平天国博物馆、新加坡三一神学院等地展出并被收藏。另外，从 2001 年至 2014 年的十四年间，其圣经作品被印制成挂历，分布至世界多个国家，反响强烈，获誉甚多。

（《征访册》）

黄登庸（1720—1797），字开叙。潮阳直浦都桥头（今属汕头市潮阳区关埠镇）人。少时聪颖，记忆超人，经史过目能背诵。16 岁中秀才。乾隆元年（1736）中举人，出任河北故城知县。上任伊始，即深入查询民间疾苦。该县旧例，民众上山采薪柴要买官票，县衙所需薪炭也由民众无偿供应，为减轻民众负担，消除民怨，登庸予以废除，县民非常感激。任满退归后，即被赤寮张勋礼聘为贵山书院山长。当时贵山学子都就学于此，不少学有所成，如赤寮举人黄振清等。曾为铜盂镇胜前许氏永思堂题联，结构严谨，点画刚劲凝重，很有“二王”俊逸潇洒的神韵。

（《儒学在潮阳》）

黄殿中（1908—1967），字荣汉，署所居为观风听雨楼。普宁广太湖内乡人。1920 年前后寄寓汕头。1947 年旅居台湾。长期任文职职员。擅诗，为台中东墩诗社理事。著有《呓语集》。近年其哲嗣黄梓生为编印《观风听雨楼诗存》。擅书，宗颜鲁公，尤精小楷，有诗稿数册。

（《揭阳美术家人名辞典》）

黄独峰（1913—1998），原名黄山，号榕园。揭阳榕城人。1931 年就读于广州春睡画院，得岭南派大师高剑父亲授，后留学日本东京美术学校。1938 年在香港创办《现代艺术月刊》。1943 年在韶关创办“颂风画苑”。抗日战争胜利后，在广州与高剑父创办南中美术专科学校，任国画系主任、教授，不久入张大千门下。1959 年在印尼棉兰创办中国画院。1960 年夏回国后，任教于广西艺术学院，历任副教授、教授、美术系主任、副院长，曾任中国美术家协会理事、广西美协主席，曾在香港、曼谷、上海、雅加达等地举办个人画展。主要著作有《明清写梅画人传略》《中国之花鸟画》《岭南画派艺术之研究》《山水花鸟画技法》及《独峰画集》七辑和《丹荔书画集》。

黄独峰的画风，综合南北二宗及古代诸流派，自成一格。他擅长山水、花鸟，重视写生，平生足迹遍及国内外名山大川，蓄积弥深，其发乃厚。所作山水画，朴厚凝重、元气淋漓，表现了大自然的力与美。既得传统技法之真谛，又能脱略形似，随类赋彩，妙造自然。如所作的《集仙烟云图》，以泼墨和积墨穿插互用，于干笔淡墨或渴笔浓墨中，略施淡彩，提神贯气，云烟满纸，益显山水氤氲明净之气。

（《独峰画集》）

黄方松（清末民国），字鹤友。潮州城人。曾于城北教书。楷书方整沉着，具六朝风格。1939 年书西湖景韩亭刘逊卿所撰亭联："景山秀色怀燕市，韩水瑶光入孟亭。"每联长 160 厘米，宽 20 厘米，字大 13 厘米见方，楷书阳刻，是其代表作。戊寅年，他为胡镇福写行书册页二幅，题咏胡镇福藏画册，两帧风格、气韵相同。

（《潮州历代美术家辞典》）

黄飞鹏（清末民国），字传南。潮州府城人，家住岳伯亭。早年师从詹沄，后学海派。擅长花鸟画，绘画作品风格华丽。中年赴安南（越南），以画为业。后返潮州，于管巷设立画室，艺授黄家泽。

（《潮州历代美术家辞典》）

黄光（1924—2014），潮阳区关埠镇人。长期从事中学教育，青年时期以画牛闻名，曾被选送东南亚国家展出。系美协汕头支会会员、潮汕国画会会员、潮阳美协顾问。1942 年随陈文希学画，1945 年将随师作画 50 余幅全部捐献给潮阳参议会主办的"庆祝抗日胜利救灾义卖"活动。解放后经常参加县美术创作活动。1963 年在潮阳华侨中学举办首次个人画展。1994 年与早年学友谢文勇、吴峰、林毛根在揭阳市举办怀师画展。1997 年在潮阳市举办"黄光中国画展"，作品《喘月》被收入潮汕文化名人档案库珍藏。1999 年国画作品入选中国美术家协会主办画展，获佳作奖，同年作品《晨曲》入选全国文联主办画展并由书画艺术中心收藏。2010 年作品《年年有鱼》入选第 16 届亚运会全国中国画展。

（《征访册》）

黄光正（1919—2006），笔名黄刚。大埔人。抗日时期就读于厦门大学法律系，并加入中国共产党。1947 年冬，任大埔县副县长，后调汕头地委宣传部。"文革"期间遭迫害，放逐海丰干校。平反复誉后，任汕头大学原马列主义教研室主任至离休，系岭海诗社社员。其书法体貌疏朗，风格劲峭。

（《岭海诗词三百首》，《汕头日报》2006 年 6 月 24 日）

黄国卿（1511—1563），字君任，号沧溪，揭阳桃山（今属揭东登岗镇）人。嘉靖二十三年（1544）中进士后授浙江推官。二十八年升南京户部主事，再为郎中。三十四年调任江西吉安府尹，三十八年升江西提学副使，任间整肃士风，培养后进，有政誉。四十一年晋浙江参政，专理粮务。翌年年底，因操劳过度卧病，朝廷下旨升他为福建按察使，但任命到浙江时，已于十二月初十日去世。他多年为官而不营私蓄，病逝后随灵柩回原籍之遗物只有图书数卷。当地百姓感其德，棺运归故里时，沿途自发的路祭络绎不绝。

著有《沧溪文集》《学政公牍》。

黄国卿善书，现存书迹有其题于庐山白鹿洞的诗刻《白鹿洞用韵示诸生》，行书阴刻，其书结体端庄、线条圆劲。诗云："忆昔彭蠡舟，五老湖中见。今日始登临，振衣蹑层巘。五老笑相迎，依然旧时面。讶我鬓苍浪，童心犹未变。岁月几蹉跎，浮生如过传。努力须及时，肯为泉石眷。感叹欲踌躇，夕春归路劝。寄语洞中人，此志早当辩。"落款"嘉靖辛酉春，沧溪黄国卿"。

（《潮州古代名贤》《庐山历代石刻》）

黄华，字太华，饶平人。明尚书锦孙。诸生。有《四牧斋诗集》："太华工草书。余藏其自书诗册，笔法出米而不蹈其习气。诗亦清瘦自成一家。"

（《潮州诗萃》）

黄鸿宾（1861—1936），名甲儒，字鸿宾，晚号逸民。以字行。揭阳蓝田都玉浦乡人。咸丰五年（1855）随其父移居榕城北门，毕业于潮州金山书院。光绪三十三年（1907）贡生。长期任教职，曾任蓝和中心国民学校校长。与同邑曾习经、吴泽庵时相唱和。著有《梦中梦楼诗文集》，为蝇头小楷，未刊。书宗"二王"。有挽故友曾刚甫联："别我隔云泥，四十年来羞。"

（《揭阳美术家人名辞典》）

黄辉孝（1924—2002），谜号爱晖，人称"海岛虎痴"。曾任南澳县灯谜协会会长、广东省灯谜学术委员会顾问、中华灯谜学术委员会副会长等。长期从事南澳县的文艺活动组织，成功地举办了多次省级以上的大型谜会，成绩卓著。其平生书作多是谜笺，数以万计。

（《黄柏长青集》）

黄惠坚（清末民国），揭阳梅云吉水大围村（今属揭阳市榕城区）人。长期在乡村办私塾任教。擅书。为本村溪头社寨门书撰冠首联："溪内鲤鱼鳞化甲，头前春树绿含茵。"

（《揭阳美术家人名辞典》）

黄吉初（清末民国），揭阳玉浦村人。光绪间为黄岐山崇光岩住持。光绪三十四年（1908）募资重修黄岐山挹翠亭。黄岐山崇光岩有其手书石刻"得所皈依"四字，篆书，宗石鼓文。

（《揭阳美术家人名辞典》）

黄际遇（1885—1945），字任初，号畴盦。澄海人。14 岁考中秀才，时逢朝廷废除科举，遂就读汕头岭东同文学堂。17 岁毕业后赴日本留学，就读于东京高等师范学校数理科，兼治文字音韵学。学成回国后入京应试，中“格致科（数学）”举人。后到天津高等工业学校任教。1914 年又到武昌高等师范学校先后任教授、数理系主任、教务长等职。1920 年在美国芝加哥大学研究数学，获硕士学位，并到美国各地讲学。回国后，先后任中山大学教授、北京师范大学教务长、中州大学教务长、河南大学校长、青岛大学文理学院院长等职。曾出任河南省教育厅厅长。1935 年回广东，历任中山大学文、理、工三院教授。黄际遇通晓英、日等语言，积极把国外先进科学技术和现代教育思想介绍到国内，是我国现代数学教育的先驱者。国民政府明令褒扬其“志行高洁，学术渊深，启迪有方，士林共仰”。

黄际遇通晓英语、日语，译作有《高等微积分》《近代代数》《几何学》《代数学》等。曾撰写关于音韵学、方言研究的文章，如《论一》《班书学说》《潮州八音误读表说》等。黄际遇学贯中西，不但学识佳，也以书法名世；喜好象棋，曾手订棋艺评论《畴盦坐陷》50 册。

黄际遇书法以颜体为本，兼融诸家之长。其所作藏于广东省中山图书馆的楷书对联：“教子愿为范滂母，封碑争读道昭文。”结体宽博而庄严，雄浑刚健，类似颜真卿的《自书告身》。有些字结体和用笔虽看似不稳，实则自有天真意趣，笔画巨细皆有法度，深沉老辣，朴实无华。其行书，参以篆隶笔意，结构放逸，起止莫测，气势宏大，劲挺豁达，跌宕有致，姿态飞动，别具超凡脱俗的气息。

（《潮汕百科全书》）

黄家器（1912—1988），澄海澄城人。黄际遇长子。河南大学预科、山东大学数学系毕业。20 世纪 40 年代末回潮汕任教，历任澄海县教育科长、两广监察使署秘书、澄海中学校长等，中山大学曾聘其为副教授。家器幼承家学，耳濡目染，也擅于书。其书赠暹罗澄海同乡会成立一周年的篆书贺词，明显受其父影响，结构谨严，笔法洒脱自如，突破传统“玉箸篆”的风格，融入金石铭文的书法特点，独具婉丽圆劲的魅力。

（《澄海中学建校 90 周年纪念画册》、黄家器手书自传、《征访册》）

黄家锐（1915—1972），又名大涛，澄海澄城人。黄际遇次子。家学渊源，幼年因能熟背《左传》而饮誉，及长求学于上海美术专科学校，与陈大羽结为莫逆之交，后共同在青岛工作，相互切磋书画艺术。返乡后长期执教，曾在澄海简易师范讲授语文课，后在澄海中学除教语文课外，还开设制图课。其授课生动有趣，深受学生喜欢。20 世纪 40 年代，和陈大羽、刘翠琴等人两次发起筹办助赈潮汕和广州两邑画展，把卖画所得全捐给灾民。

其书法雄浑恣肆，浑茂苍劲。擅长花卉，将书法的行笔及章法、体势融入绘画中，形成了富有金石味的独特画风，所作花卉木石，笔力敦厚老辣，力透纸背，又纵横恣肆，气势雄强，布局新颖，构图虚实相生，主体突出，色泽强烈鲜艳。

（《澄海中学建校 90 周年纪念画册》《潮汕名人采访录》《征访册》）

黄家泽（1911—1985），号石潭。潮州人。自幼喜爱美术，1927 年考入上海新华艺术大学，次年转入上海美术专科学校，是刘海粟、王个簃、诸乐三的学生，并与徐悲鸿、诸闻韵等人亦师亦友。毕业后留校任助教，后回潮汕，执教于广东省立韩山师范学校。1938 年，与王显诏、吴维科等合办潮州艺术学校，自任校长，陈文希、丘玉麟等即是当时学校的专职教师。后回到韩师任教。晚年为汕头画院画师。

1936 年和 1938 年，刘海粟、王一亭等先后为黄家泽编印《黄家泽国画选集》二辑，刘海粟还亲为题写书名。徐悲鸿也曾为其题字“妙造自然”。诸闻韵则评：“黄氏兰竹笔力雄健，食古能入。”黄家泽主张国画入门必须先学书法，并常在授课稿中题句：“要知书法通画法，兰竹如同草隶然。”能以书法入画，故而其作画笔法酣畅，画面清丽动人。

（《汕头文化艺术志》《韩师史略》）

黄剑香（清末民初），名见龙，字剑香，以字行。揭阳榕城人。光绪五年（1879）恩贡生。家富藏书，幼承庭训。十四年（1888）任《揭阳县续志》分纂。能画，尤以兰花闻名。民国时揭阳画坛有“徐松鬼、剑香兰、伯虔竹、苍石鸡、石帆猴、亦华乞丐、岩耕山水”之说。有《兰谱》，未刊，同邑吴雨三常临摹之。《吴雨三吴泽庵书画集》中有吴雨三墨兰条幅，题字为“曾见黄剑香先生墨本有此并题云：细笔描摹愧未能，丛花乱叶似枯藤。时人莫笑无临稿，狂笔分明学醉僧。”又有墨兰册页，上题“黄剑香先生有此墨本，其原题有谓：狂笔分明学醉僧。则知其所自出矣，今仿之未识有识否耳”。

（《揭阳美术家人名辞典》）

黄锦，字孚元，一作絅存，号絅庵。饶平县宣化都（今饶平县大埕镇上黄村）人。他博学能文，熟谙当代掌故。天启二年（1622）中进士，授翰林院检讨，参与纂修《明神宗实录》。六年（1626），时宦官魏忠贤擅权，要在国子监侧建生祠，太学中拟调黄锦为司业（国子监副长官）专司其事。他说：“我怎能为了得到好的官职而在青史上留下贻笑千古之话柄呢?”于是以册封襄王使事为由离开京城。崇祯四年（1631）任辛未科会试同考官，所选拔的都是知名士子；参与修校《十三经》《二十一史》。十二年（1639），受命处治以邓希诏、孙茂林两宦官为首的“坏封疆者”，举朝称快。十月任礼部右侍郎，同年冬转吏部左、右侍郎兼侍读学士。十四年（1641）出补南京礼部尚书，翌年以病告归。十七年（1644）甲申三月十九日，李自成攻破北京，明思宗自缢于煤山。他惊闻噩耗，悲痛欲绝，设灵于家中，日夜哭泣。

顺治二年（1645）南明隆武帝于福州即位，被起用为礼部右侍郎，不久晋尚书，加封太子太保。时南明弘光朝权奸马士英，因南京为清军所破，仓皇逃难至福建，隆武朝主政郑芝龙要引荐马士英入朝。百官多模棱两可，黄锦坚决反对，最终定马士英以“逆辅”罪，逐出福建。他见郑芝龙拥兵擅权、预征赋税、大卖官爵、不思进取，知事不可为，越年告假归。八月，清军破福州，隆武帝死，郑芝龙降清，后被斩。十年（1653），潮州总兵郝尚久反清时，他“预其谋，倾家助饷”。失败后，倾家荡产，仅以身免。

黄锦工诗善书，著有《笔耕堂集》。其书法石刻，今尚能见到三处：一是“最上岩”三个行书大字，每字大 55 厘米 ×40 厘米，刻在石庵正殿前方大石上，落款为“絅庵居士黄锦书”，并有两方大印，每方 8 ~10 厘米见方；二为“寒拾留响”四个大字，行书，每字大40厘米×30厘米，落款“永历庚寅春䌹庵题”，该书刻于石庵路旁大石上；三系磷溪镇仙田乡丁宦大宗祠大门石刻对联，上联为“官纪太常五马清风余风水”，下联为“绩崇名宦千秋禋祀荐仙田”，每联长170厘米，楷书阴刻，落款为“八十一岁翁䌹庵居士赠”。

黄锦墨迹不多。潮州博物馆所藏者，原系王显诏收藏，后归苏乾英教授，1990年，苏教授将此珍品捐赠入馆。此件为行草书，录唐王昌龄《芙蓉楼送辛渐》诗一首，呈一气呵成之势。

（《黄锦集》）

黄菊秋，字有华。潮州城人，住开元。为教师，擅书法，解放前逝世。胡镇福藏有其小行书册页，布陈恰当，结体纯熟，用笔活泼，富有艺术魅力。落款为“菊秋黄有华”，盖二方印，一为“菊秋”，一为“五十后书”。

（《潮州历代美术家辞典》）

黄老山（1866—1925），揭阳锡场江边村人。光绪间秀才。长期在乡间任教职。能书，宗颜鲁公。

（《揭阳美术家人名辞典》）

黄礼勇（1938—1999），笔名墨夫，署所居为“艺痴书室”。揭阳渔湖塘埔村人。曾任教师。书宗欧、柳，继而师《兰亭集序》。20世纪80年代再函读于浙江陶行知艺术学校，开阔眼界，得到充实提高。书作于规范中求变化，清秀严谨。作品多次参加各种大赛并获奖。同里黄仰臣集其遗作编印为《黄礼勇书法》。

（《揭阳美术家人名辞典》）

黄立坤（1901—1975），揭阳榕城东郊人。幼即随父打石，十岁投师学艺，十五岁能独立承揽石雕工程。以石狮和人物为擅长。20世纪30年代，在汕头中山路开设“永合石雕店”。曾为汕头中山公园雕刻宋少东（曾在惠州之役冒死救援孙中山先生）石像，形神兼备。宋之女儿专程从北平来汕头主持立像典礼，目睹石像，几疑其父在世，触像生情，潸然泪下。抗日战争爆发后，汕头沦陷，遂回榕城，在东门开设石雕作坊。后任揭阳县石器工会主任、揭阳县政协第三届委员会委员、汕头地区文联委员。曾琢制孙中山、列宁、毛泽东、朱德等人物石像。作品《和平鸽》被选送广东省美术展览。1959年4月赴北京参加“十项工程”建设，负责钓鱼台国宾馆大门的大理石嵌砌工程。赴京时，携带毛泽东石雕像，由陈毅副总理转献，后中共中央办公厅专函致揭阳县石雕厂予以表扬。

（《揭阳美术家人名辞典》）

黄霖泽（清末民初），字笠芗。住潮州城中山路九板桥头（又称石人桥，即今天的西平路口），署其居室为“听雨楼”，书斋为“铭雀砚斋”（得铜雀台瓦砚两片，故名）。霖泽继承父业，经营金铺。但他自幼沉静好学，勤于书史，不喜逐利商场。中年之后专心收藏金石书画，摩挲终日，潜心研究，久而精鉴赏、善书画。殁后，书画古董尽散出，

"然近百年来岭东言收藏之杂且富者，不能不推笠芗为第一人矣"。

黄霖泽对金石篆刻尤为嗜好，从古代铜印至现代之料印都广为收藏，并拓印成册，名为《铭雀砚斋印谱》及《铭雀砚斋印存》。这些书已散失民间。其遗存有《印谱》二册，开本为13厘米×10厘米；《印存》共三册，开本为21厘米×12厘米。成书年代不可考，《印谱》有高邕题签"铭雀砚斋印谱"，未写时间，扉页符翕题"印谱"二字，也未写明时间。《印存》首册有诸名人题词，有的写乙未年，有的写丙申年，其中王延康题词写光绪乙未年，即1895年，成书应在题词之后。《印谱》制作应在此之前，其创作情况显然属初试阶段，样式很不规范，如在10厘米见方的纸面上，盖了四枚大印，密集拥挤，杂乱无序，而且每印下边均标明该印用料，计有石、晶、牙、玉等；《印存》制作很正规，每页只盖一印，至多二印。所用印纸都是加印了花边的规格纸，并印有"铭雀砚斋印存"字样，每一册卷首有郑心经、瑞浩、温仲和、符翕、王延康、陈宝瑜、徐郙等人题诗文，符翕题书名。《印存》共三册，未标明次序，但有名家题词者应为第一册，卷末盖有"铭雀砚斋收藏书画印"者应为末册。《印谱》上册共66页（复合页），集印174枚，其中吕玉璜名字印共四十余枚，其他大部分是闲文印，如"云水生涯""天涯知己""故人千里外""十年一觉扬州梦"等，还有"陶研斋""兰东鉴赏""彤轩玩赏""稽臣书画""云五"等名字章，所占数量不多。下册共68页（复合页），集印183方。其中大部分是诗文、闲文印，如"一片冰心""半轮秋月""有何不可""时人不识予心乐""让吾消受一生闲""吉祥如意"等，属名字章的，以王安洛为最多，有"王安洛印""安洛启事""安洛"等共16方，也有"小伊诗草""老伊诗印"，还有霖泽几方小印。这两册最后一页均盖有"铭雀砚斋收藏书画印"，这方印刻得特别精美。《印谱》尽管小，但主人十分看重，请名书法家高邕写题签，符翕写扉页，每册上下扉页都用万年红纸封护，以防蛀虫。《铭雀砚斋印存》共有上、中、下三册。上册61页，前18页是郑心经等题词，后43页集印，印的水平比《印谱》提高，首先是十几页集汉印，如"部曲将印""军司马印"，随后有8位全国名书画家印，其余是杂印，最后一枚印是"家在城西九板桥"。中册36页，大部分是闲文印，如"曾经沧海"及部分名字印。下册46页，内容是闲文印、名字印，如"天涯海角儿平安""红梅吟馆珍藏""昌绪之印"等，卷末有黄霖泽9个名字印，最后是"铭雀砚斋收藏书画印"。《印谱》所集的印没有全部进入《印存》，只选其中精美者。黄霖泽集印还不止5本，其子黄梅岑尚保存着其他内容的《铭雀砚斋印存》。

墨工室收藏其山水画扇面一幅，临摹戴文节作品：在开阔湖面上，孤舟一叶，一老者举竿钓鱼，左角画山坡及树木为近景，右边画中景山峦，中上部画远山。近、中、远各景一气贯通，构图紧凑。画面题字为"戴文节笔法耕烟，一味秀润，略观之不知难，临摹之正不易，书应消卿方家以为何如，逻叟作于听雨楼"。画面盖白文印，印文为"霖泽"。

（《潮州艺文志》《潮州历代美术家辞典》）

黄陆钦（1923—2002），揭阳榕城人。青年时在香港开细木家具店。1950年回到榕城，在榕城史巷开细木活店。1965年进揭阳县工艺厂工作。20世纪70年代离开工艺厂，仍从事加工细木活。擅长细木工作，尤以制作各种弦具乐器的骨雕配件出名，所作小件多层雕刻极为细腻，受到各用户的好评。

（《揭阳美术家人名辞典》）

黄明亮（1908—1991），原名英杰，自署南康醉人、碧英草堂主。揭阳榕城人。长期任教。余闲喜植兰、玩石、作画。与同邑画家刘昌潮、林逸、王兰若、许秋岚等交厚，喜作梅、兰、竹、菊四君，师法海派，逸笔草草，颇有情致。

（《揭阳美术家人名辞典》）

黄铭初（1868—1945），名钟，字铭初，以字行。揭阳登岗（今属揭阳市揭东区）人，拔贡，授直隶州判，不赴任。先后于汕头、揭阳、普宁、潮阳等地任教。1945 年春，年已七十七岁，仍受聘潮阳八区中学，是年十一月在学校去世。擅诗，能书，著有《删存草》诗集手稿。书宗王右军，自然闲逸，线条流畅。近年其学生王兰若校订刊印《删存草》诗集。

（《揭阳美术家人名辞典》）

黄铭清（1840—1925），揭阳河婆（今属揭阳市揭西县）人。光绪二十七年（1901）举人。设帐授徒为业，先后在揭西县各乡执教。能书，师法王右军。

（《揭阳美术家人名辞典》）

黄培强（1945—2005），南澳县人。自幼酷爱美术，勤奋自学，对国画有一定的研究，有多件作品参加各级展览、比赛，并在报刊发表。曾为汕头市美术家协会理事、潮汕国画研究会会员、南澳县美术协会副会长。

（《南澳美术作品选集》）

黄鹏，原名黄朋，字搏之，号南溟，世称为黄佛。揭阳地美都福美村（今属揭阳市揭东区）人。家贫，幼随父乔居潮阳棉城近郊，以聪明得到致仕翰林萧与成喜爱，收为螟蛉子，与后来成为御史的萧端蒙同窗共读。嘉靖十年（1531）进士，仕至广西南宁知府。病卒于赴南宁上任途中。潮州市博物馆藏其篆盖“明故奉政大夫南京户部郎中南窗潘公墓志铭”，款为“赐进士第中宪大夫广西南宁府知府前南京兵部郎中潮阳黄鹏篆盖”。

（《揭阳美术家人名辞典》）

黄奇遇（1599—1666），字亨臣，号平斋，自署绿园居士。揭阳渔湖都广美乡人。崇祯元年（1628）与同郡郭之奇、宋兆禴、辜朝荐、李士淳、梁应龙、杨任斯、陈所献等同中进士，世称“潮州戊辰八贤”。南明永历帝时任礼部尚书。晚年告病乞归，纵情山水，吟咏自娱。书法师颜鲁公，行书师法欧阳询。揭阳县城以前有“味书处”书斋，门联“嚼出六经皆有味，读完二宛寻无书”即为黄所书，惜已毁。又，榕城店马路古榕下嵌有石刻诗二首，亦为黄所书，行楷。

（《揭阳美术家人名辞典》）

黄祺（1905—1947），又名昌祺，字德安，笔名枯萍。澄海澄城城北（今属广益街道）人。1921 年毕业于澄海中学并考入武汉高等师范学堂（武汉大学前身），在校加入中国共产党。1927 年出任中共澄海县部委代理书记，领导了澄海“四一五”武装暴动。曾先后在广州仲恺农工学校、省立韩山师范学校、澄海中学任教。黄祺博学多才，擅诗文、书法，著有散文集《昔宵》（已佚）。书法从颜体入手，后又受康有为书风影响，行书横平竖直，撇捺微翘，疏密有致，潇洒自如，有纵横奇宕之势。

（《澄海历代书法概览》）

黄乾修（1890—1978），署所居为乾庐。揭阳榕城人。揭阳县第二届参议会会长。1949 年移居香港，任侨港潮汕文教联谊会监事。著有《揭阳八十年乡宦耆寿闻见录》。擅书，宗北魏。

（《揭阳美术家人名辞典》）

黄庆元，字善之。南澳深澳人。荫袭云骑尉，补守备，道光二十二年（1842）任游击，二十五年任顺德协副将，二十九年升琼州镇总兵，参与查缉鸦片、抗击英军诸役。精通水战，擅词能画。曾于道光二十四年（1844）在潮阳海门莲花峰题诗：“铁胆寒北军，黑云暗柴市。先生配春秋，元室何处是。”此作用笔重骨力，劲利清健，遒劲奇绝，风骨峥嵘。

（《南澳县文物志》）

黄秋权（1938—2009），潮州市枫溪人。1959 年进汕头地区枫溪彩瓷厂，1960 年调枫溪陶瓷研究所，同年进广东省陶瓷学校美术研究班、中国美术学院中国画研究班进修。历任潮州市二轻工艺彩瓷厂厂长、设计室主任，广东省工艺美术学会第一、二、三、四届理事，潮州市瀛园书画社社长、中国工艺美术学会会员、中国国画家协会理事。设计创作大花瓶高 333 厘米，高度和宽度为世界之最。瓷板画《广州起义烈士陵园》获汕头地区工艺美术评比一等奖并被收藏。茶具花边、咖啡具花边图样设计制作，获广东省评比第三名。瓷版画《王昭君》获省同行业评比第二名，《瓷板书法》《中山纪念堂》分别获 2005 年首届广东省陶瓷艺术大师评选作品展银奖、铜奖。2003 年为马来西亚大八仙楼设计彩绘组合大型瓷版画《群仙庆寿》《八仙过海》约一百平方米，2004 年先后为马来西亚八仙宫设计彩绘组合大型瓷版画《一百零八好汉图》。撰论文《浅谈陶瓷书艺装饰》。

（《潮州历代美术家辞典》）

黄绍裘（1918—1981），笔名黄冶。自幼酷爱绘画，毕业于香港美术专科学校，学成后受聘于汕头晨星女子中学、澄海中学、隆都中学等，执教美术。后改教动植物学、人体生理卫生，搁笔多年，于 1979 年重拾丹青。晚年所作之画，造型典雅，雍容华美，枝叶舒展婀娜；神情骨秀，色泽润藉，笔法俊逸，意境幽淡，一派明丽清新的感觉。

（《征访册》）

黄声（1908—1966），又名寄因，曾用名心声、凡无，揭阳塔头（今属揭阳市揭西县）人。学生时代开始参加进步运动，毕业后返潮汕从事新闻和教育工作。1938 年受中共普揭县委委托创办南侨中学，出任校长，培养了大批革命青年。南侨中学停办后转赴江浙，任新四军《江淮日报》编辑；期间曾赴东南亚各地采访华侨声援祖国抗日的事迹。“二战”后重赴泰国，从事华侨爱国民主运动。1947 年 7 月加入中国共产党。1949 年 5 月，调闽粤赣边纵队工作，任潮梅人民行政委员会副主任委员。后出任汕头市军管会秘书长、市人民政府副市长等职务。1953 年调北京中国新闻社，旋调回广东省华侨事务委员会工作。

其书法多为题词，如 1960 年初访问南侨中学时的题词，自然质朴，文辞潇洒，挥洒自如，将文气和豪情贯穿其中。

（《怀念黄声同志》）

黄史庭（1887—1942），又名史腾，原名经，号谈空子、游真室主。潮安人。自幼喜欢书画，师从同邑詹沄及其兄黄朴庵，掌握六法要领，所画山水、花鸟、人物深受闽派影响，重视笔墨情趣，注重全面修养。其人物画多用弧线，流畅飞动，人物姿态简约，有漫画笔意；其花卉喜爱敷色，亦极注重墨分五彩的墨韵变化，笔致多以书法线条出之，别具功力。绘画之暇，所赋诗词亦清雅可爱。1905 年在汕头与王逊创办《韩江画报》，以漫画针砭时弊。及后又受聘为广益、明新等印务公司的画师，并于 1919 年创办挹香吟馆，集聚师友合写丹青，酬唱吟咏，还悬润售画、设帐授徒。1925 年出版《史腾画剩》两册，康有为题签。画作《法聪和尚》《煨芋全趣》入选 1929 年全国美术展。其代表性作品尚有《山水画谱》五集、《石谱》一集，以及《百鹤图》《百爵图》等。其人“性豪迈，工六法，诗才隽逸，作画庄谐杂出，神理俱足”。

（《汕头史志》1994 年第 4 期）

黄寿松（1915—？），澄海人。新加坡中华美术研究会秘书、理事，新加坡中华书法协会评审委员。

（《征访册》）

黄叔平（1888—1953），原名兆安，号定康。揭阳玉湖镇观音山村人（今属揭阳市揭东区）人。秀才。民国时经考选县长合格，就读广东省政治专科，毕业后从事军政。历任广东省海康县、沛县县长。喜泼墨，尤擅画兰。

（《揭阳美术家人名辞典》）

黄梯云（1885—1943），又名庶初。饶平县上饶坑前村人。自潮州金中毕业后，任饶平一中教务长，当时受孙中山革命思想影响，参加倒袁护法运动。先后在饶平、福建等地从事教育工作 32 年。其书法造诣高深，楷书雄浑苍劲，草书圆润流畅，真、草、隶、篆均有独特风格，大楷尤见功力，闽粤各地楼阁、亭、台、庙宇尚存其墨迹。

（《潮州历代美术家辞典》）

黄天秀（1918—1999），原名骐良，又称奇南。揭阳渔湖人。北京美术专科学校毕业。师从著名画家李苦禅。考入故宫博物院临摹古画，后任北京故宫博物院研究所顾问，为书画鉴赏家。

（《揭阳美术家人名辞典》）

黄文城（1922—1995），号黄梅。揭阳榕城人。广东省立韩山师范学校毕业。长期在揭阳任教，历任教师、校长。擅画，尤精花卉。师事揭阳孙裴谷，潮州王显诏、黄家泽诸家。与同邑画家余白丁、陈君励甚投契。所作为海派风格，而略有变通。

（《揭阳美术家人名辞典》）

黄文英（1813—1971），揭阳渔湖塘埔村人。擅木雕、走兽飞禽图案，神韵逼真，粗犷飘逸，造型奔放。雕刻时，仅勾出极简单的草图，再以刀代笔。

（《揭阳美术家人名辞典》）

黄悟庵，惠来人。清代庠生。擅书，现存惠来华湖顶寨村东太平古庵门额“太平古庵”四字，为嘉庆七年（1802）时所书。

（《揭阳美术家人名辞典》）

黄星阁（1894—1977），潮阳棉城人。少年时开始自学美术，26 岁进县立师范讲习所进修，后任私立保元小学图画教师。擅长绘画，20 世纪 30 年代受聘于抽纱行业，设计图案，辅导绣工，开创抽纱刺绣新工艺。业余仍不懈研习捏塑，作品形神兼备，惟妙惟肖。后进入潮阳工艺美术厂，潜心研究香稿末塑，以香稿末为主料，捏制戏剧人物、景物，再加玻璃罩，举办“香稿末人仔展”，开创了潮汕香稿末塑技艺。星阁以戏剧和民间传统题材塑制挂屏，以传神和有创意著称，色彩协调，栩栩如生，受到行家的关注。1961 年汕头专署授予其“民间艺人”称号。

（《潮阳文史》第 4 辑）

黄勖吾（1905—1980），又名剑秋。澄海樟林人。1931 年毕业于中央大学中文系，受聘为南京历史博物馆指导员。1932 年回乡兴学，在汕头市创办海滨师范学校。1936 年海滨师范学校改组为海滨中学，任校长。1943 年受聘为中山大学师范学院教授，接着调任文学院教授兼办公厅主任，被中大教授会选为该会理事。1946 年返汕头任南华学院教务主任兼海滨中学校长。1960 年任新加坡公教中学教师、新加坡师资训练学院讲师、新加坡南洋大学中文系教授等。其生平著述甚丰，出版的专著有《艺术与人生》《书法选辑》《中国书法丛谈》《中国书体与书法》《千字文帖》《草书洛神赋帖》《章草出师颂》等。

黄勖吾治学谨严，造诣湛深。擅文艺理论，工诗词书法，尤精草书。他自谓：“少耽词章书艺，长炙耆宿硕儒，法帖名碑，多所临习，雄文丽藻，靡不漫淫。”黎国昌赞他：“潮州澄海高人，词赋文章著作等身。”饶宗颐则论其倚声之作“逸兴遐思，清远浑涵”。

黄勖吾书法篆、隶、真、行、草各体，无不精熟。晚年特爱行草，运笔富于变化，却毫无雕饰，笔画不激不厉，行距较松，前后左右映带，奇斜疏密，错落有致，超逸优游，透露出清淡之气。

（《白云红树馆文钞》）

黄耀，潮阳下林人。少时到上海学画，着意于白龙山人王震笔法。善画花鸟，风格近似吴昌硕。回汕后任汕头大中中学等校美术教师。

（《广东画人录》）

黄绎彰（1944—2010），祖籍汕头。生于书画世家，其母杜素素系上海美术专科学校才女，受其熏陶，承家训，喜爱诗文、丹青。他又是画家林丰俗、王兰若、刘昌潮入室弟子。山水画风格清淳秀兰、诗意典雅，作品曾三次入选国展并获奖。此外，他还是世界美术文化交流会会员、香港美术会会员、澳门书法家协会会员、中国文物学会会员、广东省美术家协会会员，深圳市、汕头市美术家协会会员。

（詹伟明提供）

黄一道，字唯夫，号月溪。揭阳蓝田都上阳（今属梅州市丰顺县汤南人）。正德十六年（1521）进士，授户部主事。嘉靖初疏议大礼，出任兴化府知府。去官后居潮州城。擅书。潮州状元林大钦建成祠堂，致函请其书匾，称“祠堂初成，以为崇先不可无额，思得祠堂二字，以光幽明。月溪笔意，在右军、颜鲁之上。如得神洒，以光轮棁，世泽之资，昕夕慕之，悚然未敢易言。然又自以猥辱眷厚，岂靳二字之锡，乃过逡巡，斯已谬矣”。今潮州市北门有“忠节坊”三字即出自其手，舒和遒劲，雄秀厚重。

（《揭阳美术家人名辞典》）

黄逸夫（1927—2003），潮阳棉城人。长期从事教育工作，曾任潮阳师范学校教务主任，为广东省书法家协会会员、汕头市书法家协会理事、潮阳市书法协会会长。书法诸体皆能，尤以篆书为佳，其“玉箸篆”圆转流畅，遒丽匀整。

（《醉墨》《征访册》）

黄逸云（1886—?），号对岐山人。揭阳人。曾任海南崖县知县，民国初任潮安县教育局局长。喜吟咏，能书画。画以“四君子”为主。书法初宗王右军、钟元常，后师何子贞。

（《揭阳美术家人名辞典》）

黄翼（1923—2007），字晓岑，自号见山楼主人。揭阳人。1937 年就读于汕头一中，因形势紧迫而辍学。18 岁起在揭阳、潮安等地学校任教。1949 年任梅北洪聚小学校长，并参加潮揭丰边区一区文教协进会，6 月入伍，后随部队入城在文教接管部工作，1959 年调为汕头市潮剧团编剧、创作室主任。1972 年任汕头市潮剧团副团长至 1984 年离休。系广东省戏剧家协会会员、全国中华诗词学会会员、广东老年书画家协会理事、汕头岭海诗社副社长等。编写的潮剧《李师师》《罗衫记》等，获省、市奖项，深受群众喜爱。出版《见山楼吟草》《黄翼国画选》等，还著有《李白二词“非仿托”说订补》《潮阳花旦戏的语言问题》等理论性论文。

黄翼小时从祖父学诗，后以孙裴谷的画册入手，自学国画，进而师法范昌乾、任伯年、吴昌硕等名家。通过长期的学习摸索和创作实践，他提出自己的作画经验和审美理念：一是强调“以书入画”；二是善于用笔墨和构思立意；三是要“气韵生动”，方能动人心弦；四是笔墨当随时代，画老百姓喜闻乐见的事物。他继承了大写意的传统，通过长期实践，形成柔中有刚、艳而不俗、稳重大方、刚健潇洒的风格。

（《见山楼吟草》）

黄瑜（清末民国），字璞庵。潮州城人。学画师晴波，擅画人物、山水，喜画青绿山水，笔法苍劲古朴。黄瑜以开画店为生，曾主持潮州书画局，该局设于府仓内，陈列书画展销，至抗日战争结束。黄瑜的作品曾赴日本展览，获得好评。弟黄经（史庭）是潮州名画家。

（《潮州历代美术家辞典》）

黄雨（1916—1991），笔名丁东父。澄海鸥汀（今属汕头市龙湖区鸥汀街道）人。曾在潮阳南山中学和六都中学任教。他是中国作协会员、中国民间文艺家协会理事、中华诗词学会会员、广东文联委员、中国楹联学会广东分会会长等。著有《刘禹锡诗选评注》《新评唐诗三百首》《啼笑皆非集》《听车楼集》《历代名人入粤诗选》《新镜花缘》《肇庆历代诗选》等。其晚年书作多为题诗、题词，有不少被勒刻于各地景点。

（《汕头特区晚报》2009 年 12 月 7 日）

黄云（1911—1958），字文国。揭阳榕城人。长期从事地图编绘。1953 年任粤东行政公署水利科地图编绘和工程设计。1958 年被划为“右派”，不久去世。擅书，初宗魏碑，行书宗王右军，秀逸遒丽，结体严谨。手写宋体字亦佳。

（《揭阳美术家人名辞典》）

黄云（1920—1997），学名书云，笔名秋山。澄海东里镇新陇村人。少年即有书名。书法取法较广，初学颜真卿、赵孟頫，继学华世奎，后又习北碑以强其骨。大字圆浑厚重，小楷舒展遒丽。榜书擅朱熹笔意，苍郁之中又见古雅，颇为世人所重，樟林、汕头乃至马来西亚等地均有其所书匾额。

（《澄海历代书法概览》）

黄云溪（清末民国），澄海城东人。为凤山高等小学教员，国学造诣精深，又任黄际遇的家庭教师，以小楷名世。其子为泰国著名报人黄病佛。

（《暹罗澄海同乡会成立廿五周年纪念特刊》）

黄泽铭（约 1925—?），澄海人。20 世纪六七十年代澄海美术活动较活跃人物，创作有大量版画和国画作品，多次参与大型展览的设计、制作布置。

（《征访册》）

黄钊，字谷生，号香铁。嘉庆二十四年（1819）举人，历官朝阳教谕、翰林书院待诏、内阁中书，在京缮书馆多年。道光八年（1828），潮州知府黄安涛慕其才，延为幕宾，筑室于竹木门街供其居住，并赠孺子婢二，以娱晚年。十八年（1838），主讲韩山书院。“东菠萝园之胜，移家僦（租赁）居其间。”后归里，设馆教授生徒。生平潜心著述，与张维屏、黄培芒等合称“粤东七子”。黄钊书法得力于王献之和瘦金体，秀美灵动。《百木园随笔》称：“曩者丁中丞（即丁日昌）殁后，丁府书画多散出，流于坊间。黄香铁致中丞书札二道，通体秀逸，得力于《十三行》，亦师瘦金，甚可观。先贤遗札，可宝可宝。”如其扇面行草书，字节体身腰颀长，笔画纤劲清瘦，笔调疏淡，乍看似信笔写去，不作经营，但笔笔有法度，字字得其所。

（《揭阳美术家人名辞典》）

黄照轩，又名耀廷，字石俦。潮阳胪岗泗黄村人。民国时期任国民革命军第二十四集团军中校秘书，后任海丰、普宁等地中学校长。潮阳峡山桃溪明发村有其甲骨文和楷书石刻，潮阳沙陇兴陇村成泰里又有其碑体贝灰刻字，三处书作，面目各不相同。其甲骨文韵致生动，气息清雅，而楷书骨劲神苍，恬淡朴拙，碑体又天真罄露，顾盼含情。又擅篆刻。

（黄德然提供）

黄镇南，湖南安化人。光绪十七至二十五年（1891—1899）任南澳海防军民府同知。在青澳南山丞相石下有其所题长诗，书法笔意顾盼，朝向偃仰，疏朗通透，形断意连，气韵生动，风神潇洒。

（《南澳县文物志》）

黄执（道光、咸丰间），揭阳榕城人。道光十年（1830）前后，在城东开设石雕作坊，并收徒授艺。擅雕山水、人物。潮州府建安政王朝时，与同邑谢喜分别参加，负责刻壁上《封神榜》故事，其中武将横枪跃马，手勒缰绳，胯下之马十分神俊，高仅三寸余，但奔跃之势甚壮，似开口嘶鸣。勒缰绳仅香枝大小，且悬空，难度极大，时人莫不惊叹。但黄执因雕此悬空小缰绳而呕尽心血，积劳成疾，不久去世。其传人黄立坤亦以石雕名世。

（《揭阳美术家人名辞典》）

黄志铭（1916—?），南澳人。毕业于汕头岭东新医学专修院，后历任澄海卫生院副院长、澄海县人民医院医师，澄海县政协常委、文联委员，澄海基督教三自爱国委员会主席等，晚年参加汕头市老干部书画研究会。其画作多为兰竹，疏密有致，巧拙共趣，追求隽永朴茂的风格。

（《醉墨》《征访册》）

黄仲龙，揭阳榕城人。秀才。能诗，能书。与画家杨霭如友善，有诗称杨霭如之米家船画室。

（《揭阳美术家人名辞典》）

黄仲琴（1884—1942），名嵩年，字仲琴，号嵩园，以字行。潮安人。先世赴闽经商，父承烈娶于漳，遂在此定居。童年聘请漳州宿儒王咸熙先生在家中授课。及长，随兄伯琴返原籍。光绪二十七年（1901）应海阳县试，受知于归安朱孝藏侍郎，为海阳县秀才。后以县试一等为县学廪生。又返闽，随侯官吴翊亭先生（商务印书馆《涵芬楼古今文钞》之编著者），读书于平和教官署内有年。废科举后，承吴翊亭先生介绍，往江宁（今南京）江苏法政学堂深造。其时，朱孝藏先生也介绍他参加南社活动。1906 年，毕业返漳，在漳州府劝学所供职，从事兴新学的具体工作。辛亥革命成功后，漳州光复，受任为政府教育局局长。20 世纪 20 年代，由顾颉刚举荐，至广州中山大学任教授，后又至蔡元培任院长的中央研究院历史语言研究所任编辑。曾任广东省立金山中学教师，编有《潮州金山志》。精诗词及古文学，有《嵩园书稿》《湖边文存》《木棉庵志》等著作。工书法，善甲骨文、金文，作品秀润古雅。

墨工室收藏其临汉曹全碑字一幅，纵 100 厘米，横 32 厘米，写隶书三行，行书题款一行，款为“乙亥长夏，春园先生雅正，姻弟黄仲琴书于金山”。乙亥年是 1935 年，时民国二十四年。黄仲琴在该书幅上盖了领首小章，印文是“丁巳生”，可确认为青年时代的作品。其于丙子初夏写给胡镇福的金文册页，款后盖二枚印，首印是“海阳”，次印是“黄仲琴”。

（《潮州历代美术家辞典》）

黄仲瑜，饶平三饶人，曾任揭阳县长。揭阳黄岐山有其书之“海滨邹鲁”摩崖，楷书阴刻。落款为“邑人姚秋园跋，饶平黄仲瑜书。丙戌（1946）之岁孟冬刻石”。

（《饶平县志》，黄外浩提供）

黄竹林（1936—2009），祖籍大埔，生于潮安县龙湖乡。上过中学，当过农民，任过小学教师。1970 年进入专业文工团，编写宣传品，1984 年加入广东省作家协会，1992 当选为广东省书法家协会理事。曾任潮州市文联秘书长，《韩江》文学杂志副主编，潮州市书法协会副主席、名誉主席。书法学魏碑，作品端正大方。

（《潮州历代美术家辞典》）

黄倬瀛，生活在清代，字仙洲。澄海人。工诗，善画山水，笔法近似“四王”。

（《广东画人录》）

黄壮略（？—1773），字学三。揭阳地美都埔尾村人。乾隆二十五年（1760）武进士，分发福建试用，摄汀州右营守备，历任湖北宜昌、施南两镇县协中军，贵州安笼标右营都司。后因赴四川征剿叛乱有功，方报部议叙升，不意以身殉国，追为四品昭武大夫。工书法，苍劲雄浑。

（《揭阳美术家人名辞典》）

黄壮猷，又名端康，字可秀，号定园。黄壮略之兄。揭阳地美都埔尾村人。乾隆十七年（1752）武进士。官至五品侍卫司正堂。擅书。

（《揭阳美术家人名辞典》）

黄子信，广东台山人。岭南大学毕业，美国南加利福尼亚大学市政学士、哈佛大学硕士，任汕头市长时年仅 31 岁。黄子信在汕头期间，因“一·二八”淞沪战役发生后，中日关系紧张，舆论激昂，汕头报纸登载涉及把日本天皇称为“倭皇”事，日本人大兴交涉，甚至派军舰驶入汕头港示威，时局势危急，幸在黄子信据理驳争及驻军严密布防下，事件方得以平息。

书作多为小件题词，作书多用圆笔，其结构则更为流宕率意，浑厚大气，沉着痛快。

（《汕头市政公报》）

黄自然（1916—1984），揭阳仙桥高美东厝村（今属揭阳市榕城区）人。幼随父黄阿蟹学木雕。在揭阳、普宁、潮阳等地从事庙宇、祠堂的木雕装饰。中华人民共和国成立后，由揭阳县文化馆推荐，参加广州陈氏家祠的木雕修缮工程。1960 年建汕头市工艺美术厂，负责木雕设计和创作，并培养学徒。擅长通雕、层雕，运刀细腻有质感。1958 年参加汕头专区工农业展览会；1959 年创作的《蟹篓》参加中华人民共和国成立十周年展，并由广州陈氏家祠收藏。1964 年参加中华人民共和国成立十五周年和塞浦路斯国际博览会展。1975 年举办的汕头地区木雕工艺美术现场操作评比大赛，黄自然获二等奖。

（《揭阳美术家人名辞典》）

J

纪汉卿（1916—1944），原名穑夫，号步留。澄海下蓬区官埭乡官埭头村（今属汕头市龙湖区龙祥街道泰龙居委）人，黄埔军校第十七期步科毕业，礐光中学初中第十七届学生。1944 年 7 月，在抗日战争中最惨烈的攻防战役衡阳保卫战中殉国。抗日战争胜利后，国民政府授予纪汉卿“抗日烈士”称号，赠少校军衔。纪汉卿天资聪颖，擅文学、书法、音乐等。书法深得当年礐光中学知名教师杨鸿志、林迁时器重。从军期间，曾教士兵们学文化，练书法，享有“军中书生”美誉。

（纪伟文提供）

江南春（1655—1684），号竹溪。揭阳梅冈都云路人。康熙二十三年（1684）举人，但榜发时已弃世，年仅二十岁。少而能书，擅大字，师法颜鲁公。现存匾额有“凤鸣里”“兴云市”“北极生辉”及《云路八景诗》等，结体宽舒庄重。

（《揭阳美术家人名辞典》）

江岳春（1910—1988），族名泰逢。揭阳梅冈都云路（今属揭阳市揭东区）人。幼年失恃，随父经营小生意，及长，夜间随邻居私塾先生学，刻苦自励。又随族人江碧章习字，先学孔庙三碑，再师颜鲁公。书风平和稳厚。

（《揭阳美术家人名辞典》）

蒋廷章，人称太爷。潮州城人，家住司巷。生活于晚清至民国年间。与王廷康为画友，能画花卉，以小品为主，书法也佳，曾与郑心经、周渭等四人合画群芳谱扇面。扇面今藏百榕斋。

（《潮州历代美术家辞典》）

金克松（1892—1970），澄海隆都后溪乡人。出生于祖传中医名贤世家，博览诸学派群书，《脉经》《内经》《金匮》《伤寒论》《千金子》皆潜心钻研，临床验证，辨证论治。二十岁始坐堂行医，临证慎思明辨，对症遣方施治，疗效显著，医德医术远播。曾于1927年到泰国，悬壶于泰京天华医院。归国后继续行医，1958年供职于隆都卫生院。他在潮澄饶毗邻地域乡镇悬壶近六十载，医德医风高尚，医望振誉四乡邻里。

其博学多才，诗文书画，医卜星相，射覆作隐皆有涉猎。尤善书法，家传各家名帖皆临习通透，书法功底深厚，笔法炉火纯青。长年坚持用楷书抄写医籍宝典以传授后代，每年春节书写大量春联供给民众，并以字体“富贵荣华”之美誉倍受大众喜爱。惜只有数册手抄医书及部分谜作手稿等存世。

（金怀颖提供）

金一凤，字子翔，号紫庭。山阴人，远祖曾任海阳县令。康熙二十五年（1686），金一凤任海阳县令，建名宦乡贤祠、东隅社学，重修县署及北门大堤；编修海阳县史上第一部县志。

金一凤擅书法，今能见到的遗迹唯潮州韩文公祠中石刻与潮安金石镇厂头村“儒林第”三字。

（《潮州历代美术家辞典》）

金元（清末），字问渔，又字西泠，号问渔子、第六桥。祖籍杭州，曾到潮州府当师爷，同治时侨居潮州。金元擅花卉、仕女，写生南方花果，笔墨工细、生动，无凝滞之笔，神韵俱佳。其妾容芝也能画，金元每为之题诗。金元画艺高超，世誉为诗、书、画三绝，但真迹罕见。胡镇福藏有其花卉扇面，画一钵蒲绿，一支红梅，一个灵芝，构图从左向右，本上方题字为“双朵红梅一盆蒲绿，添写灵芝，如意是福。拟陆叔口为博泉大兄雅属，西泠金元并题”，盖“金元”印。潮州市博物馆藏金元长卷《果菜图》，纵27厘米，横254厘米，以颜色画十多种果菜，有菠萝、香蕉、荔枝、葡萄、白菜、枇杷以及梨、柿、茄、豆、笋、桃等。作者用写实手法，将各种果菜画得极逼真，质感很好，着色亦佳，如梨皮的颜色及小点子的花纹，荔枝的结体及颜色都写得真实生动。在构图上，让各果菜枝叶相交连，组成长条状，使人感到丰富无穷尽。卷末题字为：“醉红不自力，狂艳如索扶。花蕊惜未扫，宛枝长更纡。嵇臣仁兄雅属，西湖金元。”

（《潮州历代美术家辞典》）

K

康寿峰（1804—1853），字云初。南澳深澳人。道光九年（1829）廪膳生，援例五品散宦。工诗词，娴书画，更擅作兰，著有《偶寄集》未刊，藏于家。其《伴春》诗十首中有《摹书》《助画》等，轻逸可观，趣味盎然。

（民国《南澳县志》）

康维安（？—1995），南澳深澳人。系广东省书协会员，善行、草书，书风挥洒自如，痛快淋漓，变化有致，逸趣盎然。其书法深受民众喜爱，南澳有不少庵寺门匾、对联为其所书。

（《征访册》）

柯彬（1907—1986），字玉彬，号石侬。揭阳霖田都棉湖（今属揭阳市揭西县）人。幼承家学，随父柯愚亭学。擅书，尤精隶书，师《曹全碑》，秀美逸致。

（《揭阳美术家人名辞典》）

柯光政（1911—1987），潮州枫溪人。昔年就学于福建龙溪职校高中艺术科，北师大夜校和国立艺术学院。抗日战争爆发后，他参加了抗日组织，后又参加八路军。中华人民共和国成立后，他历任汕头军分区海巡大队政委、中国海军 V8 战舰政委、中南海军第五速成中学教务主任等职。1956 年转业，1957 年调到潮安一中任校长，1983 年离休。曾当选为潮安县第六届人民代表大会常务委员会委员和潮州市第四届政协委员。柯光政学艺出身，而长期从政，少有书画作品问世。离休后，作书甚勤，作品多次参加展览。作品主要是隶书。

（《潮州历代美术家辞典》）

柯化鹏（1593—1682），号声朝。揭阳蓝田都（今属梅州市丰顺县汤坑）人。万历四十六年（1618）举人，任温州推官，有政声。离任时民为其建生祠。明亡后，隐居不出。以世乱，率众乡人建“柯屋寨”自保。寨成，于东西南北四门额分别题“屹若长城”“飞泉玉露”“两观明月”和“蝴蝶双飞”。

（《揭阳美术家人名辞典》）

柯松坡（1855—1925），原名欣荣，号君锡。海阳（今属潮州市潮安区）枫溪人。20 岁时补博士弟子员，30 岁官至天津知府、观察使，诰授荣禄大夫、钦赐二品顶戴、覃恩一品封典。后辞官归里，倡办崇礼家族高等小学。擅书法，能诗词。

（《潮州历代美术家辞典》）

柯晓山，潮州城旧西门街人。他原为商人，兼擅诗、画。其家藏古代山水画册颇多，他从清代山水画家作品中汲取了营养，所画山水古味极浓。1964 年创作《白云深处开茶畲》（现藏潮州市博物馆）参加当地美术展览。“文革”期间，柯晓山用厚草纸练笔，画了些小帧山水画，都是信手勾画，稍加擦染而已，画面空灵清爽，活泼可爱。1974 年，丘金峰为征集潮州市美术展览作品，由陈锐初带路拜访柯晓山，时柯已患病在身，不能作画，便出示练笔之作，从中挑出两幅在潮州美术展览会上展出，受到观众好评。

（《潮州历代美术家辞典》）

柯仲腾，自署作园居士。潮安人。父柯松坡，母李平香，父、母、子三人皆能画。1938 年画《寒梅树图》，并曾编《李夫人山水画册》。

（《潮州历代美术家辞典》）

孔继清，生活在清代，澄海人。身世不详，善画。

（《广东画人录》）

邝碧波（1873—1943），揭阳榕城人。能画，在榕城设帐授徒，黄独峰早年曾列其门墙。师法“二居”（番禺画家居廉、居巢），工笔花鸟线条细腻，着色凝重，熠熠生辉。

（《揭阳美术家人名辞典》）

邝慕欧（1927—1971），号淑庵，自署湛若庐后人。揭阳榕城人。长期任教职。幼喜六法，随画家黄独峰学画，主攻花鸟鱼虫。1940 年又随陈文希研习花卉动物。所作富岭南画风，能于物态之外摄取其神。亦能书，为林清扬弟子。

（《揭阳美术家人名辞典》）

L

赖少其（1915—2000），亦作少麒。普宁人。少年时即在汕头求学，1932 年经陈曙光推荐，到广州美术专科学校学习西洋画，不久与李桦等在校发起组织广东第一个新兴木刻社团现代版画研究会。1949 年后，历任南京、上海等省市宣传部门领导，主持筹建了上海中国画院。在担任中共安徽省委宣传部副部长，安徽文联、美协、书协主席期间，通过实践创立“黄山画派”。又长期兼任中国美协常务理事、书协名誉理事和中国版画家协会副主席，及安徽大学、汕头大学名誉教授。1991 年荣获中国美协、版协授予的“中国新兴版画杰出贡献奖”。出版有《赖少其画集》《赖少其山水画集》《赖少其花鸟画精品集》《创作版画雕刻法》《赖少其自书诗》等多部著作。

赖少其以书、画、篆刻、诗文四绝为一体的独特艺术风格，驰誉海内外；他在散文、小说、剧本创作及书画鉴赏上造诣甚深。自 20 世纪 50 年代后，专攻国画，广采博取；晚年更尝试在传统技法上，融汇中西，作品每有新意。所作山水、花鸟画，擅用焦笔、渴墨，章法奇特、运思隽永。其所作《黄山图》，浓墨淡彩，浑重朴实，吸收“米氏山水”中的卧笔成点，注重写生，敢于打破古人的陈规，自立风貌。该作由近及远，自繁而简，及至“远山无树”，层层加深，体现出黄山雄壮神奇的特点。其书法尤见功底，以行隶及“金农漆书”名世，故作品题款多能得当，起点睛之效。

（《赖少其画集》，陈曙光提供）

蓝元（1851—1922），号小庐。大埔县湖寮人。贡生。长期以课徒为业。曾先后在揭阳乔林林氏、许氏百洲堂及魏府、丁府等为塾师，又任榕江书院教席。揭阳受其教而有所成者不少，如姚梓芳、陈颉龙等。姚梓芳谓其“于学至精笃，仪范庄雅，性耿介，而与人不苟，非其义不取一介。久居讲席，能以师道自尊重，揭、丰门下士采芹食饩，累累相望”。擅书，宗颜鲁公，尤精小楷，其文稿点画精到，神采亦佳。

（《揭阳美术家人名辞典》）

雷铎（1950—2017），原名黄彦生。潮州金石镇人。1968 年参军，1983 年加入中国作家协会，1986 年毕业于解放军艺术学院文学系，为军队正师职作家。转业后为广东省社会科学院哲学文化所研究员、副所长，国家一级作家、广东省作家协会主席团成员、国际易经联合会理事、西安黄帝陵扩建工程顾问、广州艺术博物院特聘研究员、潮州淡浮院砚峰书院名誉院长、多所大学客座教授及潮州、南澳、惠东、肇庆等地方政府历史文化顾问。著有诗、小说、报告文学、散文、杂论、随笔等 500 余万字，出版《男儿女儿踏着硝烟》《子民们》《从悬崖到坦途》《中国铁路协作曲》《2008 中国惊天大雪灾》等。其书法端庄雄浑，得赖少其、饶宗颐等名家好评；其绘画涉猎山水、花卉、仕女等题材，以色彩绚丽和意境古雅见长。两度在广州举办个人书画展，并出版了《雷铎书画集展》。

（李仲昕提供）

李炳荣（清末民国），字世墉，号照庭。揭阳梅冈都尖山村（今属揭阳市揭东区）人。清末贡生。有《续修尖山李氏族谱》稿本，蝇头小楷，师王右军、薛少保，洒落可观。

（《揭阳美术家人名辞典》）

李灿（1723—1820），字明文，号珠园。生于福建武平县城北寨背窝里（今龙岩市武平县平川镇红东村），侨居潮州。擅长人物，作品较有水平，曾画《伯乐相马图》，笔墨娴熟生动。

（《潮州历代美术家辞典》）

李澄之（1901—1959），澄海鸥汀（今属汕头市龙湖区）人。1928 年考入国立杭州艺术专科学校，与王朝闻、胡一川等为同学。每逢寒暑假，都陪同法国青年教师克罗多回鸥汀，并常至腾辉塔附近田野进行油画写生。1931 年考入法国马赛美术学院，受法国野兽派泰斗马蒂斯的指导。之后还游学欧洲，接着南下广州，创建东南油画专科学校。抗战军兴，返回家乡，在澄海中学任教，与刘昌潮、李开麟共事。解放军接管澄海时，他为庆祝会场及游行队伍绘制马克思、恩格斯、列宁、斯大林和毛泽东、朱德以及各社会主义国家领袖的单色油画巨像。这些领袖画像，单纯明快，形神兼备，使他早年在杭州艺专和法国马赛美术学院学得的写实传神的过硬功夫得到充分发挥。

广州美术学院创立时，胡一川到潮汕寻找同窗李澄之，原定聘他到美院任教，当他看到李澄之的油画《漓江春雨》时，赞赏其具有现代美术特征手法。李澄之反映农村生活的油画小品，如《清塘》一画，用笔赋色凝重洗练，给人以质朴而又冷峻超俗的朦胧美，反映了平和、安逸的心态，这在艺术上与马蒂斯所述的“现代美术的特征是参与我的生活”，以及“准确描绘不等于真实”的艺术表白颇有相通之处。

（《征访册》，李明烈提供）

李春鉴（1907—1991），号南溪钓者。揭阳磐东水涧村（今属揭阳市榕城区）人。长期任教职，先后在揭阳仙桥、南河、北河等学校任教师、校长。揭阳县第二届人大代表。擅长国画，自学《芥子园画谱》，尤精山水，亦能书。

（《揭阳美术家人名辞典》）

李翠岩，广州人，咸丰时居潮州城。以绘画为业，善画人像，当时被列为潮州画像名家。他用炉甘石调色画脸部，取得极好效果。也曾画油画。

（《潮州历代美术家辞典》）

李丹（1924—?），梅县人。1938 年加入中国共产党，原任汕头成人教育委员会副主任委员兼办公室主任、市成人教育协会名誉会长等，晚年为岭海诗社社员、汕头市老干部书画研究会理事。其书法随意挥洒，奇妙横生，更显高华遒丽。

（《醉墨》，洪浩提供）

李道闲（清末民国），名毓藩，字道闲，以字行。揭阳霖田都（今属潮州市揭西县灰寨）人，后居榕城。晚清廪生。曾与同乡郑唯一、澄海林仔肩在汕头创办报社，倡兴时务。不久到南洋，从事华侨教育。返家后，于 1913 年与李君哲等在榕城韩祠创办育德高等学校。1922 年李烈钧主持潮汕军政，特委其任惠来县县长，主政年余。寿七十三卒。擅书法，宗赵松雪、米海岳。

（《揭阳美术家人名辞典》）

李芳柏（1890—1959），字渭农。饶平县凤凰镇福田村（今属潮州市潮安区）人。1910 年毕业于广州成城中学，同年，以优异成绩考上公费生赴日本留学，就读于东京物理学校。1917 年学成回国，受聘于国立武昌师范大学，任教授、物理系主任。1925 年回故乡，出任饶平县教育局长。是年冬，饶城一带农民运动高涨，他积极参加反帝反封建的民主运动。翌年 10 月，协助省农会特派员王兆国在饶平县城詹厝祠举办农民自卫军训练班。1927 年 5 月 6 日，与潘廷准等三十多人成立“饶平县工商学联合委员会”，并任副会长，还参与组织县人民政府。后受国民党当局注意，遂辞去教育局局长职务。是年秋，受聘于广东省立第二师范学校（今韩山师范学院），任教务主任，1932 年任校长。“九一八”事变后，他支持、帮助省立第二师范学校、省立四中（金中）、潮安一中进步师生组织潮安县抗日学联，进行抗日爱国宣传活动。五月，带头资助学联编印《罡风世界》刊物，受到当局追查。1934 年春，国民党张端贵部伙同潮安当局派军警包围第二师范，以逆党分子罪名，逮捕师生多人，芳柏也遭逮捕，被禁于汕头绥靖公署。后潮州教师联名上书抗议，国民党当局慑于群众舆论，不得不将他释放。出狱后，继任第二师范学校校长。1934 年秋，任广东省教育厅督学。1937 年 8 月，任惠来县梅林中学校长，1942 年受聘到上饶初级中学（饶平四中）任校长。1944 年在饶城创办饶平简师，担任校长，1948 年在凤凰创办饶平初级商科职业学校，任董事长。解放前夕，饶平简师革命活动活跃，县当局企图镇压，李从中掩护。1950 年出任饶平县立二中校长，同年秋调任省立金山中学校长。1955 年选为潮州市第二届人民代表大会常务委员。

李芳柏精于书法，其魏碑体甚有功夫。今其墨迹已不易见到，饶洋镇詹德铭家藏有两件，都是小中堂幅式，纵 80 厘米，横 50 厘米，各书诗一首，都是写给“之盘仁兄”的，未具时间，究其风格，应是不同时期的作品。笔画坚实均匀，结体潇洒活泼，体势开展。

（《潮州市志》《潮州历代美术家辞典》）

李国俊（1904—?），字炎东。五华人。广东大学预科、黄埔军校第四期政治科、中央训练团党政班第一期毕业。历任新编第一师连长、营副。1928 年起在南京卫戍司令部警卫师、首都警察教练所、广东全省警训所、广东省会警察局等任职。抗日战争爆发后，任广东警察总队长、第七战区司令部调查室主任、广东警保处副处长等，1948 年 1 月任汕头市市长，1949 年到台湾。其书法工整精细，秀丽而有骨力，风格秀逸多姿，结构舒展，秀美飞动，充分展现了其良好的文化修养和书法功力。

（《民国广东将领志》）

李国选（1706—1742），字东曹，号耐人，署所居为“何恃堂”。揭阳梅冈都尖山村人。廪生。有《何恃堂集》稿本。手稿为蝇头小楷，学唐人写经，笔画秀雅。

（《揭阳美术家人名辞典》）

李徽睿（1914—2000），揭阳棉湖（今属揭阳市揭西县）人。上海中国商学院毕业。能诗，揭岭诗社成员，著有《焚余诗稿》，未刊。擅篆刻，初学赵之谦，再学吴昌硕。有自作诗，曰：“嗟余昔亦好此道，良石百方颇自宝。奈何玄天妒嗜痴，文革之灾不能保。”亦能书，以小篆入行草，线条圆润，平和简静。与潮州书画篆刻家吴维科甚投契。

（《揭阳美术家人名辞典》）

李拣尘（1878—1954），名瑗，号好游山人、拣尘道人。澄海莲阳乡竹林村人。邑中望族，高祖李鸿勤及祖父李勋均为清代举人。清末秀才，人称“猪头秀”。李拣尘于学问文章之外，尤致力于书法，博采众长，尤钟颜真卿，温婉淳厚，不激不厉，现存墨迹多为楷书。其家乡祠堂大门的草书对联“犹龙世泽，倚马家风”也为其得意的墨迹，今唯“犹龙世泽”四个大字石刻尚存。祠堂内还有其“‘八二’海风潮苏南救灾所”的楷书石刻碑文。笔力挺拔苍劲，结体丰伟端庄，高古浑穆，气势雄浑，神理超出，意态十足，有威严端厚之福相。

（《书林拾翠》）

李景昉（清末），字求杰，号东岩、晓初。揭阳梅冈都尖山村（今属揭阳市揭东区）人。幼失怙，家贫力学。光绪间贡生。光绪元年（1875）倡建尖山纯澹公祠。祠成，题“纯澹公祠”及“敦睦堂”二匾，宗米海岳、蔡君谟，温厚婉健。

（《揭阳美术家人名辞典》）

李君可（1901—1980），又名业宜，人称李墨莲。普宁洪阳人，曾执教于鸥汀。1923年负笈上海，专攻美术于上海美术专科学校，旋又转学于上海工艺美术学院，艺术造诣精湛。1929年毕业后，回汕头受聘于汕头市礐光中学，兼任汕头市立女子中学图工教师，后又任广东省立韩山师范学校教员。1938年春，南渡越南任教，1961年回国。

李君可精于素描，又工水粉、粉彩、水墨等画法，擅画花卉，旁及山水、人物、动物，特长折枝花卉。他观察事物细致入微，表现题材多样；笔法力求明快有力，色彩清新明朗。他好读宋周敦颐《爱莲说》，精画墨水莲花，其画法似真非真，得画家好评。世人神其技，称之为“李墨莲”。

（《普宁文史》第4辑）

李开麟（1908—1996），笔名藕堂。潮州人。1936年插班考入上海美术专科学校中国画系，以优异成绩毕业并留校任助教。日本侵华后，他回乡服务于教育战线，先后在澄海隆都中学、汕头一中任教，后又调至广东潮剧团从事舞台美术设计工作。其国画作品曾入选1937年全国美展、全国第四届花鸟画展。李开麟作画，于无笔墨处着力，造境高深。出版有《李开麟国画集》。

李开麟弱冠习画，复授知于王个簃门下，勤奋努力，孜孜以求。他学识丰富，功力深厚，故能挥洒自如。以画花成就最高，其笔情墨趣得于天机。大泼墨写荷叶，笔精墨妙，水墨交融，神酣气足，其浓淡相映处墨彩焕发。以枯笔写荷花、花梗，有“干裂秋风，润含春雨”之致，与荷叶形成干湿相衬，巧拙相生。布局大开大合，具崩云裂石之势。真可谓天机勃露，潇洒出尘。细细品读，顿觉满纸清香，使人心健神爽。

（《李开麟国画集》《韩师史略》）

李科文（1922—2008），潮阳区西胪镇西凤村人。21岁时任凤山乡长、凤山乡抗日中队长，曾在梅州读书，担任过甲子中学校长。擅榜书，常为乡间题写匾额对联，结体严谨，点画丰润。

（《征访册》）

李魁士（1905—1970），又称之声，抗日战争期间化名大白。揭阳榕城人。毕业于上海美术专科学校，应新加坡树人学校之聘，到该校任教。之后在新加坡定居。曾在新加坡开办开明书局、上海书局。擅国画，海派风格。亦能油画。

（《揭阳美术家人名辞典》）

李凌云（1915—2002），名雨溪。生于潮州。长期在分司巷悬壶济世，诗、书、画皆善，著有《李凌云七律诗选》《杏花吟草》等五卷，曾向潮州市博物馆捐赠文物五件。

（《潮州历代美术家辞典》）

李明造（清代），海阳（今汕头市澄海区）人。顺治十四年（1657）举人，善画。

（《广东画人录》）

李明烈（1943—2009），字子红，号蹇伯、移月居主。汕头人。三岁患疾致左腿残废。但身残志坚，自幼酷爱艺术，自修自学。初以木雕和篆刻为生，继以攻治中国书画，砚耕不辍，兼撷古今诸家之长，坚持以艺养艺的道路，人物、山水、花鸟、虫鱼皆能。又擅书，尤善榜书篆刻。亦喜爱诗文，常撰联吟诗，作为题跋。曾于汕头市举办个人书画展，得到行家嘉许。作品参加全国各级展览，为汕头市书协、美协会员，岭海诗社社员，龙湖区政协委员、市残联委员。

（《李明烈书画集》《征访册》）

李木林（1890—1960），潮州人。家贫，靠为学生洗衣及卖剪纸为生。他小时候在姐夫开的彩扎店做工，姐姐手艺好，剪纸、绣花、彩灯、花饰都受欢迎。李木林也聪明，一学便会，他对剪纸很感兴趣，掌握很快。后来他到神庙工作，看到供奉神明物品上的剪纸，很受启发，也剪些出售，补贴生活费。此后找他要剪纸的人越来越多，节日或办喜事、丧事，他都能剪出合适花样，如迎娶要剪双凤牡丹、鸳鸯戏水；端午节要剪粽球花、鸭花、鱼花。这些活使李木林练就了扎实的功夫。50 岁后他大胆变法，锐意创新，作品风格变得简练、豪放、刚健。此外，他创新出多色剪纸，运用剪纸可折叠和拆拼的特性，将画面分成若干局部，分色前后拼合成整体，如《桶盘花》。1982 年在延安、广州举办的三地剪纸展览上，李木林遗作受到称赞，电视台为他拍了专题纪录片。

（《潮州历代美术家辞典》）

李穆父（清末），亦作穆甫。潮州城人，家住九板桥头，书斋名为“护万卷书斋屋”。秀才，精研佛法，以教书为职业。文字功底深厚，著有《文法课本》。于抗日战争前后逝世，其女李郁贞师名书画家王显诏。穆父善写小楷，他曾赠胡镇福小楷册页，录仁王护国经偈，字体秀润可爱，盖方印，印文为“穆父”。

（《潮州历代美术家辞典》）

李平香，海阳人，枫溪柯松坡之侧室。善丹青。据饶锷《李夫人山水画册页题后》所述，平香逝世后12年，其子仲攀出其母《平香山水画册》，说其母善丹青，晚年始从事山水画，原遗作颇多，但多数已散佚，仅存此册，“怕久而遂泯，欲宝而藏之，以待后世”。饶锷对李平香山水画评曰：“潇洒闲逸，神韵廓然，深得六法之奥，始以为古名家之所为。”饶又评说李平香在生时“虽无赫赫之名，然其精神之所寄，历风霜水火，终莫能淹也”。可惜李平香的墨迹，今已不能见到。

（《潮州历代美术家辞典》）

李琼华（1896—1954），别署榕城女郎。揭阳榕城人。出生于染坊之家。自幼喜欢书画刺绣。及笄，就读揭阳女子师范学校。性情娴雅，天分聪颖。与孙裴谷结婚后，曾长期在汕头居住，在孙裴谷的指点下，艺事日益精进，古今画法体会入微，画风趋向海派。擅长花鸟，秀逸温润，无闺阁纤丽之习，别具意趣。毕生从事美术教育，先后任教于揭阳树德小学、师范附小、元龙小学等。曾有两件作品参加1920年全国美展。

（《征访册》）

李士璞（1613—1674），字琢侯，号楚生，署所居为“亦足轩”。揭阳梅冈都尖山村人。顺治进士，至内阁中书舍人。康熙十一年（1672）分校北闱，所拔多名士。后请假归家，卒于广州。其才未及展用，时论惜之。擅书，尖山村关爷宫“山西一人”“气塞两间”“心昭日月”匾为其所书。

（《揭阳美术家人名辞典》）

李仕学，字亨敏，号逊斋。揭阳榕城人。康熙间贡生。乾隆五年（1740）任顺德教谕，后任天津经历。多才艺，著有《初学艺引》二十三卷。《四库全书》卷百三十《子部存目》著录，称“本编为初学游艺而作，首冠以格言卷，其余分六引，曰文引，曰诗引，曰书引，曰画引，曰琴引，曰棋引”。其中《书引》和《画引》各分为论书、画；书、画体；书、画法，有民国揭阳邢万顺书局重刊本。

（《揭阳美术家人名辞典》）

李腾云（清末民国），又称霆魂，晚年自署悟叟。揭阳人。能诗亦能书画。1918年作《墨蟹》四条屏画赠吴文献。每图题自作七绝一首，行书，飘逸流畅。《墨蟹》极似南海招子庸画法，蟹群灵动，但四件构图相去不远，“要之，以文人余闲笔墨出之，其佳处当在诗书，莫以画家规矩绳之，则亦有可观玩也”。

（《揭阳美术家人名辞典》）

李伟卿（1919—2011），笔名司徒克、林克。汕头人。擅长水彩画、美术考古研究。1944年毕业于广东省立艺术院，曾为该院讲师。曾任台北《工业新报》副刊编辑。1949年在解放军四兵团美工队工作，后任《云南文物》主编、《云南民族美术史》主编、

《中国民间美术全集·云南卷》主编，云南画院特邀画家，云南省美术家协会常务理事、顾问，是中国美术家协会、考古学会会员，中国铜鼓研究会理事。曾荣立进军云南大功一次，“文化大进军”记三等功一次，在昆明军区文艺大检阅中被评为模范文艺工作者。油画《涂勋》获美术创作优秀奖，而在西南军区文艺检阅中，《打击侵略者》舞台设计获舞美奖，油画《红军回到了草地》获美术创作二等奖。著有《屐痕依稀——李伟卿水彩画》《云南民族美术史论丛》《铜鼓及其纹饰》《丹青内外》《解放云南——李伟卿军旅速写》《云南民族美术史》《荼蘼集》。传略收入《中国文艺家专集》及《中国当代历史学者辞典》等。

李伟卿的水彩画创作在肯定物质载体的特殊性中，注意民族化、乡土化、个性化的探索，并力求在画面上体现时代面貌。而在铜鼓研究中提出“一元多支、三型七式、自西而东”的基本论点，在铜鼓纹样研究中探索其演变规律，自成一家之言，在学术界具有一定的影响。在文献缺乏的情况下，《云南民族美术史》“以史带论、以论证史”，对云南各族的美术作出系统性的历史阐述，既突出云南的地域性、民族性，又将其置于中华民族文化“和而不同”的大背景之下，还运用多学科协同的操作方法。

（洪浩提供）

李锡榜（1906—1991），潮州城人。杰出彩瓷艺人。毕生从事彩瓷绘画，擅画古代人物。其人物画用笔工细传神，刻画入微，画面色彩丰富艳丽，构图恰当，尤其是画八仙过海，人物形神兼备，极得时人夸奖，在潮州彩瓷行业中享有盛名。

（《潮州历代美术家辞典》）

李宪章（约1870—1910），字科咸，号采石，又称少田。澄海莲上竹林村人。辑自刻印成《仿古堂印谱》四卷。

（《征访册》）

李香溪（清末民国），字晴帆，号凤髻樵者。饶平凤凰（今属潮州市潮安区凤凰镇）人。光绪举人。喜书画。其菊花四直幅，每幅宽38厘米，高148厘米，用笔半工意，清逸秀丽。其中一幅画菊花、石头、野草，皆着地。构图从右下角开始，向左边生发，再转向右上角伸展，形成弧线，一石头占据画面中央，菊花围在石头周围，低于石，野草从菊花丛中长出，高于石头。菊花瓣双勾填色，花叶点色勾墨，画面工整不乱。题款为“茗堂仁兄雅政凤髻樵者李香谿”，盖正方形印章，文为“香谿印信”。其余三幅无题款。

（《潮州历代美术家辞典》）

李星輝，号坡樵。广东新会人。同治十一年（1872）任揭阳县教谕，十三年上京会试后重任教谕兼理训导。在揭阳居住十余年，其间亦曾在揭阳丁府任西席。光绪十四年（1888）主纂《揭阳县续志》。与揭阳官员和文士稔熟，时有酬唱。工诗擅文，能书。有《揭阳县续志序》和《绕绿书庄诗稿内集序》，均手迹上雕。书宗“二王”，再师魏碑，书体俏丽，精整流动。

（《揭阳美术家人名辞典》）

李学鑫（1907—1998），字绛秋。潮安彩塘人。幼怀壮志，潜研文学，20世纪20年代从事新文艺运动，为《新岭东报》《潮梅日报》等副刊主要撰稿人。历任汕头同济中学、潮安龙溪中学、上海立达学园、国立水产职业学校国文教师。抗日时移居上海，直至逝世。出版有《桥》《壮怀集》《彩塘诗余》《绛秋诗存》《元三大画家词》等。此外，发表杂文、文学评论约三十万字，又曾协助苏乾英为辞书撰写词条。李学鑫作诗文之余兼治书法，《潮汕历代墨迹精选》刊其行书条幅，评曰："方圆兼施，端庄平正。"

（《潮州历代美术家辞典》）

李雪光（1918—2005），曾用名李湘、李志遇。普宁斗文村人。1938年参加普宁青年抗敌同志会，曾先后在普宁、揭阳、潮阳等地任教员。1950年2月起，历任潮汕地委秘书长、汕头地委常委、宣传部长兼揭阳县委书记、汕头市委副书记、汕头地委副书记。1963年后，又任广东省文化局副局长、党组副书记，广东省文化局局长、党组书记等。曾当选为中共广东省委员会第三届候补委员、第四届委员，广东省第四、五、六届人民代表大会代表。其书法多为行、草书，用笔方圆兼出，豁达优美，韵律生动而自然。

（《潮汕百科全书》）

李勋（1841—1887），字镜侬，号赞扬，另号卤乙。光绪十一年（1885）举人。他幼而好学，经史之外，兼及诗文，诗学李商隐、苏东坡，被人称为一时诗坛"射雕手"，著有《万绸山庄诗集》四卷。潜心佛学，有《金刚经注释》传世。他藏书甚丰，为一邑之冠，研读之余，时有心得，著而成文，后辑成《说呋》一书。《说呋》分十六卷，是李勋平时读书笔记的汇总。它立足于史实的记载和材料的积累，涉及诗文史料、方言礼仪、人物典故及外来文化的匡误和考证，立论鲜明，佐证翔实，精摘博引，研究深入，而成鸿篇，是近代潮汕较有影响的书之一，时人评该书"匡志乘之误，发礼俗之微"。

李勋有不少手稿传世，这些大都是他平时的学习笔记、题跋。如题《李义山集》，是工整的楷书，通篇小心翼翼，谦卑中藏有刚毅，带有颜真卿、董其昌的笔意，清新超逸，潇洒出尘。

（《潮汕百科全书》）

李叶稠（民国），揭阳梅冈尖山村（今属揭阳市揭东区）人。1937年自汕头聿怀中学毕业。擅书，有所书《揭阳李氏钧公宗谱》稿本，蝇头小楷，宗虞用兴、褚河南，娟秀婀娜，时年近二十岁，惜未见其后来所作。

（《揭阳美术家人名辞典》）

李映梅，海阳人。道光二十九年（1849）拔贡，曾任开建（今广东省肇庆市封开县）训导。擅行楷书法。现存作品见到的有三件。其中石刻两件，一为清道光二十九年（1849）潮州湘子桥庙宇门联石刻："玉练遥连河汉景，金鳌横贯海天秋。"该石刻已灭失，潮州市博物馆收藏其拓本，纵122厘米，横21厘米，正文楷书，旁识行草书；二是桥东财神厅照壁上石匾"子孙堂"三字，也是楷书，140厘米×50厘米。三是墨迹，由饶洋詹德铭收藏，小楷，纸本，小镜片，与其他字画合装一轴。

以上三件作品各有特色，对联方劲，石匾肥润，小镜片秀丽，都有较高水平。对联含赵孟頫及北碑风骨。“子孙堂”三字饱满圆润，近于苏轼楷书，结体茂密则似受北碑影响。小楷写得神清气爽，瘦硬遒劲，平正。笔画多调起、落两端的顿挫收拾，收笔处往往向下按成圭角，重现了柳公权《大唐回元观钟楼铭并序》中的书法特点。

（《潮州历代美术家辞典》）

李镛，字亦笙，号亦痴子、仙州居士。潮州人。生于清末，师从詹沄。曾为月波画青绿山水四条屏，每幅高 144 厘米，画面色彩鲜艳，用笔工整，景物深远，近景画山坡、树木、屋宇，中景画高山峻岭及宽阔江河，远处见河渚及远山，给人以清新明朗的感受。但画笔稍嫌呆滞，缺少生活气息。也曾写巨幅人物，气魄宏伟。以前扶轮堂有他四幅大型作品。《瀛壶居士六十征画》中有其《群仙高会图》设色大中堂。

（《潮州历代美术家辞典》）

李彧（1920—1998），汕头达濠人。先后就读于岭东商业学校和海滨师范，从教一生，书法初学颜、柳，隶书又学《曹全碑》《石门铭》，楷书笔墨以圆润苍秀见长，结体妍丽，落笔遒劲，流畅绵延，气韵生动。又能篆刻，远承秦汉，近绍明清，深得古玺三法，作品方厚流美，朴拙典雅。主编《达濠地名志》，出版有《李彧书法篆刻选》。

（《李彧书法篆刻选》）

李云霄，字步青，号凌庵。福建人。抗日战争前来潮州城居住，以写字为业。胡镇福曾嘱书小楷册页两帧，字字秀美，笔笔规矩，一幅字如一盘明珠，令人喜爱。题款为“凌庵李云霄”及“步青李云霄”。印章文字有“李云霄印”“步青”“云霄”。

（《潮州历代美术家辞典》）

李昭泉（1933—2007），澄海莲上竹林村人。自幼师从蔡光切、余翼云等画师，20 世纪 50 年代开始美术教育工作，曾任教于澄海中学、韩山师范学校，是中国美术家协会广东分会会员。他对任伯年、吴昌硕等国画名家技法多有涉猎和研究，长期从事社会美术活动。1961 年创作的版画《东海长城》刊于《人民画报》，后陆续有作品发表于《人民日报》《南方日报》《中国青年》《人民教育》《作品》等报纸杂志，并有作品在省、市获奖。

（《征访册》）

李知非（1912—2003），澄海人。李知非七岁开始跟母亲学剪纸，14 岁能剪出农村办喜事全套花样，全村剪纸竞赛中她属优秀者。她出嫁不久丈夫便病逝，故其于朱姓干部家当保姆，后随其到广州，又被推荐到广州文化公园工作。在广州文化公园工作期间，她在剪纸上大有作为，并有所革新，为适应公园室外使用，首创用塑料薄膜剪花样。在剪纸内容上，她适应宣传，创作《百花争艳》《庆丰收》等作品。

（《潮州历代美术家辞典》）

李志浦（1931—2010），潮安人。为广东潮剧院国家一级编剧、中国戏剧家协会会员、广东剧协理事、汕头市剧协副主席、汕头市政协岭海诗社副社长、汕头市中华书画研究会副会长、中国戏剧文学会会员、中国楹联学会会员、汕头市书法家协会会员。从艺几十年间，创作、整理、改编并已上演过的古今长短剧目共有 80 多个（部分与人合作），代表剧目有《张春郎削发》《陈太爷选婿》《孟丽君》《穆桂英》《龙凤店》《安安送米》，著有《潮剧春秋》《李志浦剧作选》《还珠楼联稿》等。

（《征访册》）

李中庸（1913—2010），梅州人，定居汕头。1935 年夏自中国国际医学院本科毕业后，历任多个职位。1950 年春受广东省粤东区行政公署卫生处委托，任全粤东区中医考试命题统一主考。1993 年应首届亚洲仲景学说学术交流会邀请作《循环性感冒之创见》论文，为内科学独辟蹊径。执行医事业务和从事学术写作达半个世纪；擅长流行性感冒各种类型。著有《金匮玉函经诠注》《杏苑产析范》《医坛论兵》等著作。尤工诗联辞赋。其传世墨迹不少是处方，随意天真，浑然大气。

（《李中庸诗词联集》，林志达提供）

李卓藩，字屏周。潮安县沙溪镇上园李村（今属潮安区）人，"文革"后逝世。生前从事教育事业，抗日期间在中央侨务部陈树人手下当文员。业余喜作画，画曾学黄宾虹。他画赠胡镇福册页，其中一幅写海南风景，近景为坡上两棵椰树，树下有只小船，中景系一片海，远景是远山，其清冷意境似云林，题字为"海南我曾游，那时处处是荒丘，如今到处在开发，遍地是绿洲。1936 年春与琪同游海南，写此志之。镇福医师大雅教正。丁酉年，李卓藩"。作品用笔简洁流畅。

（《潮州历代美术家辞典》）

李梓植（1888—1939），名列坤，字显乾。潮阳西胪西凤村人。工楷、行，其作品曾风行潮阳、揭阳、汕头各地，惜现在存世极少。潮阳茂林祖祠有其楷书《孟兰胜会对联》，其年轻时所抄录的小楷《凤山文献录》共 87 页，收入作品 100 多章，笔画结构、形神风骨别具神韵，在对研究本地书法艺术有较高价值的同时，对研究本地历史文化也极有价值。

（陈新杰提供）

李宗淳，号拙庵。庠生。活动于弘治、正德间。新会名书家陈献章门生，得其道学薪传。归家后无心仕途，读书于普宁岱嘉山，并筑"拙庵"为读书所。能诗能书，有《赞活石》诗刻于摩崖。

（《揭阳美术家人名辞典》）

李作忠（1921—2005），潮州市人。先后在陶成玉瓷庄、潮州市工艺美术研究所、潮州市彩瓷工贸集团公司研究所工作。从事陶瓷彩绘、创作设计近 70 载。一生淡泊名利，专心从艺、带徒。擅长花鸟、虫鱼，兼画山水、动物，作品题材广泛，具有较高的实用和欣赏价值。代表作有花瓶《满彩松鹤山水图》、瓷版画立屏《花鸟图》等。作品注重写实，生动传神，色彩丰富，层次感强，既不失传统风格，又糅合现代的表现技法，达到兼容和谐的境界。作品多次在评比中获奖，参加各级展览，被有关单位收藏。

（《潮州历代美术家辞典》）

梁国治（1723—1786），字阶平，一字丰山，号瑶峰，又号梅塘。清代上虞中塘梁巷人。为乾隆十三年（1748）状元，二十二年（1757）任惠潮嘉道台驻潮，三十八年（1773）入朝。官至户部尚书，加封太子少傅、东阁大学士，谥文定。工诗文，善书法，其书自谓在谢太傅、张曲江之间。时人将他与钱塘梁同书、亳州梁巘并称“书坛三梁”。著有《敬思堂文集》。

乾隆二十四年（1759），潮州韩文公祠再立苏轼《潮州昌黎伯韩文公庙碑》，由梁国治以楷书重书，现存韩祠内。龙湖镇龙湖寨门匾额石刻“龙湖”两字系梁国治所书，楷书阴刻，字大46厘米见方，款为“梁国治书”，字大6厘米见方。

潮州开元寺内存有梁国治笔迹楷书横匾“宴坐观空”。上款“己卯嘉平”，下款“梁国治书”，末盖二方印，一为“梁氏”，一为“国治之印”。梁书用笔圆润丰满，使转婉畅，结体俊美灵秀，匀称优雅，颇有元朝赵孟頫书风。

（《潮州历代美术家辞典》）

梁果斋，福建人。抗日战争前侨居潮州，以卖字为生。其书法继承魏晋风骨，糅合唐宋各家技法，自成一体。能用口咬笔写大小字幅，中堂、册页应付自如，常当众表演。当时受府前街书画社雇用，每天当众书写出售。胡镇福家藏两件小册页均署“果斋口书”。字形奇异，歪歪斜斜，疏疏落落，但很有书法技巧，笔画没有飘浮之病。

（《潮州历代美术家辞典》）

梁留生（1903—?），祖籍梅县，长期居住汕头。知名书画鉴藏家。自幼随父学画，擅长山水，早期画风以精细为主，后上溯吴镇、黄公望、王蒙，画风转向苍厚。后师事著名画家胡佩衡，上追元明诸家，墨笔青绿，古雅沉静。晚年作品大胆施色，山重水复，寓缥缈于沉着之中，形成浓艳雄奇的独特画风。

（《潮汕国画家选集》）

梁森桂（1930—2002），潮安东津乡人。曾为广东潮剧院音乐研究人员、广东省音乐家协会会员、汕头市音乐家协会理事、广东省老年书画研究会会员。1958年毕业于北京艺术师范学校音乐系。20世纪60年代初改行研究潮剧唱功与唱腔音乐，曾在汕头戏曲学校任乐理和声训课，为提高演员的音乐素养和发声方法作多种训练。尝试把美声训练方法与传统的教唱方法结合，以新的发声方法与潮剧风格相结合，受到艺人的好评。20世纪70年代末调入广东潮剧院艺术研究室，参与《潮剧音乐》的修订出版工作。著有《潮剧唱腔音乐的结构和演唱特点》《潮剧唱腔的定调探索》《浅谈潮剧“活五调”唱腔功能》《潮剧行当唱声类型浅探》《潮剧帮唱杂谈》《学习洪妙先生唱功》等四十多篇唱腔专论，刊登于各级报刊，有的作为教材。梁森桂作为新音乐工作者从事潮剧音乐工作，工作踏实，治学严谨。所著论文，既有传统的基础，又有时代的特点，主论明确，剖析清晰，有不少新的见解，丰富了潮剧唱腔音乐理论。国画拜藕堂为师，学得一手传统笔墨。作品参加全国、省、市各级展览，得到好评。

（《潮州历代美术家辞典》）

廖廷圭（1851—1922），字介臣。揭阳霖田都和顺上栅乡（今属揭阳市揭西县）人。清末贡生，候补州判。博学能文，以课徒为业。宣统元年（1909）揭阳劝学所总董林伯虔在职去世，众推举其为继任。民国时解职乡居，晚受聘为汕头华英中学国文教师，在职十余年。擅书，宗“二王”。

（《揭阳美术家人名辞典》）

林白桦（1922—2009），毕生从事美术教育工作，曾在潮安义安中学、潮安第一中学（今潮州金山中学）任教，后于潮安县文化馆担任群众美术辅导干部，曾任政协潮安县第四届常委。20 世纪 60 年代广东人民出版社曾出版他编著的《美术字与版头图案》《美术字图案新编》等。

（《潮州历代美术家辞典》）

林璧东（清末至现代），字时籍。揭阳塘坑（今属揭阳市揭东区）人。后居揭阳榕城。妻孙堉兰。长期任教职。喜收藏，多藏名家法书墨宝，20 世纪 50 年代将部分藏品捐赠揭阳博物馆。擅书法，宗颜鲁公，尤擅行书，稳重俊逸。

（《揭阳美术家人名辞典》）

林标，字子英。惠来河田人。乾隆间举人，后任无锡知县。能诗，亦工书，有诗题惠来荣是寺，碑今已佚。《百木园随笔》说“昔年得惠来林大令《榕石寺诗》拓本，书体圆劲俊骨，师颜而稍变，五十年代失于水”。

（《揭阳美术家人名辞典》）

林伯虔（1848—1909），原名凤翔，后更今名，字钦甫（父）、虞笙，号虞道人。揭阳榕城人。光绪十七年（1891）举人。先后在潮阳、揭阳等地教书。曾任揭阳劝学所总董。诗、书、画、印均能，画以墨竹、贞石为擅长，宗八大山人、文兴可，超脱不凡，但以书名大盛，画名为书名所掩。有自篆印，印文为“十岁能书古篆隶”，对书法很自负。书法根植于钟、颜，蹀躞于欧、米，能深入魏碑、籀篆堂奥。又师承清代名书家刘石庵，下笔深厚，深藏骨气，淳朴高古。行书貌似平淡无奇，实如饮佳酿，细品愈觉有味。功力甚深，势雄意健。擅篆刻，有《林虞笙印谱》。早期书法，锋芒毕露，风骨棱棱；壮年之后，转于平淡，深厚华滋，不作软媚态。隶书得力于《乙瑛碑》，笔到意到，开张合度。信札随意写来，洵洵如雅，自有书卷气，具见学者之素养，甚可品味。以艺事论，书第一，画次之，篆刻第三，诗词殿后。

（《揭阳美术家人名辞典》）

林长晖（？—1909），字旭东，号白玉书案主人，署所居为“绕绿书庄”。揭阳榕城人。清末监生。福建试用巡检。擅诗，与周子元、余芷逸等时相唱和，光绪十六年（1890）刊《绕绿书庄诗稿内集》。能书，师法王大令。

（《揭阳美术家人名辞典》）

林苍石（1837—1922），名成瀚，字苍石，自署一隅草堂主，以字行。揭阳榕城人。县丞衔。擅长动物花卉，初学闽派，后师海派。尤以画鸡闻名，时人有“苍石金鸡”之誉。民国初，任伯年来汕头小住，日以绘事示范，对潮汕画界颇有影响。晚年笔意更具海派风格而略有不同。所作构图简洁，动静相宜。周子元有“林苍石丈面城筑数椽，题曰一隅草堂，后题‘三分水，二分竹’数字于堂中，流连光景，不知其在嚣尘中也”。为题一首，有句“主人老画师，丘壑胸间备。町畦甫三弓，点缀何尽致。一琴供鸣弹，一榻高位置”，可知其概。

（《揭阳美术家人名辞典》）

林焯镕（清末民国），字彦卿，号硕高。海阳人。精医术，擅诗画，著有《蛣寄庐诗剩》《同人纪游集》。所写花卉，轻妍秀润，有书卷气。曾见一幅花卉团扇，直径20厘米，画芙蓉花，题字为“仿南田翁设色，为昭炎世兄大雅之属，彦卿林硕高”。

（《潮州历代美术家辞典》）

林春山（1906—1987），号镜海老人。江西赣州人。青年时移居潮州城，后定居汕头市。少年时即喜好文学、诗词、书法、篆刻；青年时代对《周易》、书法、诗词研究较深，对文物古董有一定的鉴赏能力；晚年皈依佛门，潜心修行，对书法更有深层次的理解与进步。饶宗颐为其题词：“十年心住无何乡，指掌山川挹上皇。独抱欲为天下式，新如闻雍头香。蓄畲容我窥无妄，叔季而今念作狂。千载微言应不绝，刚柔尚许万夫望。”其书法行笔稳健，辉文含质，笔墨相得，天机自动，于清秀中见古朴。其著作有《林氏易经》《海曙楼诗草》《金刚经精义阐要》《千里寻亲记》《老子易》等。

（《汕头十四书家遗墨集》）

林大川，号莲舟，字利涉，自称“韩江林大川利涉氏”。同光时期海阳（今潮州市潮安区）人。国学生。志在烟霞，性耽风雅。能诗，与同邑戴漉巾（戴贞素之父）相唱和，时有“韩江二布衣”之称。著述甚富，有《韩江记》八卷、《续韩江记》、《西湖记》三卷、《钓月山房诗草》、《蠡测诗话》等。

林氏学书极为勤奋，他见西湖紫竹庵门额“紫竹庵”三字写得好，“每看山到庵，必停立门前，以手书空，临摹片刻”。现西湖山石壁有其所题诗：“水色山光入画图，果然西子比西湖。名区自古传千古，管领何庸待大苏。”此诗刻于南岩，石向南，直书。石刻高110厘米，宽63厘米，字大8厘米见方，行书阴刻。书法有何绍基及颜真卿风骨。

林大川书法笔迹，除石刻外，今能见到的还有木刻的印刷品，即《韩江记序》及《西湖记序》，两序均系林大川于咸丰七年（1857）自作自书，但两序风貌不一。《韩江记序》是行书，结体扁矮，多奇险，用笔肉丰骨劲，态浓意淡，藏巧于拙，系学苏轼所得。该序书于丁巳夏。而《西湖记序》是秀丽的楷书，字形方正严谨，横直成行，笔画规矩，圆滑清雅，给人以清静闲逸的感受，是唐人楷书风范。

（《潮州历代美术家辞典》）

林大春（1523—1588），字邦阳，又字井丹，号石洲。潮阳棉城人。少时受业于凤山外祖家。及长，酷爱秦汉史籍，精通古文辞。因仰慕东汉处士井丹的清高气节，又以井丹为字，世称“井丹先生”。嘉靖二十九年（1550）进士。除行人，晋户部主事，转员外郎，出为湖广江防道佥事。后补河南睢陈道佥事，因执法不避权贵，得罪高拱，被撤职。拱罢相，起苍梧佥事，改浙江提学，晋秩副使。迨高拱复相，罢归。家居18年，杜门著书，有良史才。林大春文宗西汉，诗结盛唐，著有《井丹诗文集》20卷。

林大春擅长草书，人得其寸缣如拱璧。现传世的墨迹未见，广西北流有其摩崖草书诗石刻，末两句为：“洞里无朝夜，都应秉烛游。”普宁青阳山有林大春草书摩崖石刻诗《访苏隐君□□遇于青阳归却寄此》，落款为“万历六年戊寅仲夏邑人林大春书”。万历六年（1578），林大春已居家8年，见之于书，用笔轻松，点画苍劲，体势宽博，奇伟纵逸，转折有情，翩翩多姿，风神洒脱，宋之意趣，宛然在目。

林大春不仅书法造诣极高，且有书法文论传世。《井丹诗文集》卷十七的《论书法》一文：“或问书，林子曰：‘书有二难，有体有法。中正遒劲，疏朗畅达，书之体也；结构精密，挑剔峻洁，书之法也。又有六胜：有文、有情、有奇、有正、有巧、有拙，有呼有应，知此六者，是谓草圣。何谓六胜？势丰润而不枯者，文也，意活动而不滞者，情也；倾侧变化而不可模拟者，奇也，体任自然而不流于颇僻者，正也；流动联络，断而复续，随手而下，随心所欲者，巧也，藏巧于璞，状如荆山之玉，浑沦椎鲁，无假追琢，意足神完，含光酝馥者，拙也。势欲飞动，气欲迅发，常山之蛇，击首击尾，是谓呼应，妙入神理。书之至也。’”

（《潮汕百科全书》《井丹诗文集》）

林大钦（1510—1543），字敬夫，号东莆居士。海阳县东莆都山兜村（今潮州市潮安区金石镇仙都三村）人。父毅斋为儒生，独生大钦一人。

林大钦自幼颖敏嗜学，13岁时，每从父入郡，过书肆见眉山苏氏《嘉祐集》极为喜爱，伫立阅读，过目成诵，后操笔为文，绝似三苏。他于嘉靖十年（1531）举乡试第六名，十一年（1532）赐进士状元及第，年方22岁。授翰林院修撰。后以母老乞归，筑室居东莆，寄意于山林诗酒之间。自谓豪举，客至或莫能见其面。母终，他极为悲伤，不久也病卒。著作有《林东莆先生全集》等。其诗步武阮籍、陶潜，有怡然自得之趣。

林大钦善行书，传世墨迹甚少。近年拍卖会曾见其草书扇面一帧，其草书笔法瘦劲，飞动自然，率意颠逸，亦法度具备。其末款识题“东莆林大钦”，钤“林大钦印”“东莆”二章。又曾有榕城书画商人说，曾有四条幅被海外潮人购去。

林大钦现仅存题写牌匾处二，一为揭阳仙桥篮兜村的郑氏家庙中的“金马玉堂”匾，上款为“赐进士第翰林院编修郑一统立”，下款为“年弟林大钦赠”。此匾是林大钦为其同年举人郑一统所题，亦是他最为著名的书迹，历代对此匾的评价为“墨足意酣，浑厚有力”。一为揭阳炮台镇的东岭陆村的陆氏家庙中的“忠贞”匾，上款为“嘉靖辛卯年”，下款为“眷世侄林大钦拜赠”，是林大钦为其师陆黼所题。

又有石刻两处，一为彩塘镇水美村匾额“少卿第”，落款为“孙婿状元林大钦书”。匾长170厘米、宽59厘米，行楷，每字约40厘米见方，是林大钦为大理寺少卿吴一贯所书，作品再现欧阳询险劲瘦硬、崛起削成的风貌。另一处为澄海“黄氏家第”，在澄海隆都镇上北乡陇美龙村，黄石庵是林大钦的老师，黄见林聪慧，悉心培养。林大钦考中状元后接黄到京，黄被嘉靖皇帝召见，赐进士。林又请旨建状元先生第，获准赐建。大门石匾“黄氏家第”，落款为“门人林大钦题”，门联“状元先生第，进士世范家”，均为林大钦书。题字近于赵体，结体行楷相糅，笔致厚实滋润，平实无华。

（《潮州历代美术家辞典》）

林道崇（1916—1995），号菊残斋主。揭阳榕城人。少家贫，靠工读自奋。1943年区小学教员训练班毕业，翌年又毕业于揭阳立信会计学校。国民政府两广铨叙处铨叙合格后被委任为四级文官。后任揭阳县人民政府粮食局会计，直至退休。晚年热心考察乡邦文献，揭阳县政协文史委员会聘他为特约文史委员。性刚直，通古文辞，擅长书法，尤精小楷。宗柳公权、颜鲁公，结体严谨，端庄大度，为邑中书家郭笃士所激赏。

（《揭阳美术家人名辞典》）

林德侯（1911—1976），又名兆南，笔名镜然、镜翁、汕头散人等。揭阳磐东乔林人。1946年任潮州修志馆《户口志》和《丛谈志》分纂，后任职于汕头市文化馆、图书馆、文化局。著有《地震知识概述》《太平天国揭阳两名将传》《汕头百年大事记》，编著《三儒潮籍弟子考》，辑《丁氏持静斋宋元刊本书目》，另外尚有《吟楼读书笔记》《绛华楼读书笔记》等数十册手稿未刊和《古文字汇》。

林德侯书法受董其昌、赵孟頫、颜真卿影响，也有康有为的影子。传世作品多书札，琳琅满目，洋洋大观，其中有的笔势爽利，刚柔相间，结字奇崛，放纵奔逸，有颜体意趣；有的在雍容温雅之中，融合遒劲险欹；有的深沉含蓄，厚重质朴，有浓厚的康有为笔意，这些信札于不经意之中创造出了极其赏心悦目的韵致。

（《汕头文化艺术志》）

林登雅（1931—1985），又称登仰。揭阳榕城人。毕业于揭阳真理中学。书家林士雄子，幼受熏陶。国画昔年得孙裴谷指点，后常请教于林受益、刘昌潮。1956年参加潮汕地区木刻训练班，得到陈望指导。所作版画生活气息甚浓。国画师海派风格，笔墨飘逸清新。《懋德楼诗钞》录其作品。

（《揭阳美术家人名辞典》）

林芳梅（清末），字竹圃，号雪汀。海阳（今潮州市潮安区）人。秀才，为知府刘桂年所赏识。刘桂年书名卓著，求书者络绎不断，刘无暇应酬，遂请林代笔，使林芳梅名重一时。胡镇福藏有其所书扇面一页，款为“雪汀林芳梅”，字体秀丽清雅。

（《潮州历代美术家辞典》）

林丰俗（1939—2017），潮安人。1964 年于广州美术学院中国画系毕业后，在怀集县文化馆任职，1975 年调入肇庆地区群众艺术馆，曾任肇庆地区文联副主席兼地区群众艺术馆副馆长。1981 年调入广州美术学院国画系，后任教授、硕士研究生导师、山水画教研室主任。长期从事中国山水画的教学、研究和创作，作品曾多次入选历届全国美展及国内外的重要展览，并在多种专业报刊上发表。1987 年 7 月应邀参加阿尔及利亚“阿尔及尔—世界文化荟萃”活动，获集体特别金奖。为中国美术家协会会员，美协广东分会常务理事，广东省文联委员，广东画院聘请画家，广东省文史研究馆馆员。出版有《林丰俗画选》《林丰俗画集》《林丰俗花鸟画集》《心远草堂画篇》等。

（《征访册》）

林凤笙（1874—1911），潮州城人。著名画家林墉的祖父。传世书迹极少，仅见潮州城林逸民家藏行书四条屏。该件字体开阔，结构疏朗，笔画挺拔，神气横溢，光彩照人。

（《潮州历代美术家辞典》）

林芙初（1886—1952），名昌波，字芙初，又称林三，以字行。揭阳锡场华清村（今属揭阳市揭东区）人。南京大学毕业。长期任教职，先后在揭阳石母守约，蓝田、炮台竞智学校，惠来一中，普宁二中等校任语文老师。王兰若为其得意学生。擅长国画。先学闽派，后学海派，尤精山水。与吴雨三、吴泽庵昆仲及孙裴谷交厚，时有唱和。曾与吴泽庵出版《吴泽庵林芙初诗集》。《泽庵诗集》中有《题林芙初君山水画幅即景》《柬林三芙初》《胞兄五十林君芙初绘松为祝即题其幅》《谢林三惠画》等。

（《揭阳美术家人名辞典》）

林公任（1889—?），原名美栋，惠来靖海人。18 岁时加入同盟会。自汕头同文学堂毕业后，在潮阳峡山六都学校任教，辛亥革命后到汕头报馆谋生，后两度出任惠来县长，第一次东征时为许崇智部少将秘书，参加过国民革命军北伐，随军北上，并在湖南、湖北、河南等地任职。1937 年退出政坛，归隐艺林，居汕头以鬻字为生。当时汕头许多建筑物的招牌大字出自其手，宽拓雄厚；其所书条幅册页，却多为“二王”一路，清逸可观，神采飞扬。

（《征访册》）

林桂霖（清末），惠来仙庵人。廪生。擅书，光绪元年（1875）为仙庵名胜桥观寺书“桥观寺”石匾。

（《揭阳美术家人名辞典》）

林国安，别署林放翁、康道人。南澳后宅人。20世纪40年代参加《南澳县志》的纂修工作，是南澳知名文人，曾撰联赞大峰祖师曰："大发慈悲心博施济众造桥利人祖乃万家生佛，峰连灵鹫路设堂宣教觉世指迷师为一代高僧。"又曾为隆澳三善人之墓撰联："三生有幸同葬一穴，善人无私共献多金。"书法学板桥体，作品收录于《南澳书法作品集》。

（《征访册》）

林国栋，字樗岩。揭阳桃山都人。乾隆间由桃山迁居榕城韩祠附近，建私塾以课徒为业。因多次斥资助建韩文公祠，嘉庆二年（1797）受到揭阳县令单可基表彰。好学工书。

（《揭阳美术家人名辞典》）

林国良，福建海澄人，由世袭骑都尉发往广东。乾隆六十年（1795）十二月任南澳总兵。

樟林的新兴街义祖祠内石柱，上刻有林国良擅书的对联："本爱亲以上达创地建祠聿新庙宇安灵爽，缘率祖而推恩舍田配祭永备春秋展孝思。"上联旁边还注有"宽老侄台建祠之庆"，落款是"护理闽粤总兵官愚林国良拜赠"。

（《征访册》）

林河田（1927—2001），揭阳磐溪都仙滘村（今属揭阳市榕城区）人。长期在揭阳月城任教。喜国画，擅鱼、虾等水族，具海派风格。

（《揭阳美术家人名辞典》）

林鹤年（清末民国），字寿荃，自署鹤庐主人。惠来东港长青村人。郡庠生。光绪三十二年（1906）以考取优行选送法政，历任阳山、兴宁、揭阳、河源、曲江、惠来、五华县法官、县长。能诗，诗风清丽雄奇，著有《鹤庐诗钞》。1935年出版《曲江游草》。子林习经为编《鹤庐诗文集》。书宗颜鲁公《争座位稿》而滲己意，浑动飞扬。

（《揭阳美术家人名辞典》）

林瑚（1870—1942），号铁庵，揭阳榕城人。清末附贡生，候补州判。少从潮州温慕柳游。擅长篆刻，为金石家陈宝瑜、林伯虔所称许。曾见其用篆书刻成的岳飞《满江红》词印蜕，词每句一印，细朱文，各字字脚极长，印边边框较粗，受清官印影响很大。殁后，其子略辰将其遗作编成《铁庵印谱》，同邑姚梓芳为题辞。

（《揭阳美术家人名辞典》）

林焕生（1876—?），潮州意溪人。擅画山水、人物、花鸟，无所不能。1949年前在国内各地游历，交友广泛。1949年赴泰国宋卡府，倡导和发起成立宋卡潮安同乡会。

（《潮州历代美术家辞典》）

林基斯（1935—2007），汕头人。为中国国学研究会研究员、中华妈祖文化交流协会理事、潮汕地区妈祖文化研究会会长、潮汕地区林氏宗亲联谊会会长、汕头诗书画文化研究院副院长等。擅书法，以行草见长。

（《汕头诗书画文化研究院作品集》）

林济川（1802—1874），号月槎。揭阳磐东古乔村人。道光十九年（1839）副贡生，授甘肃阶州州判，有政声，以父老乞归。临别，吴川陈兰彬赠“乡心工忆黄牛渡，舆颂还听白马关”诗。白马关即州判分驻地，可知他在任时有政声。居家时一心教后进。诗书俱佳，有自书联于私塾：“自今日传读书种子，愿尔曹为名教完人。”

（《揭阳美术家人名辞典》）

林缙（1777—?），字德业。揭阳磐东人。乾隆五十九年（1794）举人，历官浙江龙泉、德仙、居清等知县，有政声。嘉庆十三年（1808）任同考试官。乡人说他“工诗文，善书法……生前作品殊多，惜多毁弃，现存遗墨无几，仅有‘聪明正直’和‘瞻云就月’匾额挂于村庙”。所书属颜体风格。

（《揭阳美术家人名辞典》）

林景拔，又称振拔，字彦楚，号荆崖。原籍普宁，后居揭阳棉湖。康熙五十一年（1712）进士，擢翰林院庶吉士，不久乞假归家。在家植柳树一株，自称“一柳主人”，且撰门联明志：“北关永怀瞻日迈，南窗聊倚啸风清。”又自筑依绿园，每日与潮州、揭阳名士论文赋诗。年六十四卒于家，私谥文清先生。有《荆崖诗集》《荆崖文集》各三卷，未刊。能书，揭阳乔林双忠庙现存他在康熙五十二年书撰《重建双忠庙并筑二圣书院碑记》，稳雅脱俗，师法颜鲁公而略有变化。

（《揭阳美术家人名辞典》）

林乐笙（1888—1969），潮州府城人。乐笙幼年父母早丧，12 岁进绣庄、寿衣店当学徒，对工艺美术产生浓厚兴趣。他学艺期间所制作的纸花和小彩灯，已初显匠心，颇受师傅赏识，对彩扎工艺尤为擅长。后在开元街开创林盛记花灯店。

为使花灯技艺日臻完善，乐笙常虚心向花灯名师请教。26 岁那年，他在县城 8 家工艺店的花灯竞赛中，进一步显露锋芒，因而粤东各地纷纷慕名前来请他制作花灯。1926 年，他应邀到新加坡制作的《昭君和番》《凤仪亭》等 10 屏花灯，受到各界人士的赞许。《昭君和番》等 5 屏还被选送到伦敦英国皇宫陈列。1935 年，他又受聘赴港，制作《三气周瑜》和《九曲黄河阵》两屏大花灯参加英皇加冕的游行盛会。这两屏花灯的人物多达 35 个，还有坐兽十多头，形象逼真，姿态各异。为此，香港商会会长特把写上“匠心妙作，巧夺天工”的锦旗赠予林乐笙。

新中国成立后，乐笙志趣如故，新作不断问世。1953 年，他创作的花灯《荷花舞》，参加中南地区民间工艺美术观摩展览会。1957 年，他创作的《花木兰》等 3 屏花灯，参加广州文化公园灯展，获得各方好评；《羊城晚报》还作了专题报道。林乐笙善于博取众家之长，融于自己的创作之中，终于成为潮州花灯艺术名师。他的儿子林汉彬、林汉臣在他的培养下，均成为花灯师傅，孙子、孙女也都从事花灯工艺。林乐笙及其子孙堪称“工艺美术世家”。

（《潮州历代美术家辞典》）

林笠云，名孝武，字梦荆。澄海莲下程洋冈人。1928 年毕业于汕头国粹学校，1929 年就读于上海法学院，曾在《汕头商报》《公道报》《新中国报》《岭东商业特刊》等负责编辑工作。1934 年后，在南光中学、澄海中学、汕头华侨中学等校任教，于辞笺学甚有钻研，善诗词书画，富于收藏。

（《程洋冈村志》）

林流波（1933—2017），原名林敬德。祖籍揭西，生于泰国，1940 年回国读书。1951 年参加中国人民解放军，1956 年复员，1960 年毕业于华中师范大学中国文学系。曾任汕头市八中、五中和艺术学校音乐教师，后调市潮剧团、市文化馆从事文艺工作。1980 年全家移居香港，创办“香港华声艺术学院”进行音乐、美术教学，举办展览和演出活动。长期潜心探究潮州音乐和筝艺，致力于南派筝艺的承传和推广，对中国诗词、书画亦乐于研习，并热心为社会艺术事业作奉献。为中国音乐家协会、中国民族管弦乐学会、揭阳市美术家协会会员，汕头市音乐家协会（二届）、汕头市流行音乐协会名誉主席，国际潮汕书画总会汕头理事会荣誉会长，汕头市老干部书画研究会理事，香港华夏艺术家协会主席，香港华声艺术学院院长。

（《戏外翰墨》）

林璘（1845—1897），原名诞炳，又名庆璘，号琴石，别号仙溪钓徒。澄海莲下程洋冈人。清末庠生。淡泊名利，不求闻达，自筑小别墅，名为“耕云书馆”，以“耕云钓月”匾挂于厅中。擅长诗文绘画，尤精花鸟画，笔墨洗练，儒雅清丽，具有浓郁的书卷气，熔诗、书、画于一炉。

（《程洋冈村志》）

林毛根（1929—2007），揭阳人。生于潮乐世家。1949 年入伍，后长期在文艺部门服务，任过文工团团长、文化馆馆长、音乐曲艺团团长、歌舞团团长、汕头市音乐协会名誉主席等职务。先后与张汉斋、何天佑等合作录制《月儿高》《深闺怨》《睢阳恨》《柳青娘》《思凡》等名曲，1992 年又有由人民音乐出版社出版的《潮州民间筝曲四十首》演奏谱问世（李荫编），均获得好评。林毛根早年曾随陈文希、黄独峰学国画，擅长画鸡，用笔线条挺拔流畅，造型生动，传神有致，色泽淡雅，作品多次参展和见诸报刊。

（林乔提供）

林枚（1881—1935），字适庵，又称硕庵。揭阳榕城人。光绪二十七年（1901）举人，署广西贵县知事。先后任清远、梅县等县知县。晚年执教于榕江中学。书法以颜鲁公为本。晚参杨惺吾，运笔更为丰厚。行书略带纵笔。诗文亦佳，与兄林堉齐名。

（《揭阳美术家人名辞典》）

林鹏（清末民国），海阳（今潮州市潮安区）庵埠人。其画学海派，善写意，常画花卉、小鸡。也喜种花、养鸡。常对景物写生，作品写实，有生活气息，花卉画甚佳。日本侵华期间与其子林煜同日饿死。

（《潮州历代美术家辞典》）

林清扬（1893—1960），名毓琳，字清扬，号璞山，以字行，署所居为“碧梧翠竹轩”。揭阳榕城人。毕业于北京中国大学。著名诗人、书家曾习经学生。长期任教，古文宗韩退之、柳柳州。诗学陶渊明、李玉溪。书法初学《张黑女碑》，后专攻《爨宝子碑》，以北碑笔法入行书，古拙优雅。书稿信札，信笔写来而字字金玉。著有《璞山集》《璞山续集》。揭阳邝慕欧、佘惠文、许秋岚等为其书学学生。

（《揭阳美术家人名辞典》）

林泉（嘉庆、道光间），字秋涧。海阳（今潮州市潮安区）人。工书画篆刻，精花鸟画，曾用六张大熟宣纸画《石美图》。擅篆刻，《培兰堂印泉》评曰：“凡属章法、刀法、篆体，以备秦汉诸家之妙。”先贤曾赋诗评价林秋涧：“凤子轻盈底处求，春情骀荡百花洲。写生今有林泉，栩栩酣香笔韵流。”

（《潮州历代美术家辞典》）

林若澜（清末民国），字月澄，也作月徵。工诗善书，1935 年乙亥冬招诸诗友小饮，雪亭出扇索题，若澜即题诗赠之。如其传世书画扇面，右边饶勋作花卉，左边月澄写行书“赠笃夫”，毫无斧凿痕迹，殊为难得。月澄与王延康有交往，王延康曾刻一印送与林若澜，印文为“若澜长寿”，边款是“月徵表弟与余交重卅年矣，始终久敬，忽焉俱老。再三十年其乐何如，爰刊此印寿之，戊午夏日季约并纪于约园”。

（《潮州历代美术家辞典》）

林劭贤（1921—2003），原名祝秋，又名少贤。潮阳县桑田（今河溪镇西田村）人。1951 年 6 月加入三正顺潮剧团，任文化教员，后任编剧，为剧协广东分会会员。他创作或参与改编的主要有《白蛇传》《杜十娘》《春草闯堂》等二十多部潮剧。其中拍成电影的有《火烧临江楼》《告亲夫》和《闹开封》。潮剧《火烧临江楼》成为 1949 年后拍摄的第一部潮剧艺术片，其剧本被广东人民出版社出版成单行本，广为发行。1955 年在三正潮剧团任编剧期间，积极参加戏改工作，被评为汕头专区戏曲改革二等功臣，1962 年被评为五好演职员。《闹开封》《赵宠写状》和《泼水成亲》等剧目，参加省、地会演时都得过奖。

他笔耕不辍，虽无意于书法，但从现存作品看，其书作取法皇象，结体严谨，笔法有宗，挥洒成趣。

（《征访册》）

林诜（1907—1976），字传业，号精庐。揭阳棉湖（今揭阳市揭西县）人。广州燕塘陆军第一期毕业生。曾任民国揭阳县党部监委。北伐革命东征军棉湖战役后，受周恩来接见并奉命掩埋阵亡将士尸体七百多具。能诗，擅画，多绘梅花，尤喜同邑林天均画风。亦能书，宗魏碑。曾作《百幅梅花册》，自题七律六首，其中有诗曰："卅载砚田衣食牵，一枝秀管写癯仙。孤山铁骨香成海，庾岭冰魂雪满天。处世原知春梦熟，几生修到梅花缘。雇书换米元章例，不使人间造孽钱。"近年族人编有《精庐书画集》。

（郭培鸿提供）

林深书（1935—1992），澄海北湾人。历任南澳县委办公室主任、后宅公社党委书记，1978 年调至汕头海洋渔业公司工作，主持兴建颇具规模的冷冻厂。1992 年 5 月，任龙湖区政协副主席。因为他热爱书法、文史，被推选为汕头特区书协主席，主办了首届"中国五大特区书法巡回展"。曾主持编撰《南澳简志》。擅行草书，在妈屿岛上有其"宝岛雄风""涛声""海湾学校"等题刻。

（《汕头日报》2008 年 2 月 17 日）

林声望（1901—1967），揭阳白塔霖田村（今属揭阳市揭东区）人。出生贫苦，幼年寄养外婆家。1919 年任教于龙头乡小学。后投身革命，组织农会，因被国民党右派追捕，经中共党组织批准赴南洋，为新加坡华侨武裕平民互助会主席。中华人民共和国成立后，任职于汕头市财政局、渔业公司。能书，宗颜鲁公、钟元常。有 1952 年书于彭湃像上的长题，浑厚方正。

（《揭阳美术家人名辞典》）

林圣阳（1917—1999），澄海南砂西社人。生于泰国曼谷，1944 年毕业于国立杭州艺术专科学校，1950 年进法国巴黎最高艺术学院及巴黎大学研学，曾任台湾师范大学艺术系教授、台湾艺术专科学校兼任教授多年。1960 年，偕夫人邓贵珠定居于巴西圣保罗市，从事绘画艺术创作。夫妇均被巴西哲学艺术学院敦聘为教授，一面教学，一面从事研究创作，作品甚丰。夫妇俩曾先后在中南美洲、欧洲、亚洲、大洋洲及南太平洋、西太平洋、西印度洋群岛和北京举办画展、讲学，广受欢迎与褒奖。有画作多件被美术馆、巴西前总统、圣保罗州州长、双年展会长马他拉索、千里达总督何极、欧洲列支敦士登王子等所收藏。荣获中华学术院、巴西艺术学院名誉院士学位。曾获得艺术金牌奖奖状、奖章。1993 年个人业绩列入西班牙博物馆之《世界名人录》。

（《南砂乡志》）

林石帆（清末民国），名树勋，字石帆，署所居为"琴鹤草庐"，以字行。揭阳榕城人。增生。擅画，受海派影响。以擅猿猴名潮汕，时人有"石帆猴"之誉。文学书画，皆负盛名，讲学授徒，育才甚众。有《芦雁图》条幅，拟天池老人徐青藤，图绘大雁二只，上下各一，遥相呼应，中为芦苇，笔墨简洁。寿七十卒。

（《揭阳美术家人名辞典》）

林士雄（1895—1987），名彦君，字士雄，以字行，自署懋德楼主。揭阳榕城人。弱冠到暹罗执教，任北榄华校校长。20世纪40年代回到家乡，设懋德楼艺室于榕城，数十年研习诗书。晚年加入汕头市书协，任揭阳县书协名誉会长。喜吟咏，宗白乐天，温柔敦实，著有《懋德楼诗钞》。擅书法，20世纪40年代即闻名闾里，初宗柳公权、颜鲁公，后师苏东坡、赵松雪，时任林培庐有文记其书艺，谓“士雄氏前揣摩颜、柳、欧、钟、王之书法，后又寻获苏子瞻、赵子昂、董香光之真本，朝夕爱抚，废寝忘餐，由是书法大进……临赵即赵，临柳即柳，临欧、钟、王即欧、钟、王，一而二，二而一”。年逾九十犹未辍笔，晚年作品更有碑味，结体紧密，中宫收敛而不拘谨，内柔外刚。

（《揭阳美术家人名辞典》）

林适民（1919—1989），字楚尘。潮州城人。早岁就读于蔡梦香开设的“困而学舍”私塾，又从郭餐雪学习诗词古文。18岁到潮阳岗背乡教书，后来在汕头永安街明盛行当财务，在汕头岭东小学当教员等。1946年至1949年，应表兄饶宗颐之邀在潮州修志馆参与《潮州府志》编修工作，其主要负责分纂《兵防志》，还时常在《岭东民国日报》《大光报》《方志旬刊》上发表有关枫溪陶瓷业、渔业的文章。修志工作停止后长期任教，担任潮州市第五小学校长职务，与吴华重等编辑的《潮州音字典》深受欢迎，销量达几十万册。晚年参加汕头岭海诗社、汕头书协等。平生为人心胸阔而腹笥富，不愠不火，淡荡和穆，其书法以行、草见长，清柔俊瘦，刚毅遒劲，有淡淡的儒雅之气。

（《潮州日报》2006年3月22日，《霜操集》）

林守谷（现代），自署兰室主人。揭阳榕城人。曾就读于上海美术专科学校。长期在揭阳、潮阳等地任教。在“文革”中被迫而死，年约六十。擅国画，海派风格。《艺海潮声——百年潮人中国画集萃》收录其1938年画作《天竺图》。

（《揭阳美术家人名辞典》）

林守乾（清末民国），潮阳达濠（今属汕头市）人。他是开设保和堂药材铺的中医师。其能文善书，热心公益事业，有“澳埭状元”美誉，当地人称其“守乾秀”“保和先生”。达濠巡司埠三圣庙庙门肚的书法为其手书，潇洒俊逸，灵动飘逸，具欧阳询端庄之风。

（《潮州学论集》《征访册》）

林受益（1901—1990），又名林谦。揭阳人。1923年就读于上海美术专科学校，受教于潘天寿、俞寄凡、诸闻韵诸家。画作古朴苍润，格调不凡。毕业后在汕头新兴路创办春阳绘画社，培养美术人才。曾任《汕头民国日报》广告部美术设计，省立岭东商校、汕头市立女中等多所学校美术教员，并在中山公园主持汕头史上第一个展览。后为汕头画院画师、广东文史馆馆员、广东美协会员、汕头市工艺美术学会顾问。作品多次选送美国、新加坡和中国香港、澳门等国家和地区展出。1982年和郭笃士在汕头市举办书画联展，刘海粟为其题词：“源于自然，胜于自然，斯为美。”黄独峰题词：“海派典范。”均对其艺术成就作了高度评价。

林受益画作深受吴昌硕画风影响，古秀雄厚，气势峻迈。如所作《蟠桃》图轴，以篆书之法作画。笔致雄健，力可扛鼎。枝干的穿插灵动劲道，以双勾法写枝干，略施淡彩，浑厚清新。桃叶偃仰向背，各具姿态，叶面施以草绿、藤黄。浓墨勾筋，墨色交融，具晕染韵味。以深红、深黄色写桃实，厚重华滋，神完气足，醇厚郁拔，别具神采。全图章法疏密虚实相映，匠心独运，足见缶翁道韵。林受益的大写意花卉如荷花、梅花等也逼似缶翁，古穆苍秀，具大家派势。

（《征访册》）

林树棠（1930—2012），普宁人。潮剧编剧。中国戏剧家协会会员。1952 年开始从事业余编剧。1966 年起担任剧团专职编剧，1984 年至 1993 年曾任汕头市潮剧团副团长，广东潮剧院行政办公室副主任、艺术研究室副主任等职。毕业一共编写了 60 多个长短剧本（包括与人合作），2008 年中国戏剧出版社出版《林树棠剧作选》。对书法有颇深研究，其书体受何绍基影响。

（《红外翰墨》）

林树勋（清末），字建侯。潮阳棉城东门人。贡生。民国初曾在汕头开设林元丰钟表行，后赴香港。棉城小北岩“听泉井”及游记石刻均为其所书。“听泉井”三字系楷书，骨血洞达，气象浑穆。游记则是章草，收缩自然，飘逸从容。

（《征访册》）

林天均（1896—1944），原名林岳，字泽芳，后更名天均，并行于世，别署林二、天朗、无我斋主，晚号饥禅、天叟。揭阳榕城人。与王逊、孙裴谷并列为林亦华三大弟子。曾游学上海，亲炙名家吴昌硕，艺技大进。先后在上海、泰国举办画展。20 世纪 40 年代后在榕城鬻画为生。性孤傲薄俗，不趋炎附势，论者谓有郑板桥遗风。早年师闽派，游学归来，深窥海派堂奥，以意传神，画风古朴。擅山水、人物，不受古法约束，喜用对比强烈之色彩以形成个人风格，在民国岭东画坛上为最有个人风格之画家。后来同邑画家余白丁私淑其画风。

（《揭阳美术家人名辞典》）

林天书（清末民国），揭阳磐东棉树村人。擅长雕刻和贴制工艺，曾用橄榄核刻八椅，神态各异，栩栩如生。又善于用秕米、芝麻、大米等物贴制成各种形象。每逢村中正月举办泥人灯会或中秋佳节，必有作品参展，观者皆啧啧称赞。

（《揭阳美术家人名辞典》）

林廷美（1912—1998），潮安人。先后毕业于韩山师范学校、上海美术专科学校，受教于潘天寿、诸闻韵、谢公展诸家，回乡后在汕头从事教育工作，为广东书协会员、汕头书协理事、汕头政协翰墨社理事等。出版有《林廷美书法选》，书风挺拔苍劲，酣畅豪迈。

（《汕头十四家遗墨集》《林廷美书法选》）

林廷玉（清末民国），号醉仙。惠来县龙溪都长青村人。工诗，与其父林家浚合著《桥梓诗林初集》《桥梓诗林续集》。1928 年刊印《仙溪杂俎初集》十卷。擅书，宗褚河南，遒劲温婉。

（《揭阳美术家人名辞典》）

林挺芝（1868—1943），字紫荪，号霁嵩。潮阳县廓都人。晚清拔贡生、特科孝廉方正，应保和殿试，膺选二等第一名，授直隶州州判，签分湖南到省补用，不赴。历任潮阳县教育会会长；四序高等小学校长、崇礼高等小学校长；潮阳县立中学校国文教员并于 1922 年代理校长。1941 年 3 月县城沦陷，因衰病滞留。1943 年，潮汕大饥荒，时人多饥不择食，至有变节事敌者，而先生拒绝汉奸馈予，闭门不出，竟饿毙于家。擅诗文、书法，著有《林挺芝诗集》，饶氏《潮州艺文志》中著录，惜已佚。挺芝素长于古体诗文，著有《林挺芝诗集》，尤擅书法，笔致古逸，筋骨清劲，胸中灵气全注点画之中，显苍老古朴之姿，老辣中充满生机。

（《儒学在潮阳》）

林武雄（近代），揭阳榕城人。林西科子。继承父业，将“两合木雕店”扩充改为“两合兴木雕店”，除承接小件木雕外，亦承接祠堂、寺院的木雕建筑装饰，同时还收徒授艺。擅长戏剧人物故事雕刻。代表作有《三国演义》《水浒传》中的人物。较有名的学徒为郭燕腾。

（《揭阳美术家人名辞典》）

林悟生（1909—1966），字烈雄。揭阳义河村人。1930 年移居榕城西门，设“一新”照相馆。1951 年居广州。擅制谜，能诗文，亦能绘画，常从绘画作谜中讽世嫉邪。

（《揭阳美术家人名辞典》）

林西科，活动于清中晚期。揭阳榕城人。在榕城史巷开设“两合木雕店”，为揭阳第一家从事专业木雕的店铺，以雕刻各式木雕动物、尤以各式龙最有名。代表作有《双龙抢宝》。与同邑陈开贤、谢国强齐名。子武雄能承父艺。

（《揭阳美术家人名辞典》）

林熙春（1552—1631），字志和，号仰晋。海阳县龙溪都（今潮州市潮安区庵埠镇宝陇）人，万历十年（1582）中举人，十一年（1583）登进士，初授尚书。林熙春擅楷书、诗赋，著作有《城南书庄草》《赐问草》《赐还草》《掖垣疏草》等。诗学白居易，也受“后七子”影响，重写实。万历二十五年（1597），潮州江东区井尾乡鲤鱼山上建成三元塔（也称急水塔），塔的第五层内壁刻有明户部左侍郎林熙春撰写的《三元塔铭》，林熙春诗作传世不少，但墨迹少见，今仅存石刻。除上述还有：行楷书坊额“世德流芳”，题款为“赐进士出身通议大夫户部左侍郎林熙春题”，石刻存庵埠区洪氏家庙中，额长

135 厘米，宽 54 厘米。另一系《修玉简塔记》，在彩塘区境内桑浦山脉玉简峰巅峰巨石上，文曰："凤城形胜，枕金山而望玉简。玉简高数百仞，视海如盂，一呼而众山皆响。故有塔若柱擎天，八方宅里仰者立应，稽之纪乘，于创立无载，因顶倾得太平通宝，定卜为宋初时物，财诎未治，形家病焉。余屡以告，鲜有任事者。庚戌九月太守陈公暨丞杨公、理黎公、令邢公相与捐俸修之，费百有三十。越春仲讫工。高逾昔半，耸拔干霄。山海风涛灏气全收，异日官崇士显，勿谓此举不关人文也。万历辛亥司谏氏邑人林熙春记。督工耆民邵清、吴爱。"此外还有《重修韩祠碑记》，置韩文公祠北壁，楷书。以及万历戊午夏四月书《嗣浚中离溪记》，存金石区塔下乡中离溪畔。

（《潮州历代美术家辞典》）

林贤静（1912—?）， 广东澄海南砂乡人。林仔肩先生的侄女，林贤轸将军胞妹，适开平林叙彝中将。1934 年 9 月入图案系学习，1937 年 7 月于图案系毕业，1941 年攻读研究生，颇受校长刘海粟称赞。曾问学于岭南高剑父、高奇峰、赵少昂，江苏鲍娄先、王个簃、张天奇等名家。性喜绘事，擅长水墨，数十年如一日，或自修或授课，乐此不疲。其作画强调汲古润今，对任伯年、吴昌硕、齐白石的绘画主张，多有实践。曾在潮州艺术学校、梅州女子师范学校任教。后任台湾省立师专、台湾国立艺专美术科教授。林氏曾在台设帐收徒，雅号"林园"，从学者有将军、名流，也有公教人员、家庭主妇，以及在校大专学生。师生曾联袂展出作品，并印制专辑出版。（台湾）历史博物馆所举办国际文化交流画展，均邀其参加。在台举办个展六次，应邀赴泰国、日本开画展各一次，师生联展三次。著有《林贤静女士画集》及《林园花鸟画集》第一、二辑。

（林勇提供）

林香洲（约 1880—1949）， 揭阳棉湖（今属揭阳市揭西县）人。清末秀才。曾任揭阳棉湖乡长。与同邑诗人、书家曾习经善，其母七十大寿，曾习经以《卢太孺人七秩征诗》贺之。工诗，善书。

（《揭阳美术家人名辞典》）

林小乔（1934—2003）， 揭阳磐东南河人。长期务农。喜书法，楷书宗颜鲁公，行书学今人启功。有行书诗轴入选《揭阳市纪检监察干部书画摄影集》。

（《揭阳美术家人名辞典》）

林修典（1925—2000）， 澄海盐鸿港头村人。早年投身革命，后从事中学教育工作，曾任韶关市第一中学副校长。他是中国书法家协会会员、广东省书法家协会理事、韶关市书法家协会主席、韶关书法院副院长、韶关市文联常委，也是中国老年书画研究会会员、广东老年书画家协会理事、韶关市老干部书画研究会会长。幼临欧体楷书，继宗颜真卿、苏东坡、"二王"，20 世纪 80 年代后逐渐博采众长，以行楷为主，榜书见长，旁及刻字。作品入选中日刻字艺术交流展以及中国书法家协会主办的全国首届刻字展、首届国际刻字展，1995 年作品在全国第二届刻字展获奖，并有作品入选全国第六届书法篆刻展。2003 年由韶关市书法家协会和韶关市老干部书画研究会编辑出版了《林修典书法作品集》。

（《林修典书法作品集》）

林修雍（1894—1933），又名浩如，号渔父。澄海溪南人。毕业于北京法政大学政治经济系。民国时期曾先后任澄海、揭阳和陆丰等县县长，大元帅府特派潮州善后委员会委员，湘军总指挥参议，国民党汕头市第一、二届执行委员，广东行政厅潮州沙田局局长。1926 年 7 月任东江农工运动人员养成所所长，主讲《国民革命与农工运动》，培养农民运动骨干。林修雍书法受康有为的影响，他以碑为基础，博采众长，点画圆融浑穆，大气雄强高古。他以意导笔，不计工拙，逆笔藏锋，迟送涩进，以平长弧线为基调，转折之处常常提笔暗过，方圆兼备，横平竖直，长撇大捺，气势开展，意态生动，刚劲而不失流畅，饶有汉人笔意。

（《潮汕百科全书》）

林逊（1349—1389），字文敏，号志宏。潮阳西头都狮石里（今惠来县周田镇狮石里）人。洪武十八年（1385）进士，任福建闽县县丞，有政绩，病逝于任上。能诗，亦工书，有诗题惠来铭湖岩。著有《尚书经义》，未刊。

（《揭阳美术家人名辞典》）

林岩耕（清末民国），字毓田，自号十二桥渔者。揭阳榕城人。中年常居汕头。画法师承海派，尤擅山水。他曾北上旅游，在舟中遇客写竹，向其虚心请教，领悟到自己过去所画墨竹有枝不系叶之病。归家后把自己从前的作品赎回，付诸一炬。后细心体会苏东坡写竹“交柯乱叶纷无数，一一皆可寻其源”之理，作画与前大不相同。此后所作墨竹尤为时人所重。光绪十八年（1892）秋为澄海县城李氏公祠作《风晴雨露竹》四幅刻于祠堂两侧。每幅均有题诗。亦能诗书，与同邑周子元为诗友，常唱酬，周有诗说“知君诗草富，日日寄将来”。林长晖称他“一生仁义孝，三绝画诗书”。弟林亦耕，能画，另有传。

（《揭阳美术家人名辞典》）

林炎藩（1931—1994），澄海澄城城西（今属汕头市澄华街道）人。1949 年上凤凰山参加革命，1987 年离休。离休前为澄海县党史办公室股长。擅楷书，曾任澄海书法协会第一、二届理事。楷书学柳公权，主要得法于《玄秘塔碑》，用笔干净利索，引筋入骨，结体端严俊朗，神气清健。

（《澄海历代书法概览》）

林扬洲（1914—2001），号虚吾，自署白云居士、万石楼主。揭阳榕城人。幼家贫。少年得县城观音堂名僧一德法师及黄甲拍、李锡祥等授以武术及医道，后悬壶济世逾六十年，为邑中名医师。擅书法，宗《张黑女碑》《郑文公碑》，兼南帖北碑，晚更有成。书风古朴遒劲，凝聚中见灵动。与书家林清扬、丁逸史亦师亦友。书家曹宝麟谓其“博涉多优，各体皆能，而翘楚之北碑书效朴拙之趣，竟以恬淡出之，窃以为自得心源者也”。

著有《林扬洲书法集》。

（《林扬洲书法集》）

林耀龙（1734—1833），揭阳霖田都人。嘉庆十二年（1807）举人，嘉庆十四年会试赐翰林院检讨。享寿百岁。擅书，宗颜鲁公，稳妥峭丽。

（《揭阳美术家人名辞典》）

林一铭，原名林峥嵘，字谦山，号小岩，又号玉峰，乳名阿廊。饶平县新塘镇西石乡人。自幼天资聪颖，力学有方。嘉庆二十四年（1819）中进士，授湖北东湖知县，兼理宜昌府通判，后历任知州。在任期间，重文风，有政绩，两次署宁陕厅，修厅志四卷刊世。著有《砚石轩课艺诗钞》。他曾两次中进士，首次以林峥嵘名字应考，中了进士。但在任期间得罪权贵，被诬罢官。第二次改名一铭应考，又中进士，授陕西乾州知州。但他已无意蹈宦海，遂辞官归里，出任乾山书院山长，为家乡培育英才。暇时以诗文书法自娱。今西石乡的林氏宗祠，乡后待诏山上的石刻七律诗，三饶的城隍庙，以及潮州一带不少林氏宗祠、神庙，均有他的笔迹。

林一铭书法早负盛名，当年有“全国第七，广东第一”及“一铭体”之说。据传，有潮州人建大宗祠，上京城求书匾，京中书家批曰：“潮州林一铭，大字盖京华，来者舍近图远大误，退回请林进士书写。”饶洋镇詹德铭收藏林一铭行书立轴一幅。纸本，书字五行，共五十八字，纸面甚是昏黑，横折纹很多，幸墨迹完好。其笔画圆润含蓄，乍看似媚弱，实则刚劲内蕴，使人感到柔润温雅，点画雄厚。

（《潮州历代美术家辞典》）

林亦耕（清末民国），揭阳榕城人。林岩耕弟，能诗画。林长晖有《赠亦耕兄》诗三首，称“更羡一门风雅事，弟兄书画米家船”。周子元有《为林亦耕题山水画箑》，谓：“铁瓮城头春草生，金焦山脚暮潮平。分明小李将军画，聊欲江南挂席行。”

（《揭阳美术家人名辞典》）

林亦华（清末民国），名琼，字亦华，以字行，自署醉古山房主。揭阳榕城人。职业画家，长期在榕城设画室。擅长人物画，师法福建“波臣派”曾琼风格，造型准确，层层渲染出人物面部阴影凹凸，使之有立体感。在学曾琼的基础上，能深入生活，注意人间百态的无穷变化，笔下的人物往往能达到形神兼备。他是以鬻画为生的画家，故而尽可能削弱传统文人画的书卷气和庙堂气，增加市俗气，特别注重市井细民，目的在迎合商人和市民口味，时人誉为“亦华乞丐”。揭阳私人藏有1912年《仕女折梅图》和《春夏秋冬人物》四条屏，人物颇为精彩。其门下学生颇多，尤以三大弟子王逊、孙裴谷、林天均最为著名。

（《揭阳美术家人名辞典》）

林逸（1910—1984），字沧萍。揭西凤江仙窟村人。1930年，到广州师从名画家李瑶屏先生，时同门师兄有黄君璧等。1936 年，进上海美术专科学校学习，师从刘海粟、谢海燕、王个簃、俞剑华等，专攻国画，为该校国画研究所会员，创办函授艺苑和艺苗研究社。回潮汕后，在多所学校任教，创立“萍寄画庐”。20 世纪 40 年代末赴香港举办个人画展，刘海粟对其作品给予很高评价：“林逸此作有唐人之致，有北宋之雄!”1954 年，作品《造林图》入选第二届全国美术展。系广东省美术家协会会员、汕头画院画师，其山水古朴浑雄，熔南北二宗于一炉；其花卉苍劲老辣，深得海派神韵。曾出版《国画理论》和《林逸画集》等。

（《汕头文化艺术志》）

林应扬（1933—1996），普宁大坝人。泰国出生，1938 年随父兄回国。1951 年后从事农村宣传文化工作，利用业余时间学习国画。有《归侨林应扬国画选》。

（《揭阳美术家人名辞典》）

林应足（1921—2002），揭阳霖田都钱坑（今属揭阳市揭西县）人。长期任职于揭阳工艺厂，擅木雕。1962 年与郭燕腾合作巨制金漆木雕《梅花喜鹊》，悬挂于北京人民大会堂广东厅。1988 年揭阳孔庙重新修缮，为大成殿孔子及“四配”“十二哲”木雕神龛主刀。为广东省工艺师。

（《揭阳美术家人名辞典》）

林友（1913—1997），原名帮靖。潮安庵埠宝陇村人。毕业于金山中学，1937 年参加青抗会。长期从事教育工作，先后在南侨中学、梅峰中学、国立水产职业学校、汕头十二中学等任教，晚年为岭海诗社理事。著有《行不远集》。其书法取法各体，不落窠臼，具有浓烈的书卷气，清逸可观。

（《行不远集》）

林堉（1876—1943），原名宪，字君厚，号厚庵，晚年自署心园居士。揭阳榕城人。光绪二十年（1894）举人，拣选知县，曾任榕江学堂校长十余年。1921 年 11 月至 1924 年 3 月任揭阳县县长、广东省第一届参议会议员。擅辞令，工诗书，书宗颜鲁公，再师王右军，晚更矜练。与弟林枚共誉书名。

（《揭阳美术家人名辞典》）

林煜（约 1903—1943），字少秋。潮安庵埠人。在汕头小公园暹商公所内设画室售画。师从其父林鹏及王逊，擅长工笔仕女，兼工山水，又能雕刻。1949 年后福建人民出版社曾出版其仕女图挂历。其仕女造型通过流畅、细密的线条，勾勒出传神的形态、动作、表情，情浓意抒、清丽文秀、脉脉情深、生动形象，深受东南亚华侨喜爱。1943 年春，潮汕大饥荒，与其父同日饿死。

（《征访册》）

林允（1909—1964），又名臧初，自署头头、闲父。揭阳人。北平艺术专科学校毕业。早年在北京以鬻画为生。1958 年任教于潮州工人艺术学校中专班，后又任职于潮州特种工艺社。擅长国画，师承齐（齐白石）派，花卉大写意，喜配工笔草虫，以小品草虫为佳。亦能篆刻。

（《揭阳美术家人名辞典》）

林运华（1927—1997），揭阳榕城人。先后师从刘昌潮、黄独峰等名家，后长期在汕头担任美术教师，是潮汕国画会、汕头市老干部书画会会员，著有《林运华画集》，由岭南美术出版社出版。

（《醉墨》，洪浩提供）

林仔肩（1866—1936），又名梁任，字春根。澄海溪南南砂乡西社村人。少怀大志，聪颖好学，得学使赏识，破例补取为县学生员。维新变法失败后，林仔肩认为救国之道，必先振兴教育，应“仁以恤穷，智以振靡”，遂与丘逢甲、杨守愚等人在汕头市创办“岭东同文学堂”。他感到发展教育应从基础致力，方为根本，遂倡办“报国”“爱国”“华国”等十多所学校于县内林族各乡村，其中报国学校声誉卓著，培养了一批思想进步的人才。1911 年，林仔肩积极在潮汕各地创立演说会向群众宣传革命道理，又致力发展家乡生产，其关心百姓疾苦的事迹，在当地有口皆碑。1925 年，上海发生“五卅”惨案，他认为是国之奇耻，因此在南砂乡对面的象山脚下建“国耻亭”并书联：“烈日如焚，到此无妨暂驻足；时雨骤降，从今可以便行人。”让邑人铭记在心，誓为国家报仇雪耻。

其书法墨迹沉厚，笔画圆润秀逸，平淡古朴，柔中有骨力，转折灵变，书体清爽挺竦，布白疏朗，癯然神逸。

（《潮汕百科全书》）

林兆凤（1851—1922），字桐苏。揭阳磐东乔林村人。清末附贡生，县丞衔。筑书庄名“三十里”于榕城西郊。1916 年任揭阳县团练总局局长。擅书法，宗颜鲁公、黄鲁直。郭玉龙有诗戏之：“书法常山手腕低，老去犹从少年时。”丁克新藏其 1921 年书于红笺纸长联，谓：“春句不成，罚酒须依金谷数；雄心自在，醉颜笑倒玉山颓。”字体纵逸秀丽。

（《揭阳美术家人名辞典》）

林兆南（清末），字少梅。广西苍梧人。进士，同知衔。光绪三年（1877）至五年（1879）任揭阳县知县；光绪七年（1881）至九年（1883）重任。任间与邑中诗人丁日昌、周子元、林长晖等时相唱和。在揭阳留下不少墨迹，如为林长晖《绕绿书庄诗稿内集》作序，行书，手书上雕；为乔林乡书撰《重修二圣书院碑记》，楷书；揭阳博物馆藏其书于县署“石鱼斋”行书四条屏等。书法初宗颜鲁公，后参《兰亭集序》。工行楷，洒落可观。

（《揭阳美术家人名辞典》）

林之原（1911—1969），原名祖荫，又名野寂、荫原、林鹗等。鸥汀人。青年时代先后在家乡组织青年学友会、春笋文艺社等，共同学习新文化，研讨文艺问题和马列主义。1929 年考入上海艺术大学文学系，毕业后在汕头同济、英华中学执教，并组织革命外围组织密林文艺研究社（现址位于龙湖鸥汀街道鸥下北畔中街 6 号）。1933 年与密林社一批骨干同被反动当局逮捕，囚禁于澄海监狱。他利用在狱 3 年时间，勤奋钻研理论，获释后在潮阳六都中学任教。1937 年 6 月加入中国共产党，1941 年参加东江纵队，先后任指导员、《前进报》编辑。1951 年以后历任中共中央对外联络部秘书主任、综合处处长等职，1958 年任中联部亚非拉美处处长，1960 年随中国代表团出席在莫斯科召开的 81 个国家共产党和工人党会议。1965 年 6 月担任中联部六处处长并兼拉美所第一副所长。他是新中国第一代外交家，出版有《怎样写作》等书。

其书法行列整齐清晰，字距大体均匀，大小相仿而富于变化，多是纵向取势，起笔既有逆入蚕头亦有直接顺势而入，收笔既采用了隶书的磔法又融以今草笔意，别具意趣。

（《潮汕百科全书》《林之原纪念文集》）

林植书（1893—1952），族名廷模，名植书，字则民。揭阳霖田都钱坑（今属揭阳市揭西县）人。长期设帐授徒。1926 年倡建钱坑同心善堂，任文书。不久往马来西亚大山脚创育英学校。晚年回国。擅书法、国画。

（《揭阳美术家人名辞典》）

林仲良（1881—1958），字任吾，自署侣岐楼主。揭阳榕城人。幼承祖父林岩耕影响。吸收海派画风，擅长山水，墨竹贞石亦精。同里诗人林清扬有《为林仲良题所藏画册》诗："流离生是拔心草，垂老犹摹没骨花。多少长安书画客，恐将此幅补窗纱。"可知其垂老仍研习国画。

（《揭阳美术家人名辞典》）

林仲仁（1885—1960），原名友敬，字勤让。揭阳磐东松山林村（今属揭阳市揭东区）人。竹织艺人。幼随父学篾织工艺，擅长竹织工艺品，能用竹篾薄片织出各种图案、文字，尤以编织篆书、楷书为精。图案形象逼真，色彩清晰。1936 年有作品参加南京全国工艺比赛，获第二名。1943 年为榕城西门程新合制作屏文八幅，约一千二百字。又曾制作一小鱼篓，小如拇指，有蟹爬于篓嘴，惟妙惟肖，邑人叹为精品。20 世纪 50 年代汕头曾向他征集毛泽东像一幅及屏文十幅。亦能书，宗柳公权。

（《揭阳美术家人名辞典》）

林卓群（1924—2017），生于汕头崎碌。1936 年到北京读中学，至高中毕业后，辗转到四川成都，任美国招待所职员。1944 年在泸州入伍，后参加远征军，为远征军三十三师部直属工兵营第一连一班下士，并空降缅甸密支那。1945 年夏奉调回国。抗日战争胜利后，退伍到北平辅仁大学读英文专业。回汕后在礐光中学任教。1949 年后历任汕头教师进修学校、汕头第三中学、汕头业余大学等学校教职。改革开放后赴美国进修研究生课程，1981 年回国参与创办汕头大学外语系工作，是汕大外语系第一副主任，后晋升副教授。1989 年离休取得美国永久居留权，但无意久居，只用美国绿卡到美国、加拿大、欧洲、澳大利亚、泰国、日本等地旅游访问，回中国后又各地游历，寄情书法。著有《余年拾遗——林卓群译作选录》《浮生实录》等。

（《征访册》）

林子丰（1892—1971），揭阳金和乡人。曾就读于汕头礐光中学、厦门同文书院，后毕业于北京协和医学院。1916 年后，历任香港广源盛行英文书记、司理。嗣后自创四维公司，自任总经理，继而增设嘉华银行，业务蒸蒸日上，遂成巨富。他热心社会公益事业，曾任汕头礐光中学校长，捐资给家乡兴修水利，发展农业。曾任香港大学中文学会副会长，美国俄克拉荷马浸会大学特授予荣誉法学博士学位，英国女皇御赐 OBE 荣衔。书法墨浓笔满，浑厚大气，给人精力充沛之感。

（《揭西文史》第 5 辑）

林子瑄（1907—1966），揭阳榕城人。林清扬弟子。1927 年随母携弟妹远渡南洋，初任教于婆罗洲坤甸，继而创办善牧学校。1934 年回国，就读于上海美术专科学校，潜心西画，亦画国画。1937 年定居新加坡，受聘于法国修院圣居各老师范女校。创办吻咯华公中学。喜梅花之冰肌玉骨，亦喜麻雀之机灵活跃、为花木除害。所作以梅花、麻雀最有名。有巨幅写生长卷《吴哥窟》，画笔稳健，气势磅礴，曾在泰国、马来西亚、新加坡等地展出，饮誉一时。

（《揭阳美术家人名辞典》）

刘步升（1918—1992），字步生，号非空，又号晚晴斋主。饶平饶洋镇人。1948 年毕业于中山大学教育系，被誉为“饶北才子”。早年参加革命，曾任闽粤赣边纵游击东区武工队队长。解放后历任饶平一中、四中校长。刘步升书法学魏碑并追随詹安泰，造就了接近詹书风格的书体。刘步升是中华硬笔书法家协会会员、汕头市书法家协会会员。退休后成立萱楠书画协会，曾任该会会长。曾有多幅书法作品在全国各地展出，其书法作品及个人传略也被编入《当代书画篆刻家辞典》。

（《潮州历代美术家辞典》）

刘昌潮（1907—1997），揭阳人。自幼醉心绘画艺术，常临摹祖祠、祖庙的壁画。十岁即绘制乡间春节神社灯橱、画栏、元宵灯等，受到民间艺术的熏陶，后师从岭东名画家孙裴谷。1927 年秋，考入上海美术专科学校后，更显示了绘画的天赋与才能。1930 年毕业后回汕执教，从事教育工作 70 年。先后出版《刘昌潮国画选集》《三代画集》等，举办过多场展览，有多帧作品被加拿大、泰国等国家博物馆收藏。1980 年 9 月汕头画院成立时出任首任院长，是中国美术家协会会员。

刘昌潮擅长山水、花鸟，晚年又以墨竹名世，深得吴昌硕画派一脉精髓，并吸取沈石田、石涛、李鱓、郑板桥诸家之长，以“理、气、趣”治画，以“篆、隶、草、楷”写竹，法于前人，师从造化，而有创新，作品意境高超，笔墨遒劲挺拔，洒脱雄放，于老辣中寓苍润率直之致，造诣湛深，自成一家。刘昌潮笔下的梅、兰、菊、竹，将水墨技法发挥到极致，达到入妙的化境。由于他能书法，以书法入画，故而其作品于秀逸中有遒劲，洒脱而见精神，别有一种挺秀的韵致。

刘昌潮的书法艺术也取得相当的成就，其题画之书，与画面配合得恰到好处，使书画相得益彰，更富于艺术美的境界和情趣。在他为师友所书的题签题词中，也显示了他深厚的书法功底。刘昌潮的书作，貌似随意，漫不经心，实是厚积薄发，堪称佳作。其用笔畅达稳健，豪雄古拙，又透出神清有秀的精神实质，既有“颜体”的厚重朴实，又洋溢着吴昌硕的老辣刚狠。

（《刘昌潮画集》）

刘昌炎（1918—1986），揭阳霖磐镇（今属揭阳市揭东区）人。毕业于韩山师范学校。擅画，师从同邑画家陈文希、范昌乾。曾任揭阳县美术协会顾问。

（《揭阳美术家人名辞典》）

刘大同（1865—1952），原名建封，后改名大同，号芝叟、疯道人、芝里老人。山东诸城人。清末秀才。曾跟随孙中山在日本、上海、广州、香港等地进行革命活动。1925年在上海主办《野语》杂志，后居天津。日军侵占天津后，要他承认满洲国，被他严厉拒绝。

刘大同于1920年应潮阳旅沪殷商郭乐轩之邀来潮阳，他曾在自撰对联边款写着“余从游白云山至岭东，忽忽数事，庚申年游于棉城，登东岩、西岩诸岫意正得而以未登灵山为憾。”后在汕头办“化仙别墅”经营书画古玩、玉器生意，著有《玉器》等书。书法擅狂草，晚年兼作山水、花卉，在潮阳铜盂、成田、沙陇、海门等地留有许多题字，从这些题字可看出，刘大同书法源于“二王”，并融魏碑之妙，点画峻厚，神酣意足。

（《中国美术家人名大辞典》《征访册》）

刘昉（1108—1150），字方明。海阳县（今潮州市潮安区）东津人。先贤刘允长子。宋徽宗宣和六年（1124）中进士，历任礼部员外郎、太常寺少卿、夔州（今四川奉节）知州、荆湖转运副使、潭州（今湖南长沙）知州兼荆湖南路经略安抚使等官职。授龙图阁学士，世称刘龙图。主编中国第一部儿科医学巨著《幼幼新书》。所书《范隋告身》题跋，结体谨严，楷中带行，笔画淳厚古朴，为迄今所见最早之广东名人墨迹。现潮州市东湖畔西头山下龙图阁学士刘公（刘昉）、南海郡夫人郭氏之墓，时有后人瞻仰。

（《潮汕历代墨迹精选》）

刘管耀（1932—2002），南澳深澳人。生于深澳书香门第，曾祖刘一骏，是清末秀才，刘管耀与孪生弟弟文星于1946年至1949年一道在韩山师范学校求学，毕业同回当地当教师，先后在深澳小学、隆澳真光小学、圆山小学、云澳小学等任教。业余笔耕潮剧，创作出小潮剧《赴野营》《少年红旗》《月下挑柴》。1954年调到潮安县枫溪小学任教，1960 年 7 月到潮安县戏剧创作组，为专业潮剧团编写剧本。他又函授上海戏剧学院文学系，被推荐上北京戏剧学院进修，得著名剧作家曹禺亲授结业证书。刘管耀是广东省戏协会员，一生创作、整理、改编大小剧本六七十部，代表作系六场古装潮剧《金花牧羊》，该戏有浓烈的地方特色，真实的人情世态，生动的唱词道白，动听的潮曲、唱腔，妙趣的潮丑表演，深受观众、行家喜爱，久演不衰，是潮州潮剧团保留剧目之一。刘管耀又擅诗书、猜射、弈棋。

（《刘管耀剧作选》《榴园集》）

刘湝年，字蜀生，又字树军。顺天府大城县（今属河北）人。咸丰十年庚申科（1860）进士，改庶吉士，授编修，历官惠州、广州知府。著有《三十二兰亭室诗存》《约园词》四卷、《寄渔词话》四卷，纂修有《惠州府志》等。光绪三年（1877）、八年（1882）曾两任潮州知府。

刘湝年喜好金石收藏，书法更是名世，达到炉火纯青、挥写自如的境界。曾见其行书四条屏，每条高 145 厘米，宽 40 厘米，抄录书法理论，极不经意，浓淡干湿听其自然，画面笔墨变化丰富，赏心悦目，见者叫好。落款为“榆君刘湝年”，盖二方印，一为“臣刘湝年”，一为“庚岳申翰林”。另潮州城府仓内古大士庵门额亦为其所书，纵 50 厘米，横 200 厘米，“古大士庵”四字为楷书，“同治癸酉三月谷旦刘湝年书”等小字为行楷。

（《潮州历代美术家辞典》）

刘侯武（1894—1975），潮阳谷饶新坡村人。早年读于金山书院、岭东同文学堂等，后升读广州两广高等工业学堂，期间秘密加入同盟会。1911 年，参加广州黄花岗起义。后又数次出走泰国，募款回国支持革命。曾在国民政府内任职，担任过国民党监察院监察委员、国民议会代表。1947 年 11 月，毅然弃官回乡，与林仔肩等合力筹办潮州大学，得到香港和东南亚潮籍人士的热烈响应。又任潮州修志馆主委，期间饶宗颐、郭笃士等即在其属下工作。1948 年后旅居东南亚，曾任新加坡八邑会馆名誉理事，晚年定居香港。

刘侯武早年从事革命之余，书法也为世人称道。从其传世的书作来看，尽管他的书法变化很多，但应是从颜体入门，师法“二王”、魏碑，草书又明显有学于右任痕迹，主要表现帖学一路，行草书出入唐晋之间，貌丰骨劲、味厚神藏。曾为潮汕先贤翁万达撰题像赞，通幅楷书，出自颜鲁公《勤礼碑》，笔法老到，静穆矩度，宽容圆润。晚年的刘侯武，书风更多地受于右任影响，此时期传世之作多有于右任风范。

（《刘侯武书法集》）

刘启林（1944—2011），吉林省九台市人。1969 年毕业于东北师范大学中文系，先后从孙晓野教授及郝幼权、周告非学习书法、篆刻。20 世纪 80 年代初开始从事书法教育及书法理论研究工作。为汕头大学文学院教授、中国历史文献研究会理事、岭南书法篆刻研究会理事、中国书法家协会会员、东方文学艺术研究所客座教授。作品曾多次参加国内外大型书法展、书画展，传略与作品被收入《中国当代文艺名人辞典》《中国美术书法界名人名作博览》等十余部大型辞书。1994 年荣获中国艺术研究院当代文艺研究室授予的《中国当代艺术家名人证书》，1998 年荣获北京大学建校百年“红烛颂”书法大观展览活动“金奖导师”奖状。理论著作有《梦溪笔谈艺文部校注》《中国古代书法理论评注》《中华名胜掌故大典》《古今书法要论》等。

（《征访册》）

刘起振（1648—1755），字颖之。海阳田头村人。雍正十三年（1735）中举人。乾隆元年（1736）成第三甲进士，当时他的年龄已八十有八，钦点为翰林庶吉士，并于乾隆三年得赐翰林院检讨，后便告老还乡。乾隆十六年（1751），闻知乾隆南巡江浙，其跋山涉水，风尘仆仆于当年三月赶到杭州迎候圣驾。乾隆见后颇为感动，当即题诗并序云：“翰林侍读刘起振，年百有三岁，自粤东来浙迎驾，诗以赐之。台背耸隆肩，来瞻跸辂边。成名后梁灏，得寿似彭篯。人瑞今尤早，经传后继前。越都无虑远，应是地行仙。乾隆辛未上巳日御笔。”除赐诗外，还书匾曰：“词垣耆瑞”，又赏貂皮荷包一件，擢升他为翰林侍读。刘起振回乡后建敕书楼以志感念。乾隆皇帝还“赐金建坊”，于是在潮城大街石牌巷口，立起“木天人瑞”坊。四年后，起振去世。

刘起振擅书法，今能见到的笔迹有石刻“世德流馨”四字，系枫溪长美乡二房祠门额，额宽 200 厘米，高 55 厘米，行楷横书，阳刻，每字约 45 厘米见方，体态庄重。

（《潮州历代美术家辞典》）

刘少伯（清末民国），字仰温。潮州城人。知名中医。甚博学，出口成诗。喜欢书法，业余常写字，书馈赠亲友。曾赠胡镇福小行楷册页，题款为“少伯刘仰温”，盖二印，一为“少伯”，一为“刘仰温印”。

（《潮州历代美术家辞典》）

刘夙时（1894—1975），曾用名王林。揭阳磐东桂岭（今属揭阳市揭东区）人。幼时家贫寒，然能刻苦自励，农闲则读书临池。1930 年在桂岭设“时和”油漆店，兼写对联。书宗颜鲁公，苍劲有力。

（《揭阳美术家人名辞典》）

刘先德（1900—1979），潮阳人。毕业于上海新华艺术大学艺术教育系，曾任职于广东第二师范学校、泰国中华中学。抵新加坡后为养正学校教员，并任职于中华美术研究会。刘先德对中西绘画皆有造诣，与陈文希至为友好，平时又爱好音乐及工艺。

（《新加坡第一代书画家翰墨集珍》）

刘仰文（清末民国），海阳桥东东津人。宋刘龙图后裔。擅书法，善草书，精刻象牙佛像。民国时曾任闽粤赣三省法院执行法官，后往香港任中文系教师。

（《潮州历代美术家辞典》）

刘业勤，广西桂平县人。拔贡。乾隆三十二年（1767）任揭阳县令，为官清廉，揭阳人称为“包公”。以丁忧归。乾隆四十四年（1779）再任揭阳县令，主纂乾隆《揭阳县志》八卷。主持修建揭阳多处寺庙古迹，如天后宫、城隍庙等。能文，工书，现存揭阳“天后宫”匾等，在揭阳留下不少书迹。书宗颜鲁公，饱满苍劲。

（《揭阳美术家人名辞典》）

刘夷白（1921—1989），又名百青，笔名孺子牛。揭阳霖磐桂东乡后厝村（今属揭阳市揭东区）人。幼聪颖，爱好文学。读小学时即在上海《小朋友》《新少年》等杂志发表作品。就读于汕头礐光中学、省立韩山师范学校。1939 年参加共产党并从事抗日救亡宣传工作。而后从事共产党地下工作，任中共蓝东区书记。中华人民共和国成立后任揭阳县文联副主席。能诗文，近年揭阳市文联刊印《刘夷白纪念集》。擅书，师欧阳询，清疏挺竦。楷书有《霖磐区桂林乡烈士纪念碑》。

（《揭阳美术家人名辞典》）

刘永福（1837—1917），字渊亭，本名义。广西上思人。原为广西天地会领袖，起义失败后在中越边境保胜一带建“黑旗军”，驻越南二十余年。中法战争时，因成功抗击法国侵略而名闻中外。光绪十二年（1886）四月，刘永福被任为南澳镇总兵。甲午战争爆发，命刘永福赴台，帮同台湾巡抚邵友濂办理防务，领导台湾民众抗日战争。刘永福内渡后，曾署广东碣石镇总兵。潮阳莲花峰有其所题“虎”字，此字雄浑似虎，神饱力足，末笔更如重锥坠地，铿锵作响。

（《南澳总兵传》）

刘宇山，字广文，号迪生。潮州城人。家住府城南门，擅长书画。曾作《李观察璋煜饯别图》，描写李璋煜（李璋煜，于道光年间曾任惠潮嘉兵备道）江边揖别，凡千百人，面局轩敞，神态俨然，非高手不能绘。刘氏山水画萧疏清逸似倪云林，浑厚苍郁似黄子久，时有“潮州派”之称。

（《潮州历代美术家辞典》）

刘元（1886—1972），潮州城人。生于府城西门外陈厝池后巷 5 号打金錾银的家庭。从小随父学艺，18 岁曾制作浮雕花鸟虫鱼、边长 30 厘米的金银饰盆景，被陈列于兆祥金铺橱窗，观者赞不绝口。这件盆景后被文物部门收购。从此，他在潮州的金银饰业中开始有了名气。刘元尤其喜爱创作花术盆景。他常购买花木和盆景石在家中种植、摆弄，别出心裁地用金、银、铜等不同颜色的材料錾刻出山石、花木，组成盆景。潮州金银饰品以平錾、浮雕等立体摆件著称，刘元在这方面出类拔萃。他制作的手环、吊牌、烟盒等小品，在图案的组织及技法的运用上，都有独到的地方。如由他錾刻的圆形松鹤装饰盒，盒形别致，四面开窗，窗面雕着千姿百态的群鹤，底地则平錾出丰富多样的纹饰，画面主题突出，沉浮凹凸鲜明，有精致而明快的艺术效果。1949 年后，刘元专门从事高精品制作。20 世纪 50 年代初，他与辜锡奎合作，制作出铜质的潮州湘子桥全景，后为广东省博物馆收藏。他后期制作的金银饰人物，更体现出高超的技艺和独特的风格。现收藏于潮州市博物馆的有他后期制作的“屈原”“麻姑献寿”和“八仙过海”等人物作品。刘元从事金银饰品工艺六十多年，不仅在技术上精益求精，还严以治学，悉心培徒，造就出一批金银饰高手，成为潮州工艺行业受人尊敬的老前辈。刘元曾任潮州市第一、二届政协委员。

（《潮州历代美术家辞典》）

刘宗明（1906—1924），又名希东，笔名嗣汉氏。潮阳棉城人，自幼聪颖，喜好诗词书画，梓里称誉，惜遗作仅存四幅山水画，风格高古秀逸，精致雅洁。

（《宗明、边振、边达三刘画选》）

刘作筹（1911—1993），字均量、又字君量，自号虚白斋。潮安龙湖乡人。先祖刘子兴进士出身，官至布政使。刘作筹从小便受到传统文化的熏陶。父刘正兴是汕头市有信银行创始人，好收藏字画，刘作筹幼承家风，爱上传统文化，尤其是中国字画。1920年至1926年，作筹就读新加坡端蒙小学，美术老师是孙裴谷，受老师的启发他爱上绘画。1926年，负笈上海，就读暨南大学，从附中读至大学毕业。暨南大学重视艺术活动，刘作筹加入了国画研究会，开始师从谢公展学画。其时曾与同窗苏乾英带学校聘书同去聘请黄宾虹来校任导师。刘作筹得到黄老师多方面培育，书画创作、收藏鉴赏水平都得到提高。1936年，毕业于暨南大学经济系，回乡完婚后赴新加坡。1942年新加坡沦陷，商业活动中断，商人朱国良出售名画，刘作筹购得石涛《长干风塔图》等国宝。战后，被派往香港，任四海通银行香港分行经理，至退休。退休后也住香港。在香港期间，他大量收购书画。1983年日本二玄社出版《虚白斋藏书画选》大型画册。1985年虚白斋藏书画在上海博物馆重点展出。此后，刘作筹决定将藏品700余件赠给香港艺术馆，该馆特设《虚白斋藏中国书画馆》。刘作筹不但是大收藏家，也是书画家。他的书法，论者评曰：“取法钟、王、智永、李、苏轼，勤临古迹，崇尚古意古法，在审美上趋向折衷平和，清恬淡雅。”在绘画上，他崇拜黄宾虹，在宾翁习得传统笔墨，喜作线描山水。

（《潮州历代美术家辞典》）

柳青（1920—2004），字思燕。潮州人。重庆市人民政府文史研究馆馆员，中国美术家协会会员，四川潮人海外联馆顾问，重庆嘉陵江书画院院长。自幼酷爱丹青，就读于省立韩山师范学校，师从孙裴谷学画。抗日战争期间，从事救亡宣传活动。继而在粤、湘、鄂、川、康等地举办个人写生画展。20世纪40年代在重庆育才学校专科部美术组（系）任教并当主任。新中国成立后任重庆美术家协会执委。姓名入编《中国当代美术家名录》。

（《潮州历代美术家辞典》）

卢邦栋（1862—?），字了材。澄海冠山乡人，清末秀才。书法学柳公权，近《神策军碑》，结体端正俊丽，用笔虽不及《玄秘塔碑》之爽利清刚，却也引筋入骨，圆融苍劲。

（《澄海历代书法概览》）

卢道武（1928—1987），揭阳桂岭龙岭村（今属揭阳市揭东区）人。广州南方大学毕业。长期任教职。擅长国画，为刘昌潮弟子。以画竹为精，具海派风格。《揭阳县海内外画家选集》录其作品。

（《揭阳美术家人名辞典》）

卢侗（1023—1094），又名元伯，号方斋。海阳（今属汕头市澄海区上华镇）人。博通经史，事亲至孝，五应乡荐，于北宋皇祐五年（1053）授本州长史。嘉祐年间（1056—1063）调惠州归善（今惠阳）主簿，又调任广州帅府佐靖。治平初年以才学过人被任为国子监直讲，曾奉命巡察川、陕、淮、浙等地。熙宁初年曾任柳州、循州（治所在今龙川）郡守，后还京任秘书省事兼右正言。因与宰执邓绾、吕惠卿政见不合，上疏辞官，以太子中舍致仕。归乡后于冠山神山下结庐读书。曾捐资修复被洪水溃决的堤防。又筑涵沟引水汇集于冠山潭中，出上溪而后入韩江，乡民称其为“中舍潭”。死后谥文肃。入祀潮州府学及海阳县学的乡贤祠，并配享于韩文公祠。曾著有《周易训释》，已佚。

《苏轼文集》卷五十七《答吴子野七首》第二简：“寄示《墓铭》及诸刻，珍感！卢直讲帖，不类近世笔迹，可爱！可爱！”卢直讲即卢侗，吴子野尝于元丰四年（1081）前后寄书东坡，附寄卢直讲字帖，东坡以为“不类近世笔迹”，连以“可爱”誉之。苏轼如此称赞卢侗书法，则知卢侗其时当以书法名于世。

潮州西湖滨湖石还曾有卢侗于元丰元年（1078）夏五月壬寅题名石刻，称“太子中舍人、致仕范阳卢侗元伯”，可知卢侗于元丰元年已致仕家居，惜该石于“文革”期间被炸毁。广西柳州仙弈岩尚存有卢侗《登仙弈山》诗刻，其手书《龙川罗公墓志铭》碑刻亦传于世。

（《潮汕百科全书》《苏轼全集》《淡定轩潮中杂录》）

卢健德（清末民国），揭阳榕城人。1938 年设“卢炳合藤店”于揭阳榕城，为揭阳首家经营藤织品的商铺。该店聘请陈姓客家人为师傅，编织各种日用品。当时所编花纹已注重装饰性，如麦穗花纹、棱形花纹、排骨波纹和梅花点等。并利用藤皮之赤褐原色与漂白藤芯交织成简单图案色彩，初具工艺品特色。后卢健德将所学技艺授徒，使藤编业逐渐普及，至 1949 年县城藤店发展到十余家。

（《揭阳美术家人名辞典》）

卢煤（1918—?），普宁人。早年从事教学工作十年，抗日战争胜利后到香港《华商报》工作，1946 年赴泰国主编曼谷《光明》文学半月刊，1949 年归国。为中国戏剧家协会广东分会会员、汕头市归侨作家协会理事、汕头市老干部书画研究会会员等。

（《醉墨》，洪浩提供）

卢松（清末民初），潮州庵埠人。绘画师承詹沄，后转学任伯年技法，颇得其神韵，扇面人物甚为精巧，水平几超过詹沄。他画给筱亭的扇面《牧马图》，用任伯年笔法，却自称参八大山人笔意。该图画面高 25 厘米，宽 23 厘米，画面描写牧童蹲在柱边拴马，马头望远方，臀部朝读者，形象雄伟，解剖准确，画面题识为“参八大山人笔法于汕岛徇兮别墅，时癸巳天中节后五日，以应筱亭四兄大人指正之，鹤汀卢松”。又曾见其团扇《长老相木图》，画面直径24厘米，描写两株梧桐树下站着两位长老在观察树干，全神贯注，目光逼人，其中一人留长胡子，头顶打髻，另一人剃光头，似是和尚，人物描绘准确生动，衣纹行笔流畅，粗细搭配自然。人物的精细，与身边两棵树用粗笔泼墨成对比，效果很好。题识为“似八大山人法，时在己丑孟夏月中浣，客次汕岛以为二如大兄大人雅属之，鹤汀卢松”。盖白文方印，印文为“松印”。

（《潮州历代美术家辞典》）

卢湘帆（1894—1953），原名汉声，字济川，号甦安，斋号为“临池小筑”。澄海上华冠山乡人。出身商贾世家，但从小打下扎实的文学基础，生前辑有诗文集《载酒集》，未刊。进入民国后，他继承家业，致力于经济活动，长期寓居上海，创办神农氏药材行、裕祥杂粮行、潮汕抽纱公司等商号，并在东南亚和广州、汕头等地开设分店。于1951年至1952年为汕头市人大特邀代表、汕头市工商业联合会副秘书长。

卢湘帆兼擅书画，其书从褚遂良入手，继学颜鲁公，又用功于甲骨文、汉隶魏碑，结体严谨，苍劲有力；绘画得海派名家汤兰楷亲授，受文人画风格影响，注重画外工夫，常以梅、兰、菊、竹入画，抒情写意。经商之余，卢湘帆非常留意收集历代书画、古籍善本、古玩玉器等，遇有心仪之物更不惜重金购置收藏，日积月累，藏品渐丰，成为远近颇有名气的藏家。

（《书画艺术》2002年第3期，卢勃提供）

卢育宗（1913—2004），揭阳人。毕业于上海美术专科学校国画系，受教于刘海粟、谢海燕等名家，作品多次参加国内外画展并入编《艺苑》《醉墨》等画册，系加拿大国际书画协会理事，汕头、揭阳文联和美协会员。

（《征访册》）

鲁本斯（1915—1994），曾用名一萍。原籍湖南临武。退休前任汕头市第一中学语文教研组长、广东省中学语文教学研究会常务理事。历任多届汕头市政协委员、汕头市书法家协会第一任主席。其书法古朴苍劲，新颖灵动，刚健沉稳，耐人寻味，在潮汕艺坛独树一帜。

鲁本斯自幼喜爱书画，幼年在伯父身边得到书画启蒙，对古代名家法帖潜心临摹，尤喜魏碑。其书艺自成家数。所作《自书卖花声词》立轴，可以说是书词合璧、相得益彰之作。所作魏碑从草情隶韵毕具的《郑文公碑》入手，融入《张猛龙碑》的笔意，越笔藏锋，挫笔而行，用笔随提随按，收笔处则或挑或顿，或万或圃，或回望或外露，极变化之能事。总体观之，自然朴茂而又灵畅含蓄。鲁本斯习碑之余，兼攻篆、隶，在碑体中融入篆书的圆厚朴茂、灵活变化和隶书的刚健工整、隽茂有致，丰富了碑体的表现手法，如碑体对联“明月松间照，清泉石上流”就有这种篆隶的意味。

（《汕头十四书家遗墨集》）

鲁琪光（约1828—1898），字芝友，号黻珊。江西南丰人。同治七年（1868）进士，授散馆编修，旋补陕西道御史，授山东登州知府，并署登莱青道，调补济南知府，曾莅潮任职。潮州市博物馆藏其对红纸花边底八言联，上联为“坐榻横书升台校射”，下联为“点香品画对月开樽”；上款“镜波大兄大人雅正”，下款“道友弟鲁琪光”。字为行楷，力透纸背，笔画浑厚沉雄。

鲁琪光尤其擅长书法。乞书者积纸盈屋，日挥数十幅，未尝厌倦。规模伪托者不绝，然真赝易辨。在翰林院供职时，索书者摩肩接踵，络绎不绝，竟然连朝鲜、日本人士都以得其零缣片楮而争相宝贵。晚年书法更臻化境，珠圆玉润，雍容华贵，收藏家争相鉴赏珍藏。

（《潮州历代美术家辞典》）

陆开梅（清末民国），号野梅、野侯，晚称野翁。广东钦县人。1916年任揭阳县知事（县长），后长居揭阳、汕头。擅诗，与揭阳姚梓芳、吴泽庵等时相唱和，《泽庵诗集》有《戊午九月初七日，陆野翁诗至，步韵奉复，海天迢递辗转，邮传正不知何时始尘藻鉴耳》等。擅书，师黄鲁直。能画，揭阳李昌智藏其《鹤寿松年》设色大中堂，1929年秋月作于揭阳秋园止观亭，赠揭阳林宴林（1923年任揭阳县县长），俱海派笔墨。吴泽庵有《重柬野老四韵》论及其诗、画，谓：“能诗一语时惊众，善画连年不示人。点缀虫鱼归六法，商量风月答三春。翩翩裘带羊夫子，落落胸怀柳逸民。稍信知君君信否，从来大隐隐风尘。”

附吴泽庵《索陆野梅翁作画先滕一首》：

少小无俗好，嗜画翻成癖。阅览积岁时，技痒不可抑。有时伸索笺，闭门泼水黑。意造颇自矜，文过借苏轼。一笑持赠人，谓足补破壁。六如义何如，吾实不知识。卓哉陆野翁，工画妙难测。入潮三四年，曾不下一笔。去去复重来，乃以画饷客，我从汕濡上，时见两三则。初见疑信参，再见倾心臆。三见返衷思，我寸彼则尺。譬彼大小巫，相见常失色。颇愿索两帧，持归作矜式。不知老画师，能许我求得？

（《泽庵诗集》《象贤书房札记》）

陆良士，生于1865年之前。与其侄徽猷于枫溪创办陆荣利瓷厂。荣利瓷店及工厂设立于枫溪宫前向南街，占地约4亩，住家大宅建于枫溪埠美，陆良士有“做瓷状元”美称，即使是外洋来样，都能翻制出同样的造型，尤其是制作高脚盘的高手。荣利产品有大花瓶、花钵、食具、帽筒、杯盘套、水壶、凉水罐、滤水器（里面装的滤水筒是从英国进口配套）、痰壶以及观音、八骏马、戏剧人物等。抗日战争胜利后，陆良士去世，荣利号被子孙分立，陆少岩合营了“荣利振记”，陆桂园创办“荣利鼎记”，陆桂堂创办“荣利铭记”。

（《潮州历代美术家辞典》）

陆山海（1919—1995），生于潮州。毕业于金山中学，抗日战争胜利后到汕头电信局当技术员，思想进步。1949年10月23日夜，陆山海等在地下党领导下与同事通宵守护邮电局机器设备，翌日，又在解放军进城时升起他们自制的国旗，拍下解放军入城珍贵的历史照片。

从小爱好美术、摄影，曾在《团结报》《工人报》发表版画、漫画作品，1957年曾获全国邮电职工美术竞赛三等奖。其画作严整气沉，笔墨润泽，图式秀美。

（陆丹琳提供）

陆秀夫（1236—1279），字君实。楚州盐城（今属江苏）人，南宋名臣，抗元将领。景炎元年（1276）因与左丞相陈宜中“政议不合”被贬谪到海阳县辟望港（今澄海港口村）。期间曾与潮州知府蔡盘溪通览沿海山川形势，并在凤岭及南峙山等处留下墨迹。其中以题在凤岭之“凤鸣岐岗”为佳。

（《二乐堂随笔》）

陆竹溪，名大策，字一士。潮州人。宋丞相陆秀夫后裔。其书法瘦劲通神，时人争宝之。现能见到的笔迹仅有石刻“省郎”二字。正德十三年（1518），刘斐在潮州城上西平路总兵巷口建二石坊，即岳伯与省郎二亭。“岳伯”“省郎”四字相传为陆竹溪所书。民间传说刘斐由户部郎中晋江西参政，返府城建立牌坊。准备请好友陆竹溪书“岳伯”“省郎”四字，但陆竹溪已亡故，遗墨被陆夫人用作女儿嫁妆。陆女夫家对此嫁妆十分恼火，将其付之一炬，幸刘斐赶到，抢救出部分墨迹，从中找出“岳、伯、省、郎”四字，重金买下，组成“岳伯”“省郎”，刻在两座牌坊上。这两座牌坊20世纪60年代尚存，书法笔致方正劲健，清隽可观，可惜毁于“文革”后期，“岳伯”石刻下落不明，“省郎”石刻尚存。

陆竹溪有奇才，不求仕进，隐居潮州城东郊（今潮州市湘桥区意溪镇东），《韩江记》载其“隐居东皋九郎山麓”。明叶元玉为潮州知府时，屡访陆竹溪未遇，一日，叶太守过城东，见一醉汉，呼之不起，叱之不避。随从人员吆喝：“贵人在此!”答曰：“你贵由你贵，我醉由我醉，水急难流滩底月，山高不碍白云飞。”叶元玉惊喊：“我要寻访的人，大概就是先生吧!”遂下轿施礼，倾心交谈，结为“忘份之交”。有次，叶元玉访陆竹溪，陆不在家，夫人招待用膳。陆归问妻以什么招待客人，答曰：“不过茄和豆罢了。”陆说：“有茄何须豆。”

抗日战争前，东皋村陆厝埔有陆秀夫衣冠冢，其墓碣为黄锦所书。衣冠冢旁为黄锦墓，墓前有“尺隐庵”故址，即陆竹溪隐居之处。石门框上镌刻有陆竹溪撰书的诗句：“白社重开三径竹，红尘隔断一条溪。”

抗日战争期间，郡人翁一鹤曾访遗址，在其《庑下集》中有诗《意溪东皋吊陆丞相秀夫陆处士陆竹溪墓并访尺隐庵遗址庵盖处士栖隐所也》：“孤臣遗迹归吾土，处士风流剩此堂。烈血九原应化碧，旧题三径未全亡。千秋名节容相及，异代萧然亦怅望。摇落江山元不负，双牌终古据斜阳。”

（《潮州历代美术家辞典》）

罗鸾藻（清末民国），字翊卿。揭阳榕城人。擅书，光绪三十三年（1907）周伯初为地都邹堂怀斋公祠撰《黻藻堂并序》，罗鸾藻书，勒诸祠壁，计六幅，今存。以颜为底，兼学魏碑汉隶，遒茂丰美。

（《揭阳美术家人名辞典》）

罗铭（1912—1998），字西甫，别号西父。普宁人。年轻时求艺于广州烈风艺术专科学校、上海美术专科学校和上海昌明艺术专科学校，之后执教于汕头及东南亚多所学校，并举办过多场画展。1952 年应徐悲鸿邀请回国，任中央美术学院讲师。1959 年后历任西安美术学院副教授、教授、硕士生导师，兼任陕西国画院副院长、名誉院长，是中国美术家协会会员、中央文史馆馆员。

罗铭毕生从事美术创作和美术教育，致力于中国画传统的继承与创新，并将自己的艺术观点概括为四句话："上承传统，外师造化，中发心源，迁想妙得。"他坚持国画的艺术生命源于生活，数十年写生不辍，始终保持着新鲜敏锐的创作激情。早在 20 世纪 40 年代，他就以《百雀图》闻名海内外，而有"罗雀"之美誉。20 世纪 50 年代以后，他先后 17 次攀登华山，创作了大量以华山为题材的山水画，又得"罗华山"的美誉。1954 年，他与李可染、张仃不辞劳苦，跋涉大江南北，积累了大量写生稿，创作一批具有崭新风格的作品在北京北海公园展出，社会各界为之轰动。先后出版有《罗铭国画集》《罗铭画集》《罗铭纪游画集》《罗铭访闽粤侨乡写生画集》等，郭沫若、何香凝、徐悲鸿、王个簃等为画集撰序、题词。徐悲鸿评："罗君以其雄健之秉，笔歌墨舞，尽情挥写，自然佳妙。"王个簃评："苍浑尽致，万态千姿，罗陈笔底。"中国中央文史馆刊发的《罗铭先生生平》则评："苍秀雄浑，磊落豪壮。"

罗铭长期生活在北方，北方的崇山峻岭、激流飞瀑陶冶了他的性情，使他的山水画既具北方山川之刚健雄奇，又具南方风光的温润和雅，如所作《华山图》笔力大开大阖，赋色简淡朴厚，气势沉雄挺秀，画中近景的亭台楼阁和松林奇石的细绘，与远景山峰云海的大写意结合，虚实相生，层次分明，抒写了华山雄伟壮观的风采，创造了胜于物似之美的意境。

（《潮汕百科全书》）

罗清桢（1905—1942），兴宁高陂人。从小热爱绘画，1930 年毕业于上海新华艺术专科学校。1931 年回梅县百候中学任教，组织百候美术研究会，发起木刻运动。曾辅导钟表工人杨成记制作木刻刀，精细锋利，被誉为手工制作刀全国第一，在当时物质困难的情况下，为木刻发展提供了方便。1939 年，罗清桢奔赴抗日前线，特地引荐谢海若代其教职。1940 年赴江西赣南地区，创办《战地真容》木刻半月刊。不久因病返乡，后因严重胃肠溃疡而辞世。

1987 年由上海辞书出版社出版发行的《中国美术辞典》收入了罗清桢的传略，并评介其"创作勤奋，风格严谨"。《中国美术辞典》收入新兴版画作品仅有 8 件，其中就有罗清桢早期作品《韩江舟子》。《韩江舟子》这帧作品仿佛使我们看到旧时代韩江两岸的风光，同时反映劳苦大众的生活，既写出对潮汕乡土的眷恋，又从中体现了讴歌劳工的主题。这件作品和他的另一件作品《夜谈》，被鲁迅先生编入我国第一部木刻画集《木刻纪程》，可见罗清桢在中国版画上的地位。

（《兴宁文史》第 1 期）

罗善政（1917—1990），原籍丰顺汤坑镇。自幼酷爱绘画，曾进韩山师范学校图工乐操专科班学习，毕业后又进上海美术专科学校继续深造，1937 年毕业于该校西画系，先后担任丰顺县中学、汤坑中学、河婆中学教师。1950 年后应邀回母校韩山师范学校任教。善政生活艰苦朴素，治学勤奋刻苦，教学认真负责，待人率直真诚。这些优良品质反映到他的作品中，形成了粗犷而又严谨、单纯而又深刻、素雅而又浑穆的艺术风格。罗宗海在《潮汕水彩》中言：“韩山师范的罗善政粗犷的人物写生，潮安一中郑茂熙老师生动的静物写生，黄家泽老师近乎彩墨用笔的静物画，都以各自风格展现艺术家的探求。”

（《征访册》）

罗万杰（1613—1677），字贞卿，号庸庵，晚号樵夫，私谥文节先生。生于揭阳县城。崇祯七年（1634）中进士，官至吏部郎中。明亡，废家产，举兵勤王，兵败，遁入荒山，拒不事清。擅诗文，著有《瞻六堂集》，近年孙淑彦点校整理刊印《罗万杰诗文集》。其能书、画，与岭南名画家伍铁山交厚，时相唱和。诗中多题画之作，如《自画墨菊送公眉》《题自画扇睡墨桂花》《题画》等。擅书，揭阳蓝田都隆烟寨下坝村（今属梅州市丰顺县）逸老庵为其隐居处，民国时庵中尚悬挂其手书“逸情凌云汉，老气壮山河”楹联。澄海博物馆藏其行书诗轴。

（《揭阳美术家人名辞典》）

罗晓帆（1894—1983），名炅，字旭英。福建上杭人。少年时即喜作画。1921 年到上海美术专科学校学习，选修西画和音乐，学习勤奋认真，深得校长刘海粟、教师丰子恺的赏识，逐渐形成熔西洋画、中国画于一炉，独具一格的画风。后到汕头设画馆，与同乡丘沺联合举办画展，受到岭南画坛重视。其后受聘兼任聿怀中学图画教员。1958 年与宋省予共同创办上杭艺术专科学校，为闽西、粤东培养了一批艺术人才。为中国美术家协会会员，擅长花鸟，所绘之画形神俱佳。

（《征访册》）

罗云藻（1852—1891），字文卿。揭阳榕城人。廪生。广州广雅书院毕业。清光绪十四年（1888）任《揭阳县续志》采访。能诗文，擅书画。与周子元、林伯虔等时有唱酬。书法宗“二王”、赵松雪，方整健润。画以山水见长，有《清江落雁图》，绘落雁百十成群，在在可数，正、侧、高、低和鼓翼、敛羽者，都作伸颈下水竞争之势，甚为可观。年四十卒，同邑黄鸿宾有联挽之，曰：“孝友忠信，统家庭内外无间言，先生何有遗行；书画诗文，阅四十春秋而绝笔，造物果是忌才。”

（《揭阳美术家人名辞典》）

吕新民（1911—2007），又名吕岩。江苏省武进人。自小喜爱书画。少年起在上海读书，曾拜武进唐驼先生为师。抗日战争时期于上海光华大学文艺系毕业。后到广东，在梅州中学等校任教。1949 年后到潮州，在当时的县汉剧团任教员、编剧兼写幻灯字幕。多次被广东潮剧院邀请写上京会演及出国演出的幻灯字幕，受到社会各界的好评。退休后仍热心于书法事业。先后在潮州市高级中学及潮州市工人文化宫举办书法研究班。几十年来多次参加各省、市书法展，曾获二等奖，并被《羊城晚报》《汕头日报》《潮州日报》选登。

（《戏外翰墨》）

吕玉璜，号小伊，一号钓溪，别号运山。嘉庆、道光年间海阳人，自浮洋镇斗门移居潮城载阳县。少孤，其母潘恭人为其延师课读。清道光年间选授曲江训导，仅任数月即告归。署所居室为“培兰室”，或为“刻烛吟馆”。著有《刻烛吟馆诗钞》四卷，又集《培兰堂印汇》四卷，编有《乔木友声集》。

吕玉璜与弟玑璜及子数人均擅诗赋，名震潮州，时有“吕雁诗”之誉。为道光五年至七年任潮州知府的黄安涛所器重，公务之余辄邀唱和。弟玑璜号珮仙，有隽才，早逝，有《嘤其鸣斋诗集》。长子祥麟，字吉士。咸丰二年（1852）举人，有《漱绿山房诗稿》。仲子瑞麟，字蔼士，有《绿雨窗诗钞》。季子一麟，字守士，有《红杏山房诗钞》。

但其画作尚未见到。《铭雀砚斋印谱》中，与吕玉璜名字有关的印章有几十方：“钓溪翰墨”“钓溪”“吕玉璜章”“钓溪鉴赏”“吕玉璜印”“玉璜印信”“玉璜私印”“钓溪吕大”“伯子玉璜”“大吕小伊”“小伊诗筏”“小伊词翰”“玉璜”“小伊吕”“刻烛吟馆”“大吕之音”“阿璜”“吕氏画印”等。有的同一内容制作出大小形状不同印章五六方，总共四十多方。这些印章出自不同作者之手。从内印文内容看，吕玉璜是鉴赏家、诗人，也是书画家，但是否为篆刻家，印文没有反映。《培兰室印汇》并非吕氏印存，王达泉的序只称赞秋涧的篆刻，他说：“韩江林君秋涧，夙有篆名，时与余论及之，因出《吕氏印汇》见示，称系钓溪先生所集。其经秋涧先生手镌者十居二三。余玩之，手不忍释。凡属章法刀法篆体，已备秦汉诸家之妙。”未涉及吕氏治印。

吕玉璜认为韩公传世墨迹唯“鸢飞鱼跃”“千岩表”及“白鹦鹉赋”三件，稀少可珍。以韩公字，开苏米一派之门，价值尤巨，故作《鹦鹉赋歌并序》。吕氏评价韩公书法认为：“碑高二尺字手大，行草相间分葳蕤，钩画轩然坚骨格，非蛇非蚓非游丝。翕如长鲸吸大海，纵若神龙跃天池。乾端坤倪露轩豁，横斜欹侧皆合宜。”推崇备至，非行家焉识其奥妙。

（《潮州历代美术家辞典》）

M

马贵德（1915—1983），名镇清，字翰如，一字悟仲，又自名白，号立德斋主人，后以“贵德”行世。潮阳棉城南薰乡人。马贵德早年在家乡接受小学教育，1934 年于汕头广东省立岭东商业学校高中第四届毕业后，至 20 世纪 40 年代末离开中国大陆之前的十余年中，曾当过中小学教员、中医师、文化机构职员、商人等。其为德教早期主要人物，喜用古典诗文的表达方式勉人立德，借助中医、命卜等方术救治民众身心，以期信众济世。

（陈景熙提供）

马隽卿，潮阳和平中寨人。光绪秀才。曾任教于金山中学，民国初在和平创办普智学校。在和平中寨村建可园，与范家驹、黄际遇、马如龙等常聚于此，人称“可园四老”。其书疏朗通透，形断意连，气韵生动，风神潇洒。

（郑瑞庭提供）

马瑞祥（1913—2005），潮阳和平镇人。中学美术高级教师。1936年6月上海美术专科学校第18届艺术教育系图音组毕业，后曾进入该校研究所西画组深造，1937年回潮阳，长期从事教育工作，先后于和平南侨分教处、普师、兴文、六都、胪岗等6所学校任教。作品曾入选华南、省、市美展。是美协汕头支会会员，潮阳美协顾问。

（《潮阳美协会员名录会员作品选》《征访册》）

马雪岩（1884—1975），潮阳峡山都溪尾（今属汕头市潮南区陇田镇）人。出身商贾世家。青年时南渡暹罗，起初当司账员，后来与人合伙在曼谷创办旧货店，继创手车廊、制冰厂，开办万和隆大金行等，奠下基业。曾任暹罗真君庙庙产管理人，被选为曼谷金业联营公司董事。又是暹罗潮州会馆、潮阳同乡会发起人之一，历任暹罗潮州会馆监委、执委、监察主任及潮阳同乡会第三、第四届理事长，也是马氏宗亲会的发起人，当选为永远名誉会长。马雪岩热爱家乡，抗日战争前曾捐巨资在潮阳创办国光学校。其书法奇雄飞动，结构舒展，秀丽而有骨力，给人奔放豪迈之感。

（《征访册》）

马云龙（清末民国），字禹臣，又称雨宝，号山痴，署所居曰“楼云仙馆”。揭阳人。能画，擅画钟馗、山水。揭阳博物馆藏其光绪十五年（1889）冬至前十日所作设色山水人物条幅，为传统画法，师法宋人。亦能诗。

（《揭阳美术家人名辞典》）

马宗汉，字醒民。是民国年间在香港开设大生银号（20世纪60年代后改组为大生银行）的马锦灿家族的成员。毕生在潮阳棉城与汕头埠二地，以创办私塾、小学与经商为业。马宗汉20世纪30年代时在汕头开设大利酒栈，历任第一、第二届汕头总商会执行委员，“二战”后至20世纪50年代初，任汕头市私立港商义务小学校校长。在宗教信仰上，马宗汉倾向于佛教，1925年汕头密教重兴会创办过程中，曾被聘为征求会员征求队中“般若队”副主任。其书法多以小字传世，质朴疏妍，典雅庄重。

（陈景熙提供）

N

倪宏海（1916—1994），自署硕园。揭阳新亨硕和村（今属揭阳市揭东区）人。毕业于鮀江瀛寰艺术学校，善画，为范昌乾弟子。长期在蓝田、磐岭等校任教。

（《揭阳美术家人名辞典》）

倪鸿范，字伯畴。福建晋江人。康熙五十年（1711）武举人，以功授千总，累迁至苏松游击，擢嘉兴副将、温州总兵。乾隆十五年（1750）至二十二年（1757）任南澳总兵，期间修葺总镇府后楼。后任福建水师提督、广东提督、浙江提督等，在南澳深澳西南山坡蒙庵，有其“梅花村”题字和题诗，用笔清隽飘逸，流转圆润，突出了平和简静的意味，与梅花村环境相合。

（《南澳县文物志》）

倪捷用（1918—1994），晚年自署濯翁。揭阳新亨硕和村（今属揭阳市揭东区）人。民国时任揭阳县督学。能书，篆书宗石鼓文，隶书师《张迁碑》，行书法《圣教序》。

（《揭阳美术家人名辞典》）

倪瑞麟（清中期），揭阳蓝田都（今属揭阳市揭东区）人。嘉庆二十五年（1820）贡生，历署西宁、南雄、茂名、阳江等地训导。能书，宗“二王”。《百木园随笔》载：“丙子（1836）仲秋，萧丈（揭阳收藏家萧策六）惠赠倪瑞麟前辈红笺八言寿联，书于道光十九年己亥，师右军、大令笔意。惜保管不善，多折纹，上下款多不可辨。萧丈称得于冷摊，为城中林姓流出之物。”

（《揭阳美术家人名辞典》）

宁时文，山西稷山县人。康熙五十一年壬辰科进士，雍正六年任澄海县令，修邑志。今澄海冠山存有其所书“洪氏宗祠”匾额，上款“雍正己酉夏月之吉”，落款“壬辰进士邑长宁时文书”。楷书阳刻，有北碑笔意。

（《澄海县志》，黄外浩提供）

P

潘友泉（1912—2003），名连燊，又名宏佳，后改称友泉，并行于世，署所居为“千泉百石之斋”。揭阳榕城人。1926 年随父侨居泰国，就读于曼谷培英学校。1931 年归国后任职于汕头、香港等地。擅诗词、金石、摄影、砚刻，尤喜收藏古钱币，故改名“友泉”。为香港钱币学会、香港摄影学会、海声词社、青支文艺会会员。著有《仪姜词钞》，未刊。书宗王右军、米海岳。

（《揭阳美术家人名辞典》）

裴景福（1855—1924），字伯谦，号臆悟，安徽霍邱人。光绪十二年（1886）进士。二十六年（1900）任潮阳知县。裴景福工诗文，擅书画鉴藏，鉴赏精深，凡加印“伯谦经眼”图章者为普通作品，“裴氏珍藏”者为珍品（中品），“实过明珠骏马”者为神品（上品），为中国近代文物收藏家之一。因事为时任两广总督革职，远戍新疆。到新疆后，适逢新疆台宪与他同榜，委他为代理电报局局长。民国初年，任安徽省政务长。晚年辞职回乡，以收藏书画、古董自娱。其著作有《壮陶图书画录》《河海昆仑录》《睫周诗钞》等。在潮阳西岩“三摩地”为其任潮阳县令时所题，点画顿挫、行间跌宕、笔跃气振、骨健筋丰。

（《河海昆仑录》《澹定轩潮中杂录》）

彭镜波（1866—1939），揭阳地都（今属揭阳市揭东区）人。原籍潮安浮洋，早年经商于南洋。民国时任惠阳县县长。后创办汕头信兴钱庄，占籍揭阳地都大莲村。抗日战争胜利后赋闲在家，喜书法，书宗苏东坡，曾在汕头中山公园举办个人书法展览。今大莲村有“庐陵世家”匾，即为其手笔。

（《揭阳美术家人名辞典》）

彭象升，河南大梁人。康熙三十五年（1696）任潮阳知县。在任上见灵山寺因多年失修已破败不堪，他认为此地为韩愈访大颠处，若任其荒废而不修葺，是“守土者之羞”。故请来潮阳棉城文照堂住持信如担负重修灵山古刹的工作，使古刹重光。

彭象升在潮阳灵山有“过灵山寺诗”“重建灵山留衣亭记”“曲水流”“半山泉”等多处题书石刻。这些作品以楷书为多，端正劲美，而东岩“天风海涛”石刻则略带行书味道，笔厚力足，气势雄厚。

（《潮阳县文物志》）

Q

戚泽民（1947—2012），澄海人，自幼喜爱艺术，擅版画，1980 年水印木刻《沙田晨曲》入选中国美术馆举办的全国农民画展，后为汕头市书法家协会会员。又擅长篆书，气韵高古，别具一格，出版有《戚泽民书法集》。

（《征访册》）

钱梦松，浙江龙游举人。修东湖堤，民赖其功，癸丑升常德同知，祀名宦。鸥汀存有其所书之“李氏宗祠”匾额，上款“万历岁次壬子孟冬吉旦”，落款“知澄海事龙丘钱梦松书”。

（《澄海县志》，黄外浩提供）

钱士峰，字伯河。饶平县官田乡锦山楼人。康熙三十六年（1697）进士，任安徽来安县知县，署滁州、泗州知州，著有《尚书题解》《纲鉴辑略》《蜗庐里集》《家训》《退思小集》。善楷书，墨迹今不可见。石刻有“丰田楼”三字，存于官田管理区。

（《潮州历代美术家辞典》）

秦牧（1919—1992），澄海樟林人。原名觉夫，生于香港，童年和少年时代在新加坡侨居，13岁回国后，先后在澄海、汕头、香港等地就学。毕业后，辗转在广州、桂林、重庆等地，担任演员、战地工作队员，教师、编辑等。1938年开始在广州报刊上发表作品。后在广州工作，曾任广东省文联主席。文学活动涉及很多领域，主要有散文、小说、诗歌、儿童文学和文学理论等，其中尤以散文著称于文坛。著有《秦牧杂文》《贱货》《洪秀全》《世界文学欣赏》等。

其书法较少传世，如其为潮州韩文公祠的题词，间架开阔稳健，结体紧凑匀称，笔力刚劲圆润，笔画纤细得中，给人清新之感。

（《潮汕百科全书》）

丘逢甲（1864—1912），字仙根，号沧海。原籍镇平（即今蕉岭县），生于台湾彰化。光绪十五年（1889）进士，官工部主事，旋告假回乡。甲午之战，清廷割台湾归日本，逢甲为义军大将军，守台中抗日，失败后回原籍。光绪二十三年（1897）应潮州知府李士林之请，主讲韩山书院，后来又主讲潮阳东山书院、澄海景韩书院。二十五年冬，在潮州创办东文学堂。二十七年春莅汕头创办同文学堂，自任监督。辛亥革命后在南京被选为中央参议院议员。逢甲后半生，常往返于潮汕，对潮汕教育事业之发展贡献尤巨。著有《岭云海日楼诗钞》，诗风悲壮雄迈，也兼清丽婉适。书法作品不多见，潮阳金顶寺旁有巨碑刻其行书诗两首，潮州博物馆收藏其行书一幅。

丘逢甲书法风格丰腴跌宕，天真浩瀚。他的行书信笔挥洒，一任天然，刚柔相济，多取侧势，结体扁平稍肥，雍容大度，如挟山风海涛之势，特别是悬针和撇笔之锋，显示出不同凡响、奋发有为的生机。

（《岭云海日楼诗钞》）

丘金峰（1934—2012），潮安人。1961年毕业于湖北大学法律系（即中南政法学院法律系）。曾任汕头大学副教授、法律系副主任，中国法学会民法学经济法学研究会理事，香港法研究会理事，广东法学会常务理事，中国美协会员，杭州黄宾虹学术研究会顾问，《黄宾虹研究画集》主编，中国老年书画研究会创作研究员，中国石涛艺术学会理事。出版过法学著作200余万字，其中有《中国继承法》《房地产法律咨询》《房地产法辞典》《中国房地产法学》等专著6部。平生喜爱国画，技法博取众长，作品具有深厚的传统笔墨和丰富的生活感受，多次在国内外各种美展展出并获奖，多次在《中国书画报》《美术报》《美术》《国画家》等刊物刊出。出版画册3部、画史1部，传略入编律师、书画家及名人等辞书，编著有《潮汕历代书画录·潮州市卷》等。

（《征访册》）

丘金星（1918—2005），又名丘瑞明，笔名韩江一叶。潮州枫溪区长美乡人。历任潮安县四区教联副主席、潮安县秋水乡第二中心学校校长、铁铺学校校长。平生喜爱文学及书画艺术，创作、上演50多部潮剧，数十年来画彩瓷近千件，为六间庙宇画壁画，年节为乡亲写对联近千件，应文友所求写书法百余件。丘金星绘画艺术有天资，1946年任教长美小学时，其美术水平已为人熟知，解放后长美乡潮剧团的舞台布景设计、制作，由丘金星一人负责。乡里宫庙、祠堂中的美术及书法，还有商店招牌字，多请丘金星创作。

（《潮州历代美术家辞典》）

丘陶唐（1918—1968），字鹤瞿。早年就读于厦门集美中学。才华横溢，著作颇丰，编有《吟秋绝句丛选》《灵鹊集》《悼莲轩集》等诗选，有“岭海诗人”之称。曾任归仁乡副乡长，归仁第五中心小学校长。陶唐于1936年至1937年在庵埠龙溪中学执教，与吟秋诗社诗友往来甚密。潮汕沦陷后，陶唐逃离家乡，移居香港。在港期间，曾与诗人柳亚子结为诗友。1941年香港沦陷，奔回家乡，避难于登塘三乡，担任三乡承德小学校长。期间，日伪人员趁着潮州西湖吟秋诗社机构调整时，由伪组织指派一名汉奸，乔装小贩潜入三乡，携带伪局长名片及亲笔信，邀请陶唐出任吟秋诗社社长，待遇从优。陶唐当即严词拒绝，并将来信翻面，回诗云：“万里河山哀化尘，更无雅兴作高吟。桃源便是避秦地，寄语渔郎莫问津。”以此表明心志。陶唐在三乡执教期间，曾与当地防军首长结为诗友，以笔代戈，激发人民爱国爱乡之情，当地军政界对他极为器重。复员后，他回返家乡长美乡，组建归仁第五中心小学，任该校校长及归仁乡副乡长。陶唐自幼酷爱书法艺术，隶书、行书皆能，长期为人代写请帖、墓碑字、门窗、柱字、对联等，惜墨迹未能保存好。好烟、茶，不饮酒，喜打麻将。于1950年移居香港，期间生活主要依靠在街头为人写信，在报刊发表文学作品，收取稿费过日，直至病逝在香港。陶唐所作之《归仁第五中心小学校序》《灭燹图序》《戒争歌》等三篇文章，由族人回忆补写，并刊载于《长美乡丘氏宗谱》。

（《潮州历代美术家辞典》）

丘沺（1900—1945），别号百穷，艺名花草主人。福建上杭人。自幼酷爱书画艺术，常观察自然，对景写生，务求神似。中青年时期先后在汕头、梅县、五华等地担任美术教师，为闽粤两地培养了一批美术人才。他长期致力于新罗山人画派研究，擅长花鸟、走兽、人物山水，尤以彩墨山水见长。其作品构图新巧，自辟蹊径，气质朴实而内美，清劲秀润，独具功力，徐悲鸿曾称他“笔精墨妙、技法超群”。丘沺在诗文、书法方面也造诣甚深，出版有《丘沺画集》。

（《人民日报海外版》2002年11月29日、《书画艺术》2002年第3期）

邱及（1910—1984），原名英杰，字仲推，号南离子。揭阳小坑村人。幼年家贫，1930年先后在上海昌明艺术专科学校、上海美术专科学校就读，1933年毕业后返汕任教，同时和进步青年共同创办地下刊物《刁斗》。1936年赴泰国、柬埔寨等国任教，并在华文报馆担任记者和编辑，积极宣传和发动华侨援助中国的抗日救亡活动，组织侨胞抑制日货及捐款支援中国抗日战争。1949年回国，历任中央人民政府华侨事务委员会委员，政策研究室副主任、司长，北京语言学院副院长、顾问等职，是全国人大第一、二、三届代表，第五届中国政协委员。著有《红尘集》《仲推画集》《南离子邱及》等。

邱及多才多艺，通晓英语、泰语、世界语，能书善印，尤以国画见长，擅花鸟虫鱼，画风接近海派，笔墨朴厚秀润，常采用诗画结合手法，寓意深远。在中国画的创作上，邱及追求表达笔、墨、形、色的表现力，笔力墨法继承了中国画写意的优秀传统，笔墨遒劲朴厚，赋色清丽。其手法老道沉着，酣畅挥洒的墨彩尽意渗透，交互叠置，涌动流淌着墨韵笔趣。在色彩的运用上，邱及师法自然，以浓烈、饱和、厚重的颜色抒发感情，力图在作品中传递出积极向上，舒展爽朗、生机勃发的意蕴。

（《潮汕百科全书》《南离子邱及》）

邱玖华，原籍嘉应州。雍正六年（1728）进士，仕至监察御史。先后在揭西五经富云岭斋和棉湖郭氏大楼任教。擅书，在五经富和郭氏大楼留下不少遗墨。五经富“云岭斋”匾，及楹联“地号蓝田，蓝里出青青又胜；斋名云岭，云中有路路还平”，今藏于私人。书法颜鲁公，饱满有神。又有棉湖郭氏大楼题“去天尺五”匾和“五六月间无暑气，二三更后有书声”楹联。

（《揭阳美术家人名辞典》）

邱尚，字孔高，号梅轩，又号恕轩。潮州枫溪长美乡人。成化十年（1474）甲午科举人，授福建省惠安县教谕，升江西抚州通判。据记载，邱尚任事后，“教条一新，十类向服”。与邑令张桓政教相流通，学校因比以往加振数倍。今惠安县科山石记有邱尚题和张桓诗：“俯仰高峰，沼沚沧渤。披却闲云，满头红日。”落款为“恕轩邱尚和”。张桓诗为：“身在翠微，眼空溟渤。足蹑青云，后扶红日。”作和诗者还有三人，同刻在一块石上。邱尚笔迹，别有精神。

邱尚在惠安县任教谕成绩显著，丙午乡闱，得隽者三人，此前所未有，于是奏绩入京，张桓召集诸人士送行，嘱蔡清撰文《送秋教谕任满启行序》送之。

（《潮州历代美术家辞典》）

邱轩昂（生卒年不详），字元澍，号名亭。海阳县（今潮州市潮安区）大和都麟坪乡人。康熙庚子（1720）举于乡。雍正癸卯（1723）进士，授河北省深泽知县，卒年73岁。中进士后，因挂念母老多病，忽归回梓里，后为父命，方于次年甲辰科补行殿试，赐进士出身。历任河北深泽县、河南巩县知县。乾隆二十六年（1761），朝廷在潮城太平路大石狮巷口建“赐锦重光”坊表彰他。

其书法受时人赞赏。今能见到者只有“碧湖洞天”坊石刻对联，该坊在凤塘镇洪巷乡中兴祠内。联文为“凡卜年，凡卜世，谱胤姬封，万载功德如旧；为文博，为文郎，祥发鸿里，百代衣冠常新”，落款为“外孙邱轩昂拜题”。

（《海阳县志》《潮州历代美术家辞典》）

邱养清（1929—1981），字传廉。饶平上饶埔坪人。自幼喜爱书画，才思敏捷，被誉为饶北才子。曾任陈坑小学校长、新丰镇彩瓷厂厂长、饶平县政协委员。邱养清学习书画很用功，在逆境中也孜孜不倦地追求。他师法前人，学习百家，吸收众长，自成一格。其作品流传海内外，并见诸报刊。

（《潮州历代美术家辞典》）

邱卓恭（1923—2000），斋号行是斋。澄海东湖乡人。出身于书香门第，幼承庭训，喜诗文书画。1938 年毕业于澄海中学，不久只身到香港，先后在多家南北行、商号中担任文书工作。1953 年加入香港出版界，主持编辑工作。出版有《邱卓恭书法集》。

邱卓恭精诗词，擅书法，在“二王”法度中用功殊深，已见自家面目，尤长于行草，法度谨严，笔致稳健沉实，不事矫作，天真可人，浑朴润华。所作多在平易中寓奇宕，在点画中见精神，在章法中见气度，系传统型实力派书家。常作自书诗联作品，诗书合璧，相得益彰，多能直抒胸臆。

（《邱卓恭书法集》）

R

饶锷（1891—1932），名宝璇，后改名锷，字纯钩，自号钝庵，又号莼园居士。潮州府城人。毕业于上海民国法律学校，曾加入南社，与金山高吹万倡设“国学会”。曾任《粤南报》主笔，任教于省立第二师范学校（今韩山师范学院）。清末民初，潮州有一个学术群体，饶锷是这群体的主力之一。他受知于温丹铭，“平生致力于考据之学”，撰有《〈佛国记〉疏证》《王右军年谱》等书稿。前者涉及西北史地和中外交通，后者有关碑帖优劣之争，皆是当时的显学。性嗜书，藏书、读书、著书皆为其平生所好。此外，还是一位豪侠儒商，在潮州开有钱庄。饶氏的私家园林“莼园”中建有“天啸楼”，藏书十万余卷，为当时粤东最负盛名的藏书楼。擅诗文，工书法，与石铭吾、王显诏、杨光祖、詹安泰、蔡儒兰等组建“壬社”（诗社），为首任社长。著有《汉儒学案》《慈禧宫词百首》《潮州西湖山志》《潮安饶氏家谱》《天啸楼集》等。书画篆刻，虽非其学业精诣，但也间有涉及，且有所成。书画评论有《李夫人山水画册题后》《吾心堂法贴跋》《题佃介眉宝籀斋印存》等。这些著述对绘画、书法、篆刻均有精当见解。至于书画、篆刻作品，据说其长男饶宗颐有所收藏。饶氏故居建筑物上曾发现隶书两件，皆系木板刻字，为“豁如”二字，另为“焕若”二字。另有行楷书件，书于玻璃门上。

（《潮州历代美术家辞典》）

饶良浞，潮州城人。系饶勋祖父，工书画。胡镇福收藏其两幅扇面花鸟，原系饶良浞画给“晴初二兄”的，有款识“戊寅仲冬写于读月山房”。虽属写意画，但禽鸟都画得工细。

（《潮州历代美术家辞典》）

饶勋（1868—1937），字若呆，号半呆道人、守真居士、学拙老人、西嵯樵子、偷闲老叟。潮州城人，住下东堤王厝窟巷。他出生于富裕家庭，借先人余荫，优游岁月，以诗书画和古董自娱。平时画赠亲友也较多，用海派写意手法为之，每作，诗画合璧。诗作有《窥竹园诗草》四卷。曾画《菊花雁来红》条幅，又有设色草芙蓉花，画面皆题诗。从传世作品看，其诗书画皆佳。有《半呆道人扇面画册》一集传世，其绘画代表作当推此扇面画集，该集无封皮，也无目录，凡十八页，一页一图，页数次序无标明，但每册各图排列一致。幅式皆为扇画，内容主要是花卉，仅第十三图是山水。花卉以梅为多，占七幅。其次是菊花，四幅。再次是水仙，二幅。其余是玫瑰、松、雁来红、牡丹等，未见画动物，也少有石头。饶勋作画喜欢题诗，但此册不多，仅六幅有诗，第一幅题曰："一树红梅绝俗尘，纵横山麓自清真。多情泉石为知己，傲骨无缘与世亲。"该画册各图不是同时期之作，而是从历年作品中挑选优秀者集结成册。各画面所载之创作时间，最早是癸亥年，最晚是乙丑年，相距三年，画风变化不大。饶勋对潮州西湖山甚有感情，晚年结交文友，徜徉湖山。20 世纪 20 年代初洪兆麟重辟西湖，他多有赞助，并在山上多处题刻，寿安岩下镌诗云："湖石复重辟，山灵有宠遇。湖平三百亩，湖边石拓路。扫苔研前刻，亭台新式布。桥长似飞虹，游人欣争渡。东西泛游船，水清鱼可数。人生不行乐，倏作山中墓。光阴曾几何，此理谁觉悟。勿为名利羁，朝东暮西赴。繁华寻常事，富贵休仰慕。富贵如浮云，山水古今固。大块假人玩，忙人不知趣。我也携酒游，邀朋聊醵酺。寄咏几行诗，勒石作骥附。"又在寿安岩旁栖霞亭内壁上题诗："前时世间道，湖山凤来仪。见石存遗迹，何日复来栖。"西湖山上有伴云问月亭，饶勋撰联题于亭中："云无其事，伴来伴去，忽东忽西；月有何因，问古问今，谁是谁非。"

（《潮州历代美术家辞典》）

饶瑀（清末民国），又名饶瑀初，号墨笠道人。潮州城人，家住道内。擅画山水，尤长青绿山水，亦能画花卉，著有《墨笠道人山水花卉画册》，未刊。

（《潮州历代美术家辞典》）

饶宗颐（1917—2018），字伯濂，又字选堂、伯子，号固庵。生于潮州潮安县。饶宗颐治学范围极为广泛，且皆有突出贡献，被誉为"业精六学，才备九能"。其研究领域包括哲学、文学、史学、古文字学、金石学、考古学、宗教学、中外文化关系、敦煌学、目录学、方志学、艺术等人文学科。他文学根底深厚，诗、词、文皆能，通晓英文、法文、拉丁文、梵文、巴利文及一些中亚语言。中国学术界曾先后将其与钱钟书、季羡林并列，称之为"南饶北钱"和"南饶北季"。

1949 年移居香港，1952 年于新亚书院任教。1952 年至 1968 年任教于香港大学，1968 年至 1973 年被新加坡大学聘为中文系首任讲座教授兼系主任，期间曾任美国耶鲁大学研究院客座教授及台湾"中央研究院"历史语言研究所研究教授。1973 年出任香港中文大学中国语言及文学系讲座教授兼系主任，至 1978 年退休，任香港中文大学中文系荣休讲座教授、艺术系伟伦讲座教授以及中国文化研究所顾问，香港大学、北京大学、南京大学等校名誉教授。2009 年 1 月，获聘为中央文史研究馆馆员。2011 年 12 月，被推选为西泠印社第七任社长，2013 年连任。

治学七十余载，迄今有著作七十余种、论文九百余篇，代表作包括《殷代贞卜人物通考》《词籍考》《敦煌曲》《中国史学上之正统论》《敦煌白画》《梵学集》等。根据饶宗颐自己归纳，其著述可分为敦煌学、甲骨学、词学、史学、目录学、楚辞学、考古学（含金石学）、书画八大门类。

饶宗颐作为一名艺术家，在中国书法、绘画和传统音乐方面皆有造诣，可谓文、艺、学三者兼备。饶宗颐的书画艺术秉承了中国明清以来文人书画的优秀传统，充满“士夫气”，是当今社会难得的“学者型”书画艺术家。绘画方面，擅山水画，写生及于域外山川，不拘一法，而有自己面目。人物画取法白画之白描画法，于李龙眠、仇十洲、陈老莲诸家之外，开一新路，影响颇大。书法方面，植根于文字，而行草书则融入明末诸家豪纵韵趣，隶书兼采谷口、汀州、冬心、完白之长，自成一格。真草隶篆皆得心应手，从大幅中堂、屏条、对联到方寸空间小品，风格多样，而沁人心扉的书卷洋溢于每件作品之中，是名副其实的文人书画。

（据香港大学饶宗颐学术馆资料整理）

饶泽，又名锡吾，隐乐。潮州城人。中华人民共和国成立初逝世。生平喜书法，擅行楷，于府前开写字店，以写字为业，曾书镜片四幅赠“少陵仁兄”。其技法熟练，行笔流畅，线条肥润，形同银钩，姿态优雅，但嫌结构平板，未臻大雅。

（《潮州历代美术家辞典》）

戎世芳（1794—1868），名漱亭，字世芳，号馥斋，字以行。惠来靖海所城人。清咸丰六年（1856）恩贡，铨选为儒学正堂。以在家乡设帐授徒为业。能诗，著有《馥斋集》。擅书，书法王大令，秀媚优游。

（《揭阳美术家人名辞典》）

芮思（1854—1922），字经虑，号慎之。澄海下蓬旦家园人（今属汕头市龙湖区鸥汀街道），后迁居澄海外砂，民国初年又迁居澄城。自幼聪慧，读书过目成诵，博学广识，才华横溢。芮思书法以“二王”为本，追溯东晋之风，取法钟繇、赵子昂诸家，熔铸古今，妙悟“八法”，留神古雅。他的书法最佳为楷书、行书，具有清新隽永、道丽丰韵、秀丽平正、蕴藉沉稳的书风。

（《征访册》）

S

佘步青（1928—2002），潮州人。从小酷爱绘画，刻苦钻研，锤炼出较为扎实的基本功。1969 年到潮安县国营瓷三厂担任设计工作，后任设计组组长。1975 年在广东省陶瓷学校任教，自编《风景画写生》《素描纵论》等讲义。1978 年被评为广东省优秀教师，1985 年获工艺美术师职称，1998 年被中国艺术研究院任命为一级美术设计师。在长期的艺术生活中，佘步青形成了独特的艺术风格。作品以工整严谨著称，在中国工笔画中渗透着水彩画的韵味，构图立意新颖，技法炉火纯青，色调朴实素丽。作品多以亭台楼阁、奇山怪石、流云湖泊为题材，代表作有《潮州八景瓷版画》《琼楼玉宇图》《清明上河图》等。其中《潮州八景》、32 寸《富贵》花瓶等被南国瓷乡陈列馆收藏。大型瓷版画《潮州古城图》被广东省教育厅确定为高级赠品。潮州电视台在《潮州好地方》节目中对其进行了专题采访。

（《潮州历代美术家辞典》）

佘斗南，活动于清初。揭阳榕城人。能书画，以行书名，得力于米芾。佘兴亦作画。揭阳佘惠文藏其七绝行书折扇，每字下笔较重，但字的重心处理得极好，骨格亦坚。又有墨蟹折扇，属文人戏墨、书房畦珍。

（《揭阳美术家人名辞典》）

佘应祥（同治间），号竹溪樵子，署所居为碧石山房。揭阳渔湖厝村人。擅书画，师法郑板桥，尤擅"四君子"，笔墨清润。

（《揭阳美术家人名辞典》）

沈观德（1906—1993），潮安彩塘人。毕业于上海美术专科学校，曾在新加坡国立师资训练学院、义安学院、南洋美术专科学校任教，两度任新加坡水彩学会会长。

（《潮州历代美术家辞典》）

沈建初（1891—1961），饶平三饶镇人。少时从师学美术工艺，于民国时期在澄海、潮安一带为祠堂绘油漆画及彩壁画。抗日战争时期，在大埔县高陂镇从事彩瓷工艺，兼任高陂仰文中学图画教员。抗日战争胜利后，在汕头工艺彩瓷厂工作，培养了大批学徒，作品多次在汕头展出。1954 年初，沈建初将精心创作的国画《旭日东升》送给毛泽东，同年 5 月 24 日，毛泽东委托中央人民政府委员会办公厅复信，表示感谢并鼓励他继续提高艺术水平，更好地为人民服务。1959 年，沈建初出席汕头专区群英会，受到表彰。沈建初曾在一个仅一尺多高的花瓶上彩绘《郭子仪拜寿》，彩绘人物数十，又在吊盘上彩绘《百鸟朝凰》，参加全国瓷器展览会。花瓶、吊盘均获奖。沈建初的画作和瓷艺有不少被有关部门和收藏家珍藏，事迹入编《广东陶瓷艺术家辞典》。

（《征访册》）

沈瑶池（约 1810—1888），字古松。福建诏安人。乾隆时征召不就，以书画终。早年师同邑沈锦州，中年后人物画学黄慎，花鸟画学新罗山人。以工笔画为基础，糅合写意笔墨，风格孤冷淡雅，自成一体。以山水、人物画闻名，与谢颖苏、吴天章、许钓龙合称"诏安花鸟四大家"。其画风影响了闽西南地区特别是台湾画家，是诏安画派的创始人之一。北京和台北"故宫博物院"均藏有其传世作品。曾侨居潮城，以卖画为生。

（《清朝书画家笔录》《福建画人传》《潮州历代美术家辞典》）

沈耀初（1907—1990），自号士渡人，年逾古稀后改士渡叟。福建诏安士渡村人。自幼喜绘事，精勤敏悟，习诸大家，乐之不倦，曾在汕头艺术专科学校就读。1948 年旅居台湾，寄情画事，求新求变，采纳中西画艺术精华，自成独家风貌。1974 年获台湾画学会最高荣誉金爵奖。20 世纪 70 年代末与张大千等同被评选为"台湾十大美术家"。他画作布局奇崛，笔墨酣畅苍润，豪迈绝俗，造型去繁就简，形简意深。因此，其画作整体简括生动，浑朴超逸，意境充满画作内外，自成一家。

（《诏安历代书画选》）

沈吟（1921—1997），潮安彩塘华美人。1937年参加抗日活动，后在东江纵队第四支队参加游击队，1950年以汕头市军管人员身份进驻汕头市接管报社，不久在广东省汕头华侨中学、汕头市第二中学任教语文。沈吟为人正直，在侨中任教时，认为当时提出的"政治第一"与"政治和艺术的统一"口号两者相矛盾，1957年被划成"右派"。"文化大革命"伊始即被批斗，以"反革命分子"罪名入狱五年，至1980年才平反，蒙冤23年。沈吟出身富家，自幼读私塾，博学多才，在哲学、文学、史学等方面有着很深造诣。1984年参与创办岭海诗社，平生喜爱写诗、下棋、书法，著有潮汕歌册《陈阿娟复仇记》等。沈吟传世书法作品多为手稿，清逸高致，文气沛然，但较少单件传世。

（《汕头特区晚报》2010年2月4日、《南方日报》2006年6月3日、《征访册》）

沈筑初，字基生。饶平县三饶镇人。陶瓷工艺国画师，曾任大埔高陂赤山陶瓷学校美术教员。与胞兄沈建初齐名，二人均早年学习国画，后来转学瓷器绘画艺术，师从谢云圃、谢锐等人。笔墨纯熟，挥写自如，富有海派风格。后赴美传艺，作品流传于国内外。后卒于香港，享年53岁。饶洋詹朝冠家藏其人物中堂幅，画太监向皇帝献酒，皇帝旁边有宫娥伺候。题字为"岁在民国廿八年初秋，应之壁仁兄指正。基生沈筑初"。画面衣纹线条劲健粗壮，人物面部渲染浑厚，立体感、质感强。皇帝五股胡须逐条描绘，蓬松漂浮，得陈琼画像手法。

（《潮州历代美术家辞典》）

沈梓卿（约1910—1946），澄海外砂富砂人（今汕头市龙湖区外砂镇）。1926年与翁照垣一起东渡日本，进陆军士官学校学习，后在国民革命军第十九路军任职，淞沪之战中负伤。1938年夏，协助翁照垣在揭阳梅岗书院创办抗日干部训练所，招收爱国青年数百人，编为一个总队，沈梓卿任总队长兼第一大队长。1939年12月至1941年10月出任潮阳县县长，在任上改组潮阳救济院，并兼任院长，救济灾民。其书法骨骼分明，有魏碑遗意，苍藤盘结，气酣意足。如其赠予潮阳保育所义务医师辜典六的"保我婴孩"四字条幅，就很好地体现了沈梓卿在书法上的造诣。这件作品原藏于潮安县金石镇辜厝辜典六医师后人手上，近年外流，现为澄海博物馆收藏。

（《惠来文史》，全利明提供）

石辉山（清末），号芝英。潮州柳衙巷人。秀才。擅画花卉，以菊花为最。书法早年由"二王"入手，后师法欧阳询、颜真卿，兼融会北魏诸碑之长。在楷书方面用功最勤，因而造诣较深。其书法笔力强健，凝厚严谨，结构紧密，遒丽健美，能于方整中见险绝，深合体方笔圆之妙。

（《潮州历代美术家辞典》）

石声龙（1936—1992），揭西棉湖人。1958年考进汕头戏曲学校美术科。1961年进入广东潮剧院从事舞台美术工作，参与服装设计。1975年调汕头地区文化局。参与搜集、整理潮剧传统服装纹样资料和舞台美术资料颇多。能画，为中国手指画协会会员。

（《揭阳美术家人名辞典》）

释澄源（1878—1960），俗姓陈，名居。南澳深澳人。青年时曾开设米铺。1928年在叠石岩出家。1936年至1938年初任潮州开元寺副寺，后往南澳潮音寺任住持。时南澳沦陷，百姓生路断绝。他目睹惨状，创立“慈济善堂”，筹资行善，施棺赠药，赈米救饥。

其书法多为行楷，如“慈济善堂”四字，楷中带行，清丽隽永。曾为善堂题冠首联：“慈怀接物无异称佛作祖，济世利人普皆以公为师。”他还将“慈济善堂”四字铸成铜章供善友悬挂鼓励。平生抄写《妙法莲华经》《圆觉经》多部，流传海外，这些抄经小楷笔画舒展，字体妍丽。

（《慈济善堂纪念大峰祖师香火传入百年暨重光廿周年特刊》）

释纯果（1915—1993），俗名唐铭如。澄海长陇人。出身富商之家，读小学时开始向佛，15岁出家，进修于福州鼓山佛学院，学成后在东南亚讲经，在泰国创建精舍。曾用血搅朱丹绘写100多幅祖师道影，并各配诗，共装订成10册。著述颇丰，有《释氏记》《虚云老和尚见闻事略》《弥陀诗吟百首》《海萍诗集》等多部。善行书、隶书，风格凝重苍劲、俊健飘逸。

（《潮汕庵寺》）

释纯寂，俗姓陈。饶平黄冈人。为名僧释怡光弟子。怡光曾在南澳叠石岩修行多年，纯寂常随左右，苦行潜修，融通六度，得师薪传。曾为郡城开元寺上座，弘扬佛法，整饬寺规。其人淡泊慈和，僧众钦服。其书遒逸，在颜柳之间。

（民国《南澳县志》）

释纯鉴（1897—1960），饶平黄冈人。少时读书，12岁在南澳屏山岩出家，取外字纯鉴，法号平。曾在苏州灵岩山、浙江宁波阿育王寺、福州鼓山涌泉寺、莆田广化寺学佛。在阿育王寺燃左手无名指供佛，故世称“九指师”。后长住南澳屏山岩，平生精通佛经，善书法、武功。其墨迹今存有“清修院”石刻门匾。

（《潮汕庵寺》）

释慈慧（1921—1987），俗名张家泰。潮州人。自幼受熏陶，16岁即受戒为僧。博学多才，诗书画印，丝竹佛乐，无所不能。曾任潮州开元寺知客、维那。“文化大革命”期间，被安排到潮州工艺总厂从事工艺美术设计。一生严守操守德行，以诗画为乐。所作隶书独有一格，收笔方而稳，藏骨带筋，雍容古朴；也作楷书，师法颜真卿，笔致深妙。1980年立碑隶书“湘子桥”及开元寺“观音阁”“地藏阁”，蕴藉秀美，足见其书法功力。

（《潮州历代美术家辞典》）

释道忞（1586—1674），俗姓林，顺治十六年（1659）奉诏赐号“弘觉禅师”，晚号隐道人，卜居会稽。潮州人。书法清新俊逸，风神飘散，气韵生动，意境隽永。有

《语录》《北游记》《布水台集》等传世。

（《潮州历代美术家辞典》）

释定持（1921—1999），俗名陈著名。南澳人。博学广记，释儒知识渊深，善于讲经、书法、诗、联和中医学。后任第五届中国佛教协会常务理事，省、市佛教协会名誉会长等职。历任潮州开元镇国禅寺、浙江奉化雪窦寺、香港大屿山莲池寺方丈。晚岁加入汕头岭海诗社，著有诗集《行脚吟》。其书法深受柳体影响，劲健奇伟，自然饱满，播誉潮汕。

（《行脚吟》，林志达提供）

释行一（1915—2001），俗名林志如。普宁鲤湖镇河头村人。父亲林先登在新加坡经商，家境殷实。16虚岁皈依释又盛和尚，取法名觉如。在汕头市英时学校中学毕业后，归乡任教。28岁在汕头市莲光精舍出家，取法名果如，外字行一，因排行第五而俗称"五师"。曾任汕头市一辉小苑住持、市佛协理事、区人大代表等。广东省佛教协会副会长释心印称其是潮汕比丘尼楷模。

她平生对己节俭，安贫乐道，慈悲济世，多次为佛寺、善堂和贫民灾区捐献，叮嘱不留名。她又以精湛的中医按摩术，无偿救人甚多。

平生抄经甚多，如《妙法莲华经》《地藏忏》《佛说阿弥陀经》等，均字体端庄，平和简静，气质肃严。

（《潮汕庵寺》）

释弘歉（1924—2002），俗名陈得捷。南澳云澳中柱村人。少时读过四年小学，夙具慧根，天性淳厚，于1947年在南澳雄镇关出家，字号弘歉，法号自考，为黄檗宗叠石岩开山祖师仁智老和尚座下法裔。1951年到潮州开元镇国禅寺参学。后任潮州开元镇国禅寺西堂、南澳县雄镇关云深古寺住持。天性颖悟，其诗清新脱俗，别具一格。其书多以寒山诗为练书范本，深得寒山诗禅味，如蛟龙腾飞，遒劲有力。

（《潮汕庵寺》）

释慧原（1917—1996），俗姓余。潮州市人。1933年于凤凰台镇洪寺出家，擅书法、诗词。其对联墨迹现存不多，可见到的是雕刻在开元寺的韦驮菩萨龛联。此联是慧原方丈所选之书："现将军身，具慈悲念，摧邪辅正兮，威而不猛；为如来使，发菩萨心，护法安僧兮，劳而不功。"1982年任潮州开元寺住持，曾任广东省佛教协会副会长、中国佛教协会理事、潮州市佛教协会会长。1990年所辑《潮州佛教志》《潮州开元志》成书。

（《潮州历代美术家辞典》）

释宽豪（1889—1984），俗名陈光豪，自署发衲得存子。惠来石峻乡人。幼时家贫，三岁时由母送至超月院，师从释传印大和尚，皈依三宝。十九岁任玄武山当家。又至江西永修云居真如禅寺拜释虚云大和尚为师，深研禅宗佛理。擅医术，精伤科、儿科、妇科，曾任职于惠来医院。亦精通武术。能书。“其留世书作符篆体八仙诗，章法奇特，或三字连体，或四字结合，奇趣横生，笔法老练，于平实中深蕴玄妙。”

（《揭阳美术家人名辞典》）

释宽鉴（1902—1959），俗名徐鉴渊，号明安。揭阳新亨人。世业农，少从道，长斋不娶，业堪舆，能文事。出家后曾主持潮阳灵山寺多时，住僧数十，农禅并重，所辟“僧伽试验农场”规模可观。所撰书《百花岩赋》，端凝清雅，骨气峻迈，奇趣超妙。

（《潮汕庵寺》）

释了定（1905—1940），俗姓李，名有。南澳深澳人。从小生活艰辛，但心地善良，13岁赴台湾谋生，通日语，16岁在浙江舟山南海普陀寺出家，后参学五台山。20岁赴汕，在汕头岭东佛教会讲经多时，信众大为感动，多生觉悟。平生撰写讲经稿多部，抄写《金刚经》《慈悲三昧水忏》等甚多，风格脱净铅华，真气流衍，无滞无碍，得益于其深厚之佛学修为。

（《潮汕庵寺》）

释默封，乾隆年间潮阳文照堂住僧。书风飘逸潇洒。在潮阳东岩，有其乾隆五十九年（1794）七月的题书“满坞白云耕不尽，半潭秋水钓无痕”。

（《征访册》）

释仁智（1812—1902），俗名蔡隆。南澳云澳镇茬园村人。少年在村中学校就读，16岁于雄镇关出家。通晓佛理，擅长讲经、作诗、武术。当时，南澳海防军民同知刘传林常与其论道谈诗，仁智有《答刘同知东生偈》传世。曾任福州鼓山涌泉寺羯摩师、江苏镇江金山江天禅寺首座、江苏宜兴县显亲寺方丈。1870年返南澳，创建叠石岩寺，为开山祖师，广播佛道，高徒辈出。中国佛教协会常务理事定持和香港定因等，都是他的裔孙，因而使叠石岩寺有“天南法乳”之誉，并成为现代潮汕及海外潮籍黄檗宗的祖堂。在叠石岩洞中有其手书“福”字，意味高古，颇有禅味。

（民国《南澳县志》）

释新忠（1918—1987），俗名林秋照，后改名栖霞。潮阳棉城人。幼年披剃，善医，以中草药制药丸、药散，治疗疑难杂症，多妙手回春。又善武功。能绘画，所绘佛祖、菩萨像，形象庄严。又曾为冯铿烈士之母卢椿绘肖像，慈祥安康，惟妙惟肖。

（《潮汕庵寺》）

释怡峰（1873—1950），饶平黄冈人。壮岁在黄冈经营瓷铺，1910年在南澳岛叠石岩出家，取外字怡峰，法名宗照。在叠石岩，其道业日进，后承师命赴浙江天台山国清寺，勤学堂仪佛规，深明经论，后回潮汕，在饶平汫洲岛修行。平生习古文、经史、诗词、书法，为世推崇，时人多乐与之交往。其书法善隶书，超脱世俗，有天真烂漫之奇趣，给人以含蓄丰约之感。

（《潮汕庵寺》）

释圆澈（1929—2004），别号春明一衲，法名日杲，俗家姓名陈珦秀。出生于梅县丙村。后在福建宁化县莲池寺剃度，法名盛发。1954 年底，在南京宝华山受“比丘大戒”，并改法名盛发为圆澈。1955 年，参加首次全国授戒大法会，成为比丘僧。

1964 年起在五台山五年，研习、整理数百部佛经，饮誉中原佛教界。曾应赵朴初之召，参与成立、主管中国佛教协会教务部，整理现存佛经和宣扬佛教知识书刊的编印工作等，为中国佛教发展做出了不可磨灭的贡献。1988 年移锡汕头鸥汀证果寺任住持，直至圆寂。出版有《微尘集》《尘海清音》《尘海云踪》《太姥山杂诗》《闽江纪事诗》《闽江纪事诗抄》等。

释圆澈不仅精佛理，且善诗词，以“诗僧”之名享誉京华，又工书画，擅绘佛像，亦工山水、花卉，浑厚华滋，古趣盎然。其书法朴拙圆满，浑然天成，意趣高古，虚静空灵。

（《微尘集》）

释智诚（1908—1994），江苏泰县（今姜堰市）人。八岁出家，1933 年至潮州开元寺帮助创办岭东佛学院，后长期任开元寺住持，并任广东省佛教协会副会长、汕头市佛教协会会长，汕头市政协岭海翰墨社副社长等。他不仅精通佛学，还曾以舌血书写佛经，轰动内外，为佛教留下千古瑰宝。其书笔法精纯，境界空灵秀逸，以小楷为最佳。直抒胸臆，行笔流畅，点画错落有致，雄健姿媚，气势飞动，挥洒自如，分寸把握得恰到好处，随心所欲而不逾矩，雍容而略带妩媚。其书别有格调，这不能不说是得之于他深厚的佛学。

（《潮汕百科全书》《汕头十四书家遗墨集》）

宋茂伯，揭阳人。举人。万历十五年（1587）任怀集县知县，有政声。以丁艰归，民为立遗爱碑。后任博白县知县。擅书。

（《揭阳美术家人名辞典》）

宋省予（1909—1966），原名连庆，字廉卿，号红杏主人。福建上杭县城关人。1925—1937 年，有很长时间在汕头居住，散落在潮汕、梅州等地的作品不下千件。喜欢在画上署“韩江宋省予画于鮀岛”或“宋省予写于汕上”，自创“省予画社”“美术人才养成所”，为粤东地区培养了大批美术人才。1958 年，与罗晓帆共创上杭艺术专科学校，并亲自在该校任教。次年，受聘为福建师范学院艺术系图画教师。曾为中国美术家协会会员。出版《宋省予花鸟技法讲座》《宋省予画集》。

宋省予诗、书、画、印兼擅。常与高剑父等人以诗文唱和的形式相往来。他的书法取法黄慎，落笔沉雄、气势奔放，点画多大开大阖。其篆刻重金石味、书写味，和其绘画审美追求一致。作品思想深刻，饱寓诗情，意境优美，格调清新，色墨瑰丽。在其笔下，花鸟、走兽均栩栩如生，风骨遒劲，诗意盎然，特别是花鸟画，用笔更是灵便，既有岭南画风，又有海派气韵。其笔法娴熟，挥洒自如，线条生动，神酣意足，堪称大家风范。晚年画风趋向成熟，笔力劲健，设色浓丽，注重笔情墨趣，画面呈现了强烈的节奏感。

（《宋省予册页选集》、《石狮日报》2006 年 2 月 8 日）

宋兆禴（1600—1642），字尔孚，号喜公。揭阳渔湖都凤围乡人。崇祯元年（1628）与同郡郭之奇、黄奇遇、辜朝荐、李士淳、梁应龙、杨任斯、陈所献等同中进士，世称“潮州戊辰八贤”。历任江西广昌县令、仁和县令，有政声。以清廉耿直未能迎合上司之意，罢职归家，与弟兆龢以诗文自娱。著有《学言余草》《旧耕堂存草》，时论谓其诗“以才学兼胜”。书法师颜鲁公。张岱《西湖梦寻》载，宋曾为杭州西湖关帝庙题联：“从真英雄起家，直参圣贤之位；是大将军得度，再现帝王之身。”

（《揭阳美术家人名辞典》）

苏才，字菲谷，署所居为怀德堂。普宁人。嘉庆九年（1804）举人，授广东东莞县教谕，任间“训士皆先气节后文章”，所交多名士。任职九年后归家。道光十年（1830）任普宁三都书院山长。著有《喷饭集》《怀德堂稿》等。能书，宗颜鲁公，现存书迹有“普宁县三都书院序”石碑，楷书。

（《揭阳美术家人名辞典》）

苏乾英（1910—1996），潮安东厢乡人。1926 年至 1929 年就读于省立第二师范学校，后入上海暨南大学历史系学习，1934 年毕业留校任教，从事南洋史研究与教学。同年，拜黄宾虹为师，学习绘画。师生之间往来论画书札 150 余封，现存于浙江省博物馆。1942 年任讲师，1944 年任副教授，曾主编《南洋研究》。1946 年，任《潮州志》编纂。著有《中国近代外交史》等，译有《中国辫发史》，论文《南海地名集释》《中国南海关系史料述要》《汉籍南洋名著述要》等。1952 年院系调整，到复旦大学任教，任讲师，协助周予同讲授《中国历史文选》，并协助编选了日后最为通行的《中国历史文选》，该书题签即出自苏乾英之手。曾任上海归国华侨联合会理事、上海华侨历史学会理事。

苏乾英在书画之外，也擅诗词，又富收藏，曾捐赠多件名作给潮州市博物馆。

（《潮州历代美术家辞典》）

苏若珩（1901—?），潮安鹤陇人。汕头市华英中学毕业，曾为汕头《民声日报》记者、潮安存养学校校长、汕头震东中学教员。20 世纪 30 年代初到新加坡，为端蒙学校分校级兼任教员。在《端蒙学校廿五周年纪念刊》上发表的《说几句关于书法的话》，是潮籍人士在海外不多见的书法理论文章，对中国书法在新加坡的推广起推动作用。

（《端蒙学校廿五周年纪念刊》）

苏石风（1921—2010），生于潮州，1937年初侨居泰国，1939年秋回国，考入上海美术专科学校西画系。其间曾负责组办美术专业学校业余剧社，同时考入由孔另境、鲁思、周贻白主办的华光业余戏剧专科学校夜校，学习戏剧编导。1942年毕业后赴重庆，参加由地下党领导的中国艺术剧社。1945年抗日战争胜利后在上海组办新美剧社，同时参加朱端钧主持的建文剧社。1947年参加东山越艺社，任舞美设计，先后为《怡红拢翠》《梁祝哀史》《宝莲灯》《李闯王》《万户更新》《孔雀东南飞》等近20个剧目做舞美设计。1951年春加入华东戏曲研究院，先为华东京剧实验剧团的《皇帝与妓女》《文天祥》《铸剑》等剧担任布景设计，又为华东越剧实验剧团的《梁山伯与祝英台》《白蛇传》《劈山救母》《西厢记》《春香传》等剧目担任舞美设计。1955年上海越剧院建立后，担任该院舞美工场主任，负责剧院舞台美术创作。曾为《红楼梦》《祥林嫂》《西园记》《关汉卿》《汉文皇后》《西施归越》《紫钗记》等近百个剧目做舞美设计。此外，还为昆剧、晋剧、潮剧、琼剧等剧种的近20个出国演出剧目做舞美设计。曾任中国舞台美术学会会长、上海舞台美术学会会长、上海越剧院舞美设计主任。著有《中国舞台美术简论》《简论戏剧舞台美术》《越剧服饰》《越剧舞台美术风格》。喜爱绘画和书法，作品多次参展。

（邱伟雄、李蔓旋提供）

苏文斌（1916—2002），潮州市人。16岁进瓷庄，擅长彩绘、花面设计。一直在潮州市彩绘总厂技艺室工作，是潮州市彩绘总厂创始人之一。作品以花鸟画为主，兼有山水画。所作24寸花篮《牡丹花鸟》选送北京参赛并获二等奖，部分作品被有关单位收藏。晚年技艺更趋成熟，知名度大增，报刊、书籍多次报道他的创作事迹。

（《潮州历代美术家辞典》）

孙伯邻（清末民国），孙奋扬、孙奋励兄。揭阳渔湖京冈人。秀才。宣统元年（1909）南澳镇总兵孙国乾（1852—1913）与众乡人在京冈建孙氏家庙，庙竣工，撰序记其事，由孙伯邻书并刻于“孙氏家庙”石匾背面，楷书，宗王右军。

（《揭阳美术家人名辞典》）

孙充益，号醇果。揭阳渔湖京冈人。喜读书，经史咸贯，旁通六艺，但不欲见闻，不应科举。善楷书，一时士人多宗之。

（《揭阳美术家人名辞典》）

孙叠三（约1877—1936），揭阳渔湖京冈人。同知衔，光绪三十四年（1908）任潮州镇台孙国乾幕僚。民国后寓居汕头市，题其室为“群雅”，豪饮好客，交游多一时文士，1929年在京冈建叠三书室，名书家曾熙为题匾，自撰自书《叠三书室记》，曰：“余象勺之年，荒芜学植，人事卒卒，遂撄世故，家承先业，聊足自守。惟先人每欲稍拓旧宇，久未遂愿。兹幸数载绸缪，克睹落成，非敢为润身历记，盖以仰承先人之志耳，用志数言以示后人，其毋忘缔构之艰辛乎。己巳三月，叠三识。”书宗魏碑，融汇方圆。

（《揭阳美术家人名辞典》）

孙奋持，号正之。揭阳渔湖京冈人。乾隆三十六年（1771）武举人。能书，今京冈存其书“圣者庙”匾，楷书，气象雍容。

（《揭阳美术家人名辞典》）

孙奋励，号振声。揭阳渔湖京冈人。乾隆六年（1741）武举人。能书，今京冈存其书“天后宫”匾，楷书，圆健遒美。

（《揭阳美术家人名辞典》）

孙奋扬，族名恩成，号郁文，署所居为积墨斋。孙奋持、孙奋励兄。揭阳渔湖京冈人。雍正四年（1726）武举人，翌年联捷成进士，选授福建长福营守备，转授台湾，擢贵州永安营都司。时永安土豪仲姓常骚扰百姓，会同同知协力督兵擒巨盗宋应龙等二十多人，将其绳之以法，民获安宁。寻升四川顺庆营游击。任政期间卓有声誉，在福清县列为名宦。退职居家后，热心家乡修路筑桥等公益事业。能诗，善画，时行吟染翰。著有《积墨斋诗稿》，未刊。

（《揭阳美术家人名辞典》）

孙克家，字贞棐。惠来西头都华湖里（今属揭阳市惠来县华湖镇）人。笃古尚行，淹博群书。顺治八年（1651）恩贡生。长期在家设帐授徒，晚年遁迹山林，与樵牧为伍，不肯俯仰逐世态，三十余载以诗酒自娱。卒年七十七。有《遗音》二卷，未刊。擅书。嗜《离骚》及字书，尤喜用古文奇字，人多不辨。提督广东学政按察司副使，钱朝鼎为立“恩抡硕彦”坊。

（《揭阳美术家人名辞典》）

孙南川，约生于康熙十八年（1679）。揭阳渔湖京冈人。乾隆初任县尹，年近六旬。得《孙氏旧谱》残篇，虑其湮没，遂撰成《孙氏简谱》。今存其手稿残篇，行楷，书宗“二王”，字画审细，结体严谨。

（《揭阳美术家人名辞典》）

孙裴谷（1891—1944），名熙，又名炽君，字谷圃，号裴谷山人、闲闲草堂主人、岭东画痴、黄岐山樵。生于揭阳榕城椿桂坊，祖居揭阳渔湖京冈乡。1907年进汕头岭东同文学堂读书。1912年赴新加坡端蒙华侨学校美术科执教。1918年回国，先后执教于揭阳、潮阳、汕头各学校。1929年夏到汕头，居中山路谷园，设画室，广收学生，传播国画艺术，并在《汕头日报》刊登“裴谷山人绘画润例”售画。其间，主持汕头艺涛画社，出版有《岭东名家画集》。孙裴谷在艺术上师承同邑画家林亦华、林伯虔，书画双精，兼能篆刻。画风近于闽派、浙派，作画题材多能表现社会生活，其国画尤以人物为佳。有《裴谷山人铁笔》钤印本传世。

（《潮汕百科全书》）

孙佩昂（1928—1991），揭阳渔湖京冈人。昔年受孙裴谷、林受益、王士龙培植，1957 年毕业于北京艺术师范学院美术系，得名画家邱蔷薇（邱石冥）指导。先后任教于广西师范学院、揭阳师范学院。擅花卉。速写线条简练流畅。

（《揭阳美术家人名辞典》）

孙谦吉，族名文泉。揭阳渔湖京冈人。隆庆间庠生。万历十二年（1584）任京冈祭祀先祖修祭。万历十六年（1588）倡修梁相（南宋晋江右丞相梁克家，曾为孙氏西席）祠，万历二十二年（1594）竣工，撰《重修梁相祠记》。

（《揭阳美术家人名辞典》）

孙少楷（1893—1974），名鸿，字少楷，号菊饮，以字行，署所居为少楼。揭阳渔湖京冈人。长期任教职。先后在揭阳、潮阳、澄海、普宁各中小学任教或当校长。为普宁第一、二届人民代表大会代表。工诗能文，1942 年作《榕江竹枝词》参加揭阳县艺文社征诗比赛，获校外组冠军。后其子鹤年编印成册。又有《菊饮文存》，未刊。工书，宗王右军，闲逸标致。偶尔亦作画治印。

（《揭阳美术家人名辞典》）

孙淑资（1890—1967），名淑资，亦称淑之，字家哲，署所居为菽园。揭阳榕城人。毕业于北京大学经济系。曾任粤、桂、闽三省统税局局长。1947 年当选为南京国民代表大会代表。晚年居香港。番禺吴道镕学生，曾斥资为其师刊印《广东文征作者考》。书宗“二王”，秀雅古拙。

（《揭阳美术家人名辞典》）

孙文斌（1914—?），揭阳人。幼嗜丹青，少年时随岭东名师孙裴谷学画，后拜上海著名画家王个簃门下。中华人民共和国成立后，先后在中国美术家协会广东分会、广东国画院工作，并在广州文史夜学院国画系任教。长期兼任广东美术家协会会员、广州市文物管理委员会委员、广东文史馆馆员。

孙文斌擅国画，能鉴赏，富收藏而不私珍。1992 年，他将珍藏的 63 件师友精品结集为《孙文斌珍藏师友画集》。

孙文斌国画专攻花卉、翎毛、鳞介，尤精于兰竹。其作品多泼辣简洁，能吸收先辈的艺术精粹，又不为其所囿，所作已突破孙裴谷和海派的影响，而形成疏朗明丽、秀逸动人的艺术风格，有《孙文斌花鸟画选》。孙文斌的画作，不重视符号的对应，而追求精神能力和笔墨趣味的表现，从而形成自我艺术语言。如其画作《枝头好鸟图》，四下端向左上而折或用赭石写出枝干，又引出枝若干，略施红叶，枝头一对白头翁相拥而立，目视前方，炯炯有神而姿态各异，画面布白甚多，但不空洞，反而使读者在画家成熟的技法和笔墨敷彩中，体会到洗练刚健的线条带来的纯真和清幽的韵致，以及画家竭力追求的一种取于自然而胜于自然的生命力和艺术内涵。

（《孙文斌花鸟画选》）

孙星阁（1897—1996），学名维垣，字先坚，号十万山人。揭阳榕城人。幼蒙庭训，喜习书画，临摹不辍，并得同乡举人曾述经、进士曾习经兄弟指点。23 岁考入上海南方大学，专研周秦诸子之学，后转入国民大学中文系，得章太炎赏识，聘为艺术系主任，先后与同仁创办上海艺术大学、艺苑书社、上海书画联合会等。抗日战争期间，又活跃于岭南画坛，与高剑父、陈树人交厚。1950 年后定居香港，举办个人巡回展，博得行家的赞许。先后出版有《荀子年谱法》《先贤论性纲要》《画学入门》《星阁山水集》《十万山人梅花诗三百草帖》《十万山人书画精选》和《十万山人画集》等。

孙星阁致力于中国画研究七十多年，是一位集诗、书、画于一身的艺术家。其诗气宇轩昂，大气凛然；其书跌宕不拘，丰腴清润；其画成就最高，以山水见长而兼擅花鸟。其画作气势磅礴，笔致清逸，线条流畅，用墨粗厚，构图浪漫，丘峦叠嶂，变化万千，貌似而神传。

所作《芦荻游虾》，画面主要部分是一组芦荻，其芦荻画法掺以他擅长的兰花画法，浓淡有致，极具野逸的韵致；芦荻之中有两只虾与图上方的另一只虾遥相呼应，晶莹丰润，惟妙惟肖。这些生物在画面上被安排得十分均衡，宾主分明，疏密有致，把水底世界装扮得热烈而有致。

（《揭阳美术家人名辞典》）

孙堉兰（1894—1993），自署桐林女主。揭阳榕城人。揭阳女子中学毕业，随兄孙裴谷学画。1926 年任潮阳六都中学美术教师。1930 年移居广州。画宗海派，尤擅小雏、梅花。岭南画派高剑父称其“收百世之墨韵，采千载之精英，笔力独到，尤擅小雏、梅花”。同邑画家孙星阁有诗赠之“堉兰笔底有烟霞，八六寒窗老画家。嫁得诗人林处士，分明前世是梅花”。先后在各地举办过多次个人国画展。作品入选《岭东名画家集》《中国画名家选集》等。夫婿林璧东，能诗书，富收藏。

（《揭阳美术家人名辞典》）

孙遇良（清末—1936），号兰谷。揭阳渔湖京冈人。秀才。长期在家乡恭祖家塾执教。以学问好、品德佳、威信高而受乡人尊敬。能画，尤擅花卉，受海派影响。京冈孙努藏有其民国五年（1916）仲夏作《墨梅图》轴。题诗为“堪笑襄阳孟浩然，当年得得策吟鞭。何如此际生花笔，须刻罗浮小洞天”。

（《揭阳美术家人名辞典》）

孙兆鲸，揭阳渔湖京冈人。正德间府学弟子员。崇祯十年（1637），江苏金坛名进士张明弼来任揭阳知县，为文字交。张明弼曾撰文指出孙兆鲸“能诗，能画”。

（《揭阳美术家人名辞典》）

孙振高（1932—2001），又名孙松，画名石峰。揭阳榕城人。长期以正骨科悬壶济世。为振高中医骨伤科医院院长、政协揭阳市委员会第二届委员。著有《少林伤科正骨》。曾随邑中画家林受益学画，擅墨竹，曾参加广东省个体劳动者协会书画展。画作入选《同舟共济铸辉煌：纪念人民政协成立五十周年委员书画集》。

（《揭阳美术家人名辞典》）

孙振声（1914—1992），号柏园，晚称柏叟、榕荫叟，署所居为百木园。揭阳榕城人。揭阳二中毕业。曾任教职。二十世纪三四十年代历任《揭阳日报》《揭阳民国日报》《青年日报》《新生日报》《榕报》主笔、总编辑、副社长、社长。晚年受聘为《榕城镇志》编纂。擅书，宗孙过庭，笔法苍硬飞舞，奇崛遒劲，以章草名世。著有《百木园随笔》。工诗，诗宗杜少陵。今人孙淑彦选编有《柏园诗抄》。

（《揭阳美术家人名辞典》）

孙正明（1891—1923），号德庵。揭阳渔湖京冈人。其上三代皆为秀才。幼承庭训，好学明义。毕业于汕头正始学校。喜书法，晨昏练笔不辍，日课不废。少年即露头角，乡中联幛匾额出其手者不少。后到汕头群雅乐社，书名大进。宗魏碑，锋颖稳健，方严遒劲。年虽不久，书名则佳。

（《揭阳美术家人名辞典》）

孙子贵（1856—1931），揭阳登岗孙畔村（今属揭阳市揭东区）人。光绪八年（1882）贡生。长期执教，能文能书，楷书端庄灵动，为时所称。登岗孙畔村圣者古庙有其1917年书“笔架拱朝，英灵显著，有求必应，保民丰饶”，楷书，书宗“二王”。

（《揭阳美术家人名辞典》）

孙子俊（1804—1835），族名荣略，字伟人。揭阳渔湖京冈人。道光十五年（1835）副榜。榜发时因病去世，同邑举人郭光为办其丧。善诗文，为潮州太守黄安涛所重，有《四百八十峰游草》和《吟香馆诗抄》稿本留世。能画，惜世未见其作品。

（《揭阳美术家人名辞典》）

孙子立（1876—1962），名塔桐，字子立，以字行，号紫笠山人，署所居为笠园、梦觉竹堂。揭阳渔湖京冈人。幼聪颖而喜读书，稍长而独立，十六岁即受渔湖陈厝村教职，以舌耕糊口。及长，受聘汕头德万昌、吴顺兴等洋行任塾师。抗日战争末期回乡，办国文专修班。继任教于砲台镇竞智学校。曾被聘为广东省文史馆馆员、揭阳县政协委员。喜国乐，擅汉调，管弦丝竹，无所不能。擅书，四体具精，艺林重之。

（《揭阳美术家人名辞典》）

T

唐伯元（1540—1597）， 字仁卿，号曙台，潮州府澄海县（今澄海溪南镇）人。明万历二年（1574）进士，官至吏部郎中。一生以清节知名，《明史·儒林传》赞其为"岭海士大夫仪表"。勤奋好学，生性刚直不阿，任江西万年、泰和知县时，清廉公正，勤于职守，两县人民感其惠政，立生祠奉祀。早年受业于永丰吕怀，以诚笃朴实的态度实践其所学。在京供职时，上疏大力反对王阳明心学。当时，王阳明心学正受朝野推崇，敢直书反对者唯其一人，受到南京给事中钟宇淳等人反驳，因此被贬为海州判官。后来回京任礼部主事。时值皇帝大选宫人，上奏《论选宫人疏》，语意忠剀，皇帝受到感动，升尚宝司丞。万历二十二年（1594）秋，唐伯元升调吏部文选司员外郎历考功、文选司郎中。寻辞官归乡，二年后卒，终年58岁。著有《醉经楼集》《二程语录纂》《礼篇》《易注》《铨曹仪注》《阴符经注》《白沙文编》等。

现潮州西湖山麓存有其所题《奉和任宪使公祖西湖即席见示之韵》诗摩崖石刻，直书阴刻，楷书，字大约10厘米见方，诗序、诗文并落款共计77字，其款曰"郡人唐伯元题"。

（《潮州古代名贤》，黄外浩提供）

唐洪极（生卒年不详）， 澄海溪南镇塘陇村人。乾隆五十七年（1792）岁贡。书法从颜体入手，楷书保留颜体的特征，而整体面貌又如赵孟頫般饱满圆润，匀称流畅，即所谓"颜底赵面"。

（《澄海历代书法概览》）

唐经（1854—1925）， 名魁，字经，号文裕，又称宝珊，笔名野叟，自署评香居士，以字行。惠来龙一都隆江村人。曾往上海拜海派画家任伯年为师，三年后归。遍游名山，远渡南洋。光绪十九年（1893）庠生。归家自书联"功名虽是生前事，书画能为遗后人"明志。画作以花鸟鱼虫见长，以闽派为主，兼学海派，工意并重。潮州廖英烈藏其花卉草虫册页四件，花卉写意，草虫工笔。擅书，宗魏碑。

（《揭阳美术家人名辞典》）

唐廷琮， 字芷芳，又署子芳或子方。潮州城人，住潮州城北门小卞厝巷。能书善画，擅花卉，尤其是墨竹苍松，笔法劲健古雅。其兄唐廷珍、弟唐廷琛皆善书画。唐廷琮绘画墨迹偶有所见，曾见芙蓉花条幅，长135厘米，宽40厘米，芙蓉从右边向画面展开，最长一枝伸出左边画外。题款"芷芳"，下盖二方印，白文为"廷琮"，朱白文为"子方"。又见另一条幅，纵115厘米，横35厘米，画月下茶花及梅花，上梅下茶，题识为"蕊生仁兄大人雅属，芷芳弟唐廷琮"，盖上白文印"子方印"及"廷琮"。百裕斋收藏其墨兰团扇一件，直径24厘米，画兰石及灵芝，线条老辣沉雄，抒写流畅。左上方题字为"癸巳季秋，为实园世兄雅正，子芳唐廷琮写于青藜院斋"，下盖朱文方印，印文为"子芳"。这幅画虽然已黯黑破碎，但仍可以见到用笔之成熟明显地超过前述两图。前图题识说是作于丙子年，光绪期间的丙子年是1876年，墨兰团扇作于癸巳年（1893），前后相距17年。可说明作者经过17年的磨炼，技法成熟得多，在团扇画中虽仅寥寥数笔，但其笔力比丙子年所画的梅花、茶花枝干老练得多。条幅中的题款是“芷芳”，印文为“子方”，团扇中的题款为“子芳”，印文为“子芳”。胡镇福收藏其松树扇面一件，画三棵松，两高一低，两相呼应，画面苍郁茂密，每组松针用墨有浓淡，用笔劲健，属后期作品，题款为“芷芳唐廷琮画”。

（《潮州历代美术家辞典》）

唐廷珍，潮州城人。先祖为明先贤唐伯元。道光二十七年（1847）补郡博士弟子员。善书法，其弟廷琮、廷琛皆能书。

（《潮州历代美术家辞典》）

唐文藻，字润南。江西新建人。嘉庆元年（1796）由广东珠场司巡检升潮阳县丞，六年（1801）升饶平知县，十年（1805）转潮阳知县，十九年（1814）再任，二十四年（1819）重修潮阳东山书院，纂修《潮阳县志》。任中并署徐闻、清远及南澳同知，治潮尤岁久，潮人感德，立祠祀之。嘉庆二十年（1815）重修文光塔并题塔名及塔门对联，端庄雄伟，遒劲舒和，神采飞动。

（《新建县志》《潮州志》）

唐英伟（1915—?），潮州城人。广州美术专科学校毕业，后曾在中山大学植物研究院及培正中学工作。1934年与李桦共同发起广州现代版画会。1936年主编《木刻界》，鲁迅说该出版“是极有意义”。又办个人木刻展于广州、杭州等地。1943年在黔桂铁路沿线做战时宣传，后调入中央大学美术系任教，期间作品多次在广东、贵阳、重庆等地展出。抗日战争胜利后任杭州国立艺术专科学校副教授。抗日战争期间，作品《瑶妇》入编《抗战八年木刻选集》，1946年回广州，后定居香港。

1991年上海出版的《版画纪程——鲁迅藏中国现代木刻全集》收入唐英伟木刻52幅、文章2篇，其中提到其1936年1月24日在潮安民政教育馆举办个人木刻展，展出作品150幅。

（邱伟雄、李蔓旋提供）

童真（乾隆、嘉庆间），原籍漳浦。进士出身，后为僧。武功高强，德高望重，曾任饶平雷音禅寺住持。嘉庆五年（1800）重修该寺时，写正殿门额“雷音禅寺”四个大字，款识为“椿楦社弟子喜敬，嘉庆庚申桂月住持童真拜题”。“雷音禅寺”四字，结体取纵势，神采飞动而端庄，用笔单纯朴厚，风骨雄强。该石刻匾额现尚存。童真与宰相蔡新友谊深厚，常往来漳潮之间。蔡曾书对联相赠，文为“法席撑持，过去未来皆壮色；缄縋直下，铜头铁额尽寒心”，款识为“清乾隆宰相蔡新撰”。童真将此联刻在木板上，挂于禅房门前。

（《潮州历代美术家辞典》）

W

汪之元， 生于清代。字体斋。海阳人，流寓广州。工翰墨，能诗歌，善画兰竹，著有《天下有山堂画艺》，雍正二年（1724）成书。

（《潮州历代美术家辞典》）

王奔腾（1920—1994）， 原名树华，号休翁。汕头人。曾是汕头市政协委员、文联常委，广东美术家协会会员，汕头美术研究会主席，汕头画院画师。青年时期，求学于广州市立美术专业学校西画系，后自修国画。20 世纪 50 年代初期，在潮汕文联负责美术方面的领导工作，创办汕头市美术研究会，并出任主席，为潮汕文化事业的建设奠定了良好的基础。1986 年赴美国讲学、交流。

中晚期的创作以山水为主，兼及花卉，偶写人物，却有出手不凡之作。《栀香图》（1979 年）、《摩诘吟诗图》（1981 年）和《山鬼》（1981 年）等，成功将人物形象与自然环境融于一体，更显自家风格特色。王奔腾致力于以山水画创作为主的实践，并在此基础上形成一系列与之相关的绘画美学和笔墨学说，其画学见诸其八册论画诗集、题跋及其专著《试论骨法用笔与笔墨》，具有重要学术价值。从整个艺术成就来看，无论山水、花鸟、人物，都体现画家不凡的创作实力。

（《汕头日报》2006 年 4 月 11 日，林卓群提供）

王秉之（1747—1834）， 名均，以字行，署所居为爱绿堂。揭阳桃山都塘边村人。乾隆年间秀才。长期设帐授徒。胸襟磊落，恬淡陶然。性喜读书，擅诗文，自谓“心地绝纤尘，胸中无城府。夜午尚吟诗，不厌推敲苦”。著有《课余诗抄》《客窗笔记》等多种，近年其后人王兰若为刊印《爱绿堂诗草》。擅书，胎乳“二王”，尤精小楷，从意适便，骨体遒正。今所见多手稿。

（《揭阳美术家人名辞典》）

王超英（1899—1988）， 揭阳人。1919 年入汕头贝理神学院攻读神学，长期从事宗教事业。自幼酷爱书法，曾学欧阳询、颜真卿，中年着力于“二王”，后又学赵之谦，笔耕不息，功力深厚。擅长行书、草书，喜用鸡毛毫书写，笔力酣恣。又擅擘窠大字，曾为礼拜堂、私宅、商家题写匾额和招牌，深受好评。

（《汕头十四书家遗墨集》）

王纯德（1905—1980）， 原名仰全，字树亭。澄海人。自幼深受家学影响，并随王佐时学书画。后婚配潮州名书画家陈昌龄之女，艺业日臻。“二战”期间到马来亚，曾在柔佛办私塾，惠益贫穷子弟。不久弃文从商，并不时以白粉或西洋粉写生作画。1957 年后，潜研艺事。他对宋元笔法极为重视，无论山水人物、花鸟走兽均有独特表现，工笔重彩更是精湛。他作画自娱，未有画册刊行。晚年以绢本水墨临《蓝田山庄》图卷，极为精致；设色山水《渔樵耕读》四屏，浑厚华滋、法度严谨。《新加坡第一代书画家翰墨集珍》中高度评价王纯德“书画造诣自成家”，“传统技法可谓功力非凡”。

（《新加坡第一代书画家翰墨集珍》）

王大宝（1094—1170），字元龟，南宋海阳汤头（今潮安归湖镇汤头村）人。建炎二年（1128）廷试进士第二，是宋代岭南唯一的榜眼。历官至礼部尚书。为官期间，以宽民务、纾民困、解民忧为己任。其从连州知州任上回朝述职时，奏免了连、英、循、惠、新、恩六州的“免行钱”。在国子监司业任上，又针对“月桩钱”“折帛钱”的弊端，直抒己见，意见亦被宋高宗采纳。任提点福建刑狱时，捐俸30万文，修筑临漳官道。王大宝一生坚持抗金主张，与抗战派领袖赵鼎、张浚交往不辍。宋孝宗即位，他上疏说：“陛下即位，四方翘首，以望恢复，愿断以国是，则中外协力成功矣。”后张浚北伐失败，以宰相汤思退为首的主和派议与金媾和，他三上奏章劾其误国。赵鼎赞他“文章学识，直谅刚正，廷臣无出其右”。近代学者吴道在《广东文征》中说：“盖吾宋南渡后，高孝两朝人物，当以大宝为首屈一指，不止潮州八贤之冠。”著有《周易证义》《谏垣奏议》等。

王大宝书法今存有其题于连州的大云洞赞词，全文楷书，共6行，每行8字，其书结体宽博，线条厚实，有颜鲁公笔意。其赞文曰：“岩秀而隐，石巧以垂。宾介以南，团簉备维。支疏玲珑，可陟可窥。刊游亘昔，假绂来规。岁阏阳围，绍兴纪题。潮郡王系，大宝元龟。”

（《潮州古代名贤》，黄外浩提供）

王大川（1925—？），澄海人。澄海诗社社员，汕头市老干部书画研究会成员，广东省书法家协会会员，全国书画家联谊会理事，中国文联书画艺术中心理事，中国书画家协会理事。诗词作品曾刊登于《岭海诗词选》《澄海诗话》《揭阳诗词》《饶风诗词》等。书法作品获全国第一届“博士杯”书画大赛三等奖、首届全国教育工作者书画摄影作品大赛优秀奖，曾参加广东老干部书画展、福建漳州市书画联展、汕头市老干部书画联展。

（《征访册》）

王岱（明末清初），字山长，号九青、石史。湖南湘潭县人，后长住澄海，直至去世。崇祯十二年（1639）举人，善诗、书、画，以诗文著名，为三楚名儒，诗名与王渔洋（士祯）并世。明崇祯年间授官随州学正、京卫学博。清初，曾为官，生性耿直，不容于朝。康熙二十二年（1683）贬为澄海知县，到任后在寺舍中办公视事，体恤民情，敢抗权势，革除弊政，修复县署、学宫、城池、堤闸、海防津梁、寨堡、市肆等，主持重修《澄海县志》，兴办学校，民俗为之一新，深受县民爱戴。县志说他“视澄如家，视澄民如子”。

王岱在澄海曾留下十几首诗，莲下程洋冈丹砂古寺寺门石匾“丹砂古寺”四字为王岱所书，此四字取法颜真卿，又渗透魏晋意味，气势雄浑，厚朴稳健。澄海博物馆收藏王岱的手迹一帧，气势恢宏，用笔灵动，刻画精到，虚实相生，意趣横溢。

（《潮汕文化百期选》《澄海县文物志》）

王道（1893—1946），学名章明，字逸民。揭阳蓝田都东泮村人。广东法政大学毕业。曾由澄海吴贯因介绍，到北京当翻译员。1933 年任连平县县长。曾任国民政府政务部秘书处翻译。后任中山大学教授。著有《国民党大纲》《原国》等。擅书法，宗康南海。

（《揭阳美术家人名辞典》）

王鼎新（1894—1968），又名王心民、王慎民。澄海莲下人。1914 年春东渡日本求学，先后毕业于东京成城学校和高等师范学校。留日期间积极参加彭湃等组织的“赤心社”。1921 年春回国后，在广州任潮州旅省八邑中学校长，致力于教育改革，向学生介绍由共产党人创办的《新青年》《新潮》等进步刊物。回汕后，创办《时报》，宣传革命思想。1925 年国共第一次合作时，受周恩来的委托，参与改组国民党澄海党部。1929 年，赴上海主持南强书局（“左联”的重要交通站之一），出版大量进步书刊。1946 年，在澄海创办苏北中学，并任校长。他于 1954 年参加中国农工民主党，连续两届当选为该党汕头市委员会委员。1957 年任澄海县副县长，主管文教工作。曾与杜国庠、柯柏年合编《新术语辞典》《经济学辞典》等。

王鼎新是广东省书法研究会委员，精临《张黑女碑》而借鉴欧体、汉隶，在风格上，化古拙粗犷于灵秀清逸之中，点画精到，结体端庄，意态自然，既有神清骨秀的南方书风，又不失北派书风畅达粗犷的意象。他已将二派书法的精妙特长熔为一炉，而自成面目，时人赞为“鼎新体”。

1978 年，人民出版社出版王鼎新的楷书字帖《毛主席诗词三十七首》，此字帖近2 600字，创作时作者 72 岁，书风老而弥精，是其成熟的代表作。王鼎新楷书用笔以方笔为主，方圆并济，点画备尽法度，下笔、收笔、转折时小心收敛，点画工整精到。下笔处藏露并用，多成方头，而收笔也不务求回锋。总的来看，王鼎新用笔秀润遒劲，内朗外柔，笔画线条看似变化不大，体貌浑朴华润，但其笔势之间精神充沛。这件作品排列横直成序，宛若珠玑罗列，是潮汕现代书家的重要代表作品。

（《潮汕百科全书》）

王翰，原名那木翰，字用文，号石友山人。元末灵武人。其上三世仕元，为上千户。翰少袭爵，擅诗文。先任江西、福建两行省郎中，至正二十六年（1366）至二十八年（1368）任潮州路总管。翰为官清廉，遇事敢断。其治潮期间，轻徭减赋，重建至正十二年（1352）烧毁的韩山书院，聘请当时潮州名士到韩山书院讲学，为当时潮州的文教事业发挥积极作用。王翰善书，篆、隶、楷皆善，任潮期间留下石刻甚多，清翁方纲《粤东金石略》录其题于金山之篆书四字“清辉同趣”，并有款云：“丁未春灵武王用文书。”清钱大昕《潜研堂金石文跋尾》录其潮阳东岩题刻，为分书，有《石门颂》笔意。另外还有篆书“垂云”“云关”，潮阳东山方广洞摩崖楷书“栖云”等石刻，甚古拙，旁皆有款。

（《潮汕金石文征》）

王汉翘，潮州城人。与同邑书法家王显诏有宗亲关系，家住潮城中山路北侧，是潮城望族。长期驻香港做渔网生意。其书法艺术炉火纯青，笔画严谨。

（《潮州历代美术家辞典》）

王洪（1847—1912），号春澥。海阳人。宋礼部尚书王大宝后裔，王显诏祖父。幼颖异，年十八补博士弟子员，旋以优行饩上舍，为当时江苏巡抚丁日昌、潮州总兵方耀等所重。方耀治潮办积案，王洪所活冤人甚多，有来谢者，笑却之。潮州创建“潮州会馆”于省城，颇有挠者，累年不能就，洪奉命董其事，遂以落成。未几，援例得高要县儒学训导，集士之秀者，课以文章、品行，凡选拔优行必实。张百熙督学广东，尤优重之，奏赏五品衔。

性嗜古，凡闻秦、汉、魏、辽、宋、明所遗古器物、名人书画，必藏之，若金石、碑帖、泉币、刀布，鉴别精审。山巅、水涯有所发见，必手自摩拓钩考。故所萃者奇富，入其室瑰奇珍诡，非博古者莫能名焉。据苏庚春先生介绍，今广东省博物馆以及广州美术馆馆藏之书画，有不少系王洪旧藏，凡钤“春澥审定”之章，均为较精者。亦晓医术，尝手录验方，成数巨帙。其书法得赵文敏神理，探源“二王”，小楷尤遒丽。病前一日，犹搦管作书。

百榕斋藏有他写的一件扇面小楷，载明“己酉年端午后五日八九老人课笔书”，盖朱文小印，印文为“春澥”二字。这件扇面小楷，有返童趣味，又笔笔有规矩。

（《潮州历代美术家辞典》）

王家光（1876—1953），字鄞庭，晚年自署老戆。揭阳蓝田都锡场（今属揭阳市揭东区）人。清末附贡生，长期任教职。擅书法，尤精楷书，颜筋柳面，与许维城同为本邑名家，善书寿屏联对。子王士龙，擅画。

（《揭阳美术家人名辞典》）

王家华（1898—1988），又名树梅。澄海莲下镇槐泽村人。澄海中学第一届毕业生。一生从教业医，曾任澄海县端本学校第一任校长、澄海县中医公会主席。书法崇尚北碑，晚年以碑入行，“古今杂形”，“异体同势”，每字结体造型偏长，笔画斩截爽利，得力于六朝碑版，浑朴古雅。

（《澄海历代书法概览》）

王静勤（1941—2006），澄海坝头大埔堀人。从事教育、文化工作四十多年。素喜文痴墨，尤以诗词、楷书见长。1956 年开始写作，先后有诗词、书法等作品于省、市各级报刊发表或参展。主编《塔冈文艺》，著有《勤园摭芥》《勤园友情嵌名诗联》。曾为澄海坝头文化站站长、广东省中华诗词学会会员等。曾临摹颜真卿、怀素、孙过庭等名家字帖，尤擅草书，古拙浑朴、遒劲隽逸。

（《征访册》）

王宽常（1847—1903），字景庠，号子芳。澄海外砂东溪村（今汕头市龙湖区外砂镇）人。据其子王锡瑚《常祖总簿》载：“先考（宽常）文章隽逸，诗赋一门，虽不甚揣摩，而与当时词客骚人登坛角胜，犹是卢后王先。至于杂体联对，人有求之，即信笔书应，无不超凡脱俗，皆由天资过人故也。又工书法，无愧右军后。”著有《晨星集》。

（《龙湖文史》第 2 辑）

王宽益（1843—1895），字景仁，号寿岩。澄海外砂东溪村人。工于辞章，书风清逸，著作颇多，当时澄海知县王耀曾特器重之，有《小輞川诗集》行世。《小輞川诗集》后被陈慈黉之弟陈步墀选入《绣诗楼丛书》，《潮州志》和《潮汕文献书目》有载，现汕头图书馆有藏。

（《龙湖文史》第 2 辑）

王兰若（1911—2015），原名勋略，曾用名者、庵，别名爱绿草堂主。揭阳人。少年时代，王兰若置身于诗书之中，培养了他酷爱读书的兴趣。家中有祖上流传下来并经常被轮换在父亲的书斋中张挂的董其昌、王拱、王石谷、黄璧、杨修、曾习经、任伯年等人的卷轴书画。20 世纪 20 年代初，王兰若先是课余从林芙初习画，临摹《芥子园画谱》，继之又求学于孙裴谷。1933 年，他由孙裴谷介绍，赴上海拜会诸闻韵，然后进入上海美术专科学校国画系深造，次年转学收费较廉的新华艺术专科学校。1935 年，又返回上海美术专科学校，并以优异成绩成为上海美术专科学校国画系第十六届的毕业生。

赴上海求学以前，王兰若已在揭阳炮台担任红十字会小学校长兼家乡三峰小学校长，毕业回乡后被聘为汕头友联中学、省立金山中学、东方艺术学院以及瀛寰艺术学校美术教员，开始了他在潮汕地区漫长的美术教育生涯和创作生涯，揭阳、汕头等地都留下了他的足迹。1947 年曾赴南洋旅行写生，当年夏天，于曼谷邂逅关山月，乃与关氏联合举办“救荒画展”。秋天，与关氏转赴新加坡，由星洲华人美术协会主办“关王画展”。在南洋期间，王兰若广泛地接触了当地的美术界同人，其中包括原来上海美术专科学校的不少同学，后来又在槟榔屿和吉隆坡举办画展。1948 年春归国后，在普宁、汕头等地执教。20 世纪 50 年代初期，担任汕头省立华侨中学美术教员和汕头市中等学校美术教学研究组组长，承担了汕头中等学校美术教材的编写工作。1951 年，曾主持梅州和潮汕各区县美术教学示范讲座。

1980 年，汕头画院成立，王兰若出任副院长，后为汕头文联名誉主席、名誉院长、汕头美术家协会名誉主席，是中国美术家协会会员，又被选为广东省文代会代表和美术家协会广东分会理事、广东省六届人大代表，汕头市七届人大常委，汕头市五届政协常委等。曾在国内各地及美国、法国、新加坡、日本、澳大利亚、泰国等国家举办画展。出版个人作品集十余部，多幅作品为故宫博物院、中国美术馆收藏。向广东美术馆捐赠作品 70 幅，向汕头市博物馆捐赠书画作品 160 幅，馆方于馆中辟专馆陈列其捐赠作品。2011 年荣获汕头市文化艺术终身成就奖。2012 年人民美术出版社出版了《中国近现代名家画集 · 王兰若》。

王兰若是一个画坛的多面手。他不仅擅画花卉，尤以兰花著称，还兼擅山水、人物，是一个多才多艺的全能画家。在花鸟画方面，王兰若的绘画受海派绘画的影响较深，他擅长的兰花、墨竹、神仙鱼、松鹤等题材成为其绘画符号，其运用水墨的技巧与独具匠心的写意风格成为传统绘画的一种典范。

（《中国近现代名家画集 · 王兰若》）

王立（1925—2000），别名竟祥。兴宁人。擅版画、中国画，20 世纪 40 年代即从事木刻活动，曾参加“抗战八年木刻展”，荣获鲁迅版画奖。为广东画院秘书长、中国美术家协会会员、中国版画家协会理事，对澄海农民版画事业给予大力支持。20 世纪 60 年代后深入卧龙自然保护区，专画熊猫与竹。作品有《四大文豪》《野菜无处寻》《渡口》《久旱》《峪谷初醒》《试榨的早晨》《建设水电站》《熊猫之乡》《霜竹图》等。作品多次在海内外展出或被收藏，其中，《渡口》被苏联东方博物馆收藏。出版有《王立画集》《王立美术评论集》《王立国画新作集》等。

（《征访册》）

王利亨（1763—1838），字襟量，号竹航，别号寿山老人。梅县松源镇圆岭村人。清乾隆五十四年（1789）举人，嘉庆六年（1801）进士。选翰林院庶吉士，知山西广灵县，擢忻州知州。中年主讲潮州韩山书院。诗词书画皆精。擅画山水和墨竹，运笔苍劲有力。曾作《芦湾钓月图》，有画家龙元任题诗。《天籁阁集》载有其题画句："画须简峭。最可喜者，苍莽之气，脱去畦町，所谓看似非笔，却无笔不入笔，斯为神妙。"强调通过笔来运用墨色，产生气势和情意，复在情意中寓笔势。

（《广东画人录》）

王流秋（1919—2011），潮安江东人。1919 年生于泰国，7 岁奉父命回潮州读书。12 岁时因母亲想念，又回到泰国。1938 年回国后即奔赴延安，曾参加延安文艺座谈会。1942 年入延安鲁迅艺术学院美术系学习，1945 年毕业。1946 年南下到苏中，任新四军政治部《江淮画报社》美术记者。同年出版的《抗战八年木刻选集》选入其《年节劳军》《为死者复仇》两幅作品。1951 年调中央美术学院华东分院（现中国美术学院）绘画系，1953 年出任系主任。1955 年参加苏联著名画家马克西莫夫油画创作班，创作了《转移》等作品。1980 年任浙江美术学院教授、油画系主任。1988 年作为中国美术家代表团成员赴泰国访问并举办画展。1991 年赴法国访问，1992 年荣获"中国新兴版画纪念奖"并在北京人民大会堂接受颁奖。1996 年举办"王流秋从艺 50 年回顾展"。

木刻画《宣传卫生》（1943 年）、《新年劳军》（1943 年）被收入《中国新兴版画 50 年选集》。《斗霸》《劝降》《转移》《黎明》等作品收入《中国美术全集·现代卷》。出版有《王流秋画集》等。

（《征访册》）

王抡元（1878—1954），字锦魁，号胪初、耐寒居士。澄海莲下人。弱冠应童子试，即获秀才。戊戌政变后，赴上海中国公学深造。擅长诗文、书法，其手稿中有许多自作诗，其书法在六朝碑版中融入劲健、挺拔之笔致，清雄脱俗，秀而不媚，劲而不僵，神清气爽。

莲阳武庙有王抡元所书的楷书刻石："愿天常生好人，愿人常行善事。"字形丰满，厚重而灵动，苍劲丰润，潇洒安闲。劲力舒展而气象开阔，精奥纯正而不呆板，使人感到既沉稳、紧峭，又舒和。

（《书林拾萃》）

王铭石，潮州城人。1949 年后逝世。以画像为生，擅画碳像，评者谓其画像为潮州城第一流。杜联平收藏王作朱秋痕肖像，长 73 厘米，宽 42 厘米。朱秋痕是苏州人，1931 年加入明星公司，为 19 世纪 30 年代中国电影界著名女明星，明星公司“七大名旦”之一。朱秋痕画形象层次分明、气质高贵，足见画家之艺术功力。

（《潮州历代美术家辞典》）

王敏（1933—2016），揭西棉湖镇人。国家二级演员，原汕头市曲艺团副团长。1958 年考入汕头专区文工团，一年后调入汕头市民间音乐曲艺团当演员。1986 年起，先后被评为汕头市劳动模范、省文化先进工作者、汕头市十佳演员。被中国曲艺家协会授予“50 周年有特殊贡献的曲艺家”称号。2014 年分别被汕头市委宣传部和省曲艺家协会授予终身成就奖。出版了《王敏曲艺选》《曲苑潮声》《潮汕曲艺初探》《王敏曲艺作品专辑》《茶余酒后》等作品。是中国曲艺家协会、广东省曲艺家协会、汕头市曲艺家协会会员。对于书法也有深入的探索。

（《戏外翰墨》）

王庆先（1928—2011），字绵荫，别署王珪，号绿漪主人。澄海莲阳人。幼喜丹青，得舅父蔡光讱指导，弱冠投考华南文艺学院，进入美术系研习国画，成绩优异，获李铁夫、欧阳山、陈残云、黎雄才、关山月、方人定等名家器重，1953 年本科毕业后从事美术教育工作，桃李芳菲。为汕头市美术家协会会员，出版了《王庆先书法集》《王庆先书画集》等。

王庆先擅写花鸟，涉足书法篆刻，远溯八大山人、青藤以及宋元诸家，近宗吴昌硕、潘天寿及“岭南三杰”，博采旁收，兼收并蓄，数十载如一日。书法得郑板桥之韵，合画法而出己意，将书法融入绘画，形成雄奇朴拙、浑厚华滋的风格。

（《王庆先书画集》）

王士龙（1905—1970），字幼庭。揭阳锡场（今属揭阳市揭东区）人。书家王家光子。上海美术专科学校西洋画科毕业。后进上海昌明艺术专科学校研究班，随汪亚尘学中国画。1928 年到汕头创办岭东美术学校，任校长。1929 年旅居泰国，1930 年在新加坡端蒙学校任教。曾与郑鼎新组织南星艺术研究社并举办个人画展。1950 年底回国，从事教育。擅将西洋画法与国画法相融合。

（《揭阳美术家人名辞典》）

王树滋（1922—1986），澄海莲下人。王鼎新长子。毕业于香港华侨工商学院会计系，华南师范学院中文系本科。先后在汕头市第一中学、汕头市第七中学任教，共 30 多年。系广东省书法家协会会员、汕头市书法家协会副主席，曾当选汕头市人大代表。出版有《王树滋书法选》。

王树滋楷行、隶、篆诸体皆能，法度精严、峻利疏朗，尤以楷、行更精。他一生不乏巨制，如立轴《岳阳楼记》、十二屏巨帧《潮州韩文公庙碑》、四条屏《正气歌》等楷书作品，结体缜实，笔致精到，气势恢宏，神韵相生，蔚然大观，保持了魏碑的刚健奇崛，又备见拙厚风姿。他的行草则深受其翁“鼎新体”影响，更近于《张黑女碑》的隽逸挺劲，同时又有《猛龙碑》的朴厚刚劲。其作章草，字体大小均匀，笔意连绵又字字分开，掺以魏碑笔意，加重捺、点的波磔；而隶篆则在规矩工整中见灵动，秀逸清丽。

王树滋重视书法创作的同时，又不断加强个人的综合修养，其自作诗词，收录了自书《金凤花赞》《改革开放颂》《六十初度》等，借笔墨诉心声，实是炼气化神之作，诗、书熔于一炉。他又抱病写下十多万字的书论，涉及书法史、美学、学艺心得等，文章结构、论点颇费心机，内容深入浅出，不乏独特见解。

（《王树滋书法选》《汕头十四书家遗墨集》）

王天达（1902—?），澄海外砂东溪村人。自幼师从王锡瑚，现传世的《楷书八条屏》，即可明显看出其与王锡瑚的师承关系，但在运笔上比王锡瑚更多地使用了圆转之法，笔画更加饱满，体态少了几分峻峭，显得气足神丰，不失为佳品。

（《龙湖文史》第2辑）

王天性（1525—1609），字则里，号槐轩。澄海外砂林厝村（今属汕头市龙湖区外砂镇）人。嘉靖三十一年（1552）中举，初任盱眙县教谕，后晋上高县令、南昌府通判等职，为官有清名。万历二十二年（1594）受澄海知县王嘉忠所聘，用五个月编写出澄海第一部县志。书法宗欧阳询，起笔较方，收笔按顿不重，起讫分明，干净利落，结体用内擫法，中宫紧凑，内紧外松，有险劲峻拔之姿。

（《二乐堂随笔》）

王文质（1932—1986），澄海人。1953年7月于韩山师范学校美劳专科毕业后，先后为海丰十二小学美术教师、海城小学校长，彭湃中学和汕尾中学美术教师。1962年8月调任澄海坝头中学教导主任、澄海外砂中心小学校长，1964年到教师进修学校学习，1970年后到县委报道组、县委宣传部办公室、县文化馆等单位工作。1973年，写生水彩画作品《红宫》《红场》参加广东省美术作品展。1980年参加潮汕水彩画会并选任理事，汕头美术家协会会员，1987年被选为澄海县美术家协会副主席，曾任澄海县首届摄影协会会长。

（王聪提供）

王锡瑚（1870—1939），又名岱铭，字山齐，又号荫槐深处主人。澄海外砂东溪村人。自幼受家风熏陶，擅诗文，精联对，尤其工于书法。与其二兄锡璜、其子占梅合作著有《小香山集》五册，编著有《王氏家谱》《常祖总簿》《杂录》《诗联》《联对总集》《香山书法》《通用帖式》等手稿。其后人曾将其影印，辑为《东溪手稿集》。锡瑚书法笔画精细，变化丰富，用笔精到细腻，结体匀称妥帖，整体气韵连贯，颇得赵孟頫精峻挺拔、姿态妍丽之意趣，又受清末黄自元楷书影响，笔画更加修长，婉约俊美，耐人寻味。

（《龙湖文史》第2辑）

王显诏（1902—1974），潮州城人。早年肄业于上海艺术大学，后在韩山师范学校、金山中学执教。曾任潮安县人民代表、广东省人民代表、潮安县文联副主席、中国美术家协会广东分会理事。工书法、篆刻和诗文。书法出入宋元之间，山水师承文征明，汲古而化，于劲爽缜密之中流露出温文尔雅的文人气质。

所作《凤凰楼居》图，描绘了凤凰山区的自然景色和村居特色。画作采用全景式的布局，上有重峦叠嶂，中有楼居掩映，下有密树菁林，中间穿插曲径幽泉，打破画面的沉寂，平添几分清趣。作者借景抒情，描写出对实景的主观感受。画面着意表现空林落木、清寂高旷的秋景。古代民间建筑在现代画面中的再现，传达出寻胜探幽的文人野趣，这也正是画家的立意所在。画面左上角附跋云："凤凰为饶平山区，人稀地少，居民自明末清初筑集体楼寨，以避野兽、盗贼，而其地民风淳朴，且具有现代文化，盖其村男子十之七八侨居南洋群岛也。村谚有云：凤凰山村，米白水整（淡），出门三道岭。其特点如此。"可看出画家在写生此画时，对当地风土人情的细致观察和了解。

（《潮汕百科全书》）

王香涛（1881—1960），揭阳榕城人。任职于揭阳县工艺厂。擅长漆画，亦能油画、国画，均以工笔为主。写实能力强，多肖形状物。作品深受民间喜爱。名画家刘昌潮与之交厚，常与切磋技法，讲授中国画理，曾合作《花鸡绿竹》，入选全国画展。1954 年作《菊花绒鹅图》，一笔不苟，循规蹈矩。为广东省文史馆馆员。

（《揭阳美术家人名辞典》）

王笑侬（1901—1945），澄海莲阳槐泽人。早年移居海外，后回乡居住。民国潮汕地区知名谜家，与杜国玮、陈农余二人合称"莲阳三老"。自幼博学多思，在乡间富有文名。他每次开设谜台，并不带事先写好的谜笺，而习惯于临阵挥毫，谜作信手拈来，如数家珍。其谜作不落俗套，书法清秀飘逸，在潮汕谜坛享有较高的声誉。其谜作取材甚广，尤以潮汕方言俗语、乡土风情作品见长。其一生谜作盈箱满柜，但他所存的数麻袋谜作在其身后竟被当成包装纸卖掉，甚为遗憾。

（《潮汕灯谜史》）

王雪六（1914—1997），澄海人。长期从事教育工作。其书法博取众家，融贯己意，结构平整端庄而不呆板，笔畅自然，形成婉约潇洒的风格。

（《岭海诗词三百首》）

王逊（1888—1926），字华芷，号敏庵、植草吾庐主人。揭阳人。国画师事同邑画家林亦华，后得海派画风影响，以大写意奔放墨取胜，而工笔人物画亦能细腻入于毫发之间。民国初，他在汕头报社任国画主编，又与黄史庭合办《韩江画报》，影响颇大，其时常以漫画笔调将国事刊登于报纸上，抨击时弊，把一些丑恶的灵魂具体化，使之暴露无遗，很受市民的赞誉。出版有《敏庵画集》（又名"王逊六法画册"）二册，一为人物，一为花卉。

王逊作画取材广泛，古贤仙道、市井游民、优雅仕女，皆在其笔下栩栩如生，造像准确，顾盼有情。又汲取闽派、海派的优美技法，隐约可见陈老莲、任伯年笔致。王逊的画风明洁清润，清刚灵逸，所作人物行动别致，着意传神，而花鸟画则精致雅趣、清丽脱俗，皆有明快温丽、雅俗共赏之致。

（《潮汕百科全书》）

王延康（1854—1926），字稚筠，自署王孝廉约公、王季约少筠、王约园，晚年自称约园主人。潮州城人。王延康家住潮城高华里，祖籍潮州枫溪英塘乡，自幼聪颖，13岁参加童子试，名列前茅，补博士弟子员，光绪十一年（1885）举人，家中藏书万卷，潜研自乐。光绪二十四年（1898），康有为、梁启超倡导维新变法，实行君主立宪，他深表同情和支持。光绪二十七年（1901），吴道镕编纂《海阳县志》，他是总阅之一。民国以后，曾出任汕头市税务局局长，汕头商报主笔及汕头孔教会会长。晚年以书画自娱。饶锷《浮白山馆记》有“吾潮近日言清福得天独厚者，必首征先生”之语。

王延康擅书法，真草隶篆俱佳，其书致力于“二王”笔法，人争宝之，所得润格逾千金。当时士绅皆以家中挂有其书画为荣。现潮州高华里他的旧居门额“约园”二字及西湖山麓中段石刻“公园”二字、南岩题诗以及辜厝巷侨商陈雁馨堂碑记，皆为其笔迹，潮阳莲花峰上也有其书法刻石。另有小楷横披大幅，写自作诗九首，末署“癸亥秋，久雨初晴，暑气全收，勉强作此，羞涩殊甚，约公并记”。王延康喜欢清朝“四王”山水画，在一本“四王”山水画册中，每页都盖上自己的名字印。他所作的山水画，也小巧精细，缜密秀丽，显然以“四王”为师。其小册页《踏雪看梅图》，画面梅枝繁密，路径横过梅园，人物画得精细，画面古雅可爱。其画给照南先生的山水团扇，前画亭、后画山、中间水，亭在水边坡地上，右边有桥通画外，顶部之山，分前后三座，山脚有房屋，均以“四王”技法为之。王延康多才多艺，书画外又通音律，精短笛，善昆曲，又工诗文，文风朴实，曾为潮城西医师柳德生开设的药房撰联曰：“壶中藏有长春药，世上应无短命人。”

（《潮州历代美术家辞典》）

王遗仙（1916—1998），原名维湘。澄海人。幼从王抡元等学文学和书法，毕生在汕头市多所中小学从教。退休后以诗词、书法自娱，是广东中华诗词学会会员、汕头岭海诗社理事，汕头市书法家协会会员，著有《闲吟集》。其书法各体皆精熟。1985年为旅泰侨胞编订《中国书法入门》中英合订本，在泰国出版。

（《闲吟集》）

王逸之（1924—2004），揭阳炮台塘边村人，生于马来亚。1945年开始发表文学作品，曾在中小学任教，后长期在汕头市委、市政府机关任职，曾任政协常委、秘书长。其多才多艺，文章文笔质朴，观点鲜明犀利，雅俗共赏，著有《“文革”历劫记》等。既能诗词，也擅书法，常书陆游诗句“位卑未敢忘忧国”，神秀畅达，朴实古拙。

（《王逸之纪念文集》）

王毅君（1900—1977），字无闷。潮州城人。1928年毕业于中山大学医学系。后一直当医生。王毅君喜书画，幼承家学，其祖父王延康，善书画、富收藏、精鉴赏，对王毅君颇有影响。饶锷《浮白山馆记》载：“王君毅君通医术，好学，能丹青。”

王毅君喜欢收藏字画，但其所藏书画作品已在“文化大革命”时焚毁殆尽。潮城胡镇福医生藏有其两幅册页：一为隶书，其书学伊秉绶，古朴意趣；另一幅是山水人物画，题“桐阴清暑”，画中写梧桐树，树下屋里一书生在读书，为己卯年（1939）所作，笔墨略带稚气。

（《潮州历代美术家辞典》）

王雨若（1868—?），潮州新桥宫前人。清末贡生，日本东京同元书院毕业。1906年留学回国后，又到新加坡教书。1907年回国后在汕头商业学校任教，参加过辛亥革命。1922年任汕头市市长，后多次任国民党政府要职。书作纵横挥洒，随意自然，古朴凝重，雍容畅达，笔力遒劲，雄放豪逸。

（《征访册》）

王源（1376—1455），原名王原楚，字启泽，号韦庵。福建龙岩人。明永乐二年（1404）进士，历任河北深泽知县、翰林左春坊、卫府纪善、松江府同知、吏部郎中，正统年间任潮州知府。他一生爱民如子，勤政清廉，在潮州任中惩治贪官污吏，修学宫、办教育，建广济桥，筑长堤（潮人谓之王堤）。明代著名学者陈白沙把他治潮的政绩与韩愈相提并论，认为“吏于潮者多矣，其有功而民思慕之，唐莫若韩愈，入国朝来莫若王源，驱冥顽之鳄，造广济之梁，其事显于为人，不可诬矣”。《明史》将他列为循吏。正统十年（1445），王源告老还乡，年八十而逝，著有《韦庵集》《书传补遗》《家礼易览》《异端辨》等书。为褒扬他在治潮期间的不朽功绩，海阳县教谕袁均哲撰写了《王韦庵前传》颂扬他的德政，潮州人在广济桥头兴建了“王公祠”以祀，岁时致祭。该祠后来倒塌，至清乾隆二十七年（1762），潮州知府周硕勋迁建金山麓。

王源书法可见者有旧广济桥头所立“广济桥”碑一块，碑中“广济桥”三字为隶书阴刻，右上款为“王韦庵书”，左下刊小字“督工驿丞秦祖”，皆为楷书阴刻。饶宗颐《广济桥志》中载：“碑在县城东门街口，高五尺，广二字。中书‘广济桥’三大字，字大一尺五寸，字体略近《夏承碑》。”另一处是其为潮安龙湖镇鹳巢乡李氏世族宗祠所题牌匾，匾中书“同心堂”三字，上下两款曰：“赐进士第中宪大夫知潮州府事王源赠，正德元年岁次丙辰端月吉旦立。”皆为楷书阳刻。

（陈贤武提供）

王远勃（1905—1957），澄海澄城人。1921年考入上海美术专科学校西画系，三年后得法国江亢虎博士赏识，受其资助留学法国，毕业于法国国立巴黎高等美术专科学校，曾获巴黎学生油画展第一名。系法国马赛南方美术协会会员。作品两次参加巴黎秋季沙龙画展。1926年回国后，历任上海美术专科学校西画系主任、教授。1933年刘海粟赴欧美考察，由他代任校长。1949年后，任天津师范学院美术系主任、教授。出版有《王远勃画集》。

王远勃尤长油画人物，继承西洋画古典主义的优秀传统和现实主义的创作方法，以造型的坚实和手法的朴素而使艺术风格形象独特，如他仅存的油画《打铁工人》（编入《中国现代绘画史》）表现了工人在打铁的艰辛劳动中精疲力竭的瞬间状态，在这个表现不朽的人类劳动而又极贫困的形象中，渗透了他所认为的“艺术本身带着革命性”的观点，蕴含着画家强烈的爱憎以及对劳动者的深沉感情，表现了讴歌劳工神圣的主题。

据《中国现代绘画史》所载，王远勃是我国20世纪20年代出现在中国画坛的“一个重要画家群中的一员”，也是“一位致力我国早期艺术教育的西画家”，为我国现代西洋画的开拓发展播下种子。

（《潮汕百科全书》）

王占梅（1902—?），字兆榜，自号东溪拙叟。澄海外砂东溪村人。在家风熏陶下，勤习小楷，晚年更醉心翰墨，作品很受人推崇。

（《龙湖文史》第2辑）

王壮涛（1927—1999），字长澜，号意园。澄海莲下人。从艺四十多年，诗、书、画、谜皆精，书法师法颜真卿、何绍基，字体骨格苍劲，韵味隽永，画风清逸流畅，墨韵悠长，诗思敏捷，言浅意深，雅俗共赏。曾任澄海第三、四届政协委员，广东省书法家协会会员。

王壮涛所画《兰竹图》，画面采用插枝法，画在左上角的数竿竹，枝劲叶利，挺拔凌云，神采飞扬，郁郁苍苍，清影摇曳。画在右下角的兰花，生气勃发，隽秀而无庸俗之气。笔法老健，饱满湿润，清淡自在，似不经意，实则法度严谨，有金石之秀劲。竹、兰相对集中于两角，中间只用一兰叶连接，下侧行书题跋清丽俊逸，使左下方产生密不透风的艺术效果，而右上方却出现大量的空白，打破了一般的对称平衡，避免了单调死板的视觉效果，既不落俗套，又增添活力，意趣横生，达到出奇制胜、简练概括的艺术效果。

（《征访册》）

王资深（1876—1953），揭阳炮台人。毕业于汕头贝理神学院。书法习“二王”、颜真卿和何绍基。擅长榜书。

（《征访册》）

王佐时（1876—1962），字弼臣，号阿衡、别情。潮安庵埠人。光绪二十八年（1902）秀才。辛亥革命后，在村中带头剪辫。后为汕头华英中学、大中中学国文教师，汕头《民声日报》主笔，经常著文针砭时弊。1956年当选为潮安县政协委员，遗著有《阿衡剩墨》四卷。其书画双精，以人物、仕女见长，笔墨精细、温文尔雅，书法温文秀润、含蓄浑厚。

（《庵埠志》）

魏绍汉（1893—1989），揭阳渔湖梅兜村人。榕江学堂毕业。抗日战争后赴台湾，任职于林业局。1946年后在台北悬壶济世，任台湾中医师考试面试委员。著有《医学求新》。工书能文。书宗颜鲁公，平稳不俗，《医学求新》书为其蝇头小楷手书影印。

（《揭阳美术家人名辞典》）

魏天禄（1888—1971），揭阳榕城人。幼随其父魏承香学艺，十八岁出师承揽建筑装饰工程。擅长灰塑、嵌瓷，现存揭东登岗陈厝洋村德寿里宅第，为其代表作，计五年时间完成，有嵌瓷、灰塑、壁画等多种工艺。壁画人物古朴，形象生动，灰塑作品能注意局部细节，嵌瓷色彩悦目，富立体感。有《魏天禄作品选集》。精于民间绘画。

（《揭阳美术家人名辞典》）

魏蔚侯（1911—2001），署所居为蔚园。揭阳榕城人。长期在揭阳镜艺厂工作。喜收藏，以书画为多。与陈君励甚投契。擅制作盆景、假山，曾为揭阳县工艺厂制作大假山。晚年以小盆景胜。

（《揭阳美术家人名辞典》）

魏照涛（1938—2012），揭阳人。国家一级美术师，中国美术家协会会员，曾任汕头市政协岭海翰墨社社长，汕头中国画院副院长。第七届至第九届政协汕头市委员会常委。被汕头市委、市政府授予“优秀专家”“拔尖人才”称号。自幼喜爱艺术，少年时已有作品参加过省、市美术作品展并发表在省级刊物上。20世纪50年代任专业文艺团体舞美设计师，设计剧目近百个。其中《火焰山》的舞台美术设计入选《中国戏剧志》和《潮剧志》。潮剧《罗衫记》《孝妇杀家姑》舞美设计图被载入《中国文艺年鉴》。20世纪60年代，就读于广州美术学院，师从黎雄才、徐坚白等。潜心钻研中国水墨画，足迹遍及中国大江南北，先后得到著名画家张正宇、谢海燕、王个簃等的悉心指导。先后应邀赴十多个国家举办个人展览，并在中国台湾东海大学、台湾中兴大学、新加坡南洋艺术学院、巴黎国际艺术城等地讲学。作品多次由香港苏富比、香港佳士得、嘉德、上海朵云轩、北京保利等拍卖行收录。出版了《魏照涛画集》、《汤文选、魏照涛画集》、《魏照涛山水画册》、《魏照涛画集》（英文版）、《魏照涛水彩画集》、《魏照涛山水画集》、《魏照涛异国写生画集》等作品集及艺术评论。作品多次被国内外美术馆、博物馆收藏。

（《戏外翰墨》）

温和，生活于清末。澄海樟林新陇村人。代表作为设色工笔重彩《水浒一百零八好汉图》，在横177厘米、高85厘米的熟宣纸上，将一百零八好汉集中在以忠义堂为背景的画面中，风格细腻，人物惟妙惟肖。

（《汕头文物》第16期）

温廷敬（1869—1954），字丹铭，号止斋，笔名纳庵，晚年自号坚白老人。大埔人，长期居住汕头。近现代粤东以至岭南著名学者、文献学家。中日甲午战争后，钻研西学西政，支持废科举、兴新学，专心学术研究及地方文献编辑。中山大学曾授予其名誉教授，聘为文史研究所导师、硕士委员会委员。著作甚丰，编著、校辑有《补读书楼文集》《旧五代史校补》《潮州诗萃》和《潮州文萃》等70余种。其书法楷中带隶，沉厚浑穆，端正大方，刚健质朴，秀逸多姿，寓变化于整齐之中，藏奇崛于平稳之内。

其传世手稿极多，这些手稿的行与行之间，都有清晰的乌丝栏，整体干净利落，而每字的布局也基本大小一致。但细观每字，都富变化，特别是突出横画、捺画等主笔，在字形中间部位的横画，多破锋直入，类同尖刀，收笔时稍事停顿，即作回锋，给人以迅疾、畅快之感。

（《潮汕百科全书》《韩师史略》）

温仲和（1849—1904），字慕柳、柳介。嘉应州人。光绪间进士，官至翰林院检讨。晚年居潮州，曾任金山书院院长，潮州总学堂总教习，开岭东考据学风气。隶书严正方劲，气象雍容。今铁巷己略黄公祠门楼保存着他的四幅隶书石刻。《铭雀砚斋印存》中有温仲和行书题词五页，系木版水印，木版雕刻很精细，表现了其书法艺术。笔迹苍老雄放，圆活自如，肥不伤骨，瘦不伤肉，得棉里裹钢之妙。该件卷末落款“丙申四月嘉应温仲和”，盖两方印，一为“恨相知晚”，另一为“翰林院检讨嘉应温仲和私印”。编著有《（光绪）嘉应州志》《求在我斋诗文集》《三礼汇纂》。

（《潮州历代美术家辞典》）

翁辉东（约1885—1965），字子光，又字梓关，别号止观居士。潮安金石人。出身贫寒，青年时向往新学，为同文师范毕业生。曾任潮安县东凤育材学堂教员。1908 年秘密参加同盟会。1909 年转任龙溪肇敏学堂教员。与黄人雄合编潮州乡土历史、地理教科书，经清政府核准发行，为各学堂通用。州人自编教科书，他实肇其端。1910 年，赴广州高等农林讲习所深造。次年辛亥革命爆发，出任粤东革命军司令部参议，参加潮汕光复活动。旋任潮州农林试验场场长兼蚕桑所所长。1913 年起，任惠潮梅师范学校（今韩山师范学院）教师、学监、代理校长。1922 年任省立第四中学教员。旋又出任汕头汉英中学校长、潮州红十字会医院附设医专教员。1924 年初，以其系同盟会员被粤军总指挥部委派为大埔县县长，任职仅三个月，因不屈服于当地邪恶势力而断然辞职。1927 年赴江苏海州（今连云港）任职盐务。1929 年任上海医学院生物学教授。此后在上海潜心著述及整理出版旧作。抗日战争爆发后，他不为汪伪分子的利诱所动，协助叶恭绰编纂屈大均的《皇明四朝成仁录》《屈翁山文集》。抗战胜利后，饶宗颐于汕头总纂《潮州志》，函邀他回潮参与编纂工作。1947 年，任潮州文献馆主任。后被聘为广东文史馆研究员。垂暮之年仍致力于地方文献的收集整理与潮汕方言的研究。辞世时，著名学者叶恭绰为其题写碑文：“潮汕方言作者翁子光先生之墓。”学人赞誉他为“博学好古”“笃学力行”之士。其著述，除潮州乡土历史、地理教科书外，尚有《海阳县乡土志》《得闲居士年谱》《翁氏家谱》《燕鲁纪游》《潮州风俗志》《潮州文物图志》及校编辑录的《唐明二翁诗集》《稽愆集》等。能书法。曾写“剑门”两字刻于潮州西湖剑门石上，今已毁。

（《潮州历代美术家辞典》）

翁凯，揭阳地美都翁厝寨（今属揭阳市揭东区）人。明宣德七年（1432）举人，授恭城教谕，任满归家，在桑浦山麓设帐授徒。能书，现存桑浦山翁氏书府前有“翁氏书府”四字石刻，楷书。书法宗颜鲁公。

（《揭阳美术家人名辞典》）

翁铨（明末清初），潮州府城人。善画山水、人物、花卉。花卉工细秀丽。黄璧、陈琼都是他的学生。

（《潮州历代美术家辞典》）

翁廷资，字尔偕，号海庄。澄海鮀浦（今属汕头市金平区）人。康熙四十一年（1702）举人，四十八年（1709）进士。历任四川渠县知县、韶州教授、潮州韩山书院主讲。书法近赵孟頫，体正势活，用笔圆润，有儒雅安详之态。

（《澄海历代书法概览》）

翁万达（1498—1552），字仁夫，号东涯，谥襄毅，亦作襄敏。揭阳（今属汕头市金平区鮀江街道）人。嘉靖丙戌进士。嘉靖十三年（1534），翁万达出为广西梧州府知府，数年之间，声绩大著，有“治行第一”之誉。嘉靖十七年（1538）安南王莫登庸反，明廷出兵征讨，被升任为广西按察副使，专职协助主帅征南事，其剿抚兼施之谋划俱为主帅采用，迫使莫登庸乞降，由是显露其军事才能，晋为参政，再擢四川按察使。嘉靖二十二年（1543）改陕西布政使，次年加右副都御史衔巡抚陕西，同年底拜兵部右侍郎总督宣府、大同、山西、保定军务。其后再以左副都御史任兵部尚书，统理北方边防要务，抗击蒙古族俺答汗数十万骑兵的侵扰。有“岭南第一名臣”之美誉。著有《稽愆集》《东涯集》，列入《耆旧集》，近年辑有《翁万达集》。其诗直抒胸臆，不事雕饰，却境界宽阔雄浑，内容丰实，情真意切。

翁万达的书法从颜体入门，用笔从容，点画传神，体态丰腴，虽未刻意雕饰，却意境开阔，形成雍容华富、玉润珠圆的艺术风格。遗世作品有潮安区庵埠镇官路村张氏家庙的“张氏家庙”匾，上款为“嘉靖庚戌孟秋之吉乡进士文林郎永明县知县八世孙一言敬立”，下款为“赐进士出身资善大夫兵部尚书门下眷生东崖翁万达拜书”。

（《潮汕百科全书》）

翁玮（雍正间），潮州府城人。擅画翎毛，画作多苦心经营，画风谨严平实，故问世之作甚少。曾画潮州全景。

（《潮州历代美术家辞典》）

翁闻宋（1919—1994），别名尘，号尘翁。汕头市鮀浦蓬洲（今属汕头市金平区鮀江街道）人。归侨，长期从事农村文艺创作活动。20 世纪 50 年代，任蓬洲剧团编导，创作多部剧本。能书画，有作品为汕头市博物馆收藏，并编入《中国书法家选集》。曾为汕头市文联委员、中国农民书画协会成员、蓬洲诗书画社顾问。

（《征访册》）

翁一迂（1886—1956），原名茂庄。澄海蓬洲（今属汕头市金平区鮀江街道）人，生于潮安庵埠。幼入私塾，后入乡校求学，继入县立中学，毕业之后，外出谋职，辗转于香港、广州之间，从事商行账务，曾在广州四维煤炭商行工作，晚年回乡。酷爱书画，尤喜文学，业余从事文学创作，曾投稿报刊。1997 年，遗著自选手抄文稿《迂室丛书》由其后裔编辑出版，这些手稿均由行楷书成，使转灵活，率意天真，清新秀润，直抒胸臆。

（《迂室文选》）

翁有仪（？—1828），号莪庵。惠来都城内人。嘉庆四年（1799）进士，福建沙县知县。辞官后扩建东山禅院，邀同年嘉应名书家宋湘来同居，共研诗文，琢磨书法。

（《揭阳美术家人名辞典》）

巫峰（1913—1986），别名巫客峰。潮州市人。泰国华侨。擅长中国画、水彩画。1933 年在泰国曼谷各地参加抗日工作，组织美术、音乐、戏剧等活动。1948 年回国后在解放军一二一部队工作，参加解放战争。中华人民共和国成立后任中国美术家协会云南分会秘书长。作品有《边防巡逻》等。

（《潮州历代美术家辞典》）

吴宝瑜（1885—1967），字芷荪，署所居为蕴庐。惠来县惠城人。书家吴佐熙第五子，宣统元年（1909）毕业于两广高等学堂。民国时期曾任江苏阜宁县长，后任南京总统府第五处少将高参。1948 年赴香港定居，后到台湾。擅书法，晚年以鬻字为生，著有《蕴庐墨迹》《阳明诗文集》。

（《揭阳美术家人名辞典》）

吴本汉，宁夏宁武人。武举人，乾隆年间任闽粤都督府参将，乾隆四十五年（1780）任南澳总兵，后卒于官。潮阳海门莲花峰观海楼有吴本汉乾隆三十七年（1772）所题“心朗海天”四个大字，骨力遒劲，丰腴雄浑，结体宽博，气概凛然。

（《潮阳县文物志》）

吴伯良（民国），潮安县人。擅长人物画，笔墨工整精细。《瀛壶居士六十征画》中有其设色《赏花饮酒》图，画中绘老者坐在松树下石头上饮酒，四周石边盛开菊花，有两小童在采菊，老者安闲自在，背后松树挺拔。该画刻意描写长寿者相貌，脸部刻画精细，运用了潮州画坊艺人画人像的传统手法。

（《潮州历代美术家辞典》）

吴伯潜（清末民国），海阳（今属潮州市潮安区）庵埠人。擅长山水、人物画。

（《潮州历代美术家辞典》）

吴藏石（1914—1979），又名膺汉。潮安彩塘镇水美村人。国立杭州艺术专科学校毕业生，专修美术、音乐。先后在广东省金山中学、潮安第二中学、潮汕文工团、粤东区文化馆、粤东剧改会、怡梨潮剧团、潮安县文化馆从事美术、音乐工作。幼年时期，在彩塘镇师从洪沛臣的高足黄稚威学习琵琶演奏，深得真传。后来，在外求学期间又渗入北派琵琶弹奏法，融会贯通，自成一格。他既能演奏技巧要求较高的琵琶独奏曲，又能演奏富有潮乐韵味的潮州传统乐曲。20 世纪 50 年代初，他参与发起组建潮州市民间音乐团，并担任该团主要领导。在此期间，不但带头发掘、整理传统潮乐，还组织乐团艺术骨干积极从事潮州音乐现代生活题材的创作活动。如 1959 年在他带领下集体创作的大锣鼓《二万五千里长征》，既继承了潮乐传统，又大胆出新，收到一定效果。他尤重视青少年乐手的培训工作，积极为潮乐的发展培养新生力量，是潮州市民间音乐活动的领导者和组织者之一。

其西画师法吴大羽，有较扎实的基础，色彩丰富，笔法细腻。国画擅工笔花鸟。书法学北魏，娟秀古雅。

（洪钟提供）

吴长德（1928—1999），潮州市枫溪人。工艺美术师。1944年从事陶瓷釉上彩绘，继承传统潮彩技法，线条工整、简练。代表作品有《墨彩八仙天球瓶》等，在展览会上评价甚佳。

（《潮州历代美术家辞典》）

吴道镕（1853—1936），字玉臣，号淡庵。广东番禺人。光绪六年（1880）进士，翰林院编修，中年后辞官归广东。历主三水肆江书院、惠州丰湖书院、潮州金山书院讲席。后返广州，历任学海堂山长、广东高等学堂总理。民国后致力于乡邦文献的搜集、编辑，成《广东文征》二百四十卷，学生孙淑资斥资为刊印《广东文征作者考》。在潮州时，主纂《海阳县志》。其间到过揭阳，应吴文献之邀为撰《榕石园记》，并为揭阳士绅题匾，在揭阳留下不少墨迹。《岭南书法史》说他“初宗柳公权，骨骼甚坚。晚年改习隋碑，挺劲肃穆。小楷取法晋唐，温雅浑厚。行书亦洒落有致”。揭阳姚梓芳、孙淑资、陈颉龙，普宁许蕙生等均为其学生，亦受到其影响。揭阳收藏家不少收有其书作，各处匾额至今仍可见到他不少法书。

（《揭阳美术家人名辞典》）

吴德立（1933—1982），出生于潮州陶瓷世家。曾于中央工艺美术学院、广州美术学院进修。作品以传统仕女、变形动物见长，风格独树一帜，作品具有富于装饰、变形、夸张，寓意含蓄等特点，给人以美的享受与联想。不少作品被选为国礼，多次荣获国家级、省级各种奖项，中央电视台、国内外知名报刊都曾进行专题报道。代表作品有《蔡文姬》《王昭君》《洛神》《飞贼难逃》《羚羊》《双鹤》《双跃鹿》。

（《潮州历代美术家辞典》）

吴殿邦（1585—1642），又名尔达，号海日。海阳枫溪（今属潮州市枫溪区）人。万历四十年（1612）解元，四十一年（1613）进士。历官至尚宝卿。他博学多才，能画善诗，著有《古欢堂集》《匏谷诗集》《艺园文集》等。能画善书，传世书法多系石刻，枫溪、潮州城内许多亭坊及饶平、澄海都可见他的字迹。他从小喜爱书法，对历代名家碑帖，无不专心临摹，广采各家之长，独创一格，尤擅长擘窠大字，挥洒自如，铁笔银钩，苍劲有力。章法结构，疏密结合，恰到好处。书法成就巨大，名噪古今。当时潮州城赶时髦，许多亭坊上有他的字迹，如“三世尚书”“四朝大老”，以及枫溪乡寨门上“枫溪”二字，吴氏大宗祠大门北里的匾额“见位闻声”，二房祠思成小学的木刻横匾“尺木居”，王爷宫“入门思敬”，白水岭上的石刻“读书处”等。枫溪镇内三山国王庙门额背面“山国枫芢”，上款为“崇祯戊寅仲春”，下款“吴殿邦书”。三山国王庙门联“枫老山门古，溪深国泽长”，相传也为吴殿邦笔迹。澄海博物馆藏有其行书条幅，书曰：“耕牛无宿草，仓鼠有余粮。”汕头市博物馆藏其行草书一幅，书七绝诗一首，后二句为：“诗思欲狂傲不得，粉墙名壁浑漫题。”末盖二印，一为“尔达尔”，一为“吴殿邦印”。吴殿邦用笔劲峻、雄奇高古，沉着有力，结构险而稳，雍容大度，颇具王铎风貌，也受米芾所影响。

吴殿邦又善画，潮州市博物馆收藏其墨兰一幅，兰长在山坡石上，分左右两组，左低右高，题款为“吴殿邦”。盖了二方很大的印，另一似是收藏印，已难辨认。兰叶用浓墨描绘，至今清晰有神气。吴殿邦以书法写兰，俊逸劲健，气势轩昂，非凡手所能为。

在推动晚明潮州诗词发展上，吴殿邦亦功不可没。他罢官归里后，结社匏谷，互相唱和，有多部诗集传世。

（《潮州历代美术家辞典》）

吴芳谷（1916—2008），汕头市金平区陵海人。青少年时期曾到曾幻一、陈宗瑞、陈文希等创办的春阳绘画社学习素描，临摹王济远的水彩画。1934 年考入上海美术专科学校，得到刘海粟、王远勃、陈人浩、刘抗、张弦等名家的指导。1937 年旅居新加坡，参加中华美术研究会，到马来亚、印度尼西亚、越南等地写生。1947 年后在汕头一中、汕头师范学校任美术教师，参加汕头艺术学校的筹办工作。在“文化大革命”中受迫害，但仍保持对艺术的执着追求，退休后更全身心投入水彩画的创作中，焕发了新的活力。吴芳谷以风景画为主的作品，根植于生活与自然，继承了西方传统水彩画的绘画理念，强调水与彩交融，书写光色丰富的自然景观，同时又秉承了作为东方精神背景下的中国古典绘画意蕴，追求“虚融淡泊”与“虚怀若谷”的静远意念，在当代水彩画艺术中有着独到的风格。出版有《吴芳谷水彩画选》《海之诗吴芳谷水彩画集》《吴芳谷水彩画集》《吴芳谷心悟自然》等画册。

（《汕头都市报》2005 年 11 月 13 日、《吴芳谷水彩画选》、《汕头日报》2010 年 12 月 24 日）

吴峰（1928—2003），别署绿叶居主。揭阳曲溪寨内村（今属揭阳市揭东区）人。广东潮剧院一级导演、中国戏剧家协会会员、广东省戏剧家协会理事、汕头市戏剧家协会主席、中国石涛艺术学会理事、汕头市人大常务委员。

吴峰青年时期喜爱文艺，尤擅美术和音乐。18 岁时成为中学美术教员，20 世纪 50 年代初参加潮汕文工团，开始与潮剧结缘，后调入广东潮剧院，从事导演工作近半个世纪，导演了《陈三五娘》《秦香莲》《苏六娘》《刺梁骥》《告亲夫》《王茂生进酒》《江姐》《刘明珠》《井边会》《张春郎削发》等几十部脍炙人口的经典潮剧，为潮剧的发展做出重要的贡献。

曾师从陈文希、黄独峰学习中国画，晚年尤喜画竹，作品神完韵足，随意挥洒，竹叶肥瘦各别，浓淡相间，万千气象在其笔端流泻。

（《揭阳美术家人名辞典》《征访册》）

吴凤生，原名松，字寄梧。潮安庵埠镇人。光绪年间到台湾后定居凤山，遂更字为凤生。工画，擅长花鸟、草虫及墨蟹，间作山水、人物亦浑厚可观，画法近海派任伯年。

传世作品多为古代人物图、仕女画。如《浅水行舟》，画舟中人吹箫；《扇面人物》所画也是舟中吹箫；还有一幅扇面仕女，以及两幅是小中堂，都画老者朝山石作揖，一幅题“浩然潇洒”，另一幅题“元章痴好”。以上五幅作品都画得很好，技法熟练，人物造型生动，近似于任伯年的表现手法。在《瀛壶居士六十征画》画册中，可见的两幅吴凤生作品，一为《饮且食，寿而康图》，题款为“胡佩濂致画，吴凤生制图”，另一图是《潇洒长寿》，题字为“竹铭先生六秩荣寿志庆，韩江吴凤生恭绘”。前幅系应购画者之约，画得十分工细，人物也多。后幅系应征画者之作，以大泼墨写意为之，一挥即就，有草率应付之嫌，但也表现了吴凤生的高超技艺。

（《潮州历代美术家辞典》）

吴福孙，生活在至顺年间。字子善。浙江钱塘人。为宁国州儒学正。得赵孟頫楷法之妙，兼工篆、籀。后授潮阳县青山洋巡检，移疾归。至顺二年（1331），赴选至京师。大学士阿荣以其所作小楷书进于上，召见奎章阁，命近侍引金钟酒以赐，将用为馆职。有沮之者而止。后累迁上海县言簿。著有《乐善斋集》《古印史》。

（《澹定轩夜课笔记》）

吴贯因（1879—1936），原名冠英，别号柳隅。澄海莲阳永新人。清代举人。1907年，赴日留学，就读于早稻田大学史学系，结识流亡日本的梁启超，成为好友。1912年学成归国，便和梁启超在天津创办《庸言日报》和《庸言月刊》，梁启超任主笔，他当编辑。1913年，梁启超任北洋政府司法总长，他任卫生司司长。1916年，袁世凯复辟帝制，他追随梁启超南下两广，揭帜反袁。1927年，弃政从学，先后任东北大学教授、文学院院长。1932年以后，历任平民大学、燕京大学史学教授，华北大学校长。1933年至1934年，曾受陈济棠聘请，多次到广东讲学。1935年起，在天津创办《正风》半月刊，发表史论专著多种。擅诗文，工书法，于文史学和语言学均有研究。时人把他与“岭南诗人”侯节、知名学者许伟余合称为“澄海三才子”。他的代表作有《史之梯》（又名“史学概论”）、《中国文字之原始及其变迁》、《中国语言学问题》等。

吴贯因平生致力于学术，书作少见。其书法字字独立，气则一以贯之，行笔若徐若疾，首尾相接，上下呼应，方中蕴圆，苍润互补，结体以端庄为旨，抒意以天真为尚，沉着痛快，清雄绝俗，形貌体势带有苏轼之气骨，姿态率意有赵之谦之真趣。

（《潮汕百科全书》）

吴桂芳，字子实。安徽石埭人。嘉靖二十三年（1544）进士。授刑部主事，历浙江左布政使，进右佥都御史，巡抚福建，后又任提督两广军务兼理巡抚，指挥邹塘平倭之役。当时吴平复叛据南澳，败后掠民舟出海奔安南（今越南）。林道乾复窥南澳，时议设参将戍守。吴桂芳认为澳中地险而腴，元时曾设兵戍守，戍兵即据以叛，而御盗生盗，不如戍柘林便。后为南京兵部右侍郎，万历三年（1575）任总督漕运兼巡抚凤阳，政绩颇丰，六年（1578）诏进工部尚书兼右副都御史，不久卒，赠太子少保。南澳深澳金山顶峰，有其题书“鼎甲峰”三个大字，骨力雄厚，浑健苍劲，体势疏朗，宽博开阔。

（《南澳县文物志》）

吴国材（1931—2006），祖籍潮安意溪镇。9 岁随父到潮州城开照相馆兼画像。吴国材自幼对艺术耳濡目染，聪明好学，摄影作品多次获奖，《夜阑人未归》入选全国展览。吴国材炭精画技法娴熟，以彩色炭精绘画人像，惟妙惟肖，作品数以千计，现存叩齿古寺的“唐大颠大和尚德相”是其代表作。平生接待求画者不间断，其中多有来自东南亚等地者。

（《潮州历代美术家辞典》）

吴翰（1882—1968），字墨园。潮州城人。自幼跟随祖父吴云学画，13 岁始以笔墨维持生计，20 岁赴香港创办纯粹国画学院。擅长画山水、人物、花鸟、走兽，与徐悲鸿、齐白石、张大千、高剑父、赵少昂等友善。

（《潮州历代美术家辞典》）

吴华重（1913—1975），名知，又字无涯，号任庐，自称摩印室主人。潮安彩塘镇人，长住潮州城。曾任小学教师。擅篆刻，曾自刻印文云：“舌耕过世，刊石乐延年。”吴自幼酷爱篆刻，自学成才。他从《十钟山房印举》及吴昌硕、邓石如、黄牧甫、易大庵、齐白石等大师的作品中学习篆刻技法，常与郡人佃介眉相互切磋，终于自成一家。其作品细致娴静，苍劲古朴，且善刻微型印章。印作深厚古穆，沉稳典雅。晚年以甲骨文入印，外拙内巧，更见功力。以《天发神谶碑》入印，刀法峻拔沉雄。其选用的印材广泛，以石材、象牙、竹根、缅茄子、陶质等，均得心应手，别具风韵。

吴华重曾与林适合作编写《潮州音字典》，对推广潮州文化功不可没。该字典自 20 世纪 50 年代出版后多次重印，是潮州人学习、工作必备的工具书。李学鑫赠联云：“注音嘉后学，刊石乐延年。”吴亦曾刻一石，文为“注音刊石耳”，边款为：“余喜治印，岁甲午又辑《潮州音字典》，丙申赴穗之泸任编校，翌年成书，篆此以志。平生孜孜者惟注音刊石耳。”后人编有《吴华重篆刻》。

（《吴华重篆刻》）

吴伙（1919—2010），原名南光、友朋。揭阳龙尾珠坑村（今揭阳市揭东区龙尾镇）人。1938 年 1 月开始以教职为掩护，从事抗日救亡宣传工作，1943 年初逃荒到江西泰和，与人合股开糖果店。1945 年加入潮汕人民抗日游击队，1949 年 5 月加入中国共产党。1949 年后，任汕头戏改会主任。1956 年 4 月，汕头戏改会与剧团办事处联合主办的第一期“汕头专区戏曲演员学习班”开班，成为汕头戏曲学校的前身，吴伙时任班主任，为潮剧的发展做出一定贡献。1959 年后先后任《汕头日报》副总编辑、总编辑和党委书记，中共汕头地委宣传部副部长兼汕头地区文联副主席，汕头专署文化局局长，汕头地区和汕头市合并前任地委宣传部副部长等，是中国戏剧家协会会员。20 世纪 50 年代有《洪厝埔血案》《饮马韩江》等文艺作品发表，著有回忆录《点滴人生》。

吴伙青年时代便有书法基础，曾为商店书写铺号匾额及书写抗日传单。1984 年离休后，更专注于书法的创作，作品舒展自然，用笔沉稳。

（《点滴人生》、《汕头日报》2010 年 6 月 9 日）

吴坚（1918—2007），潮阳人。曾就读于汕头一中、广州大学，1938 年加入中国共产党，担任韩江纵队第二支队政治处主任、潮汕地委组织部部长、中南局处长、南康县委书记、江西省监察委员会副书记、江西农业大学副书记等职，1984 年 12 月回汕头定居，晚年为汕头市老干部书画研究会名誉会长。其传世书法作品多书写毛泽东诗词，直笔劲书，线条奔放呈左斜势，潇洒险峻，独具风格。

（《江西日报》2007 年 11 月 30 日、《醉墨》、《汕头日报》2007 年 11 月 25 日）

吴镜河（1908—1997），潮州市枫溪区人。8 岁师从胡子平学艺，学习彩绘陶瓷作品，13 岁能独立创作。先后在“玉顺”“陶玉峰”“日用瓷试制车间”等单位工作。擅长山水画、花鸟画。曾走访高陂等陶瓷产区。其所创作彩绘作品，山水、花鸟等代表枫溪当时最高水平。主要成名作品有《九龙》《柳马》《鸡竹》等大花瓶。

（《潮州历代美术家辞典》）

吴君略（1894—1952），原名宏韬，后改今名，号梅隐。揭阳曲溪路蓖村（今属揭阳市揭东区）人。广东政法专科学校毕业。曾任家乡学校校长。喜画墨梅，为同邑诗人吴汝霖、吴沛霖弟子。画梅属其余事，逸笔草草，富于生气。能诗，著有《梅隐诗品》《吴君略诗草》，未刊。

（《揭阳美术家人名辞典》）

吴君楙，潮安人。名医吴芝山之子。曾于 1931 年至 1938 年任《潮安商报》总编辑，书法擅写颜体，曾书赠胡镇福行书册页，再现颜真卿、何绍基行书妙趣。工诗词，有《蕉声词》传世。

（《潮州历代美术家辞典》）

吴克仁（1915—1997），潮州市枫溪区人。从小喜爱陶瓷彩绘，师从胡子平（大胡）学艺。13 岁能独立操作，彩绘作品适应大窑、小窑烧制。以青花、粉彩、平彩等为主。曾到福建、高破等陶瓷产区从事陶瓷彩绘工作。1949 年后在潮州市瓷二厂、瓷一厂、枫溪陶瓷工业研究所从事陶瓷彩绘。擅长传统人物、山水、花鸟等彩绘。主要作品有《西厢记长亭别》《水淹金山寺》《元春省亲》《福禄寿图》《群仙贺寿》《杨令婆会媳》《三顾茅庐》《十八罗汉》《竹林七贤》《风尘三侠》等。1977 年，两件作品被选送参加 13 国展览。曾出席北京全国美术工作者代表大会。

（《潮州历代美术家辞典》）

吴昆（清末民国），字壁卿。海阳（今潮州市潮安区）庵埠人。擅长画水族类，其画私淑清末吴青，画艺高超，画面生动，构图清新，工致精细。

（《潮州历代美术家辞典》）

吴来和（1931—2006），南澳人。韩山师范学校毕业，长期从事教育工作。历任南澳县人民代表大会第七、第八、第九届委员会副主任，系中华诗词学会会员，汕头岭海诗社社员，南澳海韵诗社理事，岭南诗社南澳分社社长，著有诗集《临风集》。其隶书中锋行笔，笔画粗细大致均匀，横平竖直，圆润古拙，仪态敦厚。

（《岭海诗词选》）

吴兰生（1921—1945），澄海澄关城北人。曾就读于澄海中学，在校期间踊跃参加各项文娱活动，能绘画，常创作宣传抗日救国内容的漫画，如《澄海学府拾史》收录有其创作的漫画《抗战后的日本》。1943 年参加革命，在潮州、揭阳一带活动。1945 年 6 月 13 日在普宁一次战斗中牺牲。

（《征访册》）

吴凌（1831—1913），字子云。庵埠镇广潞村人。自学成才，金石、书画皆有成就。他提倡写生，举凡人物、山水、花卉、鸟兽均属所长，喜画大写意，用笔奔放，水平较高。书法行草俊逸。又喜写诗，曾有手抄诗集面世（已散佚）。晚年设塾课徒，培养不少人才。1915 年，在南京举办的全国绘画赛会中，吴凌人物画《锦上添花》获得金牌奖。其作品在汕头市博物馆、澄海博物馆均有收藏。

（《潮州历代美术家辞典》）

吴履泰（1894—?），字砥如，署所居为无倦庐。揭阳曲溪路蓖村（今属揭阳市揭东区）人。毕业于广东高等师范学校。任潮州金山中学教职。20 世纪 30 年代初任揭阳县教育局局长。历任临皋、封开、潮安等县县长。1950 年往香港。病逝于台湾。能诗，擅书，南社社员。书宗米芾。

（《揭阳美术家人名辞典》）

吴履逊（1900—1974），字德圃。揭阳曲溪人。黄埔陆军速成学校第八期、日本陆军士官学校第二十一期步科毕业。1932 年起任第十九路军七十八师一五六旅六团第三营中校营长，参加淞沪抗战，打响抗击日军第一炮，后任第二三四旅四六八团上校团长。抗日战争全面爆发后，任第六十三军五四师四六二旅九二二团上校团长，第十二集团军直属独立第九旅副旅长兼潮汕警备副司令。1940 年任重庆中央军官训练团教官。1942 年任第七战区干训团经理处长、第十二集团军总部高参。1944 年 12 月授陆军少将。1945 年任北平行辕高级参议，1946 年脱离军界后定居汕头。至 1949 年初移居香港。

吴履逊爱好文艺，与郭沫若、傅抱石、张善孖等名家多有交往，他们有不少画作赠吴履逊，如傅抱石赠吴履逊的《苍山渊深》图上，郭沫若题诗："银河倒泻自天来，入木秋声叶未摧。独对苍山看不厌，渊深默默走惊雷。题赠履逊同志清玩。"吴履逊曾在 1937 年末于广州画无根兰一帧，由郭沫若题诗后，赠予于立群，成为佳话。此画作清淡飘逸、隽秀自然，图右下有吴履逊附记："沫若哥写字后，忽发画兰兴，虽属破题儿第一遭，亦颇有画意。余亦写意蠢动，遂夺笔画此幅，立群妹索留，与沫若哥成对，即以赠之。"

（《潮汕百科全书》、《郭沫若题画诗存》、《汕头文史》第 13 辑）

吴曼羽（1909—1992），名连英，字让豪，号梦栩、梦羽。揭阳桂岭双山（今属揭阳市揭东区）人。吴沛霖长子。自幼随父至汕头读书，礐光中学第一届（1929年）毕业生，毕生从事英语教学，曾执教于上海、汕头、揭西等地。现存有《题二伯父母角山偕隐图》长诗，受伯父吴雨三与父亲熏陶，幼即能书，书法师米芾，参经体。

（《吴雨三、吴泽庵书画集》，吴晓峰提供）

吴南生（1922—2018），生于潮阳。1936年10月参加华南抗日义勇军，1937年4月加入中国共产党，同年8月参与组建汕头青年救亡同志会，任青年救亡同志会党支部书记。1938年11月任中共汕（头）庵（埠）区委副书记。1940年4月任中共潮（安）澄（海）饶（平）中心县委宣传部部长。1941年9月任中共澄饶边县特派员。1942年4月任中共普宁县特派员。1944年执行任务赴中共中央南方局，同年赴延安中共中央党校学习。抗日战争胜利后赴东北，历任吉林省委政策研究室副主任，吉南地委委员兼民运部部长、宣传部部长，吉林市委委员、宣传部部长。1949年，他随中国人民解放军南下，任江西省南昌市副市长。

中华人民共和国成立后，吴南生先后担任汕头市委副书记兼解放军汕头市军事管制委员会副主任，潮汕地委常委、宣传部部长兼“土改”委员会主任，海南区党委常委、副书记兼秘书长。1955年4月后任中共中央华南分局宣传部副部长、部长，中共中央中南局副秘书长、农办主任等。1977年1月后任广东省委常委、副书记。1978年3月任广东省委书记（时设第一书记）。1980年5月至1983年7月兼任广东省经济特区管理委员会主任。1980年6月至1981年2月兼任深圳市委第一书记、市革命委员会主任（任至1981年10月）。1985年9月起任广东省政协第五、第六届主席。2004年9月离休。是中国共产党第十一、第十二次全国代表大会代表。

吴南生是广东经济特区早期的重要开拓者之一。在以习仲勋为第一书记的广东省委的领导下，吴南生参与了广东改革开放和广东经济特区的规划筹建，兼任广东省经济特区管理委员会主任，具体负责深圳、珠海、汕头三个经济特区的管理工作。他参与起草了《广东省经济特区条例》，为经济特区的创办提供法律保障。

吴南生爱好书法。他的书法融合古代名家精髓，参合己意，形成自己的独特风格。杜甫所谓“书贵瘦硬方通神”，用来解读吴南生的书法艺术是较为贴切的。特别是其晚年书作，虽年事已高，但仍然“力透纸背”，表现出很高的艺术功力与涵养，有人书俱老之境。

吴南生雅好书画收藏。在数十年的艺术生涯中，经其鉴藏的书画不计其数。尤为难得的是，其秉承收藏家“独乐不如众乐”的传统，为使所收藏的书画最大限度地发挥社会效益，先后将其所珍藏的宋元以来书画名迹捐赠给了广东省博物馆、广州市艺术博物院、深圳市博物馆、汕头市博物馆和潮汕历史文化研究中心等单位。此外，他曾数次以义拍的形式，捐出了一批名作，筹巨资用于捐助广东贫困地区教育事业。

（《征访册》）

吴沛霖（1884—1926），字泽庵，又称觉非生、梅禅，别署石母山人，署其所居为人隐庐、礐石山楼等。揭阳桂岭（今属揭阳市揭东区）人。幼年从兄学，长而就读榕江书院、韩山书院、省立师范学校。光绪二十八年（1902）秀才，曾到暹罗（今泰国）、新加坡等地任教职，数月后返家执教于榕江书院。后与兄吴汝霖同任教汕头礐石中学。工诗，南社社员，与上海高吹万常通函联句。亦能画，尤擅长墨梅，甚精绝，注重抒情写性，有荒寒清绝之趣。其绘画题款多是自作诗。笃好书法，远承魏晋，师法欧阳询，参以隶法，在朴茂、峻整的基础上形成了自己独特的面目。著有《谈艺录》《梅禅室诗存》《人隐庐随笔》等。殁后，其兄编印其诗稿为《泽庵诗集》。

吴沛霖所作《墨梅》，笔意简逸，构图清新悦目，用墨浓淡相宜，生动地描写出花朵含苞、渐开、盛开整个过程，生机盎然。其笔力挺劲，枝干跃动，且富有厚重感，充满古趣。墨韵高华，清意逼人，疏枝冷蕊，具有荒寒清绝之趣，别具“野逸”格调，不仅表现了梅花的天然神韵，达到了写意的极致，且寄寓了画家高标孤洁的精神风貌。所题跋行书神韵秀逸，挺拔遒劲，流动飘逸，雍容大度，在精整严密中显现雄秀。

（《揭阳县桂岭区志》，吴晓峰提供）

吴青（清末民国），字史臣，又字子勋。潮州庵埠镇人。以画为业，艺授吴淞、陈壁。善写水墨鱼虾，笔精细而劲健。所描写的池塘水清见底，鱼虾水藻形象逼真，采用熟宣，施以工笔，层层加染，立体感、质感都很强。吴青画鱼独具特色，时人称其为“吴青鱼”。所画的鱼皆为淡水鱼，如鲤鱼、鲫鱼、鳢鱼、鲢鱼等。其作品常见幅式有条幅、镜片，条幅有独幅式及四条屏式。1915 年，吴青参加南京全国绘画赛会，画作《鲤鱼》获金牌奖。其曾为敬斋画四条屏，每幅宽 30 厘米，高 126 厘米，末幅署“光绪辛卯年季夏之月画于龙溪别墅以应敬斋仁兄大人雅属，吴青”。钤二方印，白文为“吴青之印”，朱文为“史臣”。其余三幅皆署“吴青”二字，印章相同。饶洋镇詹德铭家有吴青大龙虾画幅，画龙虾两条。吴青作品在 1949 年后很受重视，广州市文物商店高价展销，颇受日本客户欢迎。其子吴淞也以绘画为业。

（《潮州历代美术家辞典》）

吴让美（1890—1956），字让美。揭阳桂岭双山乡（今属揭阳市揭东区）人。幼随父吴汝霖居汕头，后客居越南。擅书，约二十岁时，其父汝霖曾得《郑小樵梅谱》，即命摹其字，各体俱能，唯笔力稍弱。日后之作少见。

（吴晓峰提供）

吴汝霖（1866—1934），字雨三，又称禹珊，署所居为在涧庐、人隐庐。揭阳桂岭人。自幼勤奋好学，光绪十六年（1890）廪生，毕生从事教育事业，先后到榕江书院、礐石中学、礐石正光女子中学、礐石“妇学”等学校执教。吴汝霖藏书甚丰，作为自己教学、研究之用，其人隐庐藏书量多达数千册（卷）。

吴汝霖书法师法“二王”、张旭和米芾，又学赵孟頫、何绍基，通过转益多师，将晋韵、唐法、宋意冶于一炉，形成古朴稚拙、流利自如、温润娴雅、风神萧散的风貌。善绘画，尤擅兰菊，疏略率真，简朴豪放，写胸中逸气，形成明快、清雅而又活泼的风格。有《兰谱》一册（未刊），与其弟吴沛霖共同出版有《吴雨三、吴泽庵书画集》。

（《揭阳县桂岭区志》，吴晓峰提供）

吴瑞杰（1947—2001），潮州城人。建筑师，供职于潮州市建筑设计院。自幼喜欢画画，师承国画名师刘昌潮，擅画墨竹、梅花，间画山水，作品有昌潮风韵。

（《潮州历代美术家辞典》）

吴山（1916—2000），名运泰，笔名虎友。饶平县人。1936 年在香港创办纯粹国画院。作品曾在英国、巴拿马博览会上展出，著有《百虎图谱》《花马专集》《中国画之研究》等。

（《潮州历代美术家辞典》）

吴绍宗，字学可。潮阳棉城人。吴仕训之孙。康熙十七年（1678）岁贡，官清远县训导，著有《完节会编》《东岩记》等，享寿 82 岁，在潮阳东岩景区有其所题牌坊——“凌霄宝阙”，书风凝厚严谨，运笔自如，而牌坊对联也为其所书，笔法中锋与侧锋兼用，方圆兼施，颇具刚柔相济、生动飘逸之风格。

（《儒学在潮阳》）

吴升初（1903—1971），字瑞龙。揭阳炮台（今属揭阳市揭东区）人。以医济世。1945 年旅居柬埔寨。书法初学颜鲁公，后学赵孟頫、何绍基。中年后居海外，在本地作品流传不多。江经略藏有他的“园中草木春无数，湖上山林画不如”七言行楷联，逸笔可观。

（《揭阳美术家人名辞典》）

吴仕训，字光卿，号六负。潮阳县城人。幼承家学，为同邑周光镐门人，万历二十五年（1597）举乡试，后师事吉水邹元标。授福安教谕，升柳城令，转福州府同知，历署府篆，多善政。卒年八十。平生著作颇丰，有《吴伯子光卿中隽卷》、《经史管指》、《东山稿》四卷、《福安学志》五卷、《长溪草》五卷、《龙城草》四卷、《三山小草》二卷、《潮阳八景图咏》等，但大多已佚。在潮阳东山有其所书“仙迹灵扃”，点画凝练，筋力牵连，拙中见巧，清超神逸。

（《儒学在潮阳》）

吴守仁（1892—1991），潮州城人。出生于书香世家，其父吴钦六曾是方耀的家庭教师，兄长吴鸿藻曾任潮州教育会长、《大岭东日报》主笔。1912 年，吴守仁加入国民党，在潮州县城警察所历任科员、所长等职，后任汕头警局分局局长和汕头督察长。20 世纪 30 年代历任惠来等县代县长。1945 年退出政界，到潮汕自动电话局工作，后应自来水公司杜观因之邀，赴该公司任职。1957 年，吴守仁撰写整理两万字的《大革命时期（1925—1927 年）潮汕革命史料》。1980 年，汕头市开展地方党史征集工作，吴守仁又亲笔撰写多篇回忆文章，为大革命时期的潮汕地方党史提供了重要而翔实的史料。1981 年，吴守仁当选为汕头市政协副主席。

吴守仁的书法作品，曾入选广州市纪念孙中山先生 120 周年诞辰举办的中外书法作品展览，还有作品被收入《中外书法家作品选集》等书法集。其书作不计点画，以通篇品之，每字各有意态，字字自然，字字得趣，耐人寻味，堪称精品，正如山中高人，虽粗头乱服，形骸放荡，却神情清癯，有飘然欲仙之态。

（《汕头十四书家遗墨集》，吴松山提供）

吴淑瑜，生活于清末至20世纪60年代后期。自称“明道子”。澄海城郊昆美乡人。清代末科秀才，尚道精《易》，以教书为业，壮岁旅居印尼坤甸。擅书法。主持商会文书，民国初获选华侨参政议员，回国参会，后归隐乡间，设“明道”“明德”两学校，培植人才。又创建紫汀阁，宣扬德教，著有《意识浅注》《讲义百篇》《玩易一得》等书。

（《征访册》）

吴树棠（1866—1950），字伯愚，号伯吾，又名芝山。惠来溪洋乡人。一生以执教为业。光绪间兴族人创办世德小学堂，民国初在惠城邓厝南花楼创办“吴伯愚私塾”，以后数十年间历任靖海、神泉、京龙等小学教职。曾任惠来县勤学所所长，《惠来县志》编纂。能诗，著有《春晖楼诗抄》，未刊。擅书，宗“二王”，秀雅不俗，有诗词手稿传世。

（《揭阳美术家人名辞典》）

吴澍（1885—1974），族名呈礼，字润生，世称老校。揭阳曲溪寨内村（今属揭阳市揭东区）人。毕业于潮州金山中学。创办并任曲江学校第一任校长。先后任梅冈小学、蓝田县立一高、德桥、古沟等乡小学校长垂三十余年。能诗，擅书法，宗颜鲁公、柳公权，娟秀雅健。

（《揭阳美术家人名辞典》）

吴松江（清末），潮安人。曾于枫溪橄榄巷口创办锦合瓷坊，主要以生产瓷砖、通花瓶著名。民国初期，吴显炽接手经营，以生产彩绘大盘、花瓶、通花瓶和天字坛为主。他们生产的通花瓶，主要销往上海的“义顺祥”“秦祥兴”两个商号，由两商号转销各地。民国后期，由吴庆主持经营，他应客户需要，创作人物、花卉、古钱和缠枝花的半通花花瓶、台灯座，产品主要由位于汕头崎碌路的英商中华洋行收购后，转销中国香港、英国。

（《潮州历代美术家辞典》）

吴松龄（1920—1998），澄海鸥汀（今属汕头市龙湖区）人。自幼喜爱美术，青年时拜黄史庭为师，打下了国画基础。1950年开始钻研象牙微雕艺术，1956年进汕头市古玩珠宝店工作，其间利用业余时间攻克瓶内画艺术难关。1972年调到汕头市工艺美术研究所，专业从事瓶内画创作，并带徒传艺。吴松龄精心创制汕头瓶内画的作画工具、绘画技法、构图形式、瓶体造型、瓶外装饰、艺术效果等，成为汕头瓶内画的创始人，数百件作品被选送至二十多个国家展览及参加全国、省各类展览会，被海内外收藏家及国家、省级博物馆收藏。他首创的汕头内画壶，在技法上运用描金和珐琅彩，作品金碧辉煌，具有独特的南国艺术风格，与北方内画有很大差异，自成一格。代表作有《百兽崛图》《百鹤图》《百鸟图》《三顾茅庐》等。他还撰有《鼻烟壶控源和汕头内画壶艺术特色》等论文，积极培养新生力量。1983 年被广东省授予“高级工艺美术师”称号，1986 年被广东省政府授予“广东省工艺美术大师”称号，1993 年获第三届“中国工艺美术大师”称号。

（《征访册》）

吴铁崖（1899—1976）， 普宁占陇镇陂头村人。1915 年毕业于三都书院，即任西社等地学校教职。负笈云南讲武堂，毕业后任十九路军驻南京办事处副主任兼科长。1933 年参加“福建事变”。1937 年任上海战区第九集团军副官处处长。1941 年因病解甲归田。《深切怀念吴铁崖学生》称他“虽从事于武行，但能继承家学，深有文学根底，喜书法，能诗词，能历史，可谓多才多艺……他虽解甲而未循世，虽索居而不闲处，除尽力招生收徒、义务讲学、宣传抗日救国道理外，登门求他挥毫书写楹联、条幅和祠堂匾额者，络绎不绝，并且无论亲友乡党认识不认识，有求必应，总是使人乘兴而来，高兴而返”。

（《揭阳美术家人名辞典》）

吴维鸿（1940—?）， 潮州市人。为工艺美术师，广东省工艺美术协会会员，潮州市政协委员。1955 年在枫溪陶瓷厂拜老艺人谢礼镇为师，学习陶瓷彩绘，1961 年在广东陶瓷研究所举办的广东省陶瓷美术设计培训班学习，1965 年调到美术瓷厂从事彩绘设计工作。1987 年任陶瓷公司设计室副主任，新产品开发部副部长。1982 年作品《王羲之爱鹅》和《陶渊明爱菊》人物挂盘获全国陶瓷美术设计评比三等奖，为潮州市彩瓷作品首次获全国奖之作。1991 年《仿古酒坛瓶》获广东省工艺美术协会会员作品展优秀作品奖。2005 年《小景系列》《爱菊挂盘》分别获首届广东省陶瓷艺术大师评比作品展金奖、铜奖。近年来成功试验陶瓷釉上彩新材料，如釉上花釉、釉上纹片釉，为陶瓷装饰和美术陈设瓷创作开拓了新途径，作品《达摩》《梵音》《罗汉》《山水》等挂盘和 62 寸大花瓶《神仙福寿图》收藏于中国瓷都陈列馆。

（《潮州历代美术家辞典》）

吴维科（1917—2009）， 号辛仁，室号松荫轩。潮州城人。1937 年毕业于上海美术专科学校，擅长花鸟画。先后任教于潮州艺术学校、潮安第一中学、澄海中学、汕头市第一中学、金山中学，1949 年创办开元小学并任校长。1952 年随金山中学迁到汕头礐石，任语文和美术教师、语文教研组组长、副教导主任等职。1978 年在金山中学退休，回潮州居住，闭门以书画自遣。为广东省书法家协会会员、潮州市书法家协会副会长、汕头市书法家协会理事、潮州画院荣誉画师、潮州市美术家协会顾问、汕头市老年书画研究会顾问等。

（《吴维科书画集》）

吴维松（1922—1991）， 潮州枫溪区人。自幼就读私塾。12 岁开始师从叔父吴镜河学习陶瓷彩绘技术。之后，在枫溪的“陶玉锋”“玉顺昌记”等厂家当彩瓷师傅。在长期的工作实践中，熟悉陶瓷的工艺技术。在彩绘题材上能得心应手，并以山水、人物、花鸟、走兽、虫鱼见长。1949 年后，先后在潮安国营彩瓷厂创作室、广东陶瓷研究所彩绘创作室、潮安县陶瓷公司设计组等单位工作。同时，受潮安县陶瓷工业公司委派，到揭阳、台山等县帮助建设陶瓷厂并担任彩绘师傅，传授彩绘技艺；多次参与国家礼品瓷的创作，主要担任作品的彩绘设计工作。20 世纪 70 年代中后期，吴维松创作的作品，体现在以枫溪传统的彩绘技法与中国画画法相结合，运用色块的渲染等技法，创新了作品的艺术风格，受到了浙江美术学院邓白，广州美术学院高永坚、林丰俗，汕头李开麟等专家教授的好评，作品受到广大爱好者的喜爱。

（《潮州历代美术家辞典》）

吴文理（1892—1951），原名洵。揭阳曲溪路蓖村（今属揭阳市揭东区）人。广东高等师范学校毕业，历任深浦及石母小学、曲江学校教师、校长。擅书，尤得力于《十七帖》，飘逸有致。

（《揭阳美术家人名辞典》）

吴文献（1890—1952），字伯谦。揭阳月城镇篮头村人。保定陆军军官学校第一期毕业生。入伍后历任部队排长、连长、营长和参谋长，也曾任潮安县县长，抗日战争初期又进入陆军大学高级参谋班深造，毕业后授中将衔。曾参与指挥中原抗战多个战役，屡建战功。后退役回汕头闲居。曾任汕头市第一届人大代表。

吴文献虽然大半生为军旅生涯，然生平擅书法，以行草名世。喜收藏，碑帖、书画庋藏颇多。其书法初宗王羲之《十七帖》、苏东坡《大江东去》，笔走龙蛇。晚年改师魏碑，一变而为沉着，柔中带刚。

（《中国美术家人名辞典》）

吴英镇（1927—2000），潮州市枫溪人。工艺美术师。1935 年进入瓷厂工作，1939 年起从事陶瓷釉上彩绘。作品多，画面装饰性强，多次参加国内外展览，多件作品入选有关专业报刊，中国瓷都陈列馆曾展示其个人作品。

（《潮州历代美术家辞典》）

吴应凤（1841—1880），字子渊，又称芷舲、紫庭。揭阳梅岗都曲溪（今属揭阳市揭东区）人。同治初秀才。为文幽淡，工书，擅画，以画兰花名。家中多植兰花，日间移凳伴兰，细心观察兰的形态，夜则以月影、灯影描绘传神，并进而赏其品格，抓其神韵，使所画兰花运笔运墨体现疏密、浓淡、间隔、锋芒等变化，构图自然有趣，疏影离披，淡花浓叶，顾盼有情。旧县志谓其“工书法，善书兰，笔墨间具有逸致”。同邑喜欢画梅自称“梅禅”的吴沛霖有诗题其墨兰，谓“此是吾家老画师，一花一叶信多姿。从今我亦临千本，不署梅禅署蕙痴”。吴文献搜集其数十百幅成《画兰集》，吴道镕序，吴履泰跋，未刊。

（《揭阳美术家人名辞典》）

吴园，潮安人。善画肖像及山水。山水画学米芾笔法，烟雨迷蒙，景象逼真。

（《广东画人录》）

吴韵香（1907—2001），名琴清，字韵香，又称芸香。揭阳桂岭双山（今属揭阳市揭东区）人。吴汝霖小女儿。幼就读于汕头礐石学校，毕业后曾任金山中学教职。婚后在其夫家揭阳桂岭龙岭村办学并任教。能医，精妇科。擅诗书，其书师父吴汝霖，稳重厚朴。

（吴晓峰提供）

吴芝田（咸丰间），原籍福建诏安。至潮州以卖画为生，其画名初不及谢铭，后黄厝祠建成，挂出他四大幅人物画而传名，逝世后其作品人争宝之。擅画人物、花卉，功力深厚，大写意格调高。

（《潮州历代美术家辞典》）

吴植昆（1901—1987），字之峰，又称芝峰，晚称秋翁。揭阳桂岭双山（今属揭阳市揭东区）人。早年师事吴沛霖，先后毕业于守约学校、汕头礐石学校。1928 年进广州市立艺术学校，亲聆高奇峰教诲。先后任教于汕头、揭阳、普宁等地学校。后任汕头市园林处副主任。晚年居汕头光华埠，张华云作《吴之峰迁居光华埠二首》为贺。擅国画，专攻花鸟，色彩明快。

（《吴之峰画集》《筑秋场集》）

吴植添（1912—2001），名真涛。揭阳桂岭双山乡（今属揭阳市揭东区）人。吴汝霖之孙，幼承庭训。就读于汕头礐石学校。毕业后在揭阳任教职数十年。擅书，师颜真卿、柳公权。1987 年秋，吴植添将其先祖吴汝霖、吴沛霖昆仲书画作品十六件捐赠揭阳市博物馆，化私为公，为人所称。

（《揭阳美术家人名辞典》）

吴咨甫（1902—1970），字萍影。澄海人。1920 年毕业于汕头同济中学，遂求学于香港工艺学校。曾为汕头汉英中学教员、汕头职业中学美术科主任。1931 年，到新加坡定居，并担任擎青学校校长，毕生从事教育工作，深受社会各界敬重。其积学为书，功力深厚，作品深受各界喜爱。

（《新加坡第一代书画家翰墨集珍》）

吴子寿（1872—1941），原名观葆。潮阳华阳乡（今汕头市潮阳河溪镇）人。光绪末年加入同盟会，并在汕头创办《图画报》，自任社长，鼓吹革命，号召推翻清朝。1911 年 8 月，吴子寿等召集革命党人和志士仁人在八邑会馆密谋组织革命政府，经众人推举，与叶楚伧二人草拟独立宣言，呼应全国革命形势。潮汕光复，吴子寿出任同盟会潮汕交通部部长、岭东自治会会长、汕头市第一任国民议会副议长等。辞去政务后，主持《岭东民国日报》，针砭时弊，奸佞震砻。又任汕头佛教协会会长，弘扬佛法，赈灾救贫。受聘汕头首所女子中学校长，宣传民主。

日本入侵中国后，吴子寿移居香港，汪精卫派人往香港，图谋强行劫持吴子寿到南京出任要职，遭吴子寿严斥。潮汕大饥荒时，饿殍满地，吴子寿奔走疾呼，发动香港各界捐米、捐钱、捐物，援助灾民。

吴子寿长期从事社会活动，关心艺事，曾为《岭东名家画集》撰写序言，影响一时。吴子寿的书法甚为少见，从他传世的书迹来看，的确如此。他的书法继承多于创造，入古多于出新，性情至上，率真而为，亦足可读可观。其所书《张伯母庄太夫人遗范》，点画精到，恬雅自然，高古冷隽，妙在熟中见生，形成秀雅、俊美的风格。

（吴游提供）

吴醉樵（1892—1947），字蕴香，号德天，别号梦侠痴人。汕头达濠人。1933 年，倡办萃英学校，亲自任教，启迪后秀。1939 年，日军侵占达濠，携眷避难于潮阳河西凤岗。日军慕其名，劝其出任达濠维持会会长职，虽多方威迫利诱，却屡遭拒绝。1943 年，潮汕大饥荒，吴醉樵倡立从德善堂，施棺赠药，又创建达濠慈儿院。天性聪颖，文章清隽，书法尤工，初学黄自元楷书，继参郑板桥。笔法遒劲，自成一家，声誉远播，惜其诗文墨迹，身后多散失。在达濠青云岩大峰祖师堂侧的迎佛台巨石上，有其所题“玄梯”二字，每字 1.2 米见方，清秀端庄，宽博古质，韵致飞扬，自然拙朴。

（《征访册》）

吴佐熙（1846—1929），字仲穆，又字荷生，号叔园。惠来都梅北华庭人。曾任方耀家塾教师。光绪十一年（1885）拔贡，官至直隶州同知。擅长书法，行楷并精，行书随意潇洒、多姿飘逸，取法王大令。楷书圆满平实，法度森严，源于颜鲁公。晚年以鬻字为生，并以润金筑字室为居，有《字室铭》镌于门柱上记其事，称“遇逊国，弃官归里，幸眷属完聚。时借居邻屋。甲寅春游潮汕，偶集写字酬金，筑构斯屋。记诸石并以字为室，示后人知所自，亦见予生之不苟得也。且取孳乳相生之义，于居室尤宜”。现存为揭阳渔湖京岗相祠所书“隐相堂”楷书匾，为得意之作。又见 1919 年书《陆军步兵上将马君墓表》，楷书，与“隐相堂”三字同一风格。汕头李昭藏其七言行书联“大杏金黄小麦熟，嵩高苍翠北邙红”，峻峭清逸。

（《揭阳美术家人名辞典》）

伍成章（1862—1921），族名泰诰，名训，字成章，以字行，号达泉氏、达荃氏。普宁县白坑乡人。光绪三十二年（1906）贡生。长期在本邑上社书院及里湖、梅塘、西陇等地设帐授徒。擅诗联，所做联语二千多幅。有《达泉氏诗联稿》《达荃氏文稿》手稿数册。能书，宗虞世南、褚遂良，萧散洒落，铅华绰约。今人伍乘森选编刊印《湖山遗玉》《达泉氏联文录》。

（《揭阳美术家人名辞典》）

伍国辉（1915—1951），普宁白坑乡人。伍维新长子，幼承庭训。曾任教师。能书，宗“二王”、赵松雪。惜因肺病英年早逝。

（《揭阳美术家人名辞典》）

伍维新（1886—1957），族名运仲，名伯驰，字仲兴，号维新，以号行。普宁白坑乡人。伍成章仲子。光绪三十一年（1905）庠生。曾就读于广东省立农业大学。长期在本邑泥沟、郭厝寮等地设帐授徒。擅诗文，著有《湖山杂俎》《湖山墨韵》等数种，未刊。能书，宗“二王”、颜鲁公，晚年学康南海。

（《揭阳美术家人名辞典》）

X

夏宏，字用德，号铭乾。海阳龙湖（今属潮州市潮安区）人。隆庆四年（1570）举人，官福建诏安知县。父夏建中，嘉靖举人，官横州知州，以循吏称世。子懋学，字力庸，万历进士，官户部郎中。夏建中明宏能承其学，林熙春称其“有学行，能继公志”。光绪《海阳县志》称他罢官归里，授徒讲堂，深究天人性命之蕴。所著涉及天文、地理、性理诸学科，著有《铭乾子》《篆谱》诸书。《四库全书总目》录有其《字考》二卷，“意在订六书之伪”，“裨贩于近代韵书字书之间”。潮城太平路利源街口有为他们祖孙而建的“三世科甲”坊。

夏宏是明代后期潮汕著名的文字学家，尤擅篆书，对古文字深有研究。

（《潮州历代美术家辞典》）

夏懋学，字力庸。夏宏子。万历癸卯（1603）举人，己未（1619）登进士第，《海阳县志》本传谓其“少聪颖，为文奥，异不经人道”。其由海宁令贬为顺天府知事时，宦官魏忠贤的家仆因蛮横霸道被其鞭打，因此也几遭阉党谋害。不久便升顺天推官，任中辅助德陵工程建设，特擢户部郎中，归乡后听闻甲申国变，放声痛哭，不久则卒。赠光禄寺少卿崇祀乡贤祠。

夏懋学书法今可见的有潮州市潮安区庵埠镇梅溪村“洪氏家庙”匾，楷书阳刻，其书取法欧阳询，用笔方圆并用，楷中带行，端庄厚重，法度森严。左边有款曰“夏懋学书”。

（陈贤武提供）

肖士熙（1917—1997），澄海蓬洲乡（今属汕头市金平区）人。20 世纪 30 年代考入上海美术专科学校国画系，求艺于艺术大师刘海粟及著名国画家王个簃研习山水、花鸟画。作品多次参加市、省、全国举办的画展，部分作品选送中国香港、新加坡、马来西亚展出。国画《松鹰图》《铁骨寒香万古青》分别为汕头市博物馆、刘海粟美术馆收藏。为广东省美术家协会会员、汕头市政协岭海翰墨社社员、潮汕国画会会员。作画喜用粗犷率真的笔致，朴质厚古的墨彩，渲写高古雄奇的山水本色，透出清逸之秀致。

（《肖士熙画集》）

肖曙雯（1911—2001），广州市人。1930年毕业于广东省立第二师范学校（今韩山师范学院）专科班，长期从事教学工作，历任汕头市立小学教师、揭阳第三区中心小学校长等，晚年参加汕头市老干部书画研究会，喜画山水画。早年在磐光中学读书期间，与教国语的老师萧乾相恋，两人经常在山水胜景中约会，后来萧乾长篇小说《梦之谷》（1938年问世，20世纪80年代重版）就是基于这个真实故事而写成的。肖曙雯成为《梦之谷》的女主人公“盈”。

（《蔡理明诗词散文选》）

萧端蒙（1521—1554），潮阳棉城人。嘉靖二十年（1541）登进士，并被选为翰林院庶吉士。曾官任浙江道御史、江西巡按，潮州后七贤之一，有《同野集》六卷传世，朝廷拟擢升其为大理寺卿时，在奉诏回京途中病逝。其生平事迹，至今在民间还广为流传。

萧端蒙不以书名世，传世的墨迹甚为少见，而从棉城西岩的“海潮古刹”和东岩的“卓锡古寺”两件石刻作品看来，均是用笔轻松，点画苍劲，体势宽博，奇伟纵逸，转折有情，翩翩多姿，风神洒脱。

江西庐山白鹿洞书院现存有萧端蒙任江西巡按时巡视白鹿洞所题的诗碑，此方诗碑，用笔沉着老道，骨力练达，墨气鲜润，带有颜真卿笔意，精神内敛而显得淳厚古朴。结体谨严稳重，楷中带行，蕴藉森然，雄健圆润。每行虽字数相等，但大小不同，显得轻捷自如，真气横溢。整件作品风格萧散自然，古雅平和，淡雅清新，风华自足。通篇洋洋洒洒，一气呵成，平淡自然，又含蓄灵秀，温厚中有灵气，意味隽永。

（《潮汕百科全书》《潮阳县文物志》《白鹿洞书院碑记集》）

萧凤翥（1857—1918），号仙衢。潮阳棉城人。光绪十一年（1885）拔贡生，光绪二十六年（1900）中举人。光绪三十年（1904）首倡改东山书院为官办东山高级小学堂。光绪三十一年（1905）任潮阳县学务公所所长。1915年主持将东山高等小学堂改为东山中学，并主掌四年，成绩斐然，曾为学校撰联：“潮海当前，向学方殷，气吞重洋千百国；阳春已届，乘时培育，愿作世界第一流。”可谓办学雄心，气冲霄汉。其间聘任良师，治学严谨，要求学生勤学向上，为潮阳教育树立新思想、新学风。当时学校已初具规模，成为潮阳最高学府。1913年被选为潮阳县议会议长，1917年当选为国会议员。其楷书雄强峻厉，疏放蕴藉，而其隶书拙厚质朴，令人赏心悦目。

（《儒学在潮阳》）

萧冠英（1885—1946），字菊魂。大埔百候人。广东黄埔陆军小学第四期、广东陆军速成学堂第三期步科、日本东京帝国大学毕业。1921年后任粤军华侨义勇军司令部参议，孙中山大元帅府参议。1924年起任广东兵工厂电部主任，汕头市政厅厅长，1926年任广东高等工业专门学校校长。1927年9月任汕头市市长，后任潮梅行署财政处处长、潮汕戒严司令等。其书法用笔多为圆笔，流美多姿，结构匀整，风格秀丽。

（《民国广东将领志》）

萧光丰（1919—1989），潮阳和平镇人。毕业于广州大学中文系，从事银行业和教育业。其书法笔力强劲，血肉丰美，温柔敦厚，朴实无华，曾多次参加汕头市和潮阳县书法展并获奖。

（《征访册》）

萧立声（1919—1983），潮安县龙湖乡人。幼耽画事，从父亲习画。1948年移居香港，从事美术教育。1962年被聘为香港中文大学新亚书院艺术系讲师，兼校外课程部国画班导师。其作品曾于东南亚、美国、加拿大各地展出。1971年赴东南亚展览并出版《萧立声书画册》，卷首有十七位名人题跋，对其作品做了全面评价。吴俊升评萧立声："性沉默，而遇人诚挚，承家学善书画，而画人物尤工，其写人物故事，巨帧大幅，对客挥毫立就。所图圣贤仙佛，或山林隐逸之士，皆栩栩如生。呼之欲出，观者惊为绝艺。萧君所长，在于以书入画。萧君以书法线条，刻画人物形态，勾勒衣衫褶壁，笔致苍劲飘逸，妙造自然。"萧立声于书法、山水、人物、花鸟全能，而以人物画著称。饶宗颐曾于1970年撰《萧立声人物画》一文，谓："萧君立声擅写佛像，自梁楷上溯贯休，以篆势入画，间用大泼墨，当其下笔，如风雨骤至，顷刻成巨构，见者叹异！梁楷袒腹仙人，仅为尺幅，君扩充为寻丈，气力充沛，瞠乎不可及矣。"萧遥天谓其"人物学梁楷减笔，泼墨淋漓，飘逸浑厚尤可称今世独步"。

（《潮州历代美术家辞典》）

萧眉仙（1842—1922），潮阳棉城人。涉猎诗书，又酷爱绘画、雕刻等工艺，其艺名著称于民间，老少均尊称他为"眉老"。壮年时，参加乡试不第，据说其附贡衔还是以绘画见重于主考官，特予赏赐的。潮阳棉城西园、耐轩磊均为其建筑的代表作，特别是西园，更是其建筑技术与多种艺术修养的集中表现。整个宅园工程历经15年，且质量上乘，经受1918年大地震、1922年与1969年的强台风，假山未损分毫。光绪末年，西园模型曾参加北京博览会，获得最高奖项。丘逢甲诗称赞萧眉仙"画图尽出眉长老""逸品萧郎画剧工"。光绪二十四年（1898）秋，萧眉仙为丘逢甲绘全身像，先绘好头部暂且搁笔，一拖三年未成，至光绪二十七年（1901）春，丘逢甲至东山督导教学时，写了长律催促他，有"荷君诺我频添毫，如何搁笔三年久""乞君速践息壤言，勿使神龙空见首"等句，也是艺坛趣闻。

（《澹定轩读书夜课》）

萧遥天（1913—1990），潮阳棉城人。20世纪20年代末，与郑卓群、陈大羽、陈文希等在汕头外马路组织春阳画社，还在所读中学组织红柿文学社。1930年到上海美术专科学校学习，抗日战争时曾任职于教育部潮州战区督导处，主编《潮州文化》。抗战胜利后，应饶宗颐之邀，任潮州修志馆编纂，主编《语言志》和《戏剧音乐志》。1953年定居马来西亚槟城，任教于钟灵中学和马来西亚学院，并被马来西亚联邦教育部聘为课程委员，主编《教与学》月刊，其著述包括考据、散文、小说、联语、诗等共40集，600万余言。

萧遥天从小喜爱书画，画种涉及山水、人物、花鸟、走兽，尤以山水见长，景清意美，语淡情浓，于素淡中见佳境，于自然中见韵味，浑然一体。其书以草、隶见长，受《石门颂》《乙瑛碑》《衡方碑》等影响较深，同时对晋魏隋唐写经、索靖的《月仪帖》、皇象的《急就章》等用功甚笃，深得隶书、章草三昧。隶书体态秀逸，柔中藏刚，平静祥和，娟娟可爱；章草则字体要眇，势奇绮而分驰，奇古圆浑。

（萧思齐提供）

偰列篪（元代），又作偰立篪，字世德。高昌人。出生于畏兀（吾）儿族世家，其家族在元代人才济济。父偰文质，官江西，遂居家江西。偰列篪以江西龙兴籍乡试登进士，至正年间任潮州路潮阳县达鲁花赤，后任河南路经历，元末城陷时自杀。

偰列篪任潮阳县达鲁花赤的具体时间现无考，但潮阳东岩之上有他至正丙戌年（1346）所留题的摩崖石刻，主要叙述周伯琦以广东肃政廉访使莅潮之事。偰列篪此作，于石壁之上，字距与行距基本相等，字与字、行与行之间的顾盼关系也非常紧密。从笔画上看，方多圆少，露多藏少，劲直硬挺。偰列篪在书写时，用舒缓的匀速运笔，提按顿挫都深藏于带有浓厚篆书意味的笔痕之中，自然变化，无拘无束；结字宽博疏放，静穆平和，雍容大度，气宇不俗。

（《潮汕金石文征》）

谢芳正（1906—1970），字寿石。潮州城人。少时喜读古书，十三岁辍学，跟父亲经营汤厝巷光裕记纸行。虽为富商，生活简朴，喜收藏，于书画、古玉为最爱。与名流交善，座上客有詹安泰、饶锷、饶勋、丘玉解、佃介眉、王显诏之辈，并与之共研，诗、书、画故有所成，曾收集倪瓒墨山水画轴、黄道周长卷书法及明清名家扇画近百幅，惜“文化大革命”时毁于一炬。其闲暇喜寄情山水画，曾赠詹安泰山水画及书法，与名流唱和之诗集也毁于“文化大革命”。现家中遗存山水画一幅，画面不大，气势不小，着墨无多，反映其时景遇。其子谢修职、孙谢征皆能继其志，在潮州收藏界也颇有口碑。

（《潮州历代美术家辞典》）

谢海若（1901—1980），号海翁。揭阳炮台桃山（今属揭阳市揭东区）人。为我国新兴木刻的拓荒者之一。20 世纪 20 年代开始学习西画，1931 年，到上海美术专科学校暑期补习班进修，并参加“一八艺社”。1932 年，回到潮汕地区任教，在学生中提倡木刻创作，并编印潮汕第一本手拓版画选《海滨木刻集》（现藏于绍兴鲁迅博物馆）。曾与钟步清、张望等合办木刻画展，并组织新野美术学会和大众木刻研究会（是当时广东两个新兴木刻社团之一）。1941 年，澄海中学部分学生在澄海澄城沦陷后，在朱名宗校长、洪风老师的带领下，迁到樟林复课，继续进行木刻创作，出版有《澄中版画》。1949 年后，历任潮汕文联秘书、汕头市政协常委、汕头市侨联委员、汕头画院副院长等职，为中国美术家协会会员、广东省美术家协会理事，1956 年被特邀列席全国政协会议。出版有《刘昌潮、谢海若、王兰若中国画选》《谢海若书画集》，作品传略刊于《中国版画年鉴》。

早在 20 世纪 30 年代，谢海若创作了代表作木刻《鲁迅像》。这幅作品采用了象征的手法，把写实与夸张融汇在一起，刻画了鲁迅先生刚毅而又幽默的性格和爱憎分明的革命精神，其形象与意境别具哲理意味，曾先后选送苏联、英国、印度展出，1985 年出版的

《中国版画年鉴》将其列为最优秀的鲁迅木刻像。

（《潮汕百科全书》《汕头文化艺术志》）

谢海燕（1910—2001），原名益先，又名海砚。揭阳榕城人。1929年毕业于上海中华艺术大学，之后留学于日本东京帝国美术学校。回国后，历任上海美术专科学校教授、教务长、副校长、代校长。抗战内迁时，担任国立东南联合大学、暨南大学、英士大学教授。1949年后，历任华东艺术专科学校、南京艺术学院教授、创作室主任、美术系主任、副院长等职。曾兼任中国美术家协会理事，中国美术史学会理事，江苏省美术家协会副主席、顾问。著有《西洋美术史》《名画家评传》《西洋古典名雕评说》等。

谢海燕自20世纪30年代起，在郑午昌、刘海粟、潘天寿的鼓励和指导下，专攻国画。由于其具有浓厚的传统功力和良好的西洋画基础，又精于美术史论和艺术理论，且游历广，眼光旷达，故能融汇古今中外，独树一帜。如其代表作《金鱼睡莲》，重视笔墨的价值，在刚雄中求质实，章法严谨，上方睡莲的相对集中与金鱼的分散，形成对比，虚实相生，用笔浑凝沉重，老辣避俗，整件作品营造了恬静的气氛，在静中求动，从而产生了强烈而厚朴的超然物外的意境。

（《谢海燕中国画选集》）

谢汉中（1929—2004），揭阳县人。长期担任潮阳师范及中学美术教师，油画、国画、木刻作品多次于各级展览会上展出，并于报刊上发表。油画《工地角》入选省美术作品展，《科研硕果》入选“天南地北”美展。中国美术家协会汕头支会会员，潮阳美术协会理事。

（《潮阳美协会员名录会员作品选》1990年7月、《征访册》）

谢晋嘉（1911—1989），原籍潮州南门。长期侨居海外经商，擅诗能画，尤擅画兰、竹，笔法古朴刚健。曾于泰国自办画展，获得好评。1982年，他为丘金峰画了墨竹二竿，一高一矮，立于山坡，旁边配石，均用传统技法为之，笔画圆润厚实，无飘浮之病。并题诗曰：“岩阔春先到，风斜叶若飞。谓川千亩竹，移得一竿归。壬戌仲夏写寄金峰先生指教，泰京谢晋嘉并题。”其书法秀丽俊逸。

（《潮州历代美术家辞典》）

谢精业（1900—1981），揭阳炮台桃山（今属揭阳市揭东区）人。中山大学法学系毕业。长期任教，先后在揭阳宝峰书院、桃山中心小学、登岗中心小学任校长。擅书，魏碑师《郑文公碑》，隶书宗《曹全碑》，运笔秀美。

（《揭阳美术家人名辞典》）

谢景松（清末民国），字少鑫，自署杏花草庐主。揭阳榕城人。能画，与兄谢云松擅仿古山水，师清代“二袁”（袁江、袁耀父子）界画，所作工整、细腻、艳丽。1944年作《揭阳古八景》中堂。又有仿新罗山人设色人物图轴。揭阳黄跃生藏其作品数件。

（《揭阳美术家人名辞典》）

谢娟（1880—1925），字君妍，号玉婵。潮州城人。配婚王俦仙，两家皆科举名门。清末其夫经商香港，谢娟就学于广州坤维女子师范学校。卒业返回潮州，任校址在英聚巷的潮安县立女子学校校长。谢娟擅绘画，工刺绣，画宗恽南田。遗作花卉作品得张大千及简琴斋题跋。

（《潮州历代美术家辞典》）

谢链（1831—1876），号巢云，自署红药吟馆主人。揭阳桃山都（今属揭阳市揭东区）人。道光二十年（1840）中秀才，年仅十岁。后与同里廪生陈宝创建宝峰书院。屡试不第，浪迹湖海，负才沦落，发之于诗，与同邑许希逸、周子元、陈升三为诗友。诗写性灵，才藻清隽，著有《红药吟馆诗抄》《南行纪程》等。擅书，所作颜骨柳面。今存《揭阳县试舍讲堂记》石刻等楷书，娟秀闲逸。

（《揭阳美术家人名辞典》）

谢良田（1913—1975），揭阳炮台下寮村人。从小喜爱绘画，十七岁从潮州东府巷潮光照相馆黄超习西洋画，学成后到曲溪玉春香班任舞台美术设计。两年后兼为画景。其在舞台的文武畔所增设硬景，运用线条显示出立体感，使观众耳目一新。曾随班赴河内、金边演出，并为当地各潮剧班画景。后定居金边，到法国画师开办的画室深造油画，半年后自办“良田画室”。1948 年回国，被玉梨班聘为舞美设计。20 世纪 50 年代初，在汕头镇平路开设“良田画室”，除为多班潮剧画布景外，先后收徒十多人。1957 年，他带着徒弟六名，受聘到粤东区潮剧联合办事处所属的制景厂工作。1962 年调到普宁县潮剧团。

（《汕头文化艺术志》）

谢铭（1806—1886 年后），字玉鼎。潮安人。擅工笔人物，情意逼真。80 岁作画精力似青年，故有“谢十八”之称。潮州市博物馆藏有两幅仙女图署谢铭款，风格似民间年画，线条简略，色彩华丽，技法不高。两图内容相近，都是仙姑和仙童，动作相同，都是手抱花瓶。仙童扛花篮，装仙桃或提花篮灵芝。仙姑与仙童之间有只鹿，背上驮着仙桃。两幅都是祝寿图，各有小楷题款，为光绪庚辰年（1880）谢铭七十五岁时所作。

世传谢铭真迹还有三幅，其中一幅是胡镇福收藏的扇面，画竹林七贤，与上述两图比较，风格及技法都明显更为高超，该画没有半点年画味道，画面丰满。七贤及两个童仆，在竹林下分成三组，各干其事。左边一组画一人站着书壁，旁边小童托墨盘；中部一组画三人伏案挥毫；右边一组画三人弈棋，并有童仆服侍。画面布满绿竹，竹下有石头作桌椅。三组人物结合得甚妙。弈棋处，二人对弈，一人站观，身朝中部，使与伏案作画人物相呼应，中部伏案挥毫处，有一人袖手站立，身朝右面弈棋处，而头部却望向书壁处，将三组人物联系起来，并将读者视线引向站立书壁者。画家题款壁上“丙子初夏月秀山一兄大人正，玉鼎谢铭”。盖二方印。

另两幅是潮州市博物馆收藏的山水人物立轴。其中一幅画老翁牧羊，老翁手执鞭子，站在大山冈上，似是仰天长叹，旁有童子两手捧东西，欲予老翁，老者没理会。山坡下有人赶羊上路，赶羊者把头埋在衣领里，冷风割面，而老者挺胸迎风，两相成对比。题款是“岁在庚午夏日，玉鼎谢铭”。画高125厘米，宽30厘米，定为馆藏三级品。另一幅是钓鱼图，大小与上幅相同，也是馆藏三级品。画一老者在竹下水边盘腿坐地，手执鱼竿，头望天上飞雁，身后有小童，伏石睡觉。画中水草、小灌木及竹叶都画得很工整，笔笔穿插有序，不呆滞，石纹、衣纹，尤其人物脸部五官结构都画得准确、生动。

（《潮州历代美术家辞典》）

谢任直，潮州城人。擅长楷书，相传潮州李厝祠“迈德堂”三字是其所书。1931年2月，政府决定重修广济城楼，要在城楼上挂“东为万春”大匾额，公开发出征稿启事，有数十位书法家投稿，仅谢任直所作楷书“东为万春”中选。

（《潮州历代美术家辞典》）

谢思恭（道光、光绪间），字六吉，号南溪。潮安人。擅画人物、花鸟，兼擅书法，潮州振德街石坊上有他的刻字。其真迹《贵妃出浴图》，高68厘米，宽38厘米，描绘宫灯下贵妃出浴的神态，整个身体被红绫包裹着，微弯腰，低回首，一种娇媚无力的姿态跃然纸上，十分传神生动。题字为“浴罢轻纱着紫朱，兰麝香气六宫无。可人最是鸡头肉，何故胡儿亦识酥。丙子仲夏，谢六吉写”。盖二方印，一为“思恭”，一为“六吉”。

《出浴图》作于丙子年（1876），迄今历经百余年，画面遭两次损坏：第一次是在右上角被割去一角，宽22厘米，高15厘米。后由装裱师染纸补复，再在上面题字，文曰“当年赐浴记华清，隐约兰灯半灭明。一种丰肌斜映处，轻纱着体可怜生。偶似笠芗仁兄大人属，樗散人郑心经甫稿”。第二次是于“文化大革命”期间，被破“四旧”者在画面上狠狠地打了个叉。今虽经修补，伤痕仍存在，幸好人物脸部、头部、肌肉都无破损。

谢思恭与郑昌时有交谊，曾绘《观日图》赠之，郑因此在其所著《韩江闻见录》卷九载诗怀念思恭：“鹤墅洋洋洒俗尘，南溪笔笔健精神。继图观海图观日，浴日图观日日新。”

潮州市博物馆收藏谢思恭山水人物中堂一轴，纵258厘米、横168.6厘米，为馆藏三级品。画中画一儒生向农夫询问耕田之道的情形。农夫向儒生讲述着，手舞足蹈。农夫背后有提饭篮小童，小童背后有黄牛。人和牛都望着儒生，儒生也望着他们。画家为突出儒生，将其置于高处，并画在纸的中部。人和畜都站在水边坡地石上，背后是石壁崖脚，高处悬崖古树倒挂在石壁上，树梢与人、畜相呼应。右边有题识一长行，全文为：“嘉庆丙子新秋，偶写省耕图于锄经堂，谢六吉。”末盖二方印。该图与上述出浴图同样体现作者的高超笔法。人物形象刻画精细，衣纹线条流畅，一气呵成，组合紧凑，而人物周围坡石则用粗犷线条，虚实相生，与较工细人物相映衬。

（《潮州历代美术家辞典》）

谢庭兰（1842—1894），讳元会。潮州城人。恩贡元，授儒学。自幼聪慧，过目成诵。博览群书，精通经史。工书法，尤擅写蝇头小字，多年心血，留下录《论语》《孟子》《诗经》《左传》及诸子百家等多部古书及辞赋的微型书法作品，装满长九寸、宽五寸、高四寸之铁盒。字幅每片 4 厘米 ×8 厘米，每平方厘米写二十四个字，小如卷纸，便写上几百字，一盒之纸有几万页。著有文章四册，“文化大革命”间被焚去，此盒幸得保存，弥足珍贵。1989 年潮州市博物馆征得数百页。

（《潮州历代美术家辞典》）

谢贤明（1885—1952），字燕庭。潮安人。广东高等师范学校毕业，历任金山中学、广东省立第二师范学校（今韩山师范学院）、潮安第一中学、隆都中学及泰国中华中学校长，是潮州市著名教育家，也是书画家。擅画人物、花鸟、走兽，以小品水墨画为主。昔曾任金山中学、广东省立第二师范学校美术课教师，极擅黑板画，惜作品不多。

（陈贤武提供）

谢学圣（1692—？），字复守，号乃愿，署所居为耕读轩。揭阳桃山都（今属揭阳市揭东区）人。康熙五十九年（1720）举人第一名，授山西太原府交城县知县，任间革陋规、宽刑政，士多颂之。任满，偕继室孙氏隐居交城县灵川村，辟耕读轩，觞咏自娱，著有《耕读集》。工书法，有书于康熙六十年（1721）“见位闻声”石刻在桃山都祠堂内壁，古劲润丽。桃山解元第门楼有他手书冠首联“桃宴瑶池跨海市，山连蓬岛点鳌头”，亦以颜体为骨。卒于乾隆二十年（1755）后。

（《揭阳美术家人名辞典》）

谢应龙（清末民国），字翼云，又称翼之。揭阳榕城人。附贡生，提举衔。民国揭阳县保卫局局绅。工书，尤擅行楷，宗苏东坡、黄鲁直。今地都邹堂廷辉公祠有其石刻行楷，书于光绪二十五年（1899）冬，书体开张舒畅。

（《揭阳美术家人名辞典》）

谢育才（1904—1977），生于海南万宁县文渊村。曾任中共万宁县委书记、中共琼崖特委委员、中央红军福建军区政治部科长、中国工农红军第七师参谋长兼第五团团长及政委等。

1927 年，谢育才受命前往南洋，与马来亚共产党取得联系，要求帮助收容、教育、组织逃散在外的党团员。1930 年初从新加坡回到中国香港，再转上海，不幸被巡捕房所捕并获刑，1931 年刑满出狱后，进入闽西苏区开始了 11 年的军事斗争生涯。1940 年 10 月，谢育才任中共江西省委书记。1941 年 5 月又被密捕，1942 年 4 月越狱成功。1944 年冬协助组织潮汕人民抗日游击队（不久发展为韩江纵队），代理韩江纵队参谋长。1946 年谢育才随队北撤，进入中共华南局党校学习，并接受审查。1949 年谢育才随军南下，任广东省支前司令部参谋长，随后任汕头市市长、市委委员和海南农垦局局长兼党组书记等职务。“文化大革命”中遭受迫害，1977 年含冤病逝，至 1998 年才彻底恢复名誉。

在谢育才的档案中，有不少系其毛笔手书，笔法、结字、章法，均自然流畅，可体会其手心相应、随意而成的书法魅力。

（《怀念谢育才》《马家洲集中营斗争揭秘》）

谢云松（清末民国），字卧林，自署自然精舍主。揭阳榕城人。能画，与弟谢景松擅仿古山水，师“二袁”界画，工整、细腻、艳丽。揭阳黄跃生藏其作品数件。

（《揭阳美术家人名辞典》）

谢芝荣（1916—2001），潮州市湘桥区人。自幼喜爱丹青书画，曾拜潮州城内画师庄淑舆为师，学习人物画。因受庄淑舆之启蒙和悉心教导，加上刻苦学习《芥子园画谱》等中国画法基础范本，技艺逐日长进。十余岁便能独自绘《水浒一百单八将》工笔人物图，时人对其笔法有度、形神兼备之作无不赞叹，遂有“神童”之称呼。17 岁，经亲友引荐，到枫溪“合顺”号私营陶瓷作坊当画工。1949 年后，曾先后调到广东省枫溪陶瓷研究所、潮安国营彩瓷厂和潮安美术瓷二厂工作。在潮安美术瓷二厂期间任彩瓷师傅，带徒授艺。毕生从事枫溪陶瓷的彩绘和瓷塑工作。在瓷器绘画上，将现代中国画家的技法应用到釉下彩绘中，大胆创作出富有新意的虾、金鱼等，生动活泼。还创作“雏鸡烟灰碟”美术日用瓷、“唱支山歌给党听”和“浣纱女”等题材的人物瓷塑。造型逼真，风格细腻。由于成就突出，20 世纪被授予汕头地区首批“艺人”荣誉称号。至 2000 年，已届 84 岁高龄，仍不辞辛劳，应邀赴美国旧金山市举办为期一个月的个人“千禧画展”，获得当地观众的好评。

（《潮州历代美术家辞典》）

谢仲仁（1900—1976），字笃君，署所居为近庐。揭阳梅冈都翔龙乡（今属揭阳市揭东区）人，后居榕城。广东高等师范学校毕业。揭阳县立民教馆馆长。1949 年旅居台湾。工诗、能文、擅书法。黄殿中《榕城谢翁仲仁七秩稀龄精神仍建，余闻名四十年未曾晤对。渡海来台始获共亲楮墨，猥蒙寄声赋此奉赠》诗，谓“岐山榕水萃奇才，睹野墙高叩不开。卌载知名仍昧素，一行作客始亲栽。文章有价推君富，事业无成笑我呆。何道稀龄还矍铄，长生应是住蓬莱”。

（《揭阳美术家人名辞典》）

谢种松（1932—2016），原名谢振松，字参之，号好寿草堂主。生于泰国，自幼回国求学。酷好书画和篆刻艺术，自 20 世纪 60 年代初，师从王兰若学艺 50 多年，深受影响，同时亦旁涉历代诸家各法。精国画，擅画山水、人物、花鸟、水族、走兽。画风洒脱劲健、豪放。对书法篆刻均有精湛的研究。书法深得黄庭坚、康有为神韵。尤以篆刻见长，印风规模阔大，体态安闲，自成格调。为汕头市美术家协会会员、书法家协会顾问。

（《春风吹过花欲语·王兰若师生作品集》）

邢凤梧（1931—2003），笔名宋布衣、凡木，自号墨苑耕夫。潮州人。一生致力于教育事业，业余专攻书法，晚年定居汕头市金平区华新城。为广东省书法家协会、中国老年书画研究会、两广太平天国研究会、潮州韩愈研究会和广东高等师范院校语文教学法研究会等会员或理事。

邢凤梧师从戴贞素，好学敏求。于碑帖方面，初习董其昌，又学“二王”，兼习魏碑，后研习苏、米，用心吸取众法，融会贯通，强调传统，注重情趣气韵。主要成就表现在行书和草书上，下笔轻重分明，疾徐有别，润燥相融，笔势流利，意态从容，抒发性情天趣，真情朴实，洋溢着自然之美。与人合著《冯云山》《冯云山评传》。

（《邢凤梧纪念文集》）

邢亮臣（清末民国），揭阳榕城凤围乡（今属揭阳市榕城区）人。例捐州同。曾任凤围乡乡长。1921 年为揭阳县参议会议员。擅书，宗“二王”。传世有 1924 年所书石刻。

（《揭阳美术家人名辞典》）

徐隆德（1920—2016），达濠人。1939 年 7 月考入上海美术专科学校西画系学习，师从陈斯文、倪贻德等，潜心于法国后印象派绘画和美术史论的研究。1942 年大学毕业后回汕头，适逢潮汕大饥荒，便在慈儿院从事救灾慈善工作。1948 年 9 月起从事教育工作，历任汕头同济中学、普宁县兴文中学、普宁县第二中学及汕头友联中学（汕头第七中学）、汕头工艺美术学校、汕头教育学院等院校教师。退休后，继续被汕头工艺美术学校、汕头教育学院等院校聘任，负责美术学科史论课教学工作，编撰《外国美术史》《中国美术史》，并被聘请为汕头市油画研究会顾问。他把一生心血无私奉献给了美术教育事业，是粤东最富有敬业精神的美术教育家之一。

（《大朴厚生——徐隆德画集》）

徐名柔（清末民国），揭阳人。吴汝霖学生。擅画，1912 年其师得《郑小樵梅谱》，命徐名柔摹梅花、吴让美摹字成册，时年约二十。日后之作未见。

（《揭阳美术家人名辞典》）

徐省吾（清末民国），署所居为鞭影庐。揭阳新亨大良岗（今属揭阳市揭东区）人。桂岭石母守约学校毕业。吴汝霖学生。擅书，宗颜鲁公。1926 年桂岭龙岭村建竹祖公厅，壁上有其所书唐诗两首，稳健大度。

（《揭阳美术家人名辞典》）

徐上，字平山。康熙十二年癸酉科进士，授四川峨眉知县。峨眉县自张献忠乱，人鲜知学，徐上集诸生勤讲课，士子稍有习文艺者。时峨眉县富商大户不供差役，由贫户供给。徐上编粮均役，民甚德之。擅书，近代佃介眉有诗赞其书曰：“晋唐风格已难期，且喜峨眉口尽碑。可笑世人好务远，乡贤那许俗肠卑。”现存其所题“徐氏宗祠”匾，上款“康熙乙亥夏月”，下款“赐进士文林郎上书”，皆行书。

（《海阳县志》《亦是集》，林勇提供）

徐松（清末民国），揭阳榕城人。能画，尤以画神仙鬼怪闻名乡里。民国时揭阳画坛有“徐松鬼、剑香兰、伯虔竹、苍石鸡、石帆猴、亦华乞丐、岩耕山水”之说。

（《揭阳美术家人名辞典》）

徐学澥（1902—?），澄海东里人。澄海中学第五届毕业生，在学期间曾因品学兼优获学校奖学金。入北京工业大学预科后，考到庚子赔款公费生东渡日本，就读于日本东京高等工业学校。毕业时因成绩优异，被广东省教育厅派往美国深造，曾就读于美国希劳士工科大学、士丹佛（斯坦福）大学、普度大学，最后在密歇根大学获得机械设计及西洋画科硕士学位。1932 年底，被任命为中山大学理工学院筹备委员并被聘为教授，后又兼任机械系主任、工场主任、工学院代院长等职，兼任广州市立美术学校教师。后为广东国民大学工学院教授，机械系主任、院长；华南联合大学理工学院教授、院长等。徐学澥早年任教工科课程，讲义几乎都是他亲自动手编写，出版有《投影几何画》《机动学》《原动机》《机械设计原理》《机械制造法》《机械画》《绘图必备》等。1952 年 10 月至 1955 年 4 月担任华南工学院（今华南理工大学）筹备委员会副主任，后为该校二级教授，曾多次当选广东省政协常委和人大代表。

徐学澥从小酷爱画画，东渡日本留学工科学校期间，学习了日本画，后又被密歇根大学西洋画科录取为研究生，获西洋画科硕士学位。徐学澥对铅笔画、粉笔画、油画、水彩画、中国画无所不好，风景、花卉、走兽、飞禽、虫鱼无所不画。由于有制图的专长，又有绘画的技巧，从而在制图中渗入绘画的艺术，又在绘画中揉入制图的技巧，力求以制图的准确性，达到图画互补、相得益彰的效果，故其图画自成一体，被人称之为“工程技术人员的图画”。所绘画册共有一百四十余册，又著有“技术素描”五册。

（《征访册》）

许安然，原名槐卿，字植庭。潮州城人。擅书画，其为饶瑗珊书祝寿联，金字红底，楷书，上联为“赴会来瑶池，菀同金母木公，一堂共看寿者相”，下联为“问安赏琼树，且喜兰孙桂子，后辈克绍先人风”，题款为“世愚侄许安然顿首并祝”。盖二方印，白文为“许安然”，朱文为“宅作书画”，字体端庄且不板滞。许安然的绘画作品，画风狂放，其为饶若呆写松、梅、山水、寿石共四幅，笔墨似不经意，草草写成。其中第一幅画松，粗干盘曲，题“橘中老人写石头和尚法”，并盖白文印“陶然自乐”。第二幅画盆栽梅，配一盆双勾兰，题“无恙道者”，盖葫芦印“依样”。第三幅画山水，极简略，两面山崖中间有一棵松，松下坐一老者，题款为“安然作”，盖方印“许安然印”。第四幅画一块高高的太湖石，题款为“若呆仁兄方家命予写树石花卉山水四种，予草草略仿古人遗意，自知不合世人之眼，但适吾意耳，吾兄具法眼藏正，不知见此当以为如何乎，乙巳七月七日，许安然口于双榕书屋之柳堂”，盖二朱文印，一为“植庭”。此四幅画反映了许安然的性格和画风。

（《潮州历代美术家辞典》）

许伯元，号半似僧。潮州旧西街人。清末秀才，医生。儿子许小士是潮州名中医。许伯元喜绘画，业余以画为乐，擅画山水，作品多次渲染，景物浑厚。其七十四岁所画扇面山水，着意描写农村春雨景色，小桥上戴笠渔翁冒雨归来，远山蒙蒙，画面题识为“时雨终朝春水涨，渔翁得利早回归。炽良兄台大雅正，半似僧，时年七十有四”，末盖方印。

（《潮州历代美术家辞典》）

许大彰，字如晦，号深洲。揭阳榕城人。咸丰二年（1852）恩贡。无心仕途，以诗书自娱。能文，以清微澹宕见知于潮州太守黄安涛。能书，曾自书联语于斋中明志：“草草名场一步亦推稽古力，茫茫宦海十年不起服官心。”喜奖掖后进，经其指导者多有所成。子希逸，亦能书，另有传。

（《揭阳美术家人名辞典》）

许德润（1919—1990），谜号玉水。南澳人。曾任汕头市职工灯谜协会理事。1960年，作为发起人之一参与创建南澳灯谜组织，并任首任组长，与李志鑫、黄辉孝、伍延才、余越、吴长成、罗大只和黄镜瑜等七人合称“谜坛八友”。1988年，创建南澳县职工灯谜协会，任会长，为发展海岛灯谜文化做出了较大贡献。其书法在南澳颇有盛名，创办南澳书法协会，并任会长。

（《潮汕灯谜史》《南澳书法作品集》）

许涤新（1909—1988），原名许声闻，又名许声文、许潮生，笔名方治平、渤若等。揭阳棉湖人。1926年考入中山大学文科预科班，1929年考入国立劳动大学社科院经济系，半工半读，攻读《资本论》和马列主义经济学。1932年因国立劳动大学被封，转入国立上海商学院经济系。后在上海复旦大学从事研究工作。1981年任汕头大学首任校长。出版著述约300万字，由他主编或审阅出版的著作400多万字。其中包括组织全国经济学家编成我国第一部《政治经济学词典》和《中国大百科全书·经济卷》，重新撰写《广义政治经济学》，主编《中国资本主义发展史》，撰写《中国国民经济的变革》《中国社会主义经济发展中的问题》《生态经济探索》。

除研究经济之外，许涤新喜文学、诗词，擅长书法。其为第一届中国书法家协会理事，书法取法很广，尤擅行书，虽书名为其经济学术名气所掩，但其书以魏碑入行草，能尽用笔方折之妙，字字独立，左偃右仰，或伸或屈，刚柔相济，熟中有生，各极其致，达到一般书家所未达到的境界。其晚年信笔所至皆成妙趣，如其所书的二十多首毛泽东诗词，带有吴昌硕、沈曾植的笔意，有书卷之气、金石之声，笔势顿挫，动人心魄。

（《潮汕百科全书》）

许鼎才（1865—1930），名元翥，字鼎才，以字行。揭阳榕城人。清末附贡生，县丞衔。幼承家学，得其父许希逸所教，擅书法，宗颜鲁公、苏东坡。行书运笔流畅，格高味醇，在当时为好手。地都东乡祠堂前有其四幅石刻行书。

（《揭阳美术家人名辞典》）

许国佐（1605—1646），字钦翼，号班王，署所居为百州草堂、旧庵、班斋。揭阳榕城人。崇祯四年（1631）进士。仕至兵部郎中兼督九江饷务。以双亲年迈上折乞归，居榕城百州草堂。崇祯十七年（1644）甲申国变，南明福王召其任原职，因父病未赴旨。死于揭阳“九军”之乱。工诗，诗风奇崛，瑰奇矫变，著有《百州堂集》《许班王诗集》等。书法宗颜鲁公、柳公权，潮阳金玉柳钢陈氏家庙有他所书“追远”匾，行楷，刚健古雅。

（《揭阳美术家人名辞典》）

许汉树（1939—2014），普宁人。汕头诗书画文化研究院副院长，汕头市政协岭海翰墨社文艺委员会主任。作品发表于国内外多种刊物，多次参加国内外美术展。1994年起先后在东南亚各国举办个人画展，作品《山涧》曾入选美国洛杉矶举办的中国艺术节。在国内各地多次举办个人画展，主办岭东墨竹艺术展等艺术活动。其传略收入《中国当代文学艺术新闻人才传集》《二十世纪海内外潮汕名人传录》。出版过《许汉树画选》第一辑和第二辑、《许汉树画集》、《许汉树国画精粹》、《古道西风》，编著有《岭东墨竹艺术》、艺术札记《漫漫长夜》和《侃猴新语》等多种专集。其画作的艺术特色与个人经历曾被汕头电视台以及海内外多种刊物报道。

（《春风吹过花欲语·王兰若师生作品集》）

许鹤卿（1906—1998），字其澄，别署觉因居士、黄岐山人。揭阳榕城人。幼随同族许元凤习画。后进汕头震东美术专科学校学习西洋画。1931年后进入广东军事政治学校中央陆军军官学校第四分校学习。毕业后投身军界，任军需处处长。1948年居香港，创办许氏艺苑，以作画为生。国画以山水为佳，运笔细腻浑厚，师法范宽、李唐和梅花道人、黄鹤山人及清初“四王”，早期清雅，中期浑厚，晚期老辣，气格苍凝，出尘绝俗，富传统韵味。著有《许鹤卿画集》。为广东文献社社务委员九龙分社主任，香港中国书法学会董事兼学术研究组委员。

（《许鹤卿画集》）

许蕙生（1864—1933），名浚元，字蕙生，以字行，署居室为澹庐。普宁泥沟村人。光绪三十二年（1906）贡生。吴道镕弟子。自费留学日本东京宏文学院博物师范科。归国后，历任普宁各校校长。晚年居汕头。与潮州、揭阳诸文友组成文潮社，任社长。喜藏书，能诗文，擅书法，宗柳公权、李西台（南堂书法家李建中），用笔沉着醇古，丰肌清秀。有手稿《澹庐诗抄》。

（《揭阳美术家人名辞典》）

许键元（1916—2001），署所居为双伪斋。揭阳登岗（今属揭阳市揭东区）人。潮安萃英国文专修学校毕业。长期任教职，自谓“平生最是称心事，喜得英才教育之”。能诗，今人许习文编其《双伪斋吟草》刊于《五世诗绳》。擅书法，宗孙过庭，奇崛不俗。

（《揭阳美术家人名辞典》）

许教全（1922—1987），自号庸叟。揭阳登岗人。青年时期任教职，晚年供职于地方文化部门，参与地方志编修。博洽多才，以谜事为至乐。能医术，尤喜古文辞。擅书法，师柳公权、欧阳询。以楷书为精。有剧本存世。许习文编其《庸叟剩稿》刊于《五世诗绳》。

（《揭阳美术家人名辞典》）

许景华（1927—2002），普宁流沙人。普宁第二中学毕业。长期执教，自1949年起历任普宁新寨小学、梅峰中学、大南山中学、普宁师范学校美术教师。擅长西画，所作油画造型写实，用笔潇洒，色彩丰富。代表作有水彩画《早春三月》、油画《马胶鱼》和《山路系列》等。

（《揭阳美术家人名辞典》）

许良琨（1914—1978），号一如居士。潮安彩塘镇宏安人。名画家。早年毕业于上海美术专科学校，从教三十余年，任职于潮安第二中学。师承上海名画家谢公展，尤精菊花，兼工带写，画风清新隽逸，千姿百态，形神兼备，造诣甚高。作品曾多次参加潮州市展览，受到观众好评。潮州城黄逢林家藏有立轴，系以唐人刘克庄诗意画菊石图。有黄、红、白各色菊花10朵，枝繁叶茂，底部以石头托之。画面呈现欣欣向荣之景象，右上方题刘诗，左上角补题："逢林同志纪念，即希教正，癸卯年闰四月，弟许良琨补题奉赠时年五十也。"另于2006秋季艺术品拍卖会上推出105号展品《寿客图》立轴，设色纸本为1933年谢公展、许良琨合作画作，上有谢公展题记："寿客。许良琨弟诚笃勤学，且喜自动，此作经营组织布白，既有疏密抑扬，复井井有致，可存也。癸酉九月，公展题记。"

（《潮州历代美术家辞典》）

许美勋（1902—1991），潮州人。20世纪20年代起，组织潮汕新文学团体《火焰社》并主持《火焰》周刊，国民革命军东征时期主持《岭东民国日报》文艺副刊。20世纪30年代在沪从事左翼文学活动，为发起成立"左联"的五十多位作家之一。爱人冯铿牺牲后，参加《前哨》纪念战死者专号编委会。晚年任汕头市文联名誉主席。其书法笔力爽劲洒脱，运转变通，得益于他的学问修养，透射出文人气息。

（许其武提供）

许明俊（1929—1984），揭阳玉湖镇浮山村（今属揭阳市揭东区）人。出生于泰国清迈府。1947年随父回国读书，1953年毕业于广东省立韩山师范学校（今韩山师范学院），而后任揭阳剧团舞台美术设计。对漫画、油画、国画、水粉都有研究，画风汲取海派和岭南画派养分，造型准确。尤擅人物，画风充满现代气息和乡土味。《揭阳县十年美术作品选》选有其国画作品。为广东省舞台美术学会会员。

（《揭阳美术家人名辞典》）

许乃秋（1875—1945），名复兴，号着农。澄海莲下镇程洋冈村人。光绪二十三年（1897）秀才，精研书法，得柳公权遗韵而上溯颜真卿及"三王"，下及赵孟頫诸大家，取精用宏，融会贯通，遂得自家面目，有声于时。其书作大字刚健精严，小字则俊美清新，以行、楷二体见长。其纸本墨迹多散佚不见，现村中尚存有其手迹石刻多处，如所题"晏侯庙"，字大二尺，楷书，用笔伸展，进退裕如，气势俊迈。为自家匾额书"乃秋小庐"，浑圆雄厚，法度精严，此二者可视为许氏大字书法之代表。"古葵庵""许氏宗祠”等均有其墨迹勒石传世。曾为澄海中学手书楷书碑文。

许乃秋不但擅长书法，且热心教育事业。1910 年在家乡艺苑创办私塾，1914 年与蔡杰三、陈敬齐发起创办凤冈小学堂，任凤冈学堂教导主任兼授历史课，1915 年在澄海城协办澄海中学，任澄海中学总务主任，后来任澄海县参议员。1922 年“八二”风灾后，与郑开隆（澄海中学教员）到泰国募款筹集澄海中学经费。

（《征访册》）

许其琛，澄海莲阳许厝人。清末举人。为人耿介，中举后归隐，于莲阳济川桥畔筑舍安居，设馆训蒙。书学《灵飞经》，笔势圆劲，字体精妙，惜传世书迹不多，现存者，只有莲阳关帝庙题字“武庙”及尼姑庵门额“水月禅院”。“武庙”二字苍劲雄健，肃穆威仪，落款笔致婉转圆通，体势宽博。

（《书林拾翠》）

许奇高（1903—1985），号长寿山人，别署百州草堂后人。揭阳榕城人。少家贫，以病失治，致右手肌肉萎缩，遂以左手执笔。昔年随画家许元凤学工笔画。1924 年初中毕业后到汕头市美术广告社。参加上海美术专科学校函授。1925 年受聘为汕头市美术专科学校教员，因作品揭露时弊招忌，被列为“赤派分子”，遂偕母到南洋避祸，进星洲达马画室任美术师。之后，到中国香港、台湾等地及日本、泰国、马来西亚、印度尼西亚等国，或举办画展，或从事美术活动。1948 年居广州，专心绘画。1951 年应徐悲鸿之邀北游京华，晤齐白石。受徐悲鸿邀请到北京任教，但因水土不服，歉然归广州。为广东省文史馆馆员、广州美术家协会理事、广东省书法家协会会员、广东省政协第四届委员会委员。其作品能将中国画法与西画技法相融合，题材广泛，运墨用笔以苍朴取胜。齐白石题其《农家乐》图，谓“余尝谓古今画家大涤、雪涛、缶庐外，无多人矣。不觉竟有奇高先生高出二三君子，予不免多事，添上数字”。有《许奇高画集》。

（《许奇高画集》《征访册》）

许日炽（1679—1753），字鲁常。海阳县登隆都凤阁洲（今潮州市潮安区龙湖镇）人。清康熙四十七年（1708）戊子科乡试第五十六名举人；康熙五十四年（1715）乙未科会试中式第八十一名，殿试第三甲第三十二名，赐同进士出身。初任官学教习三年，候选知县，雍正四年（1726）补实缺，出任山西解州夏邑知县。那里的百姓苦于苛捐杂税，他到任后极力革除陈规陋习，减轻百姓负担。境内赵家坟无主男尸案十年未结，他经过明察暗访，迅速破案，将罪犯绳之以法。修整了宋代司马光的温公祖墓碑亭、明伦堂；故光绪《夏县志》有“吏治为一时最”之语。

因政绩卓著，雍正六年（1728）三月，许日炽由山西巡抚石麟推荐升任解州知府，在解州任上以分理之职协修《山西通志》。同年六月，晋京受到雍正帝的引见。雍正皇帝在他的履历上批示“忠厚、诚实、结实人”，“中上”。雍正九年（1731）荐升泽州（今山西省晋城市）知府。他关心百姓疾苦，泽州境内矿产资源丰富，但鉴于安全起见，他严令禁止私自开矿。雍正十二年（1734）四月，升刑部安徽司员外郎，旋任太平府（今安徽省当涂县）知府，次年改任福建泉州知府。在泉州，他疏浚泉州城区排水系统大动脉八卦沟大濠，并规定三年二浚，动员邑绅张文秸捐充民田租实额二百五十三石八斗三合八勺，充作“泉州书院”“温陵书院”“小山书院”的膏火之资。他为官一任，造福一方。

乾隆元年（1736）升任广西左江兵备道（时分管南宁、太平、镇安、泗城四府），其中太平、镇安与安南（今越南）接壤。因政绩卓著，于乾隆三年（1738）八月再度晋京引见，乾隆皇帝的批示是“中平，人还去得”。乾隆八年（1743），在许日炽的主持下，经勘察，在南宁仓西门外河边（今民生码头）至安塞门（今邕江宾馆南面附近）一段城基近水处，用大条石砌建了一道约300米的邕江防洪石堤，并在石堤前面再建三座码头（即下关码头、安塞门码头和祭江台横渡码头）。石岸（堤）51丈以防城基，并建造码头三处。乾隆十一年（1746），许日炽以老乞休。归家时囊中萧然，自号“何有老人”，改字广平，其所著文集为《何有老人别录》。他还著有《夏邑士宜记》《从事筹边集》，逝世时74岁。

许日炽遗存书迹有今潮安区东凤镇景山居之门匾，其正文行书“桂林鸣凤”，上款曰“乾隆十四年岁次以巳阳月谷旦”，下款曰“赐进士第中宪大夫广西按察使同学弟许日炽敬题”，均为楷书。

（《潮州历代书画家辞典》）

许日章（1918—1998）， 字耀文。潮阳关埠镇路内乡人。以执教为业，先后在潮阳榕江片区的福仓、巷底、溪内等乡村历任小学校长近三十年。潮阳书法协会第一、二届理事会顾问。

早年授业于揭阳名儒菊饮居士孙少楷，研习颜鲁公楷书和黄自元馆阁书。其楷书融汇欧阳询之平正险绝、颜鲁公之浑实大方、黄自元之清瘦明了，形成了瘦硬而不失温润、劲险而不失端庄的风格。他书写的金字蝇头小楷广为潮阳、揭阳两地民间所推崇。20世纪80年代后专心于书法艺术创作，古稀之年应邀用寸楷为潮阳关埠镇各乡村书写简史，依然得心应手，游刃有余。关埠镇各乡村的寨前、潮州西湖和潮阳海门莲花峰都有其石刻。

（《征访册》）

许少岳（1886—1947）， 原名许光墀。潮州城人。廪生。幼患齇病难愈，遂发愤自学中医古籍，自治痊愈，亲友邻里闻其医术高超，纷纷上门求医。他专治内科、儿科，在潮州享有盛名。善用中西药配合治疗肠伤寒及鼠疫、霍乱等传染病。1920年任潮安县首届中医公会会长。子许觉真通晓中西内科，曾任潮安县卫生院院长、潮安戒烟医院院长等职。许少岳善诗词，擅书法，曾为胡镇福写两册页，笔迹工整秀丽，题款为“岭东遁叟许少岳题，时年七十有七”，盖一印，文为“少岳”。今存世有自书诗近百首，成一册，封面自题书名“岭东遮厄运吟稿”。

（《潮州历代美术家辞典》）

许士杰（1920—1991）， 澄海隆都人。1938年加入中国共产党，历任澄海县委书记、中共汕头地委常委、广东省委书记处办公室副主任、省委办公厅副主任、省委政策研究室副主任等职。1981 年 4 月任中共广东省委常委、广州市委书记，被广州市民推举为“十大杰出公仆”之首。1987 年 9 月后，任海南建省筹备组组长、中共海南省工委书记、海南省委书记、海南军区党委第一书记，并当选为海南省人大常委会主任。许士杰曾任中华诗词学会副会长、中国韵文学会顾问、中国作家协会会员和岭南诗社社长。著有诗集《风雨吟》《椰颂》，文集《群众路线漫谈》《从实际出发》《葑菲集》等。

许士杰喜书法，涉猎广泛，擅长行书。用笔有法，书写自如，结字颀长娟秀，精神独具，风格儒雅俊秀，遒劲清朗。

（《潮汕百科全书》）

许挺（1933—2006），澄海东里镇东和村人。早年投身革命，1986 年提前离休。曾任澄海区两纵老战士联谊会秘书长、澄海区老区建设促进委员会理事，是中国老年书画家协会会员、政协澄海诗社顾问，也是澄海书法协会第一届理事。书法以行草见长，书风刚劲流利，重气势，重情感抒发。有《许挺诗文集》存世。

（《澄海历代书法概览》）

许统正，字一桑。潮安人。广州南中美术学院及中华文法学院毕业，工笔画山水，花卉皆承岭南衣钵，任香港万国艺术家协会名誉会长，著有《许统正写生集》。

（《潮州历代美术家辞典》）

许宛如（1888—1952），普宁郭厝寮人。早年于岭东日文中学、广东甲种商业学校第一期毕业，1931 年任潮阳县县长秘书，热心公益事业，带头捐款修建和平桥。平生喜好汉乐。1927 年前后，汕头公益社部分社员另立门户，在潮州组建成社，拥许宛如为社长，其斥资购戏衣道具。几年后汉口水灾爆发，乃为义演。后为汕头市商会执行会员。

擅书法，各体皆能，在潮汕乡村现仍存有不少题书，其行楷书宗“二王”，隶书师《曹全碑》，笔法秀逸，墨彩艳发，奇丽超绝。

（《汕头市临时参议会第一、二次大会会刊》、《普宁文史》第 5 辑）

许伟余（1885—1974），原名挹芬。澄海莲下许厝人。青年时期到广州、上海等地求学。学成后回澄海，从事教育工作，先后在澄海县立中学、汕头女子中学、汕头聿怀中学、广东省立韩山师范学校（今韩山师范学院）、澄海中学等校任国文教员。1953 年和 1954 年被评为澄海优秀教师、汕头专区优秀教师，被选为澄海第二届人民代表大会代表及汕头市第二、三届人民代表，汕头市第二、三届政协副主席。壮年刊印《慧观道人诗集》，晚年完成《庶筑秋轩诗集》稿本，又应香港《文汇报》之约，撰写古典诗词名作诠释文章，辑为《庶筑秋轩文稿》。与侯节、吴贯因被誉为“澄海三才子”。

许伟余不以书法名世，但其国学基础扎实，以学识入书，独具一格。其用笔老辣，骨力练达，真气横溢，墨气鲜润。

（《潮汕百科全书》《韩师史略》）

许希逸（1838—1889），字菊坡，自署堆墨斋主、琅环逸史。揭阳榕城人。同治间岁贡，授同知衔、福建候补通判。同治十一年（1872）入丁日昌幕。光绪十四年（1888）参与编纂《揭阳县续志》。能诗，诗风妥帖工稳，著有《堆墨斋诗抄》。书师颜鲁公，今揭阳磐东谭角村存其光绪十年（1884）书寿屏十块，结体秀润丰满，刚健中有圆转之美。亦能画，擅山水、兰竹，运笔苍浑遒劲。子鼎才擅书，元凤擅画，另有传。

（《揭阳美术家人名辞典》）

许锡清（1899—1978），字澄区。合浦（今属广西）人。北京大学经济系毕业，先后任广东省立法政专门学校学监、国民革命军总司令部政治训练处秘书长、少将总务处处长、武汉国民政府总政治部政工局少将副官长、东路军政治部秘书长等。1929 年 5 月任汕头市市长兼潮海关监督，1930 年 7 月任第十九路军总部副秘书长，1931 年 1 月任国民政府实业部常务次长。1933 年 7 月任福建省政府委员兼财政厅厅长，参加福建事变，任福建政府财政部次长，失败后随蔡廷锴赴欧。1949 年后任广东省参事室参事、广州市建设局副局长等职。其书法用笔紧峭，凝练有力，瘦劲奇崛，气势雄健。

（《民国广东将领志》）

许耀铭（1942—1997），揭阳人。1958 年至 1961 年就读于汕头艺术专科学校，师从刘昌潮。1961 年在广东省潮剧院工作，师从洪风。1961 年至 1964 年就读于上海戏剧学院舞美系，师从苏石风、赵凤翔。1964 年至 1978 年在汕头市电影公司、汕头农展馆工作。1978 年至 1992 年在汕头工艺美术研究所、汕头工艺美术陈列馆工作。早年从事舞台美术设计，擅长水彩画，担任《十五贯》《春香传》等潮剧剧目以及《梁祝》《芦林会》等越剧剧目的舞台设计。后从事工艺美术设计，作品“彩木人”系列获 1980 年十三国工艺美术设计展览会（德国）金奖，作品“圣诞礼品盒”系列获全国商标设计作品评比优秀奖。此后，还从事展览策划和设计，曾担任全国首届儿童玩具博览会（北京）、1995 年至 1997 年国际兰花博览会（昆明、汕头、北海）、广东出口商品交易会、汕头农业展览会以及历届省、市大型展览会的总体设计和布展工作。同时从事建筑装潢设计，主持汕头首片危房改造工程中山一横改造项目以及汕头国际大酒店茶艺馆等项目的装修设计，画作《升平乐》及《伊甸园》获省、市装潢设计比赛优秀奖。

许耀铭长期从艺，转益多师，绘画作品带有鲜明的民族风格。

（许珈提供）

许因，潮阳人。景祐三年（1036）第二甲进士，官至太子中舍，是宋英宗为太子时的老师。许因家族在当时人才辈出，其父许申于北宋真宗大中祥符二年（1009）初举贤良，时真宗东封，召试第一，赐进士及第，累官刑部郎中；其子许闻诲，官卫尉寺丞通议大夫；其孙许珏初以祖荫得为宋仁宗近卫武官，授左班殿直，与宋英宗长女德宁公主成婚而为驸马，出任广南西路大总统兵马都监，所筑驸马府是现在潮州城保留得较为完整的宋代建筑物之一。

潮阳灵山寺的大颠祖师堂西廊前壁中，有许因所书的《敕赐灵山开善禅院之记》，此碑为目前潮汕地区可见的最早碑刻。从此碑可看出，许因的用笔特点主要是逆锋起笔，顿挫分明，方笔、圆笔并用，以方为主。许因的书法结体紧密，苍劲遒媚，字形稍长，其字中宫收紧，将横竖撇捺写得舒展，看起来内紧外松，疏朗开阔。

（《潮汕金石文征》）

许因才（1935—2017）， 潮州龙湖镇人。毕业于韩山师范学校。早年在乡镇任教，“文化大革命”后到汕头第二中学执教至退休。为教育事业尽忠职守。教学之余，许团才勤奋读书、写作，于书法艺术有很高的造诣，尤擅草书。其草书以兰叶线条入草，张弛有度，极具神韵。出版有《环境与艺术》文集和《自选草书集》《许因才草书书稿》等。

（黄绍炮提供）

许友梅， 澄海莲下程洋冈人。平生嗜好书画，收藏甚丰，其书法师事叔父许乃秋，得其亲传，善诗文，著有《梅轩诗抄》，于20世纪30年代在香港设立了“鸿雪轩”，专门代理古今名画交易，冯康侯等名家曾为许友梅治印多枚。

（《程洋冈村志》）

许元凤（1882—1940）， 字桐史，晚年自署瘤仙。揭阳榕城人。拔贡生。幼承家学，得其父许希逸所教，能书善画。民国时曾受聘至潮州枫溪瓷窑担任美术指导。国画得力于传统画法，临习宋元画风。尤擅半工半意山水。族人许奇高、许鹤卿为其学生，后均有名于当时。

（《揭阳美术家人名辞典》）

许元雄（1901—1971）， 原名雄石。揭阳玉湖镇浮山乡（今属揭阳市揭东区）人。广东法政专科学校毕业。1931年“九一八”事变后参加抗日战争。1933年参加蒋光鼐等人在福建成立的中华共和国人民革命政府，任侨委会秘书长。抗日战争胜利后到暹罗（今泰国）创办《曼谷商报》。中华人民共和国成立后回北京，为中国国民党革命会中央候补委员。擅诗，为柳亚子所激赏，著有《湖上风裁》《光影在萱园》诗文集。1986年，孙淑彦选注刊印《许元雄吟笺》。能书，宗颜鲁公，有晚年手书许公武《大隐庐晚唱别抄》诗稿，小楷，纯用颜鲁公笔意。

（《揭阳美术家人名辞典》）

许之翰（1898—1953）， 又名琼林，字逸仲。汕头下篷鸥下村（今汕头市龙湖区鸥汀街道）人。其父以善书名于乡，自幼受父亲影响。后在家乡开设私塾，民国初年到越南谋生，不久回乡，先后在汕头几家行铺当会计，还在鸥下村组织巧闲乐馆。其书法各体均能，俊逸洒脱，当时汕头多家商铺牌匾都为其手书，如“慈爱善社”、著名成药“潮安宏兴鹧鸪菜”、老牌潮剧团“老三正顺”等。

（《龙湖文史》第1辑）

薛侃（1486—1545），字尚谦，号钝子，又号常思子。以其质虚，王阳明赠号中离，署所居为思斋。揭阳龙溪都凤陇（今属潮州市潮安区）人。正德十二年（1517）进士，仕至行人司司正。师从王阳明，对王氏理学在岭南传播与有力焉。曾在揭阳中离山及罗浮、东莞一带讲学。著有《研几录》《鲁论真铨》等。擅书，有“中离洞”“中离溪开溪记”石刻，师“二王”。

（《薛侃集》）

薛侨（1500—1564），字尚迁，号竹居先生。薛侃弟。弱冠补郡学生，师事王阳明，以《孝经》登嘉靖壬午（1522）广东乡试第六名举人，嘉靖癸未（1523）成进士，改国子监助教，升工部主事。嘉靖戊子（1528）典试应天府，于落卷中拔马一龙为解元，卒成名臣，转武选司郎中，己丑（1529）主事武闱，戊戌（1538）分考春闱，不久迁东宫官右春坊司直兼翰林院检讨事。告归，集潮州士子成立一真会所，发良知之学、精一之旨。著有《一真语录》诸书。

薛侨书法今可见有潮州市潮安区庵埠镇中离山中石刻“东岩”二字，其书楷书阴刻，书风峻瘦清奇，其右有款曰：“进士薛侨书。”

（《薛氏族谱》）

薛宗铎（1507—1554），字子化，号敬庵。揭阳龙溪都凤陇（今属潮州市潮安区）人。理学家薛侃长子。明代贡生。现黄岐山崇光岩巨石下洞口有其题“崇光岩”三字石刻，款为“皇明嘉靖甲辰敬庵薛宗铎书”，书于嘉靖二十三年（1544），楷书，师法颜鲁公，字体饱满有神采。

（《薛侃集》）

Y

严墨翰，饶平黄冈人。清廪生，书画兼擅，又能诗文。擅画山水、动物、兰竹，风格醇厚古朴，民国初曾有山水画参加上海“瀛沪山水画展览”，获得好评，画标价一千银圆，被隆都陈慈黉购去。1932年移居汕头。在通津街15号设馆教授书法，兼书写铺号招牌，作品多流传于泰国等地。其书法深受何绍基影响，尤以行书见长，点画厚重，行笔流动圆活，苍劲凝练，古朴自然。

（《饶平文史》第10辑、《征访册》）

杨霭如（1865—1919），字礼光，号杨青。揭阳榕城人。擅长人物肖像画，在榕城创建米家船画室。时人黄梦龙有文赞“霭如杨先生才称三绝，德绍四知，以米元章米家画船为其馆名，善写生传神”。

（《揭阳美术家人名辞典》）

杨蟾桂（清末民国），字芗霭。揭阳霖田都棉湖（今属揭阳市揭西县）人。庠生。十九岁时为棉湖池尾新宫书“十洲镫镜”匾。棉湖关圣武君庙有其书撰柱联，为“志在千秋，与尼山并称夫子；才兼智勇，即诸葛亦仰将军”。光绪十四年（1888）为同邑诗人林长晖《绕绿书庄诗稿内集》作序，行书。书宗王右军。

（《揭阳美术家人名辞典》）

杨淡吾（1873—1943），名柳清，字淡吾，以字行。揭阳榕城人。清末附贡生。光绪三十三年（1907）任教新加坡端蒙学校，宣统元年（1909）回乡，执教于汕头、揭阳等地。一生以培育后学为业，门人如吴文献、林清扬、郑楷、许照寰等多有成就。1937年揭阳县县长谢鹤年为其颁“教育英才”匾。擅书，与同邑蔡鹤汀、许维城、陈元逸齐名。楷书师颜鲁公，以行楷取胜，尤擅书联。

（《揭阳美术家人名辞典》）

杨国崧（1859—1919），字小亭，又作筱亭，号耕云樵子。祖籍金陵，后至潮落户。长住潮州城府仓内，居室初名韩水寄斋，后改为思补轩。“思补”二字得名于宋代名画家杨思补之名，符翕见杨国崧画作有杨思补遗风，故以“思补”二字名其居室。郑心经又为此题跋，两家书法刻在木板上，成为思补轩匾额。该板今尚存。郑心经题文是：“宋杨思补先生，以绘画名世，史称其善画梅。张之壁间，有蜂蝶集其上，信乎其技神矣。吾友筱亭仁兄为其后人，性倜傥不羁，幼工六法，每当驱遣烟墨，模水范山，洒洒然觉胸中别有丘壑，妙有乃祖风。符子琴见奇其才，甚钦迟焉，因以思补二字额其居，余故乐为志之，以见祖述有人云。樗居士郑心经跋。”

杨国崧传世作品不多，现能见到的主要是山水画。在其故居，今仍可见到六幅山水条幅，有题款的仅有一幅，又见到十几幅册页，有题款的也只有五六幅。百榕斋收藏其山水画，除一幅立轴有题识外，其余几幅山水册页都无题识，只盖“小亭”白文印。百榕斋所藏几幅其未完成的山水册页，虽未着色，未补远山，也乏点染，但从中可以看出作者以流水作业方式成批制作画页，作画步骤分明。另四幅已完成的作品，画面层次丰富，湿润可爱，淡着色使画面显得古雅。

（《潮州历代美术家辞典》）

杨国璋（1847—1919），又名璧臣。大埔人。光绪三年（1877）举人，后任汕头孔教会会长。贵屿南安村杨氏家庙肇庆堂柱联为其手书，遒劲有力，真情流露，结构沉着，点画飞扬。

（《征访册》）

杨和明（1924—1996），署所居为恬庐。普宁人。1948 年就读于中华音乐学院。毕业后一直在文艺界担任行政职务。1978 年任广东画院副秘书长。广东省书法家协会副主席，中国文联第五次代表大会代表，广东省政协委员。擅长诗、书、画、印，尤喜兰竹，所作清新淡雅，洒脱不羁。书法以草书为擅，雄浑遒劲。余事治印，师汉晋古玺，得古穆朴实之味，往往在残缺处见功力。著有《杨和明扇面书画选辑》《杨和明国画兰花集》《杨和明国画集》等。

（《揭阳美术家人名辞典》）

杨鸿声（1903—1987），字柳林。饶平大港人。20世纪20年代就读于韩山师范学校，师从王显诏，学得写意山水、花卉技法。甲戌年（1934）作山水画，王显诏为之题字："鸿声写米学余有得，盖所写意于笔墨水之外。"古梅一幅则题曰："鸿声老棣，写梅绝似汪近人，极流逸之妙。"民国乙亥年（1935）又画山水及葡萄各一幅，以上四幅皆为册页，现为黄冈林泽鹏收藏。毕业后，曾辗转澄海、潮安、饶平、丰顺、南澳五县执教，又先后担任饶平几所小学的校长。1952年辍教，从事农业生产，书画技艺也随之废弃。

（《潮州历代美术家辞典》）

杨介康，湖北沔阳人。光绪十八年（1892）进士，光绪三十三年（1907）任潮阳知县。在潮阳东山曲水流的"果行育德""潮之阳，大海在其南"为其任县令时题刻，圆浑宽博，字势左低右高，笔力遒劲而舒放，给人以险峭爽朗之感。

（《潮阳市志》）

杨金书（1902—1978），潮州城人。擅绘画。1929年毕业于日本东京帝国大学农科专业。1949年后，当选为潮州市人大代表，政协潮安县第一、二、三届副主席，潮安县科学普及协会副主席。1957年春，出席广东省工会代表会议。杨金书是植物学家，在研究植物的同时，绘制植物图样，作为文字插图。1947年，应《潮州志》总纂饶宗颐之请，参与编写《潮州志·物产志三·药用植物》，为潮汕药用植物提供了有价值的参考资料。中华人民共和国成立后，他精神振奋，孜孜不倦地埋头教学和生物学的研究工作，写下了几十万字的草药资料，绘制了三百多幅植物图。1958年，参与编写《潮汕草药》，并亲手绘制了其中一百幅图。1985年4月，其夫人翟肇庄整理其遗著《潮汕植物图集》，由广东省汕头生物学会出版。该书详细地记载了潮汕地区数百种药用植物的科属、学名、中文名、俗名、产地、形态特征、生长状况、经济价值、医药用途和分布情况，使潮汕植物第一次与世界各国的植物学名得以统一，为潮汕生物学的科研工作打下基础。

杨金书不以书画名，画作少单独面世，但其笔下的潮汕植物，生动传神，栩栩如生，丝毫不亚于名家写生之作。

（《潮州历代美术家辞典》）

杨锴（1931—2001），生于潮州。祖父雪立、父子明均擅书。杨锴以楷书名世，丰腴苍劲，端庄厚朴，粗细结合，独具一格，故多被商家请书招牌，为庵寺写门匾、碑记。汕头书法家协会成立时，他任副主席，倡导创办了多个场次的书法讲座，为栽培潮汕新一代书法艺人做出贡献。杨锴书艺不仅名盛岭东，也饮誉海外。法国巴黎华裔互助会、马赛市罗杰亚洲食品批发市场、泰国北览鳄鱼湖动物园等门匾皆为杨锴手书。

（《汕头十四书家遗墨集》《征访册》）

杨莲生（清末民国），字碧塘。揭阳榕城人。光绪廪生。民国时曾任潮安教育局局长。与同里诗人洪度之为诗友，20 世纪 40 年代卒，年约七十。擅吟咏，诗风平实。擅书，书法“二王”，兼攻魏碑。偶尔戏墨作画，喜画梅兰竹菊，逸笔草草而可观，多有书卷气。有 1924 年赠吴文献七言联语“气味摩东西两晋，骨格入唐宋人家”，行楷。又有墨兰条幅，写兰数茎，右上角题字“清香习习，秀骨珊珊。花中之王，其名玉兰”。

（《揭阳美术家人名辞典》）

杨琳，金陵人。武进士。雍正三年（1725）任南澳镇标右营游击，任职期间写有赞美南澳海岛风光的诗：“山连闽粤水连天，雄镇东南列战舡。四澳晚炊春树霭，三澎晓涨浪花旋。空青太子楼中草，不断侍郎洲上烟。十月经营迁正好，峰云海月袖双悬。”此诗题书在深澳西南郊野，笔致端劲清拔，雍容柔婉。

（《南澳县文物志》）

杨柳（1866—1928），字春崖。潮州城人。清末贡生。曾任泰国华侨郑智勇（潮安凤塘二哥丰）所办智勇学校校长，海阳县劝学所所长，潮州红十字会会长。曾亲赴南洋募捐，在潮州城司巷创办“潮州红十字会医院”，为贫苦病人治病，并附设西医学校，为地方培养不少医务人才。1922 年“八二”风灾后，曾邀集地方人士巫赞勋等，发起募捐，筹集经费，整修北堤，以保障“三阳”人民生命财产之安全，深受群众爱戴。杨柳工诗善书，楷书学柳公权，行书学赵孟頫，极负盛名。曾见其写给渭卿的扇面行书一帧，自称“弟柳”，写得闲适而沉着。

（《潮州历代美术家辞典》）

杨柳芳（1871—1936），字仲平，又称芷芳、子菲，自署榕江依依草庐主。揭阳榕城人。职业画家，长期设画室于榕城。擅画仕女。与同邑画家林亦华亦师亦友。初受闽派影响，后致力于海派。所作人物面部多为工笔，衣褶则写意或半工笔，形态颇佳。其传世人物条幅有三件：一为《木兰从军》，仿唐寅笔意，运笔细致，点画分明；一为《骑驴图》，背景为山溪小景，写意笔，人物用工笔；一为《牛郎织女图》，仿新罗山人画意，亦工笔。三件都以冷设色为主。亦能书，师“二王”。

（《揭阳美术家人名辞典》）

杨柳汀（民国），潮州城人。家住国王宫巷，名居室为“培绿轩”。师钱慧安以学画，作品以仕女画为佳，笔法细腻，清秀可爱，其可见真迹有二帧，一为册页，一为扇面。册页系于 1939 年赠胡镇福所画，画中写圆窗内站一女子，身边有书桌、烛台。扇面则是画赠庄寿彭，画中描一女子在花园里树下石边，题款为“杨柳汀写于培绿轩”。

（《潮州历代美术家辞典》）

杨慕南（1888—1960），字范绪，又名敦耀、荣林。澄海人。擅长书画，书法楷、行、草、隶、篆多体均有造诣。社会人士及亲友向其索书者甚多。早年侨居泰国，常与旅泰澄海国画名家陈镇庭切磋书画艺术。回国后，在上海、香港等地谋生。业余醉心丹青，常将所绘国画题上诗词。书法作品以写经体为本，融入颜鲁公、苏东坡和北碑的风韵，点画沉稳，笔形变化丰富，张弛有度，疏密有致，书卷气和阳刚气兼而有之。出版有《杨慕南书画集》。

（《杨慕南书画集》）

杨祈书（1919—2000），揭阳榕城人。毕业于揭阳简师，长期任教职，历任中小学教师、教导主任、校长。1957 年被划为“右派”，流放农村，而对艺术之痴情始终不渝。先后就学于同邑孙裴谷、范昌乾、林受益、郭笃士等名家。总角能擘窠大字，闾里称神童。擅书能画，亦能诗。著有《杨祈书诗书画集》。

（《揭阳美术家人名辞典》）

杨启进（1938—2006），潮安人。青年时期就读于广东金山高级中学。毕业后进入汕头话剧团，初为演员。后随肖斐学习舞台美术设计。此后，先后在汕头市话剧团、汕头市文宣队、汕头市文工团（后改名为歌舞团）负责舞台美术和剧装设计、制作工作。业余，对油画和书法有所涉猎。书法作品曾参加汕头市书法家协会举办的书法展览。生前为汕头市书法家协会会员、汕头市政协岭海翰墨社秘书长。

（《戏外翰墨》）

杨任斯，饶平人。生活在明末，长期居澄海，主讲于程洋冈绿波书院。行书颇类米元章，草书使转自如，潇洒灵动。

（《二乐堂随笔》）

杨栻（1886—1966），字寿枬，又字寿扬。原籍金陵。系名画家杨国崧之子，随父落籍潮州。幼承庭训，喜文学、精中医，爱书画，兼及各家所长，书画自成风格。20 世纪 30 年代，在汕头参与组建艺涛画社，作品入编《岭东名家画集》。后以悬壶为生，作画不辍，多次参加省市展览。

杨栻作画得其父之粗犷，注重笔墨内涵和色块的组合，且以书法线条入画，率笔写意，故往往遗貌取神，寓以诗意，在继承文人绘画的同时，另开新法，颇有引领潮流之感。但其也有些山水、人物作品，有过于符号化、缺乏艺术气息之嫌，应为其售画时所作。

（《岭东名家画集》）

杨树荣（1897—1971），自署抱一斋主。揭阳榕城人。广东省高等师范学校毕业。历任揭阳一中校长、揭阳县教育局局长、广东省教育厅秘书。著有《潮州文学史》《广东教育沿革史》。书宗康南海。其学生、美术评论家谢文勇说：“杨老师的书法是独具一格的，我很喜欢他的字，现在回想起来其格调有点接近康有为的书体，亦充沛有章草的气格，但很严谨，真像他的为人和风度。”

（《揭阳美术家人名辞典》）

杨思园（1915—1985），字良思。潮州市人，后定居汕头。是中国民主同盟盟员、汕头画院画师。少时随林煜习人物画，随孙裴谷学山水花卉画。1930 年在汕头时中学校读书。1933 年进入上海美术专科学校艺教系图工组读书，师从王个簃，钟情于吴昌硕，步其后专攻花鸟画。1935 年毕业后，在潮州私立培英小学任教。1946 年起先后担任汕头私立礐光中学、庵埠龙溪中学、澄海中学、澄海苏北中学、汕头市第三中学、汕头市第二中学、汕头市第八中学美术教师，后在汕头市第四中学退休，作品曾多次参加各级展览并发表于各类刊物。

杨思园的画风受海派的直接熏陶，用笔沉实豪放，使墨赋色朴实醇美，而不入俗套，所作多是构图饱满、布白恰当。如作于辛酉年（1981）的《松鹰图》，一大松干由左边引出略向上升而转于右下再折回左，由赭石和墨写成，着意古朴，再以浓墨渴笔发枝、写松针，线条古厚凝浑，又朴实雅致，具有较深的书法功底。雄鹰屹立于松干上探头向下，展翅将飞，其羽毛用浓墨写出，从中求力度，同时还突出鹰的颈和爪，以及炯炯有神的目光，此皆传神之笔，将雄鹰正视目标、待机而发的一瞬英姿展露无遗。墨色在冲突中求协调，自有古朴的风韵。

（《艺术家工作室杨思园》）

杨秀明（1935—2015），潮州人。中国著名古筝演奏家。虽个人经历坎坷，但数十年来孜孜不倦于艺术探索，已形成独特的艺术风格。杨秀明不但在音乐上有相当高的造诣，更兼善丹青，妙笔生花，所谓以画入乐，以乐入画。出版有《杨秀明画集》。1981 年，由北京古筝研究会会长曹正大力推荐，应邀至中国音乐学院执教，十年间，树桃培李，教学之余，亦常为电台及电视台等制作音乐节目，并举办个人古筝演奏会，获音乐界推崇。

（《戏外翰墨》）

杨雪立（1876—1956），字敬师，自署雪翁，或雪道人。原籍安徽，光绪年间落籍潮州。清末举人，精文史考据。一生从事教育事业。1920 年在汕头办私立国粹学校，并自任校长。1922 年改国粹学校为时中学校。曾任汕头孔教会会长、广东省文史馆馆员，为汕头市第一届人大代表。

杨雪立书法风格萧散自然，古雅平和，风华自足，用笔爽利，意味隽永，风流蕴藉，有婉约之美、疏宕之雅。榜书匾额则笔笔规范，极具法度，名重当时。

（《征访册》）

杨一鸣（1906—1940），又名奕鸣，字鹤皋，室名风木楼。揭阳云路（今属揭阳市揭东区）人。曾就读于礐石中学，1927 年加入国民党，先后在国民革命军第二师第三旅第一团任职。1933 年 4 月起，任厦门市公安局保安大队副队长兼特务队长。卢沟桥事变后，先后任陆军第四司令部少校参谋、闽赣边区绥靖公署少校参谋、陆军预六师十八团第一营营长等职。日军重兵进驻潮安、彩塘一带时，他奉命驻防于桑浦山前沿。地都钱岗战役时，他率领官兵浴血奋战，身负重伤，后在医院逝世。集团军参谋长和预六师师长吴德泽代表全师官兵为他献上“一心吞倭寇，鸣声震山河”的挽联。杨一鸣是吴沛霖的学生，而吴沛霖又是其姐夫，故其文章书法均受吴沛霖影响。

（吴晓峰提供）

杨影（1922—2001），揭阳棉湖（今属揭阳市揭西县）人。1941 年就读于广东省立艺术专科学校，抗战期间赴广西省立艺术专科学校深造，1944 年毕业后在桂林、香港、汕头等地从事文化艺术和教育工作，中华人民共和国成立后任汕头市文联副主席、文化局副局长、汕头画院画师，广东省美术家协会会员。著有《谈画》《杨影画梅集》等。

杨影画梅强调“四贵”和“五要”，即贵稀、贵瘦、贵老、贵含，且要体古、干怪、枝清、梢健、苞奇。如所作《白梅》，描绘了满树梅花怒放的景象，构图饱满，气势广阔，粗壮的梅干成 S 形向上伸展，勃发而凝重，苍劲而奔放，用墨线圈成的梅花，茂密清新，似有暗香袭人。他的作品清雅幽妙，1982 年在汕头市举办百梅图展览。陈大羽在参观百梅画展后，题词写道：“岭东岭南一枝春，写到梅花不让人，劲健清隽，独具风格，宜称誉我粤，漫缀数字志佩。”

（《杨影画作明信片》《征访册》）

杨棫（1897—1934），字士峨，号去疾，别署树梅花馆主。原籍金陵。系名画家杨国崧之子，随父落籍潮州。幼承庭训，随父杨国崧、兄杨栻学画，颇得家法。笔墨在清妍逸标中见豪素气质，从其画作中能看出其意欲脱离父兄成法，追求古典之美。1931 年在汕头参与组建艺涛画社，并有作品入编《岭东名家画集》，在该画集的画家简介中，有评杨棫文字：“尔雅温文，风流蕴藉，交友投分，人若饮醇。”汕头市博物馆收藏有他的《梅花》立轴，题诗之书法清丽脱俗。

（《岭东名家画集》《潮州历代美术家辞典》）

杨振麟，字桂山。河北省宛平县人。道光十年（1830）任惠潮嘉道台兼署潮州盐运同知，后任广东、河南按察使，陕西、山西布政使。通书法，擅长行楷，习赵孟頫得其法，西安碑林有录。

（《潮州历代美术家辞典》）

杨芝（1778—1808），字蕙畹，号兰坡。揭阳桃山都洋淇村人。清嘉庆七年（1802）进士，广西武缘县知县。任间勤政爱民，因积劳卒于任期，“命不副才，人皆惜之”。擅书，师柳公权。

（《揭阳美术家人名辞典》）

杨之光（1930—2016），又名焘甫。生于上海，揭西人。曾师从著名书法家李健学习书法、篆刻，师从著名诗人顾佛影学习诗词。1948 年冬就读于广州市立艺术专科学校西画科及南中美术院（即前春睡画院）随高剑父学中国画，并正式成为高氏的入室弟子。1949 年进入广州市艺术专科学校及南中美术学院，从高剑父学习中国画。1950 年 2 月考入苏州美术专科学校上海分校中国画科学习。1950 年夏考入北京中央美术学院绘画系，接受徐悲鸿、叶浅予、董希文等老师指导，1953 年毕业。1953 年至 1958 年任教于武昌中南美术专科学校。1959 年起，任广州美术学院国画系主任、教授、副院长，中国美术家协会广东分会理事，岭南美术专修学院院长，中国画研究院院务委员，广东省国际文化交流中心名誉顾问，中国白洋淀诗书画院名誉院长，广东省文史馆名誉馆员，北京唐风美术馆高级艺术顾问，中国国家画院院士等职。

1991 年获美国纽约国际文化艺术中心颁发的“中国画杰出成就奖”，1993 年获美国加州及旧金山市政府荣誉奖状。2006 年 12 月作品《矿山新兵》、《激扬文字》（1973 年与鸥洋合作）被评为广东美术家协会成立 50 周年经典作品，2007 年入选广东省 50 名“文化名人”。2010 年获广东首届文艺终身成就奖。2013 年 1 月获第二届“中国美术奖·终身成就奖”。

杨之光在中国画人物肖像及舞蹈人物速写技法方面具有开创性贡献。代表国画有《石鲁像》《浴日图》《激扬文字》等。著作有《中国画人物画法》《杨之光肖像画选》《杨之光水墨写生集》等。1997 年至 1998 年，他将毕生的心血共一千二百件作品分别捐赠给北京中国美术馆、广东美术馆、广州美术馆、北京唐风美术馆及广州美术学院，广州市政府在新建的广州艺术博物院内设立“杨之光艺术馆”专馆。

（柯汉琳提供）

杨钟岳，号大山。澄海苏湾都人。康熙三年（1664）进士，被钦点为翰林院庶吉士，后来调到户部任职，康熙年间任户部主事，派往通州、凤阳监督财税，行事严谨，使奸猾官吏无孔可钻。后升任福建提督学政，善于选拔贤能。巡抚见他才能卓越，举荐朝廷，康熙下旨升杨钟岳为参议。他才华横溢，潮阳东岩金顶寺留有他的诗文石刻。著有《搴华堂文集》。澄海东湖杨氏家庙济美堂正厅两边石柱上的楹联，由杨钟岳撰书，联曰：“希盛唐名贤之聚三眷，肯构肯堂千百世光辉俎豆；体吾家先正之铭四知，为兮为冶亿万年清白云礽。”其书法点画圆润光洁，字形方正整齐，典雅大方。

（《仙乐杨氏族谱》《潮阳县文物志》《澄海县文物志》）

杨子琅，揭阳官溪都人。康熙间监生，雍正十年（1732）为族正。喜读书，关心社会公益事业，多次斥资立庙修祠筑路。寿八十而卒。乾隆《揭阳县志》说他“善书法，声誉著闻，垂老手不释卷”。书家孙振声认为“榕石园藏杨子琅楷书条幅，虽残破，而墨光黑彩，仍有精神，盘骨圆润，得力于颜鲁公”。

（《揭阳美术家人名辞典》）

杨宗震（1902—1987），号石痴、石叟。潮州城人。擅书画，精篆刻，曾师从詹安泰、佃介眉。抗日战争时期任城南小学副校长，20 世纪 40 年代为潮安励华火柴厂股东，公私合营时任潮州市工商联委员。

（《潮州历代美术家辞典》）

姚辅锵，潮州城人。擅工笔花卉。民国时期有蝴蝶图二幅入编《瀛壶居士六十征画》。其中一幅画为粉蝶采花，画面下方置摘枝菊花，空中三只蝴蝶向菊花飞来，款在左下角，为“陈姚辅锵”，可知其丈夫姓陈。第二幅也是粉蝶采花，下边地上两组花朵，左三右二，蝶三只，近花，两只在空中飞来，三只蝴蝶不同形态。在上角写“寿世不问耆艾者，坐花闲弄等衣仙。竹铭夫子大人周甲大庆，受业蒋醉六献祝”，右下角写“女士姚辅锵敬绘”。两幅都清秀悦目，蝴蝶触须描绘得柔挺生动，所题楷书端正秀丽。

（《潮州历代美术家辞典》）

姚霁云（？—1644），潮阳诸生。性嗜学好古，立品端介，工钟、王书法。崇祯帝自缢，闻之大哭，数日不食，后赴和平桥投江死。

（光绪《潮阳县志》）

姚坚（1918—2000），笔名美玉、美群、秀娟。揭阳磐溪凤林村（今属揭阳市揭东区）人。自大同学校毕业后，又继读两年古文专修班，兼学中国画。1937 年在该校任教。卢沟桥事变后，参与成立揭阳青年救亡同志会，任宣传委员。1942 年进广西艺术师范学校美术研究班美术系，毕业到广西陵川中学任教。1945 年到泰国，先后参加春秋剧社，负责编导、舞美，为暹罗（今泰国）华侨妇女会常委主席兼致用学校校长。1949 年回国，任云南省委联络部接待组组长。1958 年调任云南人民出版社，任第二编辑室主任兼美术编辑。擅国画，所作富岭南画风，尤擅水彩画，为中国美术家协会会员。

（《揭阳美术家人名辞典》）

姚为相（清末），揭阳桂岭乌围村（今属揭阳市揭东区）人。秀才。曾任大同学校校长。喜文学，能书法。宗颜鲁公、米海岳。有七言行书联：“诗有少陵难著语，酒无元亮不成欢。”

（《揭阳美术家人名辞典》）

姚喜臣（明末清初），字钦飏。潮阳棉城人。崇祯间拔贡，鼎革后绝意仕进，建庐于先人墓侧。著有《溪云庐诗集》。在潮阳东岩，有姚喜臣的多处书作石刻，挥运自如、苍劲有力、潇洒遒劲。

（《潮阳市志》）

姚祥智（1927—2007），潮阳棉城人。毕业于汕头礐光中学，学生时代即参加革命，后在汕头从事宣传理论教育和社团工作，曾任共青团汕头市委常委、宣传部部长，市委文教部、宣传部科长，教育局副局长，汕头市社会科学联合会副主席等职。离休后专攻书法，出版有《习书集藏》《千思录姚祥智书录姚华萼先生纪念诗文》等。晚年书作以行草为主，各体兼备，如行书对联“握管而潜万象，挥毫而扫千里”，行草中挟带魏碑笔意，于隽逸清丽中见浑厚静穆。又如其所书魏征《谏太宗十思疏》横卷，章法严谨疏朗，结构匀称舒和，笔致清润流畅，题跋则以小楷书写释文，使书法实用性与艺术性得到更好的结合。

（《习书集藏》）

姚永根（1920—1999），长期从事教育工作，20 世纪 50 年代是潮阳县“推普”讲师，退休前是潮阳镇六小学教师。为汕头市书法家协会会员，潮阳书法协会顾问。擅长行楷，取法唐楷诸家，书风秀润典雅，有颜筋柳骨之韵。

（《征访册》）

姚愈文（1910—1994），号万礼山农。揭阳渔湖仙阳村人。上海新华艺术专科学校毕业。后定居新加坡，长期从事教育，历任揭阳、阳山、新加坡中学美术教员。与同邑画家范昌乾交厚。擅画，能书，花鸟画富传统技法，画风严谨，朴实无华。书擅行楷、丰腴圆润。作品入选《国际潮人书画大展特辑》等。

（《揭阳美术家人名辞典》）

姚梓芳（1871—1951），名君悫，号觉庵，晚年自号秋园。揭阳磐溪人。20 岁成为廪生，又至广州广雅书院读书，中举人。宣统元年（1909）为广西师范学监，旋离职进京师大学堂深造，1913 年为京师大学堂文科第一届毕业生。后历任暹罗华侨宣慰使、潮梅行政考察、潮州府税局局长、福建银行监理等职。著有《秋园文抄》《觉庵丛稿》《困学庐笔记》《过庭杂录》《广西办学文稿》等。

姚梓芳擅长行书。读书每有所悟，随手眉批，虽随心信手而为，却飘逸苍劲，自然流丽。其书行笔出入顿挫，锋棱俱在，后笔搭前笔处毫锋生叠，笔顺天成，绝无钝滞之迹，落简挥毫，字字顾盼，尽得优游俊朗之风神，情性真率，有宋人意趣。

（《揭阳县桂岭区志》）

叶楚伧（1887—1946），原名宗源，字卓书，别字小凤。江苏吴县人。1908 年主《中华新报》笔政，1909 年春在汕头加入同盟会。1910 年在汕头与革命党人设俱乐部，组诗钟社以联络同志，谋覆清廷。南京国民政府成立后，历任国民党中央宣传部部长、江苏省政府主席、国民党政府委员、中央政治会议委员、国民党中央执行委员会常委兼秘书长、国民党政府立法院副院长。著有《楚沧文存》和《世徽堂诗稿》等书传世。其书法风神俊雅，意味深长，给人以空灵疏淡之感。

（《叶楚伧诗文集》）

叶镜臣（1889—1970），又名创叔。潮州市人。民间画师，擅长绘画刺绣花稿。内容有花鸟、人物、神仙佛道，技巧纯熟，线条流畅工细，神态生动。其在大面积纱布上绘画刺绣稿之技艺，尤属难能。抗日战争前在潮州城振德街李兴合绣庄当画师（俗称“画家长”）。为人老实敦厚，有上门求稿者，皆无偿画赠。

（《潮州历代美术家辞典》）

叶日藩（明末），字岩叟，易门举人，知澄海县。惠泽及人，且念澄地多才，详请增额，视大学桂香阁据神山之胜，捐俸倡修。其才思敏捷，拈韵即成，词旨新丽，不减鲍庾。以政绩升太平府同知。士民永怀焉，祀名宦。潮安龙湖镇留有“黄氏宗祠”匾额，行书阳刻，落款“叶日藩书”，此匾额在潮安、饶平、澄海等地黄氏宗祠多有翻刻。

（《澄海县志》，黄外浩提供）

叶肇（1929—2008），潮安沙溪伍嘉陇人。1949 年初参加革命，后长期在汕头市政府办公室工作，曾任汕头市工商行政管理局副局长、市政府办副主任、汕头市物价局局长等。晚年有不少临书作品存世，行款排列松匀，点画用笔少锋芒，用笔流畅蕴劲，编印有《叶肇书法集》。

（《叶肇书法集》）

叶芝，字国英，晚号园公。澄海冠山人。少时有文名，万历副榜贡生，五十岁后隐居西麓园，著有《两园稿》《五云纪游》《小山寓言》等。《潮州艺文志》载他“书画尤工”，作品未见。擅长律诗，所作《登快阁》曰：“南去千山争拱翠，西来一水□环流。窗光回纳云烟入，堞势低平沙渚浮。”饶有唐诗风韵。

（《潮州艺文志》）

叶子云（1884—1974），名绿河，字允清，号子云，以号行。揭阳淡浦村人。早年执教于村塾。擅制谜，有声于时，人称“绿河仙”。有《谜集》录谜作近万条。工书法。

（《揭阳美术家人名辞典》）

蚁美厚（1909—1994），原名美扬，又名表，泰名那威勃蓬。澄海东里南畔洲村人。1922 年冬被泰国侨领蚁光炎认为义侄。1949 年当选为全国政协第一届委员，参加开国大典。此后在侨务部门工作，为促进中泰友好做出贡献。历任中央侨务委员会委员、广东省人民代表大会常委副主任、广东华侨委员会主任、全国侨联副主席、广东国际投资信托公司副董事长、暨南大学副董事长等。其书法多见于题词，笔风劲健，不计点画之得失，舒展开张，沉着爽利。

（《红头船的故乡——樟林古港》）

鄞小楼（清末），饶平三饶人。其父鄞涛以画《百碟叠图》扬名，鄞小楼之画艺承自其父。鄞小楼以擅长工笔草虫及仕女画闻名于粤、闽、赣相邻各县。以画为生，其花草画价格不拘，若以草虫入画，则按只计算，每只另加两个银圆。现留有草虫画四幅于三饶吴良奇处。

（《潮州历代美术家辞典》）

印光任（1691—1758），字黻昌，号炳岩。江南宝山（今上海市宝山区）人。先任广东肇庆府同知，后历任石城、广宁、高要、东莞等地知县，颇有政声，尤长于经办中外交涉事件。乾隆九年（1744），任第一任澳门同知。上任后，制定措施，以加强对澳葡的管理和对洋船进出港口的控制。乾隆十一年（1746），调任南澳同知，乾隆十四年（1749）任潮阳知县，后升任广西庆远及太平两府知府，晚年归乡家居，著有《澳门纪略》《炳岩诗文集》《翊蕲编》《补亭集话》《雨吟碎琴草》《铁城唱和》等。在南澳青澳南山陆秀夫墓上，有印光任题书的“丞相石”，字大一米见方，雄壮浑厚，凛然大气。

（《南澳县文物志》）

余白丁（1921—1994），名世昌，字凤生，号白丁，以号行，别署问石轩。揭阳榕城人。幼年酷好金石书画，时临摹明清及近代名家画作。私淑同邑林天均。山水浓墨重彩；人物线条古朴干脆，逸笔草草而神采奕奕；花鸟则形神具备，甚有动感，是潮汕地区继林天均之后最有个性的画家。擅篆刻，自谓“余自幼喜习书画篆刻，向无师门，故无门派之见，以为画道各门派之长均可兼收并蓄，融会贯通。以为画风的成熟取决于对传统六法的解悟程度。以为求艺之道惟勤学而时习之而已”。所作刀法古拙，极得天趣，时人誉为“岭东金石名师”。有钤印本《问石轩印存》《且集》等，以《陋室铭》、岳飞《满江红》、《归去来兮辞》长幅巨制印谱为代表作。

（《征访册》，黄克敏提供）

余汉源（1917—1987），澄海人。从事戏剧布景设计，擅画菊，画风清丽典雅。

（《征访册》）

余济岩（1913—2009），潮州市枫溪区人。幼喜画。1952 年进“昌记号”从事陶瓷彩绘工作。1956 年转到地方国营彩瓷厂，致力于陶瓷装饰设计。余济岩勤于研究，技艺水平提高迅速，精于工笔山水、花鸟、人物。格调清新明快，其绘制的粉彩鼻烟壶可谓独树一帜，作品得到同行及美术爱好者的高度评价。创作作品先后参加 1960 年的“潮汕十年成就展览会”以及历届广交会、北京展览会等。20 世纪 60 年代被授予“汕头地区艺人”称号。

（《潮州历代美术家辞典》）

余健中，惠来县人。早年就读于韩山师范学校。在校期间，适逢国共合作，国民革命军东征攻克潮汕地区，余健中与部分韩师、金中学生组建“民魂社”，出版《民魂日报》，反对国共合作。黄埔军校潮州分校成立后，入该校政治部工作。1926 年冬，调北伐军第三路总指挥部政治部，随军进驻福建。翌年初，奉电召返潮汕，任职于国民党广东省党部潮梅党务视察员办事处，旋改任汕头市党部委员兼组织部长及广东总工会汕头支会常务委员兼组织部长。嗣调北平。抗日战争全面爆发后，派往冀察绥平津五省市党务指导专员办事处，负责招收北方沦陷区流亡青年，分批集训后派回敌占区工作。不久，军事形势逆转，撤退至武汉待命。1938 年 10 月广州失守，广东省政府、国民党广东省党部等全面改组，余健中奉派返粤任广东省党部委员及广州特别市党部执行委员，并主持“中统局”广东区工作。不久，又被选为广东省议员。抗日战争胜利后，罗卓英主持广东政务，选派地方人士主持地方行政，1946 年 2 月，余健中被任命为潮阳县县长，至 1948 年 3 月离任，其间兼任潮州修志馆委员等职。1948 年，被选为行宪国民大会代表，1949 年移居台湾。余建中曾题书潮阳西岩海潮古刹前亭柱联“潮声寂寂，且静听木鱼玉磬和经声；海浪滔滔，好细看水鸟风帆乘锦浪”，饶有“二王”风韵，灵动舒畅，偶参入行书用笔，潇洒俊逸。

（《汕头文史》第 17 辑、《潮阳文史》第 7 辑）

余觉魂（1894—1945），字复生。饶平黄冈人。系严墨翰外男。余觉魂原系教师，后从医，自 1941 年起开办余觉魂诊所，从事中医工作。业余喜行书、草书，笔法流畅生动。作品经“破四旧”后几乎全部损毁，幸友人秘藏八幅。这些遗作，有两副行书对联，其一书“经国有才皆百炼，善书无字不千秋”，另一书“沧海六鳌瞻气象，青天一鹤见精神”。未标明书写时间。自得闲逸，有于右任笔法意趣。另四条幅，每幅书一唐诗，其中有两幅载明为 1944 年所书，两幅无标时间，估计是同期作品。风格飘逸流畅，给人以强烈的动感。

（《潮州历代美术家辞典》）

余流（1927—1996），笔名激冲、于六。澄海莲上永新乡人。中学毕业后从教，1949 年入伍，后调澄海宣传队、潮汕文工团、潮安文化馆、潮汕《工农兵》文艺月刊编辑室、汕头专署文化局等单位任职。1979 年调汕头戏曲学校研究室工作，参加戏曲史论课教学和潮剧专业教材研究编写工作，编有《潮剧正音基础课》、《潮剧母音唱念教材》、《潮剧发展简史》、《中国戏曲简史》（讲课提要）、《扫窗会剧本分析》等。为中国俗文学学会会员、广东省戏剧家协会会员、潮汕方言研究会会员、汕头市民间文艺研究会会员。平生酷爱乡土文艺、方言、俗谚、书画等，长期从事戏剧和潮州语言研究工作，曾将收集积累的素材编成《潮汕民间成语草集》、《潮汕俗谚集联》、《潮汕俗谚》、《潮汕熟语俗典》（与人合编）等书，参加编辑汕头市《潮剧志》《方言志》，出版有《儿女亲事》（潮剧）。书法出入颜柳之间，用笔多用中锋，遒劲老辣，点画苍润厚重，结体茂密，有浑朴奇伟之感。

（《逢看湖山便忆家》《澄海历代书法概览》）

余蔓元，又名曼原。潮州城人。潮州沦陷前逝世。书法学《张猛龙碑》，尤长行书。民国丙子年（1936）曾为胡镇福写行书册页，内容是“山城泥坂滑秋霪”七绝一首，字体方劲，形飘骨坚。盖二方印，一为“曼原”，另一为“余蔓元印”。

（《潮州历代美术家辞典》）

余启鉴（1916—1983），字明吾，别号鉴湖、镜湖。澄海莲上镇永新村人。早年就读于汕头英华中学，长期从事教育工作，在澄海苏北中学任教 24 年。书法从赵体入手，后得王鼎新亲授，专攻《张黑女碑》。其作品优雅清秀，含蓄蕴藉，颇有韵致。

（《澄海历代书法概览》）

余启正（1915—1952）， 澄海永新乡人。出身莲阳望族，1935年秋毕业于上海大厦大学，旋留学日本，在早稻田大学研修文史和教育。抗日战争开始时与郭沫若等爱国人士回国参加抗日，在抗日统一战线的国民政府第三厅工作，与郭沫若、杜国庠、陈卓凡等共事。汕头沦陷后，又受委派任广东第五区署（潮汕）抗日东线视察员，驻饶平黄冈，为官廉正，一心救国，深为前方部队及各抗日武装战士敬佩，深受当地民众拥护与爱戴。抗战胜利后辞去军职，回乡从教，任澄海中学教师、教导主任。1952年被错杀。

擅长诗文书法，且为象棋、乒乓球高手，以颜体书法名世，其楷书悉本《多宝塔碑》《东方朔画赞》，行草则源于《祭侄文稿》《争坐位帖》，自成宽博磊落、遒劲纵逸风格。1949年底，澄海召开解放庆祝大会时，在澄海中学大操场连续三夜公演潮剧，公演大会的大横批便为余启正所题。1950年，澄海政府为表彰澄城陈景通一家为革命做出的卓越贡献，授予他一家“一门忠烈”匾额，此额为余启正手书，端正劲美，沉着刚毅，气势雄厚。

（《陈氏文化园地》第15期、《证访册》）

余少良（1925—2017）， 潮州城人。工艺美术师。1947年到汕头从艺，专事陶瓷彩绘，后在汕头市彩瓷厂担任设计、培徒工作。1960年到广州美术学院进修，得到名师教诲，功力日深。1972年调入市工艺美术研究所工作。退休后专攻国画，擅画花鸟虫鱼。作品多次发表于国内外刊物，多次参加国内外美术展，多次被电视台、报刊报道。作品木雕龙凤座瓶双面瓷板画《百鸟朝凰》，荣获1983年全国陶瓷百花赛二等奖。国画作品《清廉图》入选纪念彭德怀元帅百岁诞辰书画展，并被收藏。《十八罗汉图》被泰国澹浮院珍藏。新加坡潮州八邑会馆收藏的作品《潮州八景图》，更受到海内外人士的一致好评。为汕头美术家协会会员、泰中艺术家协会顾问、全国老年书画协会会员、汕头市老年书画研究会名誉理事、汕头翠园诗社名誉副社长。入选《当代艺术家名人录》丛书。

（《余少良画集》）

余树泽（1947—2012）， 汕头人。广东省美术家协会会员，工艺美术师。长期从事工艺美术设计工作，擅长人物画，技法娴熟，线条流畅，折转自然。也擅花卉。主要作品有年画《春暖花开》、中国画《真情》（入选“全国少数民族画展”）、《夏日欢歌》及《石寨欢歌》（入选“广东省美展”）等。已出版的连环画有《龙潭桥》《秋兰》《南海蛟龙》《鲁智深》《新绿林传》《罗刹海市》《仙人湖》等。

（《庚寅六人画展》）

余锡渠（1917—1968）， 曾化名老李，笔名莫忘本、应思源、常学耕。澄海莲上镇永平乡（今汕头市澄海区莲上镇永新村）人。1939年2月加入中国共产党，1949年后，历任澄海县县长、中共澄海县委副书记、粤东行政公署农业处副处长、汕头专员公署副专员、中共汕头地委书记处书记。1966年调任广东省农业厅副厅长。在澄海工作期间，每年有三分之二的时间下乡，走遍每个村落，故有“赤脚县长”之誉。他把韩江流入境的17条岔流缩为6条，兴建了很多排涝、灌溉、拒咸、防潮的水利工程，基本改变了澄海春旱、夏涝、秋潮、冬涸的面貌。著有《余锡渠戏剧诗歌选》等。

余锡渠从小喜爱文艺，富有艺术天赋，善于结合现实生活，运用文化艺术形式，开展宣传教育活动。创作有《阿姆半夜想前情》《治水歌》《龙舌涵》《韩江水》和《滨海风潮》等一批潮剧、诗歌，这些作品取材于农村生活，生活气息和乡土色彩浓郁，艺术语言生动，思想内容丰富，使人深受教益，被群众誉为“专员戏”。

其传世手稿不少用毛笔书写，隽秀清雅，刚劲挺拔，洋溢着书卷气，让人倍感亲切。

（《潮汕百科全书》《汕头文化艺术志》《澄海县文物志》）

余祥，字悟庵。潮州城人。画作专攻人物、山水、花鸟，各种作品皆佳。一生以绘画为业，清贫过活，淡泊自甘。五十岁后被枫溪吴锦合聘为画师，专绘大花瓶人物画、山水画，作品畅销南洋群岛。年七十因病终。余祥有子名汶，字涛生。自幼随父学画，天资聪敏，笔墨极佳，不但能画传统人物画、山水画，也能绘新派人物画，作品受欢迎，但生活贫困，潮州沦陷中期，死于饥荒，终年不满四十岁。

（《潮州历代美术家辞典》）

余翼云（1891—1976），澄海莲上永新人。长期从教，曾为汕头若瑟中学美术教师、广东省文史馆馆员、汕头专区文联委员、中国美术家协会广东分会会员。早年就读于上海美术专科学校，一生主要从事美术教育及创作活动，名画家沈耀初、陈文希均为其学生。余翼云擅长花卉，尤长紫藤、牡丹，用笔稳健，画风朴实，设色高雅，作品多次参加国内展览，晚年曾有作品被选送国外展出。

（《汕头文化艺术志》）

余颖（乾隆间），字在川，又字斯亭。潮州意溪人。擅长书画，山水、人物、书法皆佳。特别是画人物肖像，能得心应手。画艺得福建波臣画派创始人曾鲸笔法，也师陈琼。作品深受都御史杨文乾赏识。清乾隆十九年（1754）两广都督杨应琚（杨文乾之子）到任，邀余颖为幕友。总督见余颖不乐，问其故，知余颖担忧家乡水灾，遂答应修筑蔡家围江堤，并克日动工。堤修成，乡人皆受其福。余颖七十七岁卒于广州旅寓。传世作品有《潮州湘子桥》，画作中，湘子桥上人群密集，人群神态生动。《广东文物》载画家黄般若藏有他的作品《潮州八景屏》。

潮州谢修职曾收藏余颖《倒骑驴》，该画有王显诏一则副记：“曾见其癸亥年所作山水，署曰‘斯亭余颖’。‘斯亭’之字，县府志所未载也。一九五五年六月一日，显诏附记。”

（《潮州历代美术家辞典》）

余雍，字思亭。潮安意溪镇人。康熙年间外出为官。传说与将军下棋时，见天下雨而落泪，问其故，答：“因家乡水灾。”将军即令人为之筑堤。后人称此堤为“总督路头”。

余雍擅画人物，曾画刘龙图像及置于潮州东门楼的关公像，也擅长花鸟画，风格古朴。

（《潮州历代美术家辞典》）

余芷逸（清末民国），揭阳榕城人。能诗，民国林培庐编《榕江诗抄》，选揭阳八诗家之作，余芷逸为其中之一。擅书，初宗“二王”，再摹北碑。光绪十四年（1888）为同邑诗人林长晖《绕绿书庄诗稿内集》作序并书，手稿上镌诗为篆书，序为魏体，舒展刚挺。

（《揭阳美术家人名辞典》）

余钟耀（1909—1988），饶平黄冈人。是民国时期黄冈“四才子”之一。昔年毕业于福建龙溪高中师范学校，曾在汕头市小学、黄冈南桥小学、饶平县立第二中学等校任教，也曾任饶平民众教育馆馆长、教务股长、汕头《大光报》编辑。平生勤奋好学，嗜好书法，作品有较高水平，在潮州多有他的笔迹，书法曾入选上海豫园灯谜会。黄冈北雷音禅寺墙壁上有其楷书两幅，系甲子年（1984）所立。而其家属藏有其行楷书法六幅，其中三幅作于辛酉年（1981），一幅作于壬戌年（1982），一幅作于癸亥年（1983），另一幅作于丙寅年（1986）。以上六幅风格基本相同，而以癸亥年所作最佳，运笔自由，妙趣横生。余氏书法，乍看散漫，实则妙趣天成，欹侧多姿，用笔似媚弱，实则刚劲内蕴。

（《潮州历代美术家辞典》）

余作新（1909—1993），潮州市人。长期在汕头市抽纱厂工作，获高级工艺美术师职称，毕生从事抽纱设计。创作的高档抽纱作品参加全国、省及国外展览，是潮汕知名抽纱名师。青年时拜名家为师，学习国画、书法和诗词，擅画花鸟，神采生动。晚年画作，颇具海派风采，作品多次刊载于各类报刊，深受海内外收藏机构及收藏家的喜爱。

（《征访册》）

喻英奇（1907—1950），字伟精。湖南保靖人。1929 年 4 月入广东省警官学校学习。1930 年毕业后任省警察局巡官，后任少校中队长、少校营长、中校团副、上校团长、少将旅长、少将副师长、陆军少将等。1948 年 1 月 1 日调任广东省第五区行政督察专员兼保安司令，9 月调升闽粤赣边区清剿指挥部中将指挥官，1949 年任粤桂边区剿匪总指挥部中将总指挥兼第三二一师师长。11 月 30 日在广东廉江战败被俘。1950 年 11 月 28 日在汕头被枪决，遗体由汕头存心善堂收埋。

喻英奇曾为《汕头概况》题签，此四字法魏晋，兼有颜真卿风韵，貌丰骨劲，味厚神藏。

（陈梆提供）

喻宗侃（1867—1917），字珩荪。原籍浙江，居潮日久，住府城方巾巷。清末廪生。能书、能文、擅画，花卉学恽南田，娟丽秀雅，有出尘之概。是潮州画家王显诏的舅父，也是其启蒙老师。

（《潮州历代美术家辞典》）

袁标青（1718—1765），字册业，号光史。揭阳渔湖都长美乡人，后迁居县城魁隆坊。任县衙幕僚。擅辞章。师事从兄袁炼，且“爱其书法，辄效其体，人莫能辨也”。

（《揭阳美术家人名辞典》）

袁怀水（1896—1948），揭阳渔湖长美村人。以外科医术济世。擅榜书，作书喜用稻草，类似茅龙，骨力挺拔。曾书汕头“望海楼”、潮州“德友里”、揭阳“壮寿店”、京冈“大夫第”等匾。

（《揭阳美术家人名辞典》）

袁鉴（约1502—1574），字庆昭，号衍江，又名陇阳。揭阳渔湖都长美乡人。明嘉靖四年（1525）举人，常州同知。嘉靖三十一年（1552）年转入直隶河间长庐都运司运同。与书画家文徽明善，常唱酬，论艺品书。离任归家时，文征明有诗赠之：“熙熙噩噩抱吾醇，茅栋疏篱寄此身。肯凿性灵为物累，书刊文藻见初真。百年人物羲皇上，一笑风烟太古春。万虑不营心即水，只应呼作葛天民。”能书。

（《揭阳美术家人名辞典》）

袁炼（1687—1763），字雄业，一字少庚，号鹤邻居士，私谥文肃。揭阳渔湖都长美乡人。乾隆十年（1745）进士，越年任惠州教授，后兼陆丰教授。乾隆十九年（1754）俸满致仕归家。乾隆《揭阳县志》载其“雅好东坡诗，兼爱其书法，暇则拈韵临池，辄效其体，颇具眉山门户”。崇拜宋人苏轼，书法和诗词都学苏轼。揭阳市博物馆藏其行书诗轴，字体肉丰骨劲，绵里藏针，无一懈笔，字阵节奏感甚强，得力于苏轼《黄州寒食诗帖》而略有己意。亦能画，同年进士林世忠在袁氏六十大寿时有贺诗谓：“尔来雅得丹青妙，尺幅门前桃李荣。”

（《揭阳美术家人名辞典》）

袁镇，海阳人，住潮州城江西巷。光绪元年（1875）举人。擅书法。墨工室收藏其行草书团扇，题识为：“癸巳中秋后病起试鸡毛笔，为仲轩二兄大人属。”笔墨落落浑然一体，系不经意写成，更显深厚功夫。

（《潮州历代美术家辞典》）

Z

臧宪祖，字子敬。浙江海宁县人。康熙二十一年（1682）以监生授潮阳县知县，在职期间建粮仓，办义学，修县志，葺城池，后升宿州知府，潮阳士民立专祠以祀。海门莲花峰有其草书题诗：“丞相勤王到海崖，精忠踏碎石莲花。思扶弱主回天顾，致使孤臣痛日斜。浩气一腔吞巨浪，丹心万古照寒沙。成仁取义酬君父，读史谁能不叹嗟。”此作笔势浓重，坚挺纵放而不失规矩，挥洒自如，气象生动。其结尾处，尤为开阖恢宏，豪爽顿生，给人以笔墨淋漓酣畅的感觉。

（《潮阳县文物志》）

曾匪石（1893—1963），字国兴。蕉岭人。建国粤军第五军讲武堂、黄埔军校高级班毕业。1920 年加入粤军。任见习排长、上尉副官，国民革命军第五军第十七师营副。广东警卫军特务营上校营长，广州警备司令部保安二团副团长等。1932 年任汕头公安局局长。后任广州防空委员会警防团上校团长、第六十五军第一五七师参谋长、翁源县县长等职，1949 年秋到香港。其书法遒劲刚健，含蓄朴茂。

（《民国广东将领志》）

曾恒存（1870—1933），原名杏村，后改曾在，也曾一度为幸存，字恒存。汕头人。早岁从孙中山共襄革命，1905 年在日本加入同盟会，并回汕头工作。初创办《双日画报》，以漫画及革命言论讽刺清廷，以唤醒国人，推翻帝制。1911 年后，曾任职于军界。其书画作品每每表现生活，忧国忧民，晚年居家潜研益深，以国画意境融合透视学理，开新派画风之先河。1925 年，上海商务印书馆举办图画比赛，获第一名。曾在饶宗颐的帮助下，于香港举办个展。

（《汕头文史》第 10、17 辑）

曾泓展（1925—2017），笔名子牛。潮阳人。大专毕业，长期在澄海中学任教，曾为汕头大学、华南师范大学美术教育系特聘教师。擅长油画和雕塑，为全国美术教育研究会会员、广东教育学会美术书法教育研究会会员。参加广东省教育厅研讨会并多次编写中小学美术教材及参考书，为澄海中学培养了不少美术人才。

（曾狄提供）

曾幻一（1900—1988），祖籍福建厦门，生于汕头。上海新华艺术大学的首届毕业生。1928 年，他与毕业于上海美术专科学校和上海新华艺术大学的几位老同学在汕头市组织春阳绘画研究所。后来成为《岭东日报》《大光画报》的编辑。我国著名画家徐悲鸿、李铁夫对其艺术成就甚为赞赏。英王乔治六世加冕时，徐悲鸿前往香港举行画展，特电邀曾幻一和陈文希赴港会晤。其间多次拜访在香港的李铁夫，共同畅谈画艺。

抗日战争胜利后，曾幻一在汕头市聿怀中学、汕头市第一中学任教美术课。他专擅油画，兼长水彩，有颇高的艺术造诣，其作品经常刊于报刊，参加展览，受到艺术行家的好评。他的人物画、静物画、风景画构图新颖、寓意深远，如《人力车夫》《伙夫》《灶下婢》等均刻画了底层劳苦群众艰辛勤劳的生活，富有时代气息，画风简洁明快，质朴浑厚。再如作于 1959 年的水彩画《倒影》，刻意描绘江畔船舶的倒影，布局平稳，用笔简练，赋色明丽，特别在用笔用线方面别具中国传统画善于用线的内涵，是西洋水彩画民族化的可喜尝试。有评论者认为："历经十年动乱，曾幻一的作品几乎被洗窃空，唯独这幅让人感到静得出奇的画得以幸存。曾先生盼望的安宁、静谧的环境也得以实现。"这样的评说是十分中肯的。

（《征访册》）

曾纪渠，清朝大臣曾国藩之侄。莅潮州为官，先任府，后任道。曾纪渠是晚清时期潮州官场上少有的励精图治的官员，其恪守正统的儒家信条，试图通过个人道德以及个人的典范来治理潮州。善书法，学《十七帖》。

（《潮州历代美术家辞典》）

曾靖圣（1890—1946），号敬庵。揭阳棉湖（今属揭阳市揭西县）人。曾习经之子。毕业于北京大学，曾任潮安县、揭阳县县长，揭阳市第一中学校长。幼受其父影响，书法“二王”。为《潮州府志略》题“岭东文献”四字，行书，秀美潇洒，颇见功力。

（《揭阳美术家人名辞典》）

曾鸣（1916—1996），揭阳棉湖（今属揭阳市揭西县）人。早年毕业于揭阳市第一中学，1937 年加入中国共产党，1941 年在苏北参加新四军，后毕业于苏北抗日军政大学，从事党内教育工作。1948 年组织群众参加淮海战役的支前工作。1949 年随军接管南京，后参与创建福建省人民革命大学和中共福建省委党校工作。1955 年任最高人民检察院办公厅副主任。1957 年 11 月，任福建师范学院党委书记、代院长。1971 年 8 月，调任厦门大学党委书记、校长，其间曾兼任中共福建省委宣传部副部长、厦门市代理书记、福建省人大常委会副主任等。

曾鸣为人谦谨正直，淡泊名利，极重情谊，虽长期在外，但非常关心家乡的建设，改革开放后，多次回汕。汕头大学组建时，他正在厦门大学校长任上，从师资、设备上给予汕头大学很多支持。曾鸣在从事行政事务的同时，也极喜书法，曾任中国书法家协会理事、福建省书法家协会主席。

（吴璧提供）

曾世骢（1914—1988），揭阳棉湖人，生于北京。系曾习经后裔。1934 年就读于中国大学，受抗日思想影响，投笔从戎。后到上海立信会计学校攻读商业会计，因父病回北平，在四行储蓄会工作。1949 年后，在中国人民银行总行、汕头人民银行分行等处工作多年。1956 年 7 月，文物出版社筹建时，调入北京，是文物出版社最早的工作人员之一。

曾世骢自幼家学渊源深厚，广习诸家法帖。他从小在曾习经身边长大，曾多次对其后人介绍，曾习经挥毫时，他常在旁边研墨、抻纸，自然受其影响很大，又因齐白石与曾习经交往很深，齐白石出于对晚辈的关爱而为其刻印多枚。曾世骢与启功等诸多当代书法名家交往密切，退休后更潜心书法，其书流畅秀逸，洗练疏朗，平易畅达。又能篆刻，秀逸中见端庄，潇洒中见法度。

（曾庆宏提供）

曾述经（1857—1917），原名述经，后更名彭年，字撰甫，一字月樵。揭阳霖田都棉湖（今属揭阳市揭西县）人。曾习经胞兄。光绪十五年（1889）举人。本为福建上杭知县，以母老辞职归家，任揭阳榕江书院院长。能诗文，得苏东坡雍容雅健之法。著有

《曾撰甫集》，未刊。擅书，碑、帖俱学，对欧阳询《九成宫澧泉铭》《仲尼梦奠帖》尤有心得。今可见者有《〈绕绿书庄诗稿内集〉序》手迹。书体章法疏朗，结体紧而形体长，用笔近方，得欧阳父子本色。

（《揭阳美术家人名辞典》）

曾纹（1906—?），汕头人。曾恒存之女，为澄海人王建屏之妻，婚后居澄海王厝田红鹅书屋。王建屏与宋子文派系的徐继庄交往甚密，曾纹得徐继庄帮助在香港东亚银行开办新中国出入口庄，颇有收获。其所作绘画受日本画影响，擅长工笔画，能以精谨细腻的笔法描绘景物、人物，曾在饶宗颐的帮助下，与其父在香港举办个展。

（《汕头文史》第10、17辑）

曾文河，潮州城人。书法家，书学兰亭，楷书秀润，隶书亦佳。抗日战争前逝世。其传世书法扇面，每行写两字，笔画粗壮，似隶似楷，独创一格。题款为“乙丑夏月曾文河”。

（《潮州历代美术家辞典》）

曾希潜，亦作羲潜。惠来靖海人。乾隆二十七年（1762）举人。能书，师法颜鲁公。现存题惠来靖海城内北门“墩馥轩”匾，仙庵荆陇寨南门“龙首桥”，厚重端庄。

（《揭阳美术家人名辞典》）

曾习经（1867—1926），字刚甫，晚号蛰庵居士、湖民，署所居为湖楼、秋翠斋。揭阳霖田都棉湖（今属揭阳市揭西县）人。光绪十八年（1892）进士，官至度支部右丞。宣统三年（1911）清帝退位前一日辞官。隐于北京市郊扬漕。擅诗词，与梁节庵、黄晦闻、罗瘿公并称“岭南近代四家”。工书，笔意源出六朝，旁及唐人写经，古雅脱俗。亦能作瘦金体书，常用以书扇。广东省博物馆藏其行书黄庭坚诗轴，用笔方中带圆，间参以隶意，笔法古拙浑厚，意态厚重雍容，其书《清故诰封资政大夫花翎福建补用直隶州知州曾公（述经）墓志铭》拓本一册，为其楷书代表作。揭阳孙秋松藏“漫构异书谈岳渎，遍搜小集刻江湖”联，有瘦金味道。宣统三年（1911）为京学会书写《宋鲍照飞白书势铭》四条幅，以隶法作楷书，波势挑法挺拔有力，肥而不胖，别具一格。《蛰庵诗存》为手稿刊印本，行楷，隽逸质朴，奇欹淳朴而无霸悍夸张之意，不计较于点画，安逸淡雅之中见韵味，是他第三阶段的作品，从绚丽归于平淡。

（《揭阳美术家人名辞典》）

曾宪龙，笔名阿龙。潮阳人。1954年毕业于杭州中央美术学院华东分院绘画系，同年任福建日报社美术编辑，1968年下放和平县蹲点，1971年调回福建日报社，1975年任汕头日报社美术编辑。擅长年画、连环画创作。有作品入选1976年省级美术展、1984年庆祝中华人民共和国成立三十五周年广东省美术展览、1989年广东省年画展。作品被《羊城晚报》、香港《文汇报》、《广东周末画报》等刊物刊载。连环画《彭湃的故事》

（与杜应强合作）和《失踪的马队》（与余少彦合作）由岭南美术出版社出版，另有连环画《李湃公遇侠记》和《魔海的秘密》由福建人民美术出版社出版。

（《征访册》）

曾也石（1888—1950），饶平凤凰镇（今属潮州市潮安区）人。民国时期于饶平县任区长，善书法。其在黄冈城石壁上有两处题字，一为“紫竹林”石刻，一为“观音阁”匾额，这两处题字已得到妥善保护，并为游客赞赏。

（《潮州历代美术家辞典》）

曾友梅（1913—2001），福建厦门鼓浪屿人。其父因曾在潮汕铁路公司工作，全家遂移居汕头广州街 36 号。曾友梅先在广州旅汕小学就读，成绩全优，其中美术科最为突出。其画作曾在全市展览时获奖。毕业后考入汕头礐光中学，以漫画宣传抗日，后报考厦门大学、岭南大学。抗日战争时期在贵阳图云关“战时卫生人员训练所”工作，后又到兰州师范学院、北京师范学院、山东大学等校任教，最后迁至海南，在中国热带农业科学院工作，为天然橡胶事业做出突出贡献，1991 年被国家批为第一批享受政府特殊津贴专家，晚年尤喜以书画自娱。

（曾友柏提供）

曾玉堂（光绪间），字辉山。潮州人。以画为业，擅长画花鸟，好画工笔鹌鹑，意趣逼真，也画折枝花卉。潮州市博物馆藏其工笔牡丹鹌鹑幅，画得富丽堂皇，画面正中是石头牡丹，迎面盛开的牡丹花置于画幅中上部，非常醒目。石头上方站着一只鹌鹑，与飞在空中的另一只相望，石头边上又有另一对鹌鹑在嬉戏，四只鹌鹑都画得神态活现。左上角题字为“摹拟青藤老人赋色，辉山曾玉堂”，下面盖有二枚方印。曾玉堂以画鹌鹑出名，斯图可为代表作。

（《潮州历代美术家辞典》）

曾则舆（1884—1970），字茂煜，号约安居士。潮安金石人。清末秀才，初为教员，民国时在师范学校进修毕业后，在韩江治河处工作多年。于 1929 年到新加坡，为中华总商会会计、中文秘书。擅隶书，颇有功力。

（《新加坡第一代书画家翰墨集珍》）

曾昭煌（1925—1994），揭阳人。曾先后在汕头总工会、工人医院等多家单位工作。以行草、榜书见长，系汕头市书法家协会理事。其书法早在 20 世纪 50 年代初期就有一定影响，书风刚劲流利，气势宏大。20 世纪 70 年代至 80 年代参与汕头市工人文化宫书法学习班授课，言传身教，深入浅出，令人耳目一新。

（《汕头十四书家遗墨集》）

曾振绮（1902—1945），字玉漪，自署铁研斋主、漪亭主。揭阳棉湖（今属揭阳市揭西县）人。曾习经女。毕业于北平女子师范学校。幼年随父居北京，诗书深受影响。画学陈师曾，以花卉见长。书学《张黑女碑》，受其父影响最大。林清扬说："右丞交游满天下，邸舍时有文酒之会，（振绮）尝题诗画轴悬诸厅事，座客见者咸惊，故一时名闻都下。"时人以为与康有为之女康同璧、梁启超之女梁令娴比肩。曾习经晚年手录《蛰庵诗存》，最后十八题为她仿父笔记所书，形意相近，惟笔力较弱。适揭阳吴文献。

（《揭阳美术家人名辞典》）

翟俊千（1891—1990），东莞人。1914年考入北京大学。曾参加"五四运动"。后赴法国留学，获里昂大学法学博士学位。1927年回国，任暨南大学副校长兼政治经济系教授。嗣历任香港华侨工商学院院长，北京大学、清华大学、中山大学、上海法政大学等校教授。20世纪30年代初出任汕头市市长。1947年冬参加中国国民党革命委员会的筹备活动，为该会章程起草小组成员之一，后任上海市人民银行高级经济计划员、中国国民党革命委员会上海市委委员、苏州市政协委员、上海文史馆名誉馆员等。著有《中国国际地位与不平等条约》。其书法从容舒展，笔画沉着。

（《民国广东将领志》）

翟宗心（1900—1967），别号静存。广东东莞人。广东黄埔陆军速成学堂第六期步科毕业。历任粤军第二军司令部上尉副官、少校交通队长，建国粤军第一军司令部少校参谋，国民革命军第四军第十二师中校参谋主任，总参谋长广州留守处暨广州军政分会总务处中校科长。1927年底任黄埔军校政治训练处中校宣传科长，第四军第十二师政治部上校主任。1931年任第一集团军第二军司令部少将副官处长、军部秘书长。1932年11月至1935年5月任汕头市市长。抗日战争爆发后，任广东第四军区司令部秘书长、第七战区司令长官部少将总务处长等职，曾当选广东省参议会议员。其书法隽秀清逸，形神兼秀。

（《民国广东将领志》）

詹安泰（1902—1967），字祝南，号无庵，又曾署无想庵。饶平人。毕业于广东高等师范学校，1926年至1938年执教于韩山师范学校，1938年起任教于中山大学，后历任教授、中文系主任、古典文学研究室主任等。1956年加入中国作家协会。论著有《宋词散论》《詹安泰词学论稿》《古典文学论集等》等。此外，《鹪鹩巢诗稿》《无庵词》等均为手稿，影印出版。学界对其评价甚高，有"南詹北夏，一代词宗"之称。

詹安泰又是书法篆刻家，生前为广东省篆刻研究会会员，作品多次参加展览。他执教之余，热衷于书法篆刻研究。其书法别具风格，兼长几种不同书体，无论是秀逸飘洒的行书，还是凝重典雅的碑体，技法均炉火纯青，独具风韵，深得海内外书道同仁赞赏，其作品早年流传港澳及东南亚颇多，被视为珍贵墨宝。

詹安泰曾为王显诏画集题《鹧鸪天》一词，附记云"显诏兼精音乐，风怀洒落，与余共事韩山逾十年矣"，署款为"祝南弟詹安泰"，盖印为"祝南"。他1926年始在韩山师范学校工作，该题词应作于20世纪30年代末期。詹安泰的书法艺术丰富多彩，胡镇福家收藏其两帧册页，面目各异。款署“詹安泰”的一幅为魏体楷书，源于爨宝子与李瑞清风格。署“祝南”的另一幅是行书，也以北碑为基本功。饶洋詹德铭家，有詹安泰写赠之盘四条幅，书体为行楷，用笔方圆兼备。得力于魏碑、汉隶。

（《詹安泰全集》）

詹璥，字孟云。饶平饶洋陈坑八角楼人。道光二年（1822）中举人，十三年（1833）进士，历任浙江嘉兴府桐乡县、新昌县知县。詹璥书法颇有成就，负有盛名，传世作品受后人宝重。饶洋詹德铭收藏其行书小中堂，疏逸秀润，书于光绪丁酉年（1897）。

（《潮州历代美术家辞典》）

詹大烈（清末），惠来人。擅书。光绪初广东学政杭州徐琪（花农）编《粤东葺胜记》，光绪二十九年（1903）刻印，时徐嘱其门生“之工于八法者分缮成帙”，詹大烈即为其中之一。

（《揭阳美术家人名辞典》）

詹广誉，字昌孟，号香林居士，饶平饶洋陈坑人。雍正五年（1727）进士。官任江西余干县知县，历任六县，升山东滨州知州后调东平州知州。现饶平西岩寺村有其所题“西岩寺”匾，左有款曰：“香林詹广誉题”，皆行书。另于饶平留有书法《节翁老叔台像赞》。

（黄外浩提供）

詹竞烈（1913—1994），饶平新丰丰联村人。上海公学大学政治系毕业，中央陆军军官学校特别班、中央训练团党政班、“革命实践研究院”结业。曾任国民党广东省党部科长，广东省报业工会秘书处组长，广东省参议会参议员，广东省饶平县县长。1948 年当选为“中华民国”第一届国民大会代表（国会议员）。著有《唯生论与民生观》一书。1949 年赴台定居，仍袭“国大”代表职，1994 年病逝。

现饶平县三饶镇政府存有其手书“饶平县政府”匾额，上款“中华民国三十七年四月建”，落款“县长詹竞烈”，皆楷书阴刻，师柳诚悬。

（《饶平县志》，黄外浩提供）

詹肯构，字华斌，号继堂，一号竹村。饶平上饶陈坑人。乾隆四年（1739）进士，钦点翰林院庶吉士，授编修、福建福宁道监察御史。其书法苍劲有力，且凝重典雅，娟润秀逸，尤善行、草，时称妙品，墨迹被上海博物馆收藏。饶平现有两件，一件为“延德堂”横匾木板楷书，系乾隆二十六年（1761）书，现挂于新圩长洲陈氏大宗祠内。另一件存于饶洋收藏者詹德铭家，系立轴纸本，行草书，写“老龙夜半飞下天”诗，款书“竹邨肯构”。潮州市博物馆藏其行书一件，高 180 厘米，宽 45 厘米，有画家王显诏题识，后转归上海复旦大学苏乾英教授，近年由苏教授转赠潮州市博物馆。上述三件作品，第一件已被刷新，填白色，有损字神韵；第二件破旧，但笔画完好；第三件保存最好，纸色新、墨迹全，且有王显诏题识。但从书法艺术上看，第三件较稚嫩，第二件最成熟，遒健流美，婀娜多姿，细笔不柔弱，游丝圆润可爱。各字气脉相连，整幅气韵贯通，该幅受赵孟頫影响较多，也有米芾痕迹。在第三幅中有较多米芾笔法，而“延德堂”横匾主要吸收颜真卿笔法。

（《潮州历代美术家辞典》）

詹励群（1919—2007），澄海人。幼受父亲哲明熏陶，七岁开始习书法，并在其父指授下直取逸少《兰亭序》，继学《怀仁集王羲之圣教序》，并广泛涉猎欧阳询、颜真卿、苏轼、米芾、文征明诸家法帖，对《乙瑛碑》《礼器碑》《史晨碑》等汉碑也经常浏览，打下了深厚的传统书法艺术功底。1981 年加入中国书法家协会，先后曾任广东书法家协会理事、汕头地区书法家协会副主席、潮州市书法家协会主席等。出版有《詹励群楷书字帖》《詹励群书法作品选》《詹励群书法作品集》等。

詹励群的书法能吸收名家之长，各体皆精，故有古法韵味，又融入自己的特色。楷书丰腴敦厚，宽绰自然，平和而简静，自成面目；隶书优游宽博，清腴精整，体势与形态横向律动，并有俊朗郁发之美，结体精谨，笔意修洁，节奏整饬井然，神韵秀出，笔法承接灵动自然，柔中有刚，温淳典雅；篆书茂美厚重，质朴遒劲，臻高古面目。

（《詹砺群书法作品选》）

詹培勋（1864—1944），字鹿埜。饶平茂芝人。其祖孙三代皆系文庠生，詹培勋为最后一科秀才，性情豪放，阔达大度，工诗文，善丹青。壮岁执教于黄冈、凤凰等地，后受聘于南澳，执教数十载，春风化雨，知者莫不颂其德。后赴台湾任教，台湾举办全岛中国画展时，被聘为评判会会长（一说审查委员）。后归大陆赴福建，1925 年任福建省诏安县司法承审，但因不谙政事，离职归梓从事教育工作，从教五十余年，治学严谨，颇有声誉。1940 年，饶平县县长赠“翊教崇圣”匾额，褒扬其功德。有诗文、书画作品传世。

百裕斋收藏其《三鸡图》。剪存部分纵 90 厘米，横 50 厘米。剪贴回画面的题款为“鹿野詹培勋”。盖朱文印。画面中央画着三只公鸡，并排向左站在石头上，第一只昂首回望，第二只向左下方探望，第三只抬首望正前方，神态轩昂雄伟。鸡及石头背后画一株老梅树，花朵双勾填色。三只鸡画得颇为准确，笔墨熟练，墨上加色也妥当。

（《潮州历代美术家辞典》）

詹松圃，号果圃山人。饶平饶洋三乐屋村人。生活于清末，善画兰竹，学郑板桥画法，饶洋镇詹朝冠藏其遗墨《湘均遗韵》立轴。书法于当地颇有名气，但墨迹少见。

（《潮州历代美术家辞典》）

詹沄（清末），字晴波。潮州城专业画家，以仕女画见长，也画山水、花卉。詹沄授徒甚众，如黄瑜、张象、庄淑舆等，均有所成。如其直幅仕女《痴石氏》，描写一弹琴女子月夜伫立芭蕉下，停琴沉思，依石托腮，神态生动。空中明月照亮了芭蕉树叶和树下的假山石。贵妇人有琴不弹，肃穆的夜色衬托了痴石氏不平静的心，情景交融，耐人玩味。

（《潮州历代美术家辞典》）

詹哲明（1878—1971），澄海信宁人。青壮年时期执教于澄海、汕头两地，宣统二年（1910）受汕头惠潮嘉出品协会之聘，任出席南京“南洋劝业会”代表团文案。中年远涉重洋，先至星洲，后转泰国曼谷，任曼谷四海通银行、中华总商会文案。在泰国还创办崇文学校。

詹哲明能诗词，善文博研究。其书从颜体入手，并涉猎《礼器碑》《史晨碑》《石门颂》等汉碑，博览广收。他行书吸收何绍基的长处，用笔施毫熟练自如，转折藏锋含蓄，用墨浓淡相宜，结字外宽内紧，秀整匀净，法度谨严，行距、字距自然得体，其硬朗宽博的汉碑韵味，给人以灵秀雅致、丰满遒劲、雄强浑厚、平稳古朴的艺术感受。其榜书丰厚圆润，雍容大度。

（《书林拾翠》）

张伯封（1892—1968），名锡侯，字伯封，号桐卿，自署铁阳腐伧，以字行。普宁泥沟村人。曾举家赴泰国，数年后因水土不服回乡。在家乡创办草草学校等，后与同声学校合并，仍任文学专修课教师数十年。中华人民共和国成立后，为普宁燎原中学名誉校长、泥沟华侨中学校董会主席、普宁县第二届人大代表。擅诗文，精制谜，著有《腐伧诗集》《谜语浅说》等稿本。今人张伯人编《张伯封诗词纪念集》，为手稿影印。不以书名世，而小字笔法清劲，如盛德君子，容貌若愚。

（《张伯封诗词纪念集》）

张伯河（1901—?），普宁人。上海艺术大学毕业。曾任普宁第二中学教职。后赴新加坡麻坡中华学校任艺术主任，端蒙学校美术教师。擅水彩画，《端蒙学校廿五周年纪念刊》有其《总校远观图》水彩和铅笔人体写生三件。参与组织南星美术研究会和中华美术研究会。

（《端蒙学校廿五周年纪念刊》）

张采臣，饶平黄冈霞饶人。举人，书法、诗词俱佳，书法闻名于粤东、闽南一带。有书赠朋友挽联曰：“同病本相怜，嗟余还须求药石；面谈可立待，愿君慢步赴轮回。”另留有“剑池”二字于白村庵山。

（《潮州历代美术家辞典》）

张大刚（1910—1990），潮阳谷饶人。1927 年毕业于潮阳县立东山中学，后被潮阳南英小学聘为校长。1929 年往柬埔寨谋生，1931 年回国，先后于多所学校任教并被聘为校长。1946 年至 1950 年被谷饶推选为“创大中学”筹建委员会委员、校董会常务董事，并担任会计工作。1956 年 8 月起，先后在省制糖技术工业学校、省制糖工业公司、省广播器材厂、省广播电视服务公司等单位任职。1986 年退休后，被当地乡政推选为“上堡创大中学”筹建委员会名誉主任。其书法隶、篆、行、草、楷均有涉猎，颇有造诣。遗著《赤寮见闻录》由其哲嗣张应浩整理，后于 2002 年由汕头大学出版社出版。

（《赤寮见闻录》）

张凤翼，澄海人。万历十年（1582）举人，曾任国子监博士、刑部郎中、云南按察司副使，平反冤狱数十，府志有传。在潮安庵埠梅溪的洪氏家庙正门额背面刻有“梅桂春秋”四字，左边两行小字为“中宪大夫、云南提刑按察司副使张凤翼赠”，轻入重敛，笔实墨沉，神完气足，遒劲而舒展。另在汕头鮀江街道蓬洲有其题书的门匾“天宠褒封”，侧锋运笔，萧散洒落，外柔内刚，丰厚腴美，给人醇厚之感。

（黄锦华提供）

张贵生（1917—1996），潮州意溪人。毕业于中山大学，曾在汕头专区农校和金山中学任教。平生酷爱文学，为中国楹联学会会员，退休后致力研究书法、诗词和对联，积累了丰富的文献资料。古稀之年，创作尤勤。他创作的对联多由其手书，内容丰富，联中对仗工整，词性搭配严格，音韵和谐，很受读者喜爱。编著有《普通作物学》《特用作物学》《养猪》《甘蔗害虫及其防治》《林大钦联话传奇》等书。

（《逢看湖山便忆家》）

张国栋（1812—1895），字云生。潮阳达濠（今属汕头市濠江区）人。自幼聪慧，文思敏捷，出口成章。光绪十四年（1888）举人。张国栋善诗文，纵意山水，寄情诗酒。咸丰十五年（1865），张国栋把四十年间的诗文酬唱编撰成《井天诗语》，钟声和在序言中称其《诗话》“聚珠玑于笔底，收翡翠于囊中”。

张国栋善书法，尤擅书擘窠大字。在达濠青云风景区内众多的摩崖石刻中，有不少出自张国栋的手笔。如草书“自然云构”，据其跋知为张国栋醉中所书，笔画圆润饱满，线条酣畅自然，放纵奔腾，宛若游龙，有似醉非醉的感觉。在摩崖石刻“共登”两个大字的左边有咸丰九年（1859）张国栋楷书“叙”，“共登”左面的叙文有一百多个楷字，其书写时恭谨严肃，用笔、结构高华浑穆，气象万千，字体方正，丰厚挺拔。“共登”两字精神饱满，十分写意，有东坡风度。

（纪相奎提供）

张灏（1647—1692），字晴川，署居室为濯春堂。惠来龙溪都人。康熙十一年（1672）举人，化州学正兼署知州。有联自题其署：“不嫌地僻无佳酿，只恐官闲懒读书。”著有《濯春堂集》。擅书，宗颜鲁公。

（《揭阳美术家人名辞典》）

张华云（1909—1993），普宁泥沟乡人。1934 年毕业于中山大学史学系，后从事教育工作。1936 年至全面抗日战争期间，任广东省立韩山师范学校国文教员、教务主任。后历任政协汕头市委员会副主席、汕头市文联副主席、汕头市副市长等，1985 年后，任汕头市政协岭海诗社社长、政协汕头联谊会副主席、广东省中华诗词学会副会长。代表作有《张华云喜剧集》和诗集《筑秋场集》《潮汕竹枝百唱》等。

张华云是著名的潮剧作家，尤擅喜剧，先后创作了 32 部潮剧剧本。在诗词方面，也造诣精深。书法是张华云闲暇之余的笔墨游戏，偶尔所书也是风神俊爽、儒雅潇洒。其书法随意所如，势和体均，章法巧妙，蕴含温文尔雅的气息。

（《潮汕百科全书》）

张晖卿（1868—1923），乳名辉煌，学名焕光。饶平新丰上葵人。光绪年间秀才，人称其为“煌秀”。其书学米元章，颇得神韵，后参以己意而自成一体，当地民众称之为“煌秀体”。笔迹常见于庙宇、商户，也见于泰国、越南等国，曾有泰国华侨请他写三个大字，付酬金一百五十银圆。晖卿兄弟五人多为农民，唯他学历高，但中秀才之后也不出仕，居家过着笔耕生活，曾自书对联：“品格神仙度，襟怀海鹤姿。”今挂在其遗像旁。其后裔慕韩保存其楷书《千字文》残本及行书两件。

（《潮州历代美术家辞典》）

张江柳（1868—1949），号北溪钓徒。澄海隆城人。出身于农家，少时每天到富户书馆门外旁听。他生性聪慧，勤奋好学，十七岁中秀才，任教为生。张江柳书法初学欧阳询，又从清中期书帖中吸取营养，化为己有。所作行书颇类《张翰思鲈》《卜商》等帖，结字在楷书基础上更加骄纵，势更开张，神更险峻，看似平定，实则奇崛，用笔多圆转，少欧体之挺拔俊利，而多了清人的浑厚醇和。

（《汕头文物》第 17、18 期，《书林拾翠》）

张介萍（1920—1948），笔名阿萍。揭西河婆镇人。曾任教职。多才艺，擅长木刻画，作品多表现平民百姓生活。有《早打毛镰，晚打刀枪》木刻，构图简练，线条粗犷有力，刀法自然流畅。亦能国画，简朴明快，浓淡相宜。

（《揭阳美术家人名辞典》）

张竞生（1888—1970），字公室。饶平大榕埔人。1907 年考进黄埔陆军小学，因闹学潮被开除学籍，后往新加坡谒见孙中山，旋受命回到北京加入京津同盟会。1912 年得公费赴法国留学。1919 年获哲学博士学位。1920 年回国任金山中学校长，因触犯地方权贵，仅 9 个月便去任。1921 年受蔡元培聘请，任北京大学哲学教授。1929 年再度赴法国从事译述。1933 年广东省省长陈济棠邀其为广东省实业督办，主编《广东经济建设》。同年回饶平建造公路，开发山区。1937 年出任饶平民众抗日统率委员会副主任。1946 年抗日胜利后赴沪、宁。1950 年出任饶平县生产委员会主任、第一届人民代表大会特邀代表。1951 年调进广东省农林厅工作。1953 年任广东省文史研究馆研究员。1969 年因“文化大革命”被遣往樟溪区厂埔村。张竞生平生志在学术，无心研究书法，其遗下大量手稿，却被世人视同珍宝，作品入编《潮汕历代墨迹精选》等专业艺术书籍。

（《潮汕历代墨迹精选》）

张乐恭（1925—2008），澄海溪南南砂人。华南师范学院函授中文本科毕业。中国老年书画研究会创作研究员，广东省书法家协会会员，广东省老年书画家协会会员，汕头市书法家协会名誉会长，澄海书法协会主席。1946 年至 1983 年从事小学、中学教学工作。书法作品多次参加国内各级书展、赛事，并参加港、澳、台地区联展，多次获奖。在省内和澳大利亚一些旅游区有作品镌石、题匾多方。简历及作品入编《中国现代书法界人名辞典》等十余部辞书及多种书法、书画作品专集。出版有《张乐恭书法作品集》。

（《书林拾翠》《征访册》）

张鲁庵，名奂，以号行。海阳人。少时研习宋代周敦颐、朱熹等人理学著作，也探研《周易》，宋末元初避居潮阳海门莲花峰，建鲁庵书舍。“鲁庵书舍”及“莲花峰”二处石刻为张鲁庵题书，雄秀端庄，方中见圆，用笔浑厚强劲，善用中锋笔法，饶有筋骨，大气磅礴。

（《潮阳县文物志》）

张梦庐（清末），号张真。潮安意溪人。以画为业，擅画人物、山水、花鸟。花鸟画学任伯年，山水师“四王”，画面层层加染，墨上加色，笔墨浑厚。模仿名作几能乱真。

（《潮州历代美术家辞典》）

张铭（道光间），原籍福建诏安，寓居潮州意溪。以画为业。擅画花卉，作品较多，授徒陈芝山。

张铭的作品，汕头市博物馆藏两大条幅，纵 175 厘米，横 41 厘米，绢本，画皆佳。第一幅是《闹春图》，左上角题七律一首，共三行字：“又到初春酿雨潮，桃花窗下画情遥。十年尘梦如飞露，万顷乡思薄似潮。金粉未枯催白笔，珠江已悟小红箫。图成莺燕疑含笑，笑我闲愁酒不浇。张铭。”第二幅画藤花，右下边题五律：“东见勤作雨，寒袭绿衣慵。隽影瘦如此，芳情应不浓。易易新学语，难觅旧欢踪。愁似藤花朵，垂垂积几重。燕山张铭写生。”

澄海博物馆所藏三幅均是正方形幅式，纸为翠金笺。内容分别为：八哥天竹、兰草昆虫、石边双兔。有两幅题款为“燕山”，另一幅题为：“拟徐天池画本，燕山张铭。”

（《潮州历代美术家辞典》）

张培凯（1936—2006），澄海人。1959 年 9 月至 1962 年 6 月在汕头市建工局职中任教；1962 年 9 月调到汕头市话剧团、汕头市戏剧创作室任编剧；1970 年 5 月调到汕头地区革命委员会文艺办公室工作；1973 年 6 月调到汕头地区文化局工作；1975 年 8 月调任汕头地区青年实验剧团艺术组长；1978 年 1 月调到广东潮剧院二团任秘书、副团长、团长；1986 年调任广东潮剧院办公室主任至 1996 年退休。平生潜心研习书法，尤以小楷见长。

（《戏外翰墨》）

张钦元（1942—2005），潮阳西胪镇东朝村人。从事教育工作，曾在潮阳区河溪镇、西胪镇任小学校长。潮阳书法协会会员，擅行书，取法《十七帖》，笔墨酣畅古朴。

（《征访册》）

张荃（1910—1959），字荪簃，别号念孙，署所居为南阁。揭阳磐溪都古沟乡（今属揭阳市揭东区）人。幼失怙，七岁随侍外王父姚梓芳游戏京沪。1934年毕业于浙江之江文理学院国文系。先后任教于甬江女子中学、广州培道女子中学、之江文理学院、厦门大学。1946年渡海赴台湾，任台湾大学、省立师范学院教职。又赴新加坡任麻坡中化中学、吡叻怡保中学、雪兰莪尊孔中学等校国文主任和马来亚大学中文系讲师。为夏承焘、黄际遇高足。工诗擅文，与施蛰存、谢冰莹、陈子瑄等投契。著有《刘后村先生年谱》等。1980年张克明编印《张荃诗文集》。能书，宗王大令，精小字，雍容和雅，芬馥可观。

（《揭阳美术家人名辞典》）

张汝器（1901—1944），号琏若。潮州人。其父张寅伯，擅长工笔花卉、翎毛，家中藏书甚丰。他在金山中学读书时，课余随父亲学画，从临摹传统国画入手，兼习油画写生。19岁毕业于上海美术专科学校西画系，回乡后，常深入农村写生。其油画受西洋浪漫主义和印象派色彩的影响，因而不被僻居小镇的画家所理解而被视为异端。

1920年左右，他得到画友李澄之的资助，赴巴黎求学，曾在法国马赛美术学院进修，并在当地画家工作室实习。不到一年，因巴黎生活费高昂，只能作回国的打算。随后从法国到新加坡，在端蒙、养正等中学任教，又往《星洲日报》副刊任主编，并与其妹夫庄有钊创办朋特画社，组织华人美术研究会，任该会主席多年。并创“汝器画室”。抗日战争时期，他创作了抗日漫画、油画，举办展览，声援抗日，日寇侵占新加坡时遇难。

其作品《印度老人》（30厘米×25厘米）曾参加国际展览并获得好评。画面是一位印度老人手拿旱烟筒，静坐闭思，神情沉郁。在艺术上汲取印象派艺术的色彩效果和象征主义的情愫，表现出一种既是再现真实而又理想化的美。张汝器也擅长中国画和广告画，造诣很高。有作品陈列于新加坡博物馆。

（陆丹琳提供）

张瑞贵（1891—1977），字玉麟，名园亚。广东钦县（今广西钦州）人。1909年领导钦州王岗山、马山反清武装起义，并加入同盟会。1910年从军，从伍长起，屡有军功，任至师长。1933年，张瑞贵率独立第二师驻潮汕，师部设汕头。其间，果断处理“汕报事件”，维护国家尊严。1937年8月起任第63军军长，在抗战中驰骋沙场，临危不惧，力挫强倭，立下了不少战功。1950年5月，张瑞贵随陈济棠往香港，后转台湾，任“光复大陆设计研究委员会”委员等职，1977年逝于台北。张瑞贵的书法彰显动势，遒劲隽逸，结字恣肆奇崛，颇具武将神采。

（《广东民国将领志》）

张世哲，饶平人。道光进士，道光六年（1826）任滕州知府。擅长书法，行书尤精，笔力苍劲，率意自然。

（《潮州历代美术家辞典》）

张树人（1918—2009），澄海下蓬鸥汀（今属汕头市龙湖区）人。1937 年往越南谋生，1946 年回香港，后为香港嘉元置业有限公司董事长兼总经理，曾为汕头市政协委员、香港潮商互助社理事长。张树人在经商之余爱好摄影，喜作诗文、书法，更潜心于文史研究和文物收藏。平时收藏了近千件文物，并多次在国内举办文物展览，均获好评。1999 年，张树人把他珍藏的 361 件书画捐赠给汕头市博物馆。编著有《广济桥史料汇编》《香港回归纪事诗》《剩余集》。

（《人民日报·海外版》1999 年 1 月 5 日、《岭海诗词选点评本（二）》）

张天受（1905—1961），字祜之。澄海莲华镇隆城人。幼受业于梓里秀才张上川，及长，赴香港谋生，就职于大公司，执文案。书法初学赵松雪，继学颜鲁公、何子贞，于刘石庵、钱南园、翁松禅也心摹手追。作品以行楷见长，楷书从赵体出，圆润端秀，行书则出入颜、何之间，浑厚豪放，生动遒婉。

（《澄海历代书法概览》）

张铁生（1870—1949），原籍湖南，后落籍潮州庵埠。为杨国崧弟子。后到广州卖画及治印。以画墨梅出名，与高振之的墨竹并称“潮汕二墨”。

（《潮州历代美术家辞典》）

张望（1916—1992），原名张致平，笔名张挟、克之、紫瓶。潮安人。1931 年入上海美术专科学校西画系学习，翌年，与陈普之、钟步清、陈葆真等组织“MK 木刻社”；参加左翼美术家联盟，成为我国新兴版画的开拓者。1934 年，创作木刻版画《中国的统治人物》《贫病之中》，被鲁迅先生选送参加在法国巴黎和苏联莫斯科展出的“革命的中国新艺术展览会”。1935 年返回汕头后，在回澜中学、海滨师范学校、神美艺术学校任教；与谢海若一起组织大众木刻研究会，出版手拓作品集《回澜木刻》，该书现藏于绍兴鲁迅博物馆。1938 年后，他参加第一、二届全国木刻流动展，在《救亡日报》《新华日报》上发表作品。1949 年后，张望从事高等美术教育工作和版画创作活动，历任中国美术家协会理事，中国版画家协会常务理事，辽宁省文联副主席、美术家协会副主席，鲁迅美术学院院长、教授。

张望的创作主张“生活第一性”，力求面向生活、与时俱进。1936 年的木刻《五月太阳起来了》，写的是汕头一隅，五月黎明，在厂房、木屋和钟楼中的工人们迎着隐现于建筑物背后的霞光，开始一天繁忙而艰苦的劳动，也暗喻着势不可挡的革命洪流的到来。作品构图饱满，刀法豪放而谨严，黑白对比鲜明，内蕴深邃。

主要著作有《鲁迅论美术》《张望美术评论集》《张望美术文集》《张望集》等。张望兼擅诗歌，常作配画诗，诗画结合，别具韵味。曾获“中国新兴版画杰出贡献奖”。

（《潮汕百科全书》）

张伟初（1925—2001），又名作新，曾名苗裔，号不惑散人、瑜伽学人等。澄海城北人。生前居澄城学头巷居士林。自幼随高作梅、杜英三、王抡元诸名宿游。诗、书、画、印皆精。其书法篆书学三代吉金，隶书学杜英三，行书近周之柏。善鉴赏，通梵文，佛学修养犹深，潮汕众多寺庙留有其墨迹。

（《澄海历代书法概览》）

张我东（1898—1965）， 东莞虎门人。日本东业高等预备学校、中央军事政治学校庐山暑期训练班毕业。1925 年起任广州大元帅府副官、大本营宪兵司令部军务处处长。1926 年任国民革命军总司令部政务局高级参议，武汉卫戍司令部少将副官。1928 年起任汕头市公安局局长、广东东区绥靖公署顾问。1932 年后任第一集团军少将参议、普宁县县长、东莞县县长、广东省参议会议员等。著有《考察日本警政实录》。其书法用笔刚毅，遒劲拙朴，古健丰腴。

（《民国广东将领志》）

张无晖（1908—1976）， 饶平上饶坑边人。一生从事教育工作，上海中国公学文学系毕业后，历任饶平第一中学、福建诏安官平中学、饶平第四中学等校教师。为人忠厚耿直，谈吐诙谐。与詹安泰、李芳柏等人友善，共同切磋书道。其书法得力于颜真卿与詹安泰，民间多有其遗墨。

（《潮州历代美术家辞典》）

张谐笙（1873—1937）， 字赞和。黄冈霞西乡人。晚清秀才，系举人张采臣之子。青年曾就读于广州法政学堂，拜著名画家任伯年为师，作品以墨蟹见长。书胜画。钱塘乡美发家塾有其书法石刻，字体方正浑厚，得力于魏碑，但较俊逸。

（《潮州历代美术家辞典》）

张学武（1911—2001）， 惠来惠城人。1933 年赴上海就读于上海美术专科学校西画系并进修雕塑一年，为刘海粟得意门生。其素描及国画作品先后被南京第二博物馆和南京画院珍藏并多次选送国内外展览。1935 年毕业后进研究班研究雕塑，抗日战争时期，回乡抗日并在汕头多所学校任教。后进汕头画院，任专业画师。其画擅以中西画法结合，物象传神，造型准确，注重光色效果，墨色兼攻，妙趣层生。

（《惠来文史》）

张宜亨（1920—2004）， 揭阳锡场镇（今揭阳市揭东区）人。当过工人，后调到潮阳文化馆，曾任潮阳县文化馆副馆长。1955 年夏，张宜亨组织调查棉城笛套音乐民间艺人，同年秋季在文化馆内成立潮阳民间音乐研究组。1957 年参加省艺术馆举办的“第一届美术干部进修班”。1960 年，汕头专区在潮阳举办了美术创作培训班，张宜亨等担任辅导老师，又能文学创作，作品多在汕头地区《工农兵》等刊物上发表。

（《揭阳日报》2007 年 4 月 2 日，《醉墨》，洪浩提供）

张义（1928—2017），生于揭阳古沟乡。1947年就读于揭阳县真理中学。1949年4月初参加工作。长期负责行政、园林、风景、旅游等建设、经营、管理工作，1986年离休，求师学习绘画。擅长写竹和工笔猫、虎、花蝶、山水，经常参加省内外展出，并在汕头、广州、高雄等市举办个人画展。其作品、画册多为中外人士所收藏。汕头市和广东省电台、电视台及各地多家报刊曾有关于张义画作的专题介绍。个人传略及作品收入《中国当代艺术家名人大辞典》《中国当代画家》《中国老年书画家大辞典》《全国著名诗人、书法家、画家》。曾任中共汕头市旅游局老干部支部书记、潮汕旅游协会顾问、汕头市花卉盆景艺术协会副会长兼秘书长。为汕头市老干部书画研究会常务副会长兼秘书长、广东园林学会会员、广东老年书画家协会理事、中国老年书画研究会会员、泰华（泰国）艺术协会顾问。

（《张义画集》）

张映茸（1963—2017），潮阳人。1987年毕业于汕头工艺美术学校，1991年毕业于韩山师范学院工艺美术系，2007年毕业于华中科技大学艺术理论研究生研修班。张映茸生前在汕头日报社工作，任美术刊编辑、记者。为中国版画家协会会员、广东美术家协会会员、广东漫画学会会员。擅长版画、油画、漫画，作品多次入选全国、省、市美术展并获奖。作品、传略入选《世界华人艺术家》《中国青年艺术家》《中国美术选集》《当代艺术》《广东美术作品选》《广东漫画作品选》《汕头美术作品选》等，出版有《张映茸作品集》。作品被泰国、日本、马来西亚、中国香港等地的美术机构及收藏家收藏。

（廖俊鹏提供）

张永福（1871—1957），生于新加坡，祖籍饶平钱东。1905年孙中山到新加坡领导革命，张永福即为孙中山居住新加坡的担保人，并将他准备作母亲颐养之用的“晚晴园”作为孙中山居所，成为南洋革命党人的总部机关所在地。1906年2月，同盟会新加坡支会成立，张永福任支会副会长，6月当选会长，从财力、物力上大力支持民主革命。第一次国共合作期间回国，初任中央银行汕头分行行长。1926年底任汕头市政厅厅长。1932年到南京，被委为国民党中央侨务委员会常务委员等职。1941年，被汪精卫南京政权聘为伪中央监察委员和伪国民政府委员，授驻越南商务特派员。日本投降后，他以汉奸罪被南京国民党政府拘禁，后获释，于1948年回新加坡。其书法遒劲舒和，端庄浑重。

（《缶庵论潮文集》）

张展成，字晓屯。饶平上饶坑边村人。道光年间秀才。据传曾于兵乱中被掳，因其擅书画而被释放，故号“劫外道人”。

（《潮州历代美术家辞典》）

张兆熺（清末民国），字紫垣，号士真、上清散人，自称甲江老叟。陆丰甲子山仔头人。光绪二十六年（1900）庚子恩科举人，通辞章、工书法、精医学。寓达濠葛洲乡，筑书室于葛山岭下，因葛乡环山，故书屋称为环山半庐。其笔迹于葛洲留存不少。葛乡大道两旁二巨石，若门户然，由手书“关乡”二大字，每字大约四尺，又石门口有岩石书有“天南锁钥”四大字。在达濠青云岩十八石洞大岩石上题“三生”二大字，旁并题诗云：“山水留名亦夙因，一时翰墨百年新。扫苔他日摩残碣，尽是三生石上人。”

这些题字均为行草，颇具特色，用笔飞动腾跃，起伏跌宕，造成点书方圆交错，线条精细相间，尤注重整体的章法布白，讲究字与字、行与行之间的关系，疏密错综有序，天然质朴。

（《潮汕骛文集粹》《征访册》）

张之孝（1921—2004），饶平黄冈霞中村古楼山人。少时天资聪颖，喜爱绘画，早年就读潮州艺术专科学校，后深造于广州美术学院。其间师从国画名家王显诏、黄家泽，受益匪浅，并与师造化，画风独树一格，尤以花卉、山水见长。抗日战争初期，以漫画《偶尔看图，老泪纵横》等作品宣传抗日救国。1946 年于潮州府城举办个人画展。翌年，有作品《木棉花》入选南京全国国画展览。1948 年，在黄冈民政教育馆（蔡睧祠），举办个人画展并进行义卖，得款捐赠黄冈幼稚园购置教学设备。1949 年后，投身语文教育，治学严谨，诲人不倦，闲暇时挥毫泼墨，常应邀参与各项书画艺术活动。退休后潜心作画，作品颇丰，常为新闻媒体选登刊载，曾出版《张之孝画选》，影响较大。于 1999 年举办“庆澳门回归张之孝荷竹画展”，其墨竹、雅荷洒脱不群，著名书法家廖蕴玉题书赞叹：“惜周茂叔之不得而赏之也。”

（《潮州历代美术家辞典》）

张钟，字大石，署所居为留砚堂。惠来龙溪都人。张灏子。康熙四十七年（1708）恩贡生。曾参与编修《惠来县志》。善诗文，著有《留砚堂集》。“善真、草书，诗赋援笔立就”，与弟玉树、黄石并称“张氏三珠”。

（《揭阳美术家人名辞典》）

张祖泽（清末民国），系汕头德教会成员，教名德泽。能书画，又能诗，曾为汕头紫雄阁画关帝像，为达濠葛洲的紫垣阁画李紫乙真人像，为《南洋德教总会纪念特刊》作封面画等，写竹笔墨简练苍劲，坚挺轩昂，构图空灵，浑厚古朴，富有生活气息。

据传张祖泽是德教会的乩手，草创时期的汕头、达濠德教会，出现了几次师尊降乩画竹子图、雄鸡图的事情，作品和张祖泽的平时画风相同。1946 年秋季赴香港，参与组建香港德教会，后又赴新加坡。

（陈景熙提供）

章自竞（1929—？），澄海溪南埭头人。曾侨居越南南部，1983 年移居澳大利亚墨尔本。性喜诗词、书画，曾创办湄江吟社，后任《海外风》主编、中华公学副会长、澳大利亚孔夫子学会副会长、维省潮州同乡会秘书、庸社诗书画会会长等职。其书法丰腴雄浑，结体宽博，骨力遒劲，作品多为自作诗。

（《国际潮人书画大展特辑 1997》）

赵凤（1905—1970），潮阳仙城人。1925 年以优异成绩考入上海美术专科学校，师名画家刘海粟。1929 年，赵凤从上海回到家乡，在六都书院任教，以画雏鸡闻名潮汕。1946 年到香港谋生，被聘为《星岛日报》美术编辑。晚年作画乡土气息浓烈，深受华侨喜爱，曾在泰国、越南、新加坡等地举办画展。赵凤的水墨鸡雏，其独特之处有三：一是创造性地以最精练的艺术语言，即两三笔便成功地塑造了小鸡的主体形象；二是对传统技法“水墨”的发挥有独到之处，充分表现了小鸡“茸茸毛色起”的特殊效果；三是形象地描绘出了鸡雏可亲可爱、栩栩如生的神态。孙星阁评其画曰：“浑噩见天真。”

赵凤在香港期间，画作甚多，潮汕名胜山川、民情风俗、乡村小景，皆在其笔下千姿百态，不但技艺精湛，且因题材多样，画图充满广东乡土气息，深受华侨喜欢。

（《美丽的潮南》、《潮阳文史》第 6 辑）

赵光祖，其祖嗣助任潮阳丞，因家居潮阳，宋亡不仕。光祖举孝廉，官循州教授。潮阳和平上社《报德堂记》原碑为光祖书。

（《征访册》）

赵广（1945—2007），潮阳仙城镇人。其父为“鸡仔先生”赵凤，有家学渊源，也以画鸡最擅，诗文书画均颇有成就。曾任《蓝田文艺》编委会主编，与其六叔父赵秋农举办两岸书画联展，出版散文集《缘在红尘外》，诗集《微小轩诗草》、画作作品集《赵广中国画作品》《赵画集》等。其画风简洁大方，色彩淡雅，温馨恬美，如清风拂面。

（《征访册》）

赵秋农（1917—2002），潮阳洋乌都仙门城（今汕头市潮南区仙城镇）人。出生于丹青世家，幼承家训，12 岁时开始习画，考入韩山师范学校后，又得王显诏、陈文希等的指导，画艺大进，后进上海美术专科学校深造，因抗日战争爆发而回乡，到大南山中学、六都中学、陈店中学等学校任教。到台湾后，长期从事国画教学工作，受聘于台北国画艺术爱好者研习班传授画艺，是台湾著名的国画家、教授。又热心公益事业，多次举办义展义卖，捐建医院等福利设施。其画作深受文艺界好评，尤以画小鸡闻名。其笔下小鸡，形象简括生动，笔墨潇洒沉稳，典雅丰富，章法灵妙谨严，风格秀润清新。

（《征访册》）

赵世光（1916—2007），澄海东里人。自幼聪颖，12 岁即撰文在报章发表，曾获全县首届小学会考第一名。金山中学毕业后，正值日寇南侵，他投军抗日，1946 年到香港从事教育事业。赵世光早年师事赵少昂学习国画，擅长花卉、动物。在创作上，他继承运用光色、解剖透视等技法，融贯中西，另辟新境，卓然有成，同时也极为注意理论的提高，撰写多篇论文对岭南派画法进行总结，其中 4 万字的《岭南画派的理论和实践》成为启迪当今、开示未来之力作。

赵世光不但用传统的国画艺术表现诗情，而且在西洋画上也下了很多功夫。他吸收西洋及日本画的技巧，应用在国画中，因此其画中的花木鸟兽富于情感，生动逼真。

赵世光在创作的同时致力于艺术团体的建设和社会公益事业，他与艺术同好创立了香港美术研究会、香港中国美术会、今画会、庚子画会，历任各会负责人。曾以书画义卖所得在国内捐建多所希望小学，还捐资百万建澄海文联大厦、赵世光艺术馆、世光碑林，举办“赵世光艺术馆杯”青少年书画大赛等，受世人称誉。

（《征访册》）

赵适怀（1917—2008），潮阳人，号一鲁。终生业油画，工古典诗词，好谈禅论道，自称“佛外佛”，有《适怀诗笺》《一鲁诗联抄》问世。

（《岭海诗词选点评本（二）》）

赵珍璧，潮阳棉城赵厝巷人。清末贡生，民国初年曾任潮阳县参议会副参议长，在小北岩松石径处，有其所题的冠首联：“松涛响听风三面，石壁围看月一窝。”此联神采飞动，姿态横出，笔势雄伟，超神清新。

《征访册》

郑邦任（1850—1926），号莘吾。潮阳沙陇（今属汕头市潮南区陇田镇）人。天赋聪颖，经史百家，过目成诵，同治十二年（1873）中举人，光绪九年（1883）登进士，钦点翰林院庶吉士，授兵部主事。现存书迹有存于题书“郑毓琮像赞”，溪尾村谢氏祖祠堂匾“本立堂”，灵山护国禅院正殿匾额，后坪旗地寿山墓题赠的卷柱联，以及自家书房的“惜兰香馆”四字等。郑邦任书法师承欧阳询，结构严谨。从题书“郑毓琮像赞”书体看，其笔力挺健，纵横适度，刚劲慎重。

（《沙陇史地风情录》）

郑餐霞（1917—2016），潮阳人。童年时代即打下了扎实的古文基础，16岁赴上海美术专科学校中国画系学习，师从王个簃、诸闻韵、诸乐三、潘天寿、黄宾虹、汪声远等名家，奠定了坚实根基。毕业后在全国抗日救亡运动的革命浪潮中毅然投笔从戎，奔走于粤、桂、川三地，以中学美术、音乐、语文教员为掩护从事党的地下工作及部队宣传教育工作。1949年后，历任中共华南局党校理论研究员、华南师范大学政史系主任，从事社会科学教学和研究工作。因工作繁忙而少于书画创作。1979年调任广州美术学院副院长后，才再续艺术的人生历程——开始中国画新的思考和探索，作品多出，兼有诗词、书法、篆刻创作。1999年在广州美术学院岭南画派纪念馆举办个展及学术研讨会，获得与会专家的高度评价。

郑餐霞晚年着力探索浓墨重彩的中国画创作，继承了中国画大写意的优秀传统，在世纪之交中国画寻求变革的背景下，坚持走自己思考和探索的艺术道路，坚持“笔墨当随时代”，在作品中注入富有个性的阐释。

（《征访册》）

郑传科（1906—2001），晚号唯一老人、唯翁。揭阳榕城人。广州风人新社美术学校毕业。擅长国画，宗海派、岭南画派。1981 年在新加坡维多利亚纪念堂举办个人画展。为汕头市老干部书画研究会会员。《潮汕寿翁绘画作品集》《揭阳县海内外国画选集》等录其作品。

（《揭阳美术家人名辞典》）

郑大进（1709—1782），字誉捷、退谷。揭阳梅冈都山尾村人。乾隆元年（1736）进士，仕至湖南按察使兼布政使。政声卓著。卒晋荣禄大夫太子少傅、兵部尚书都察院右都御史、直隶总督。谥勤恪。诗文受桐城派方望溪推许，著有《爱日堂诗文稿》。主纂《正定府志》五十卷。书宗颜鲁公、王右军，擅楷体，筋力丰满，端庄圆润。揭东玉窖乡有他在乾隆三十五年（1770）书撰《梅冈书院记》石刻，字体庄重朴实，北京首都博物馆藏"恭录御制诗"折扇，亦楷书，一笔不苟，王骨颜面。又有"梅冈书院"和"彀诒堂"二匾，出入颜体。

（《揭阳美术家人名辞典》）

郑鼎，潮阳井都神山人。乾隆五十六年（1791）为潮阳东山水帘亭题记。用笔以中锋立骨，侧笔取妍，藏蕴含蓄，锋芒毕露，结体欹侧多姿，错落有致，千变万化，曲尽其态。

（《征访册》）

郑鼎新（1885—1942），又名德初。揭阳榕城棋松人。晚清廪生。早岁随孙中山从事革命。民国执教揭阳稜松村及汕头等地。1921 年，接掌揭阳县立第一高等小学，改革学制，积极支持左派民主人士。1927 年国民党"清党"，被列"赤派"捕单，避居星洲，创培道华侨子弟学校，开当地男女同校先声。为新加坡潮州会馆发起人之一。抗日战争期间，奔走募捐支援祖国，星洲沦陷时遭日寇所捕，英勇就义。生平擅书画，孙裴谷早年曾师事之。

（《棋松乡志》《榕城镇志》《征访册》）

郑栋臣（1897—1968），名任，字栋臣，以字行。揭阳地美都蛟龙村（今属揭阳市揭东区）人。先后在汕头、揭阳简师等校任教师、校长。多才艺，能书画。画宗海派。

（《揭阳美术家人名辞典》）

郑芳，又名芳青，号小塘。潮安庵埠人。民国初为枫溪著名画工，擅画山水、人物、走兽，运笔自如，气韵生动。汕头市博物馆藏郑芳画的大中堂《麻姑图轴》，该画横 80 厘米，纵 160 厘米，画面题款"光绪甲申孟冬之月作于谈月山房为飏口兄大人雅鉴，小塘郑芳写"，盖二印，朱文"所南翁后"，白文"郑芳仲子"。庵埠陈传若家藏郑芳《春柳独驹图》条幅，画高 144 厘米，宽 25 厘米，画面中柳树下站着匹马，旁有石头，行笔极为流畅纯熟，似是随意之作，不像《麻姑图轴》那样工整严谨。

（《潮州历代美术家辞典》）

郑辅宣（1911—1991），潮阳人。1936年毕业于上海美术专科学校后，返回潮汕执教，毕生从事美术教育三十多年。擅长国画，尤善山水、花鸟，系中国美术家协会广东分会会员，汕头画院画师。出版有《郑辅宣画集》。

郑辅宣受业于谢公展，心仪八大山人、任伯年、吴昌硕、齐白石，注重写生，作品贴近生活，且其在诗词、书法上成就颇高，故而其作品形成清朗俊逸、华滋朴茂的风格。他强调在继承的基础上创新，注重笔墨和人性的价值，画作形式与神气并重，着重表现自身的感受，每每有感而发，做到诗中有画、画中有诗，诗、书、画有机融合，妙趣横生。如其国画《金鱼》，写群金鱼向上而游，或施红或染黑，再用浅青写出水草，不用浓黑艳彩，而能做到气韵连贯，笔酣意畅。郑辅宣的书法用笔轻灵秀逸，作品清醇逸致，直抒胸臆，大有神游物外的神趣。

（《江山漫说潮阳好》《郑辅宣画集》）

郑国渠（清末民国），揭阳地美都钱岗山后村（今属揭阳市揭东区）人。附贡生。擅书，宗颜鲁公，潇洒飘逸。周伯初为邹堂怀斋公祠撰《敝藻堂记》刻于漆屏，即为郑国渠楷书所作，精整挺秀。

（《揭阳美术家人名辞典》）

郑翰芝（民国），揭阳地美都邹堂（今属揭阳市揭东区）人。毕业于北平中国大学。曾任揭阳县教育局局长。受其父郑永辉影响，幼而能书。后益浸淫，大开眼界，得同邑书家曾习经激赏。

（《揭阳美术家人名辞典》）

郑鸿翼（民国），饶平黄冈人。以画兰竹及书法闻名于黄冈。昔年黄冈招牌字多出其手，现在白村后的观海寺存其刻字“南无阿弥陀佛”及“碧岗名胜”二处，每字约一米见方。郑鸿翼曾在香港卖字为生，每幅兰竹售价五十银圆。

（《潮州历代美术家辞典》）

郑家凯（1909—1982），自号耕石散人。揭阳地美都枫美村（今属揭阳市揭东区）人。广东广州大学政治系毕业。1934年为广东省财政厅工地测量评估员，被派遣赴潮安任职。后从商。抗日战争胜利后修建家乡联办小学，并将其易名邹鲁小学，任校长。擅书，以行楷名世，宗“二王”。

（《揭阳美术家人名辞典》）

郑家兰（1772—1860），字秋皋，号正初。丰顺人。嘉庆十三年（1808）进士，选庶吉士，福建邵武县知县，有政声。后主讲韩山书院。著有《正初文集》。擅书，行楷兼美。丰顺县博物馆藏其行书《咏梅》诗匾，俊逸秀劲。书家孙振声曾言：“甲申（1944）夏于萧丈（揭阳萧策六，收藏家）处见丰顺秋皋大令行书五言联，秀劲绝俗，得米海岳笔意。相传大令貌不出众且跛足，而学问渊博，书法脱俗可观，政声甚好，人称郑菩萨。”郑家兰与揭阳艺人颇有交往，留下不少书迹。

（《揭阳美术家人名辞典》）

郑家任（1913—1990），原名国栋，又名郑重、郑毅，字家任，号雪父、桑浦野人，署所居为艺庐，以字行。揭阳地都乌美村（今属揭阳市揭东区）人。毕业于揭阳市第一中学。抗日战争前携妻往印度尼西亚其岳父家。后因车祸抢救无效，逝于印度尼西亚巨港。昔年为画家孙裴谷学生，奠定画艺基础，至印度尼西亚仍不废艺事。擅长花卉草虫，尤以画鸡名世。亦能书，学清人郑板桥之“乱石铺街体”，能得其意。

（《揭阳美术家人名辞典》）

郑家煜（1895—1943），字岭星。潮阳沙陇人。曾就读于潮州金山中学。1925 年任丰顺县县长，时革命军东征，潮梅地区战事频繁，遂辞去县长职务，在汕头从事商务。1933 年 11 月，出任汕头市商会主席，组织成立汕头市证券委员会，改变各钱庄商户各自发行银票的惯例。由房地业契据交证券委员会审核、折定价位换取汕头证券票（商库证），稳定汕头市的金融秩序。其间被选为广东省参议员。汕头沦陷后辞职返乡。1943 年潮汕大饥荒，发动官绅联合赈灾救济。其书法厚重雄浑，古茂刚健。

（《沙陇史地风情录》）

郑建材（1930—2001），笔名甄鉴彩。揭阳榕城人。毕业于南方大学。1954 年参军。1976 年转业，历任广东省教育厅计财处副处长、广东电化教育馆副馆长。擅长制作盆景，喜欢收藏蜡石，致力于奇石收藏、山水盆景创作。为广东省盆景协会、岭南奇石收藏协会会员，岭南诗社、广州南方大学诗书画社社员，广东省《花鸟世界报》特约通讯员。著有《粤东蜡石探奇》。

（《揭阳美术家人名辞典》）

郑涧青（道光间），号佩书。潮州城人。以教书为生，师事郑润，善画山水，曾为郑昌时画《罗浮图》，郑涧青写诗怀念之。该诗收入《韩江闻见录》卷九，曰：“书画知名雨亭叟，覃溪学士古心同。涧青得笔亲风雅，半幅罗浮已化工。”

（《潮州历代美术家辞典》）

郑觉（1917—2005），潮阳人。长期从事教育工作，后在汕头市教育局离休，享受副厅级待遇，晚年担任汕头市老干部书画研究会理事。其书法多中锋行笔，或行楷相间，或行草普用，风格清远雄浑。

（《征访册》）

郑晋藩（1897—1982），名晖，另名塞滋，字晋藩，号南村野人，以字行。揭阳地都南陇村（今属揭阳市揭东区）人。燕京大学毕业。历任黄圃陆军军校教官、汕头教育局局长。病逝于台湾。书宗康南海，隶书师《石门铭》。1939 年以行书、魏碑体书地都南陇日晖公祠门楼壁刻六件。

（《揭阳美术家人名辞典》）

郑俊英（1918—2005），澄海东湖人。泰国侨领，曾为澄海中学捐建图书馆。善书法，是澄海书法协会顾问。

（陈卓坤提供）

郑科伟（？—1653），字睿夫，号简卿。揭阳地美都邹堂（今属揭阳市揭东区）人。庠生。少失怙，由祖父郑育渐抚养，勤奋好学。生平仗义重节气，卒于清初郝尚久之乱，乡人私谥为郭烈先生。善楷书，书法颜鲁公。今地都卧游洞左有“止观岩”三字，圆润稳重。他的三个儿子受到影响，皆能书，时称“三郑”，另有传。

（《揭阳美术家人名辞典》）

郑匡夏，字彤右。揭阳地美都邹堂（今属揭阳市揭东区地都镇）人。顺治十一年（1654）举人。有才识，喜引掖后学。无心仕途，在邹堂山面麓筑“卧游洞”，潜心学问与书法。著有《元白草》。擅书。地都卧游洞口有其题刻“卧游洞”三字，隶法而带楷意，圆润有肉，生气勃发。

（《揭阳美术家人名辞典》）

郑良牧（1900—1984），号龙溪山樵。潮阳沙陇仙家（现属汕头市潮南区）人。其字体气势雄厚，灵动飘逸。溪西村黄登旭居家后厅书刻的《朱子家训》，也为其所书，字体得颜真卿韵味，晚年书艺力求变化，雄强厚重，工整严谨。

（《沙陇史地风情录》）

郑鲁（清末民国），字筱亭，也作小亭，号一经、山寿。潮安庵埠人。行、楷、隶、篆各体均能适应求字者需要，当地民众的婚、丧、喜庆事，都找郑鲁书写。其书法受群众和当地画家喜爱。据其儿子郑芳耀介绍，林鹏会画不会书，画面上的题识都请郑鲁代写。其作品有庵埠外文弘农旧家门楼肚上左右两幅隶书，贝灰阴刻、贴金，显得古雅庄重，方正有力，似师法邓石如。又东凤鳌头文武小筑有其所书屏风十二扇。

（《潮州历代美术家辞典》）

郑茂熙（1918—1990），潮州城人。家住英聚巷。广州美术学院毕业生，长期在潮安第一中学（现潮州金山中学）任美术教员。于 1951 年 12 月 17 日与蔡瑜、林白桦在潮州市图训巷创办敦煌美术学习班。郑茂熙执教数十年，培养出大批美术人才，著名画家林墉、丘金峰、陈有桐等都是他的学生。林墉曾在《韩江》发表《悼茂熙师》，文章中提到："黄孝仁老师常常带引我们一群去郑茂熙老师家，看他新作，并听评点，慢慢地，我终于跻身于可以求教郑茂熙老师的学生之一。'一中'这段艺术生活几乎奠定了我一生的轨迹，使我从顽童成长为有艺术抱负的少年。而郑茂熙老师以他特有的朴实简练的言语与深沉精诚的面孔成了我心目中的明灯和理想。"郑茂熙的名作是油画《潮州月饼》。其大量作品是水彩潮州风景写生，富有乡土气息。在潮州市，他是独一无二的优秀风景水彩画家，可惜中年患病，长期不能外出作画，80 年代身体稍好，曾叫儿子用单车载他外出写生，然而，已是一蹶不振，难以复原。1990 年于英聚巷故里病故。其遗作因"文化大革命"所存不多，其妻子曾出其总数让访者拍照，计有数十幅。

（《潮州历代美术家辞典》）

郑旻，字世穆，号峚山。揭阳地美都邹堂（今属揭阳市揭东区）人。嘉靖三十五年（1556）进士，仕至贵州左布政。为官近三十年，所至有政声。以理学名世。著有《峚山谈言》《哀拙集》等，已佚。今人彭妙艳辑《郑旻诗文辑存》。擅书，今桑浦山有其石刻，隶书，丰筋质厚。

（《揭阳美术家人名辞典》）

郑慕康（1901—1982），名师玄，字慕康，以字行世，别署樗华馆主，潮阳人。幼年对美术、广告图案很有兴趣。1918 年进入上海美术专科学校，以素描中的肖像画为主攻方向，师从冯超然，得明代曾鲸晕染法神髓，将西洋画的明暗法、透视法和传统工笔人物糅合为一。擅长人物画，兼工诗书。所作仕女，相貌古雅秀丽，仪态端庄。亦擅长肖像画，线条清逸，皴染细腻，体态丰腴，骨肉停匀，颇能传神。1959 年被聘为上海美术专科学校国画系教师，其人物画教学颇具特色，选定诸如《五牛图》《八十七神仙卷》等古画印刷品让学生反复临摹，强调线条。1960 年上海中国画院成立，郑慕康是首批入聘画师，参加新中国画研究会，为中国美术家协会会员、上海文史馆馆员。

郑慕康的人物画，多用纤巧端丽的线条表现体态丰盈、举止安详的人物，显示内心的平和清逸。所作《清谈图》，受五代名画《韩熙载夜宴图》影响，注重描写的生动性和深刻性。画中四个坐着的人物和站着的两个侍女，神态各异，顾盼生姿，背景凌空，使人物更为突出，展示了祥和闲适的气氛，再现古代士大夫的生活情景。画面的布局、人物的刻画、线条的运用和色彩的敷染等都在经意与不经意中求得统一与变化，且能根据不同人物的衣着、举止、神态的特点，写出各不相同的身份和性格，笔墨流丽、凝练，富有民族、民间的古典画风与装饰趣味。

（《中国美术辞典》）

郑其崇，号怀齐。揭阳地美都邹堂人。郑科伟三子。幼年失父，由其兄抚养。康熙四十四年（1705）举人，官内阁中书舍人。晚年居家，常周济贫苦乡民。文宗欧阳修，诗学杜工部，能诗，工书，誉隆京华。书法师苏东坡、黄鲁直。今揭东地都乌美村"郑氏祖祠"匾即为其手书。

（《揭阳美术家人名辞典》）

郑庆云（1813—1871），字锡位，号农畔。潮阳沙陇（今属汕头市潮南区）人。幼时受家庭的启蒙教育。咸同年间，曾与其兄锡彤主持沙陇乡政，在沙陇留有多处字迹：沙陇东仙上厝毓琮祖祠的“思成堂”三字，为其同治初年所书；此外，还有溪西五皈寺观音佛舍供奉处的“自在”二字，大雄宝殿照壁的“覆载无私”以及仁祖祠内门匾的“南湖世泽”，位于东波许厝围仔自家居门匾的“积善余庆”等。其书法运笔流畅，朴拙奇逸。

（《沙陇史地风情录》）

郑溶，字崇瑶。揭阳地美都邹堂人。郑科伟次子。康熙十一年（1672）拔贡，授万州县训导，在任十五年，以善教育为人所重。晚年迁曲阳县丞，以年老引归。郑家凯说他的书法“玲珑飞劲，不可按抑，而纯雅之色，如精美金玉，毫无怒张蹈厉之志”。

（《揭阳美术家人名辞典》）

郑汝材，字熙道。潮阳沙陇东波（今属汕头市潮南区陇田镇）人，咸丰秀才，现存书迹有光绪六年（1880）题书于芝兰村寨的门匾——南门“芝兰毓秀”，北门“北极呈辉”，以及东波后库的自家门匾“岳峙川滓”“川流萦带”。书法宗颜真卿，得颜体之浑厚、秀劲，从“芝兰毓秀”四字可以窥见其颜书风貌。“岳峙川滓”是其书法代表作，银钩铁画，笔力雄健，用笔方圆相济。

（《沙陇史地风情录》）

郑锐明（1938—1984），揭阳地美都枫美村（今属揭阳市揭东区）人。农余研习碑帖，揣摩丹青。书宗清人郑板桥，颇得其意趣，而又独标朴拙浑厚。画师乡人郑教智，笔下之农家作物充满浓重乡土生活气息。善作枇杷，以形写神，情趣盎然。

（《揭阳美术家人名辞典》）

郑润（乾隆间），字雨亭，号润之。海阳人。绘画以人物和山水见长，曾绘元明名人倪云林、文征明、董文敏等肖像14幅，又曾为翁方纲画其先祖遗像29幅，包括翁承赞、翁万达等。乾隆五十二年（1787），两广总督孙士毅曾请郑润画《南征图》，番禺李士桢在《潮州杂咏》中云：“南征箫鼓壮中原，红水江边画稿存。今日潮州无郑润，空闻家子护禽门。”传说有官员之母因嘴缺，画像很难完美，有的画家用扇子遮嘴，有的画家用花朵遮缺嘴，都显得不自然。郑润画，将其母置于花荫之中，让自然界中的花叶遮住缺嘴，显得极为自然，主人十分满意。

郑润的墨迹已难见到，能见到的只是《吾心堂法帖》郑润临书法刻石拓本。乾隆四十七年（1782），郑润临摹钟繇《宣示表》，王羲之《兰亭序》《乐毅论》，王献之《洛神赋》，褚遂良《雁塔圣教序》。

乾隆二十九年（1764），翁方纲任广东学政，督学潮州。据传，其曾在折扇上写诗赠邑士，郑润见后即摹写于扇上。后翁方纲见到郑润摹写的折扇，几不能辨别，因即访郑润而成为艺友。翁回北京后，大称郑润书法。

清咸丰年间浙江诗人姚竹园见其书画真迹，击节叹赏说：“三百年来无此书，三百年来无此画。”并以“雨亭居士善临摹，颜柳钟王出一手”之诗给予高度评价。

（《潮州历代美术家辞典》）

郑省一（1898—1954），又名郑辉，字守恕。揭阳仙桥蓝兜村（今属揭阳市榕城区）人。汕头高等商业学校毕业后，往泰国任曼谷培英学校校长。因追随孙中山先生，被英国殖民地当局驱逐出境，遂到新加坡任教。抗日战争时任广东省第八区抗日自卫团统率委员会揭阳队队长，主编《民卫》周刊。1950 年初往北京华北人民革命大学政治研究院学习，毕业后在农工党北京市委员会工作。广东省文史馆馆员。富藏书，擅书法，行楷师《郑文公碑》，兼学康南海，隶书宗《曹全碑》，融会贯通，俊逸遒劲。著有《片羽集》。

（《揭阳美术家人名辞典》）

郑硕庵，世称贡爷。陆丰碣石人。20 世纪 30 年代移居潮州，曾在开元寺等处开设私塾，教授古典文学。郑硕庵能诗书画，尤擅长画兰竹，风格儒雅，作品受人欢迎，他曾将两位得意门生（一姓庄，一姓蔡）认作义子。潮州沦陷时，郑硕庵归故里。胡镇福藏其行书册页，秀丽文雅，署款为“循州郑硕庵书”，盖“硕庵”朱文印。

（《潮州历代美术家辞典》）

郑松（1906—1939），字国镇，号省吾。潮阳沙陇（今属汕头市潮南区）人。少年时于上海读书。1923 年入上海美术专科学校，师从校长刘海粟，专攻西洋画。他对人物素描、静物写生都有一定的造诣。郑松作于 1934 年的一件油画作品，层次分明，配色浓淡清晰。1936 年，郑松在汕头设神州美术画廊，并举办个人画展，展出期间各地同学题词祝贺，画艺得到好评。

（《沙陇史地风情录》）

郑松生（1864—1942），名之栋，原名告秀，字学任，号松生居士，晚称松叟。揭阳磐溪都棉洋乡（今属揭阳市榕城区）人。光绪十五年（1889）贡生。民国后历任多所学校教职，曾任汕头日新文学专修学校校长。1938 年回揭阳办学。书法楷书师颜鲁公，又致力北碑，在其师林伯虔的指导下，以行书行世。行书得刘石庵之“淡”。吴沛霖曾从其游，书法颇受其影响。在桂岭福岗村四春园，其匾“四春园”为郑松生所题，中锋用笔，笔画虽圆润但笔笔有力，微有波动之势；字不为绳墨所拘，有从容闲适的感觉。

（吴晓峰提供）

郑松涛（1918—1940），澄海上华冠山村人。父亲是留学德国的医学博士，同情革命，学成后在泰国开办南国药房。1930 年，郑松涛往泰国曼谷读书，小学毕业后回国升学，就读汕头市礐光中学。后考进上海美术专科学校，在当地共产党的领导下，边学习边投身于抗日救亡运动。

1937 年 8 月，上海沦陷，郑松涛回潮汕参加抗日救国活动。此时，他父亲来信要他赴欧美留学，郑松涛复信谢绝。他积极参加澄海青抗会筹备工作，慷慨解囊，支持青抗会开展活动。他负责组织冠山青年和妇女抗日活动、少工队活动。1938 年 7 月，松涛参加第一五七师战地服务团，八月间当选为澄海青抗会第一次会员代表大会执委，并加入中国共产党。1939 年 5 月，他担任抗日儿童流动剧团团长，协同政治指导员吴南生带领队伍，巡回于潮汕各县。尔后，剧团整编为艺术宣传队，郑松涛任队长。这期间，创作一批以揭露敌寇侵华、宣传军民英勇抗战的英雄事迹为主题的漫画、木刻、宣传画，配合剧团的抗日宣传活动。

1939 年底，松涛参加战工队。1940 年 4 月 27 日凌晨，日寇 300 多人进犯苏南，突袭战工队驻地北李村李氏宗祠等住所，不幸被捕牺牲。

（《澄海人物志》）

郑腾芳，潮阳棉城人。光绪贡生。擅隶书，受《张迁碑》影响颇深，其书法以方笔为主，笔画严谨丰腴而不失于板刻，朴厚灵动。

（《征访册》）

郑心经（1843—1902），字醉六，号樗散人。海阳人。住府城南门灶巷及甲第巷。得优廪生后无心功名，专心治艺，勤学不辍，有《鹧鸪吟馆诗抄》稿本二卷，以咏橄榄诗百首，一时传诵。擅篆刻，得力于文彭，有自镌《印谱》一册，“其章大小方圆；其字行楷隶篆，配置匀称；得刀法秀劲，无一缺笔，殆得力于衡山父子为多”。

郑心经传世书画作品较多，曾见一幅红梅水仙并配石头。又见一幅红梅水仙横批（44 厘米 ×64 厘米），画摘枝红梅、水仙并配石头。又曾见松菊图博古直轴（44 厘米 ×124 厘米），高瓶种松，矮钵种菊，前菊后松。题字为“辛丑岁朝樗散人写于悬磬室”，盖“心经之印”，题款之上添写上“若呆仁兄大人正”。此画笔墨老辣，应属郑心经代表作。

又有一幅四人合作的扇面花卉，蒋廷章写春兰，卓秉礼写月月红，周渭写白花，郑心经画菊并题字，文曰：“闲来描写群芳谱补作天孙织锦图，己丑春暮，笠乡二兄仁大人雅属，郑心经。”该作品内容丰富，可谓小篇幅大天地，容纳许多物象和意境。而合作四人之中，郑心经的作品有不少扇面画，其中有一幅金笺扇面设色花卉，金碧辉煌，题字是：“女郎折得殷勤看，道是春风及第花。樗散人经写于逍遥馆，时辛丑仲春”。右下角盖有小印，印文为“壁臣”二字，量必是壁臣旧物。第二幅是丙申初夏画给瑶史仁翁的，写于逍遥仙馆，第三幅是团扇，题为“乙未九秋，仿元人笔法，为辑庵友兄正可”。

郑心经斋名有时写“逍遥馆”，有时写“逍遥仙馆”，上述金笺扇面中为“逍遥馆”，但写“逍遥仙馆”的居多，有一幅设色花卉横批未署名，只盖一枚“逍遥仙馆”方印，白文，印之上方题一首诗，文曰：“碧天如水雁横斜，点缀秋容菊有花。搴得芙蓉开亦未，并来笔底斗繁华。”文字题写至此，无余纸署名，故只盖一印，该件可以确认为郑心经墨迹。所见到的郑心经作品，绝大部分是设色花卉，且题上自己创作的诗句。据传郑心经能出口成诗，雅俗共赏，妇孺传诵，有《鹧鸪吟馆诗抄》二卷传世。

（黄梅岑提供，《潮州艺文志》《潮州历代美术家辞典》）

郑修宇（1933—2004），汕头达濠人。20 世纪 50 年代初从南方大学入伍，当过县报记者、县委宣传部组长、县委党史办主任，1984 年调进汕头大学办公室工作，退休后到潮汕历史文化研究中心办公室负责书画征集、管理等工作。出版有《郑修宇书法选集》。其书法各体俱能，以楷书最见功力，平正中和，刚健有力，端庄圆润而又秀气。

（《郑修宇书法选集》）

郑雪桥（1875—1933），潮阳沙陇溪西村人。光绪三十二年（1906）毕业于广东法政学堂，1922 年任惠来县县长，1926 年任普宁县县长，后任南京中央党部监察委员会秘书处秘书。潮阳谷饶五常里一门闾石刻出自其手书，有颜真卿之风，格调高古，苍郁沉雄。

（郑瑞庭提供）

郑雪耘（1890—1969），名翼，以字行，又字雪痕，笔名栗丹。潮州府城人。长期在沪经商，后定居上海。擅书画文章，精通谜语，工诗词，其家藏书甚丰，毕生刻苦钻研，勤于著述，素有“岭东才子”之称。师事“晚清四大词家”之况周颐。温丹铭认为“鼎革以来，潮之能词者凡四人，即陈运彰、郑雪耘、吴君懋、詹安泰”。他生性勤俭，乐于助人，好宾客，遇乡亲投靠，皆能急人所难。1928 年潮籍左翼作家共产党员杜国庠、洪灵菲、戴平万等在上海活动时就常食宿于其家，他还经常资助地下党的活动经费。与上海文化界人士高吹万、易大厂、郑逸梅以及复旦大学教授苏乾英等交往甚密。是上海 20 世纪 20 年代南社社员，他的诗词、论文曾刊登于《南社丛谈》《南社幻略》《南社诗集》《求知》等杂志报纸。又是上海文虎社社员，常与吴莲洲、薛梦梅等社友搜奇索隐，诗文精益求精。他的谜作富有诗意，深入浅出，耐人寻味。不时与友人诗词酬唱，撰写序跋。其诗文创作，成绩斐然。擅书法，于 1935 年自题诗书写扇面赠书家、诗人李绛秋，至今完好如新，笔墨神采奕奕，字字珠玑，是郑氏代表作。

（《潮州艺文志》《潮州历代美术家辞典》）

郑逊，号鲁城。揭阳地美都邹堂（今属揭阳市揭东区）人。郑科伟长子。清康熙十七年（1678）贡生，授保昌县（今广东南雄）训导。有声于时，与弟郑溶、郑其崇有“三郑”之称。能书，郑家凯谓其作品“清润劲逸”。

（《揭阳美术家人名辞典》）

郑一标（1921—2002），原名郑翊标，曾用名郑茂钦、高长隆、雷震山等。澄海樟林人。广东潮剧院导演。为中国戏剧家协会会员，广东省戏剧家协会理事、汕头市政协委员、汕头地区归国华侨联合会副主席。生于泰国曼谷，5 岁回国读书，1935 年回曼谷读书。抗日战争爆发后，于 1939 年秋回国就读于云南曲靖中学、保山国立第一华侨中学。1941 年考入昆明中法大学文史系，一个月后转国立西南联合大学文学院外国语文系。1942 年转读中国文学系，课余积极参加抗战戏剧活动和“一二·一”学生运动。1946 年大学毕业后赴泰国曼谷中华中学任教。参加侨社进步戏剧活动，曾任泰国华侨艺术家协会戏剧部部长，参与领导暹罗（今泰国）华侨青年歌、舞、剧联合委员会（后改名侨青歌舞剧社），创办影剧综合刊物《影剧春秋》。1950 年回国，参加潮汕文工团，任潮汕文工团工委会副主任兼编导。后任粤东行署文教处文化科影剧组负责人及粤东戏曲改革委员会常委。1955 年后，任广东潮剧团（1958 年改为广东潮剧院）艺术室副主任、导演组长。“文化大革命”期间下放干校，后到汕头地区潮剧团工作。1978 年广东潮剧院恢复建制，任潮剧院导演。离休后任潮剧院艺术顾问委员会副主任委员，是中华人民共和国成立后较早参加潮剧队伍的新文艺工作者。为潮剧导演制度的建立做出了积极的贡献。在数十年的导演艺术生涯中，导演剧目 30 多个，还曾参加拍摄《火烧临江楼》《苏六娘》《荔镜记》《闹开封》等潮剧艺术影片，发行海内外。此外，对诗词和书法也有较深的研究，尤擅行、草书。

（《戏外翰墨》）

郑一统（1509—1542），字朝庆，号碧河。揭阳蓝兜村（今属揭阳市榕城区）人。与潮汕状元林大钦同为林大仑弟子，学于仙桥蓝兜“斗室”。嘉靖十四年（1535）进士，翰林院编修。擅诗能文，亦工书，师颜鲁公，有“仰斗书屋”“御史家庙”匾。可惜英年早逝，“用未竟其所施，器未充其所受”。

（《揭阳美术家人名辞典》）

郑奕辉（1915—1985），揭阳人。毕业于上海美术专科学校，先后在福建集美学校及金山中学、韩山师范专科学校、汕头市第十中学等校任教四十余年，系广东省美术家协会会员。其画学八大山人、石涛，旁及吴昌硕、齐白石，又从学刘海粟、潘天寿、王个簃等，酌古论今，融汇中西，参以写生技法，自成面貌。

郑奕辉强调画作要有个性、笔性和品性，要从独特的生活感受出发，寻求自己的绘画语言，创作富有个性的作品。张华云认为其画作“气韵生动，潇洒淋漓”，感情真挚，意境新颖。如《朝霞》图，画早晨的荷花，用大提笔，泼墨挥洒，层层积染，调节水分与墨气，将书法气韵融于画中，雄劲苍古，气势迫人，以篆籀运笔写干，勾勒画叶，灵动流畅，宛若蛟龙起舞。全图均以水墨写就，干湿并用，墨华焕发，别具意足神全的韵致，真实地再现了这种“出淤泥而不染”的植物特性，状物言情，神韵毕现。

（《汕头文化艺术志》）

郑永辉（1884—?），揭阳地都邹堂（今属揭阳市揭东区）人。曾主持本乡鼎新学校，斥资建校舍。林清扬说他“于书法，素乏研摹，然为之往往可喜，其风格在晋唐间”，可知他的书法一任天然。子翰芝，能书，另有传。

（《揭阳美术家人名辞典》）

郑玉珩（1683—1765），字侯玑，号乃白。潮阳沙陇东波（今属汕头市潮南区陇田镇）人。幼时潜心经学，康熙五十六年（1717）中举人，乾隆二年（1737）登明通榜进士，十年（1745）授顺德教谕，后任新会教谕。平生高风亮节，深受民众敬重，现存浩溪浩波寨门的“浩气万年”四字。其书法，初看平淡、柔滑，细观则丰腴朴实，浑厚圆润。

（《沙陇史地风情录》）

郑玉壶，饶平碧洲人。道光戊申（1848）贡生，课徒为生，能书善诗，有石刻“听涛”二字在饶平大澳乡。有十八首《竹枝词》流传至今，辑入《饶平古今诗选》。

（《潮州历代美术家辞典》）

郑育巽，字丹水。揭阳地美都邹堂（今属揭阳市揭东区）人。明代贵州左布政使郑旻次子。能书，今存揭东地都“南庄公宗祠”匾，浑健端庄，出入颜鲁公。

（《揭阳美术家人名辞典》）

郑元灏，初名培勋，后更名，号洧川。普宁洪阳人。善武，以功军援例为漳州巡检试司，后任龙溪典史、浦城九牧分司。卒于漳州官邸。郑国藩评郑元灏“素工书，善尺牍，骈四俪六，推重一时。书法平原（颜真卿），时出入韩（滉）、苏（东坡），乞书者户外履满”。

（《揭阳美术家人名辞典》）

郑正秋（1889—1935），原名芳泽，号伯常，别署药风。潮阳成田（今属汕头市潮南区）人。1910年开始发表剧评，受聘为《民言报》剧评主笔，并主办《民立画报》和《民权画报》。1913年编导中国第一部无声故事短片《难夫难妻》。后自组民鸣、大中华等新剧社，创办新民图书馆，发行《药风月刊》。1922年与张石川、郑介诚、任矜苹、周剑云等共同创办明星影片公司，同时设立明星影戏学校，自任校长。郑正秋共编导影片四十余部，是第一代导演中的佼佼者，对同时代的电影家和后来者都产生了极大的影响。

其书法多见于各类刊物题词，如为潮州在沪同乡会特刊救国号题签，行笔放中有收，笔画潇洒，似有米芾气息。

（《潮汕百科全书》、《潮阳文史》第4辑）

郑之侨，潮阳梅花（今属汕头市潮阳区金浦街道）人。雍正十三年（1735）中举人，乾隆二年（1737）登进士，历任铅山县知县、代理柳州知府、宝庆府知府，政绩显著，今有其《六经图》二十四卷、《四礼翼》二卷、《鹅湖讲学会编》十二卷、《农桑易知录》三卷、《劝学编》六卷传世。少时在曾山石室读书，今仍有其“曾山古寺”“文光射斗”等题书石刻，书风平实，厚朴庄重。

（光绪《潮阳县志》）

郑钟瑾（1918—1978），潮阳沙陇仙家（今属汕头市潮南区）人。其父为清末秀才。郑钟瑾幼承家学，能诗文，尤擅书法。曾任教于沙陇中心学校，后任教沙陇中学（砺青中学）。郑钟瑾书法初学颜真卿，后遍习碑帖，融会贯通，其笔法雄健俊逸，宽博豪迈，在潮阳留有多处书迹。

（《沙陇史地风情录》）

郑子弼（1895—1966），字毅，号培经。潮州市人，家住西马路柳园。民国期间经商，平生善书法，晚年在潮城白华泰代顾客写书信，“文化大革命”前逝世。1938年曾为胡镇福写行书册页，笔墨闲逸秀丽，题款为“郑子弼涂”。盖“子弼”白文印。

（《潮州历代美术家辞典》）

郑子南（1918—1994），晚年自署僧一。揭阳地都乌美村（今属揭阳市揭东区）人。幼年随父到新加坡，后回国读书。中年在美国纽约大学东亚研究系任教授。对佛学有所研究，著有《观音——半个亚洲的信仰》。能书，初宗“二王”，再学魏碑。1930年，在新加坡书“舞事”二大字参加中华商会筹赈豫、陕、甘三省旱灾义展，为福建商人以五十叻金购去，播为美谈。揭阳举人郭玉龙时到新加坡，以《赠神童郑子南》五绝赞之，有“何期沧海上，得见小甘罗”句。今其老家郑氏祖祠有郑子南十二岁时所书“世德”二字。晚年其楷书益为清逸绝俗。

（《揭阳美术家人名辞典》）

智凝，字静山。旗人，道光年间为惠潮嘉观察使，居潮州。书画俱佳。画宗王麓台。画梅萧疏有致。前凤凰台有他所书“江山一览”四个大字，雄厚有奇气。

（《潮州历代美术家辞典》）

钟步卿（1910—?），原名青云，后改步卿，亦作步清。1929年前往杭州西湖艺术院暑期补习班学习，而后考入上海美术专科学校，入西洋画系学习。师从刘海粟、王远勃和倪贻德，至1933年毕业。1930年8月6日，钟步卿和上海一八艺社的江丰、陈卓坤、陈铁耕，并带同乡邓启凡等参加中国左翼作家联盟举办的上海暑期文艺讲习会，第一次聆听鲁迅关于美术方面的写实主义问题的讲演。又参加8月17日至22日鲁迅亲自作翻译和讲解的暑期木刻讲习会。在讲习会结束时，钟步卿和十三位自始至终参加听讲的木刻青年一起和鲁迅合影留念。

钟步卿参与发起成立MK木刻研究会、春地美术研究所和野风画会等。1933年在上海美术专科学校毕业后，钟步卿开始在汕头南洋中学任教美术课，1935年与海滨师范美术教师谢海若、张望发起组织新野美术协会。这时他经常和鲁迅联系，曾给鲁迅写过五次信，寄过《汕头风光》和《渔夫》二枚木刻作品请鲁迅指导。

钟步卿的版画作品深受鲁迅推崇的德国版画家梅斐尔德版画风格的影响，思想激进，刀法简练，黑白分明，气魄雄大。

（《兴宁文史》第26期）

钟孟鸿，字遇宾。蕉岭人。咸丰六年（1856）中进士，官至监察御史。擅长书法，与宋湘并称粤东两大书法家。曾任潮州韩山书院主讲。著有《柳风馆存稿》。

（《潮州历代美术家辞典》）

钟敏（1913—1989），晚年自署石叟。揭阳渔湖人，后移居榕城。长期任教职，历任渔湖、普宁等校教师、校长。孙裴谷弟子。擅长国画，精于花卉，画风接近海派，设色鲜艳，小品尤佳。作品入选《揭阳县海内外国画家选集》等。

（《揭阳美术家人名辞典》）

周艾黎（1925—2005），原名修展。潮阳胪岗镇溪尾村人。曾任泰国华文报《曼谷商报》《全民报》副刊主编。1949 年夏回国，在闽粤赣边区纵队工作，后为潮汕文联《工农兵》文艺月刊主编、广东人民出版社第五编辑室主任、汕头戏曲学校教师、广东潮剧院艺术室副主任，参与创办《潮人》杂志，并曾任副社长兼主编。

长期从事潮剧研究工作，搜集汇编潮剧表演艺术资料，曾与林劭贤合作整理传统剧目《火烧临江楼》，1957 年出版单行本，1958 年摄制成潮剧影片。又整理改编《描容上路》《包公赔情》《义民册》等折子戏，作为戏校剧目教材并灌制唱片，主编潮剧小报《声色艺》和刊物《潮剧艺术通讯》，撰写《海外潮剧纵横谈》《〈刘希必金钗记〉属于元代戏文》等专论。是中国华侨文学艺术家协会、广东省戏剧协会会员、汕头老干部书画研究会会员、汕头市政协岭海诗社社员。其书法线条坚挺，精练含蓄，秀逸疏婉，给人清朗爽劲的感觉。

（《醉墨十年》《征访册》）

周伯初（1867—1935），名士，字伯初，号毅甫，晚年皈依佛教，自署艺园居士，又称艺玄，以字行。揭阳榕城人。幼随曾述经学。清末贡生。民国初任榕城毓秀学校校长十余年，又两任揭阳县县长。著有《艺园诗文抄》。书法取经王右军、刘石庵，兼有南帖北碑之长，老而益秀劲丰润，在揭阳称名家。晚年参与揭阳黄岐山、涵元塔、双峰寺、城隍庙等名胜的修葺工作，碑记书写多出其手。子周颐，亦能书。

（《揭阳美术家人名辞典》）

周光镐（1536—1616），字国雍，号耿西。潮阳峡山人。嘉靖四十三年（1564）举人，隆庆五年（1571）进士，历任宁波府推官，南京户部主事，吏部员外郎、郎中，顺庆知府。四川巡抚徐元泰征建越，特擢为兵备副使，监征南军事，叙功升参政。宁夏乱起，升陕西按察使，镇驻皋兰。乱平，廷议须资望大臣镇抚，拜佥都御史、巡抚宁夏。万历二十四年（1596）升大理寺卿，因见朝政日非，便三疏乞休，暂获予告，息肩明农，葺祠修谱，崇礼立约，课徒著书，拓桥建塔，济灾立仓，大有功于乡人。卒后入祀乡贤祠和节义孝悌祠。与薛侃、翁万达、郭之奇合称为“明代潮州四家”。其诗文与同邑浙江副使林大春相伯仲。潮阳棉城水门桥周厝庵石刻“甘泉松院”、峡山恩波桥石刻“恩波桥”、祥符塔门匾等均为周光镐手书，法度严谨，笔力雄健，有馆阁体墨色饱满的特点，结体方正宽绰，刚劲的笔画显得雄强开张，其用心简古，笔短意长，有旷达之趣。

（《明农山堂集》）

周金海（1911—1989），又名力达、立达，笔名有心默、云山、丁山、耶夫、卡达等。潮州枫溪人。自幼随母到新加坡谋生，1926 年入端蒙学校读书时，受张汝器的影响而喜欢上绘画，毕业后，到“汝器画室”当学徒，主修油画。1931 年经张汝器的介绍，回中国后先在“白鹅画会”学习，后进上海美术专科学校，次年参加左翼美联，1932 年参加 MK 木刻研究会，成为中国第一批现代版画家。1937 年回到汕头，参加先早回汕的谢海若、钟步卿、张望等组织的木刻活动。1938 年赴新加坡，在侨校任教，发表杂文，针砭时弊，同时参加抗日后援会，组织、导演抗日群众的戏剧工作。马来亚沦陷后，周金海加入马来亚人民抗日军，担任宣传工作，1948 年回国。

周金海的作品，以现实主义为创作指导思想，吸收各派技法的长处。早在上海时，他就深入劳动群众聚居区、码头等社会基层中写生，作品主要反映普通群众的生活，表现他们的呼声和抗争精神，常发表在左联机关刊物上。1957 年，日本富士美术馆、美术馆企画协议会、每日新闻社等在东京联合举办中国木刻版画展，后发行大型画展木刻集，其中收入周金海的作品《脱出》《矿夫》。日本出版的《中国现代木刻选》也收入他的《挣扎》《偶像》《矿工》《奔逃》等五件作品。

（《汕头文史》第 8 辑）

周履泰（1890—1925），字泽芳，号巽庵。揭阳榕城人。周子元次子。清光绪三十五年（1909）秀才。又就读于天津公法学校，三年后毕业，考入外交部，逾年为该部主事。擅书。林清扬说他“性敏慧，涉学多通，醇和清颖，气宇萧然。尤工楷体，秀润天成，在吴兴、衡山间。偶作小诗，清亮拔俗”。

（《揭阳美术家人名辞典》）

周南（清末民国），字雅庭。揭阳榕城人。岁贡生，候补州判。历任潮州金山学堂、揭阳榕江中学校长，1922 年任饶平县知事。卒时六十五岁。擅文章，工书法。同邑举人郭玉龙有诗说周南“静若澄波噤若蝉，文才书法两精研”。隶书师《乙瑛碑》。

（《揭阳美术家人名辞典》）

周培生（同治光绪间），住潮州城青亭巷。约生于 1860 年前后。为教师。擅小楷，源出王献之《洛神赋》，用笔俊逸娟润，形神俱佳，受时人器重，誉为“吾潮小楷名家”。

（《潮州历代美术家辞典》）

周勤豪（1895—?），字钟杰。潮阳人。曾任上海艺术大学校长，夫人刘慕慈，为刘海粟的姐姐。周勤豪早年留学日本东京美术学校习西画，1918 年《上海美术专门学校附设国画函授学校教职员一览表本校现任教职员》录周勤豪为西洋画科教授，1921—1922 年任西洋画系主任兼二年甲级主任及日文教员。有文《为什么要研究艺术》刊于《美术》杂志第 2 卷第 2 号。1921 年 7 月 5 日，上海美术专门学校成立十周年纪念绘画展览会开幕，周勤豪有作品参展。1922 年 11 月 17 日，与陈晓江创办东方绘画研究会，1923 年 1

月，陈晓江、周勤豪在上海法租界创办东方艺术研究会，公开征求会员，声明“注重人体写生，备有中西模特儿多人”。1925 年改名东风艺术专门学校，专授油画。同年，合吴梦非所办上海艺术师范大学（原上海艺术专科师范学校）成立上海艺术大学。周勤豪任校长，国画系教师有潘天寿、汪仲山、诸闻韵、诸乐三等；西洋画教师有丰子恺、倪贻德、陈抱、丁衍镛、李超士、关良等；姜丹书任手工教师；美学教师有陈望道、吕澄；文学教师有田汉、张冥飞、萧退公、王海帆等。以培养师资为目标。1926 年秋，吴梦非往白马湖春晖中学任教，周勤豪迁上海艺术大学至天通庵江湾路。

1927 年 1 月至 3 月，周勤豪与郁达夫过从甚密，郁达夫很仰慕周夫人，称其为豪爽之人。郁达夫曾住于上海艺术大学，后搬到创造社出版部二楼亭子间。常至周家座谈、吃饭乃至于留宿。不久，周勤豪因学校亏欠退居幕后，改由校务委员会负责。曾请郁达夫收拾残局，学生公推郁达夫为校长，郁达夫以事不可为且没有经济后援而拒绝。下半年，田汉应邀出任文科主任；后来全校学生选举田汉为校长。当时大学已迁到法租界善终路（今常熟路）87 号，但最终因管理不善，负债累累，无以为继，于 1928 年宣布停办。1935—1937 年，周勤豪任潮阳六都中学校长。汕头沦陷时期，曾任日伪《老百姓周刊》社长，每周出版，四开纸张，主笔为陈简；周、陈等另办有杂志《潮声》月刊。后不知所终。

（《艺海潮声·百年潮人中国画集萃》《郁达夫日记》《征访册》）

周琬，康熙十九年（1680）为游击，奉令率水兵、陆军会剿邱辉。为安定民心，周琬在命令官兵水陆并进会剿邱辉的同时，又上奏朝廷，请将达濠近海一带原划为“界外”的乡里收为“界内”，废止迁拆。擅长草书，在潮阳东岩有其康熙二十一年（1682）所题的“峰回路转”四字，飘逸潇洒，有怀素之风，虽率意颠逸，千变万化，终不失法度。

（《潮阳县文物志》）

周维屏（清末），潮州城南门下人，祖居穗。秀才。周维屏擅画花卉，《艺林今说》称其“能书善画，尤长花鸟，进恽南田之室”。曾见其扇面菊花一幅，中心部分画三朵盛开的白菊花，右侧又有两朵含苞欲放的花蕾，笔墨清雅，用笔工细，确有恽南田风格。

（《潮州历代美术家辞典》）

周渭（清末），字钧臣，号樵云馆主，又号侣豁外史。海阳（今潮州市潮安区）人。善画花卉，博古，番禺画家潘飞声在《广画中八贤歌》中有：“海阳周渭花底眠，沽酒不吝价十千”之句。周渭四十岁后曾在镇署义塾为欣臣画菊花四幅，每幅高 32 厘米，宽 50 厘米。第一幅画两枝菊花，画面右上方题识为“欣臣七兄大人雅属，弟周渭制于镇署义塾”，着正方形印，印文“钧臣长寿”，左下角着朱文圆形印，刻“周”字。第二幅画菊石，题字在右边中部空白处，文为“侣豁外史渭”，盖白文“周渭”印。第三幅文为“癸卯嘉平钧臣写意”，盖“渭”字朱文印。左下角盖“书画禅”白文印。第四幅画两枝花，题“樵云馆主”四字，盖一“钩臣四十后所作”朱文印，右下角盖长方朱文印，印文为“侣豁外史”。

（《潮州历代美术家辞典》）

周仰云（1892—1993），字磊庵，号云谷山人、芳园主人，晚年自署云叟。揭阳榕城人。榕江学堂毕业。受叔父周南熏陶，幼而好学。壮年继承祖业，在榕城创办之周美盛书局，印书、售书，广与邑中文人杨莲生、黄逸云等交。1990年百岁大寿，子有明集其平日书作成《磊庵翰墨选集》。郭笃士题其集："（周仰云）久居市尘，未闻以书法名，近百龄出此相示，则颜筋柳骨，珠玉蕴辉矣。"

（《揭阳美术家人名辞典》）

周颐（1901—1966），又作周熙，字百龄，号一飞，自署菁园主人。揭阳榕城人。毕业于岭南大学，曾任《汕头报》社长、罗定县县长等职，著有《菁园丛抄》。其书法笔法宽博利落，一任自然，纯熟之极，神溢韵满，而增以飞动之势与峭拔之力，风姿流动，深得唐人灵髓。

（孙杜平提供）

周再良（1917—2007），潮州人。潮州彩瓷老艺人，13岁到陶瓷作坊做童工，从事潮彩五十多年，在工作中，逐渐掌握陶瓷设计技术。20世纪50年代成为潮州彩瓷厂第一批进厂的员工，首创电光油染化法和金地万花类产品。在职期间，创作设计大批工艺陈设瓷和日用瓷作品，获得同行好评，为企业创造了良好的经济效益。较有影响的作品有《五果金地万花》《百鸟朝牡丹》《白头牡丹》《金地百蝶》等，以及一批花瓶、挂盘等工艺陈设瓷的彩绘。擅长画花鸟图案等。花鸟作品中的花卉高贵大方、姿态袅娜，鸟雀形态各异、栩栩如生。20世纪60年代被评为"汕头地区艺人"。1997年退休后代表潮州出席广东省工艺美术艺人创作设计人员代表大会。

（《潮州历代美术家辞典》）

周振寰（1921—2006），生于马来亚槟城。少年时到广州求学，入广州岭南艺苑，师从岭南派大师赵少昂，并得师兄赵世光的关注指导，后定居汕头。系广东美术家协会会员、汕头画院画师、新加坡神州画院高级顾问，出版有《周振寰画集》。

周振寰数十年如一日，潜研岭南画派艺术真谛，汲取岭南画派技法中"撞水""撞彩"和"渲染"等技法，从平面的渲染发展为气氛的烘托，创造了光、影的特殊效果。他创作题材广泛，擅长画花鸟翎毛、草虫鱼介、山水走兽，笔下丹青有火红的荔枝、高耸的红棉，以及高傲的鹰王，尤为卓绝。他以明艳而丰富的色彩、典型的岭南风格，令其大小作品中的景物栩栩如生，引人入胜，给人以亮丽的感觉和美妙的享受。

周振寰作画用笔谨严超逸，依不同的物象特点使用不同的笔法，用色能吸收西洋色彩学原理，更于"师造化"中摄取璀璨的大自然景象，使赋色斑斓丰富，统一和谐。

（《周振寰画集》）

周徵翔（1908—1948），名勤禧，号力夫，别号一拂子。潮阳峡山（今潮南区峡山街道）人。自幼酷爱书画，1929年毕业于韩山师范学校，师从王显诏学画。同年冬考入上海美术专科学校中国画系，受教于潘天寿、诸闻韵、马公愚等名师。1934年春毕业（第十三届）后，回乡任教，担任潮阳潮光中学教务主任。1936年任江苏省教育厅科员。

抗战爆发后弃笔从戎，由陈果夫、丁惟汾、张厉生三人介绍加入国民党。1937 年冬考入中央政治学校，后毕业于军委会战干团第一期、中央训练团第二十期。其间绘制大量抗日宣传画，担任过战干第一团教材课长。1939 年任军委会委员长侍从室第三处中校组员，后调任三青团中央团部主任组员。1944 年任军委会干训团第一团军荐一阶训育干事，青年军 207 师政治部上校主任。抗战胜利后，1946 年任国防部建国戡乱总队上海站情报处少将组长。1948 年 12 月乘“江亚轮”赴台途中不幸遇难。

（周晓孟提供）

周之柏（1870—1943），字石如。澄海人。虽为举人，却绝意仕途，辞不赴任而终身从事教育。曾受潮州政府之聘，于金山书院讲学。

周之柏书法初学颜真卿，又广涉北碑，兼学苏东坡、黄庭坚，从现存作品来看，他受《崔敬邕墓志》影响较多。澄海博物馆收藏的王逊《风尘三侠图》上有温丹铭撰写的图赞，周之柏用《崔敬邕墓志》笔法题写，用笔秀雅遒劲，结体端正疏朗，姿态俊美。澄海博物馆碑廊的大字楷书“风灾纪念碑”石刻，遒劲隽逸，气魄雄伟。石刻背面碑记也用《崔敬邕墓志》笔法书写，结字平正规矩，严整庄和，笔力沉实，墨色饱满，秀润挺拔，气象雍容。

（《汕头文物》第 17、18 期）

周子（1915—1997），原名周植贤，自署月眉老人。潮阳峡山人。幼年师事范家驹，历数十年手不释管，以篆隶为擅。系汕头市书法家协会理事、广东省书法家协会会员。出版有《周子书法集》。

周子隶书用笔以方代圆，点画在法度之下不拘一格。晚年用笔一改秀逸飘扬，趋于高古朴茂，使其书法更臻于成熟，形成枯中见润、点画自然、别具老拙、厚重古朴的笔情墨韵。

（《周子书法集》）

周子元（1859—1922），名易，字子元，号芷沅，自署蓀松园主、二思楼主，以字行。揭阳榕城人。光绪十一年（1885）拔贡，初为广西巡抚幕府，追署博白、归顺知事，后任郁林州知府，辛亥革命前引退回乡。揭阳光复后，邑人推举他为首任民国揭阳县民政长（县长）。晚年执教于汕头礐石中学数十年。富藏书，筑有二思楼，庋藏近万卷，能诗文，著有《蓀松园诗抄》《蓀松园文集》等。书宗“二王”，以行楷为佳。

（《汕头市文化艺术志》《征访册》）

朱祥辉（1913—1976），潮州城人，家住北门方巾巷。朱祥辉年少时，仅念过几年书，十五岁开始当店员。由于自幼喜爱书法，笔性极佳，且勤于练习，刻苦钻研，正楷及隶书皆有成绩。尤以隶书为佳，他极崇拜潮州著名书画家佃介眉。晚年隶书追求佃氏笔意，颇有成果，博得书法爱好者追随，不少青年拜其为师，学习书法。他多次创作隶书作品参加广东省及潮州市书法展览。其隶书笔法苍老庄重、工整古朴。晚年生活困难，在东门街开写字小店，以卖字、写竹笠、代写书信为生。

（《潮州历代美术家辞典》）

朱翼，惠来龙溪都凤江村人。雍正元年（1723）岁荐，九年（1731）补司训。曾参与编修《惠来县志》。《惠来县志》谓其“有文名，工书，能诗”。

（《揭阳美术家人名辞典》）

朱愚谷（民国），潮州庵埠人。王显诏早年所用印章都出自朱氏刀下。丘金峰曾集朱氏作品编成《朱愚谷印存》，计朱白文共22方，皆有边款、内容，除少数系王显诏姓名、斋名外，多为闲章。如“放浪山水间”“好山色”“心向往之”“家因好事贫”等。篆艺学习《蔬笋馆印存》（符翕印存），如白文印“下士晚问道聊以拙自修”，便是仿自《蔬笋馆印存》中的作品。朱氏还采用竹头、竹根为篆刻材料，别有味道。

（《潮州历代美术家辞典》）

朱祯达（1910—1959），字尊三。潮州城人，家住经富巷。自幼好学，喜欢诗词和书法艺术，几十年临写书法不辍，常有对联或字幅馈赠亲友。传世之作有隶书、篆书、行书等各种书体，百榕斋收藏其隶书小立轴，系临汉孔季将碑之作，笔画爽朗流畅，落款为“尊三”，盖二方印，一为“尊三隶古”，另一为“祯达翰墨”。胡镇福收藏其两幅册页，一为篆书，临《石鼓文》，一为隶书，临《西岳华山庙碑》。

（《潮州历代美术家辞典》）

庄霭岳（1939—2012），又名玮。漆园书画室主人，祖籍潮安。1961年毕业于汕头艺术专科学校并留校当美术老师，1962年调汕头地区正字剧团任舞台设计。1964年调汕头专署文化局负责美术、摄影创作工作至1979年。1961年至1979年参加舞台美术设计的剧目近20个。改革开放后从事涉外经贸工作。退休后受聘为中国工艺美术家协会名誉主席、国际潮汕书画总会永久会员、中国亚太经济发展研究中心高级研究员、中国国学研究会名誉会长、中国书画艺术委员会艺术委员及多家书画院名誉院长或艺术顾问。书画作品多次入选中国、亚太地区、世界华人艺术展，屡获奖项。其中国画作品《秋之韵》获世界文化交流功勋者奖，《红荷》获第七届华人艺术大展银奖，《行书唐诗立轴》获中国书画名家大展特别金奖。作品先后在北京革命博物馆、历史博物馆、军事博物馆、中央党校、天津艺术博物馆和重庆、长沙等十五市及中国香港、澳门地区和越南、日本等地展出。传略及其作品入编由人民美术出版社、人民画报出版社及红旗出版社等机构出版的多部画册典籍。出版有《庄霭岳国画集》、《庄霭岳书法集》（人民日报出版社出版）、《海内外中国书画艺术当代名家集——庄霭岳专集》。2012年《鉴宝》杂志和《收藏快报》分别在《名家聚焦》和《书画家》栏目中对他的书画作品给予了极高的评价和充分的肯定。

（庄茹提供）

庄尔威（1905—1956），字漫生，笔名漆园。揭阳榕城人。毕业于上海群治大学。

曾任揭阳县教育局局长、广东省参议员。能书，以行书为佳，宗“二王”。20世纪30年代末与孙裴谷、孙星阁等在榕城举办书画联展，义卖筹募寒衣，支援东北前线抗日运动。能诗，与洪度之为诗友。

（《揭阳美术家人名辞典》）

庄华岳（1919—2008），笔名草山。潮州城人。1935年入读杭州艺术专科学校，师从吴大羽学习西洋画，与赵无极同窗，感情甚笃。20世纪30年代有意赴日本学习，吴大羽原拟推荐他公费留欧，适逢抗日学校搬迁，吴大羽离校，留学之事成泡影。1941年杭州艺术专科学校毕业后，到云南大理一所中学教书。1947年返潮州，任教于潮安第一中学，至退休仍住学校宿舍。由于历史原因，庄华岳的绘画创作曾长期处于停顿状态，直到1985年，在赵无极、吴冠中等师友的激励下，临近古稀的庄华岳才重拾画笔，续写绘画人生。其水彩重在“洗”，既有清奇，又见雄浑。

庄华岳作品曾于1996年参加台北大未来画廊“吴大羽师生展”及“中国现代新派绘画的摇篮：杭州艺专师生展”。1997年台湾大未来画廊为庄华岳在台湾举办个人第一次展览，展品出版为《火柴匣主人庄华岳作品集》。2007年这些作品再次展出后，才移至广东美术馆。

（庄钟提供）

庄礼文（1913—1995），号万马富翁。普宁果陇村人。幼承家学，喜国画，并师事林创泉、范家驹等潮籍书画家。抗日战争期间在潮汕各地从事教育工作。抗日战争胜利后旅居泰国，执教于曼谷华校和培英学校。1973年创办文艺苑，广收学生，教授中国书画。学生遍及泰国、英国、美国、日本等地。擅长国画，尤精画马。亦擅书法、诗词。曾任泰国《新中原报》艺林版主编，泰国潮州会馆书画组主任，披腊氏艺术馆国画班教授。

（《揭阳美术家人名辞典》）

庄起凤（1808—1889），字明辉，又称祥初，号铁峰老人。普宁果陇村人。昔年参加府试，不第，遂弃文习武。道光十五年（1835）武进士。仕至澄海参将。因不满官场腐败而于中年解甲归田，潜心书画诗文。画作深入宋元名家堂奥。尤以画马名。以其平日与马厮守，熟悉其性，所作骏马栩栩如生，喜作《八骏图》《百马图》。笔墨柔和，笔法潇洒，远景、山水、树木亦各有神韵。画作多题自作诗，有题《练武图》诗：“视尔英雄专气高，徒师习艺莫嬉傲。弓刀与石皆磨炼，艺精技巧独占鳌。”书作多为草书，错落有致。

（《揭阳美术家人名辞典》）

庄铨（1913—1990），又名绍铨。潮州城人，住家伙巷。幼从父庄淑舆学画，1951年继承父业，主持南华别墅画坊。绘画技艺在继承家法基础上有所创新，创作丰富，佛像及人物画功力深厚，画风细致，笔法工整，人物传神逼真，色彩艳丽，作品博得海内外人士赞赏。精篆刻。“文化大革命”期间，家藏艺术品被当作“四旧”，洗劫一空，南华别墅画坊关闭。至1979年才重整旗鼓，重新制作各种画稿，使南华别墅得以开业。这一时期，他的作品远销印度尼西亚、越南、泰国、马来西亚、新加坡等国家，大受欢迎，声誉极好。

（《潮州历代美术家辞典》）

庄寿彭，潮州城人，家住南门池仔内。毕业于两广师范学堂。曾任潮安县商会第五届至第八届（1925—1935年）助办。擅长行书。对秦汉碑帖研究较深，书法具魏碑特点，潇洒飘逸，柔里藏刚，艺术风格独特。楷书得李瑞清、曾熙遗韵，行书熔碑帖于一炉，行楷都有较高造诣。当时潮州商家招牌十有八九是他的手笔。台湾潮籍书法名家陈其铨曾回忆说："至于当地书家所题市招，则以杨雪立、庄寿彭、郭照庭等前辈的手笔为多。"潮城下东平路"漆园世家"匾字是他的笔迹。《史腾画剩》中也有他的长篇行楷题字，技法得力于魏碑，但变魏碑之方劲为飘逸、潇洒。胡镇福藏其魏体楷书扇面，书体近清道人风格。下款为"弟寿彭"，印文为"庄寿彭印"。他的儿子庄华岳曾回忆说："我父亲还是当地知名的书法家，习书临帖也理所当然成为我幼时每日的功课。后来有人向我索求书法，他忙不过来我就为他代笔，几乎可以以假乱真了。尽管我父亲是个商人，但他支持我走上艺术的道路。"

（《潮州历代美术家辞典》）

庄淑舆（1880—1951），一作叔舆，又名扬风、正章，晚号半醉道人。潮州民间画坊画师。青年时师从"闽派"著名画家詹沄，是詹沄诸多学生中的佼佼者。庄淑舆能画人物、山水、花卉、鸟兽、虫鱼等，其中最擅长人物画。曾于光绪三十二年（1906），在潮州城南（今太平路538号）创办南华别墅画坊。潮州诸多民间画坊中，数该画坊历史最长。庄淑舆死后，其子庄铨继续经营该画坊，至20世纪80年代，潮州只存该画坊及陈典画坊绘制佛像画出口。

南华别墅画坊开始以明信片为主，后画人物、山水、花卉。作品受群众喜爱，订件应接不暇，其佛像画在东南亚颇有盛名。南华别墅画坊也因之闻名东南亚。南洋各地客户来潮州向该画坊订购佛画者，络绎不绝。

（《潮州历代美术家辞典》）

庄天球，字玉巢。潮州人。长期从事教育工作。书法学魏碑，曾书赠胡镇福行楷册页，录孤本《张黑女碑》拓本卷后一段题跋。笔法方圆并用，大小配搭有致。题款为"玉巢庄天球"，盖"玉巢书画"印章。

（《潮州历代美术家辞典》）

庄晓初，名炎煌，字晓初，以字行。揭阳榕城人。同治九年（1870）贡生。学使胡瑞兰按试潮州，以优行举报，特嘉奖之。中年后设帐授徒，出其门者多有所成，如曾述经、曾习经、林伯虔、郭玉龙等。书宗颜鲁公，稳健浑厚。年六十卒。

（《揭阳美术家人名辞典》）

庄一村（1913—1990），原名培兰。揭阳榕城人。韩山师范学校毕业，曾任美术教师。1948 年居香港，历任香港香江书院、东南书院教授。创办一村画院，传艺授徒，学生遍布欧美、日本和东南亚。能书擅画，书法宗董香光、文衡山及清初“四僧”，擅行书，秀劲古朴，神新清腴。画师岭南派，能于笔墨中展现自然生动真实之美，富书卷气。获香港“启明时代庆祝及圆蒲部艺术荣誉奖”和“国际玛哈礼师奖”。亦能诗。著有《庄一村兰竹集》《庄一村诗书画集》等。

（《揭阳美术家人名辞典》）

庄义帮（1913—1977），又名义邦。普宁燎原镇乌石村人。1934 年至 1936 年就读于汕头市美术学校，1937 年始前往泰国从事教育，1948 年返乡，被普宁师范学校聘为美术教师，至 1976 年退休。他的国画、油画、水彩画多次参加汕头地区展览，作品被多家艺术机构和学校收藏。

（《征访册》）

庄咏洲（1921—1996），揭阳人。在汕头任教师多年。20 世纪 50 年代初，曾在汕头公演的曹禺名剧《雷雨》中饰繁漪，晚年任汕头市退管会歌咏队队长，又参加翠园诗社、翠园书画社和汕头市老干部书画会。

（《征访册》《醉墨》）

庄有恭（1713—1767），字容可，号滋圃。番禺人。早先曾留居澄海鮀江都庄厝（今汕头市金平区鮀江街道）数年，在“含辉精舍”设馆课徒，并研习经史。乾隆四年（1739）于蓬洲上京赴考，廷试第一。授修撰，入值上书房，任侍经筵官，迁翰林院侍读学士，升户部侍郎，提督江苏学政，为太子太保，协办大学士兼刑部尚书，江苏巡抚，署两江总督，福建巡抚等。

庄有恭书法以行书造诣为高，用笔精到，用墨也非常讲究，枯湿浓淡，尽得其妙；平淡自然，又含蓄灵秀，温厚中有灵气，超凡脱俗。据传庄有恭中状元后曾多次回蓬洲，并出资修缮“含辉精舍”，并题“含辉精舍”楷书横额及对联“含蓬来紫气，辉锦绣文章”，结构森然，雄健圆润。

（《岭南状元传及诗文选注》，黄锦华提供）

庄幼芳（1927—2015），揭阳人。长期从教，系北京中国书画社社员、广东中华诗词学会会员、汕头市政协岭海诗社社员。作品常参加省、市展，为国内外友人收藏。

（《征访册》）

卓木海（1931—2016），潮阳峡山人。卓木海自幼喜欢艺术，擅长油画与国画，后长期从商，富甲一方。斥资兴建海留阁博物馆，专门收藏名家书画及明清瓷器，阁中收藏有不少当代名人名作，如李可染、李苦禅、刘海粟、沈耀初、谢之光、林凤眠、朱屺瞻、陆俨少、王震、何海霞、黎雄才、曹克汝、王雪涛、赖少其、唐云、陈大羽等。海留阁建成后，无偿对外开放，为爱好者提供交流、研讨的平台。

（《征访册》）

卓宴春（1839—1890），字子羲。惠来都梅北（今揭阳市惠来县惠城镇梅北村）人。咸丰八年（1858）秀才。光绪四年（1878）援例入贡。设红焦吟馆授徒。擅诗，宗杜少陵，与同邑诗友吴子鱼、陈雁皋远游，诗益豪壮。著有《红焦吟馆诗抄》。书宗颜鲁公，以行楷见长。

（《揭阳美术家人名辞典》）

卓哲生（1906—1976），字圣锐，号卓颠。揭阳榕城人。早年随孙裴谷学画，先后任教于汕头聿怀中学、揭阳新华中学、揭阳竞智学校、潮州龙溪中学，为音乐和美术教员。擅长国画，兼能水彩，其中国画用笔有海派意蕴，格调淳厚质朴、轻盈明快。

（《征访册》）

附　录　书画作品选登

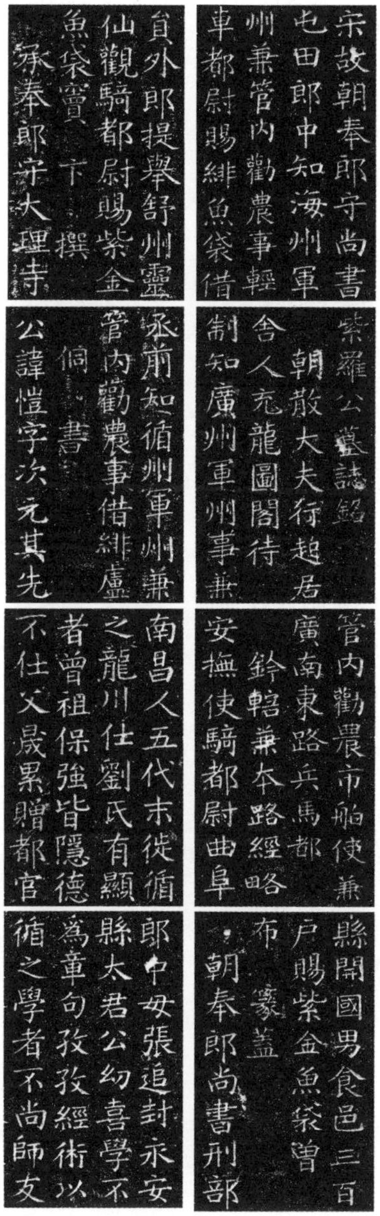

卢侗书法拓片

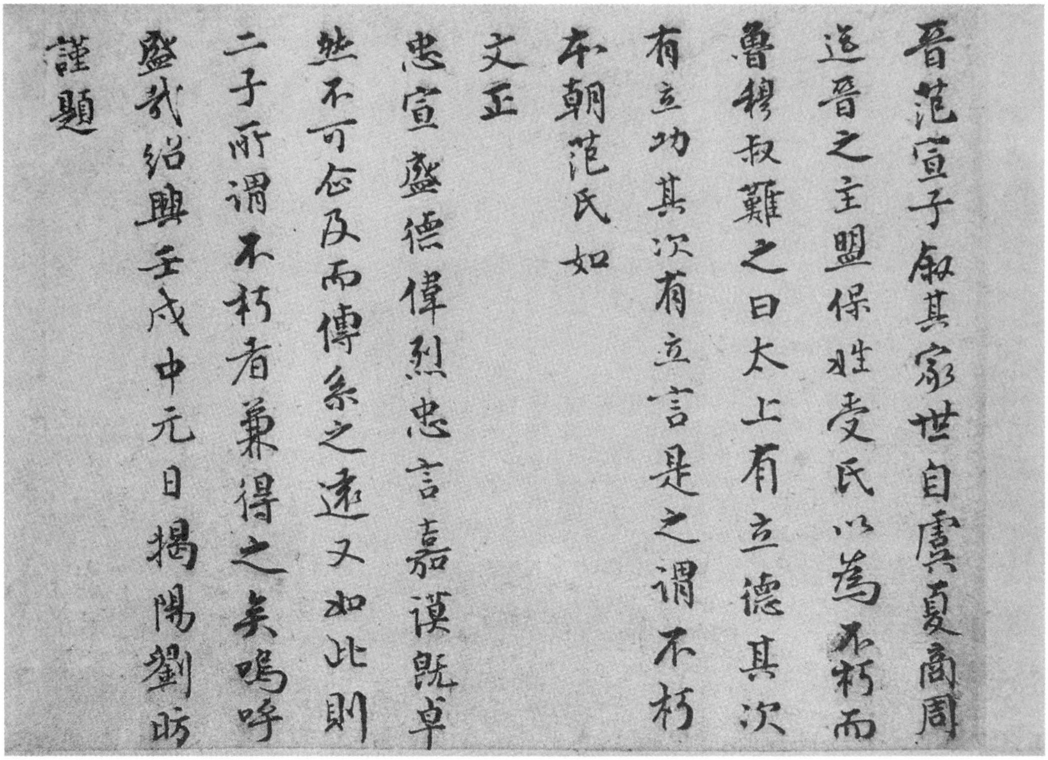

刘昉书法小品

林大钦书法扇面

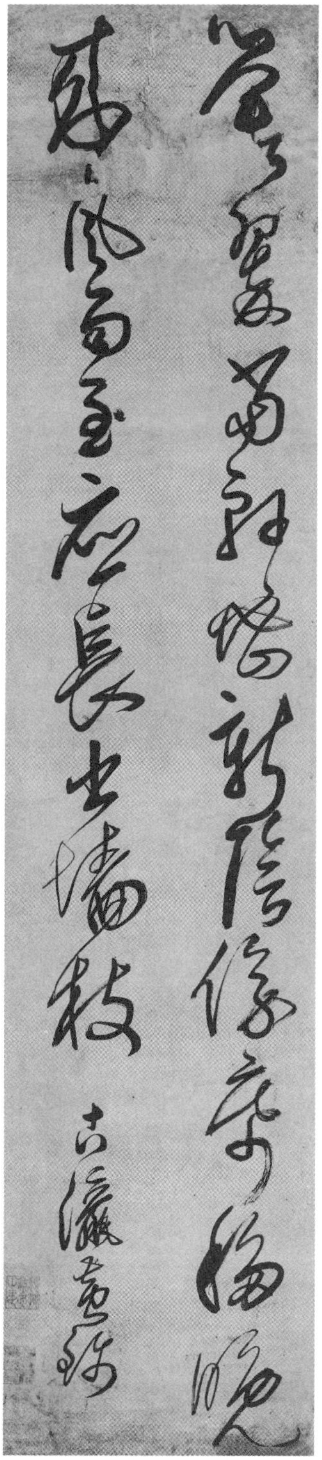

黄锦书法条幅

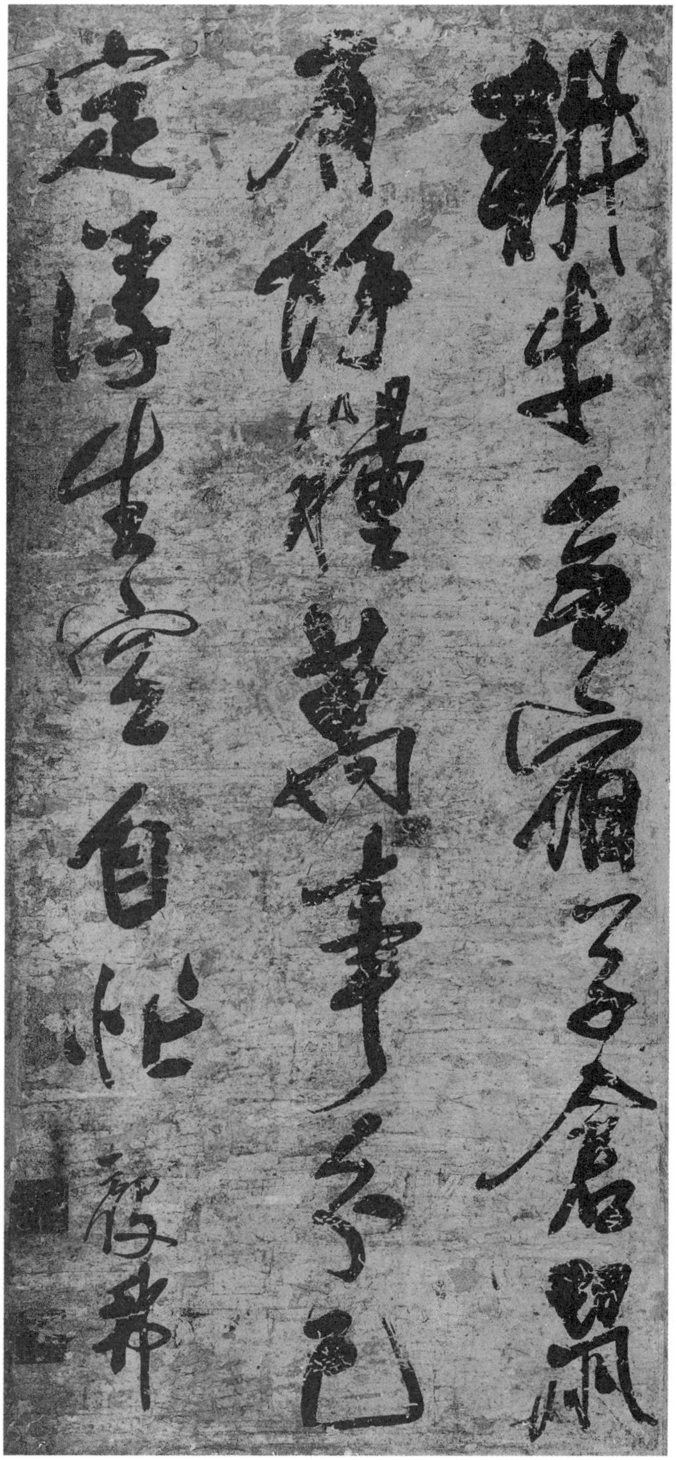

吴殿邦书法条幅

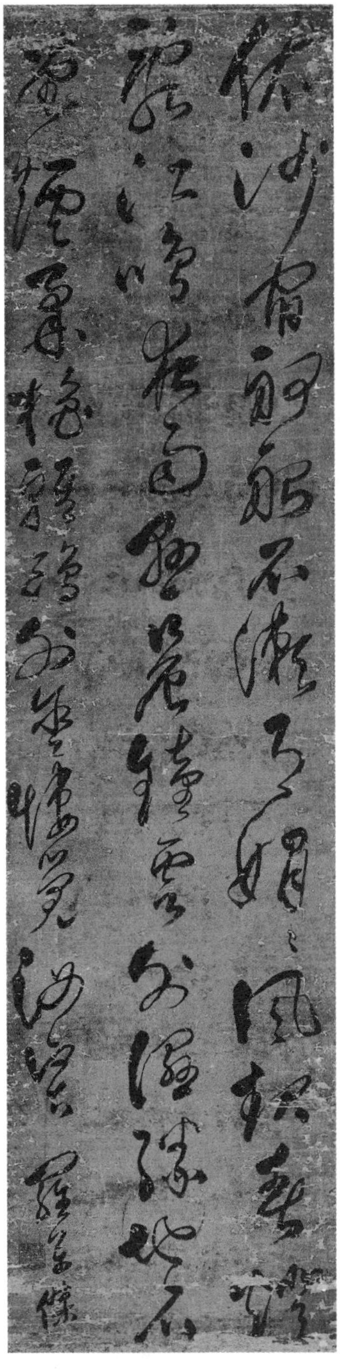

罗万杰书法条幅

黄璧国画山水

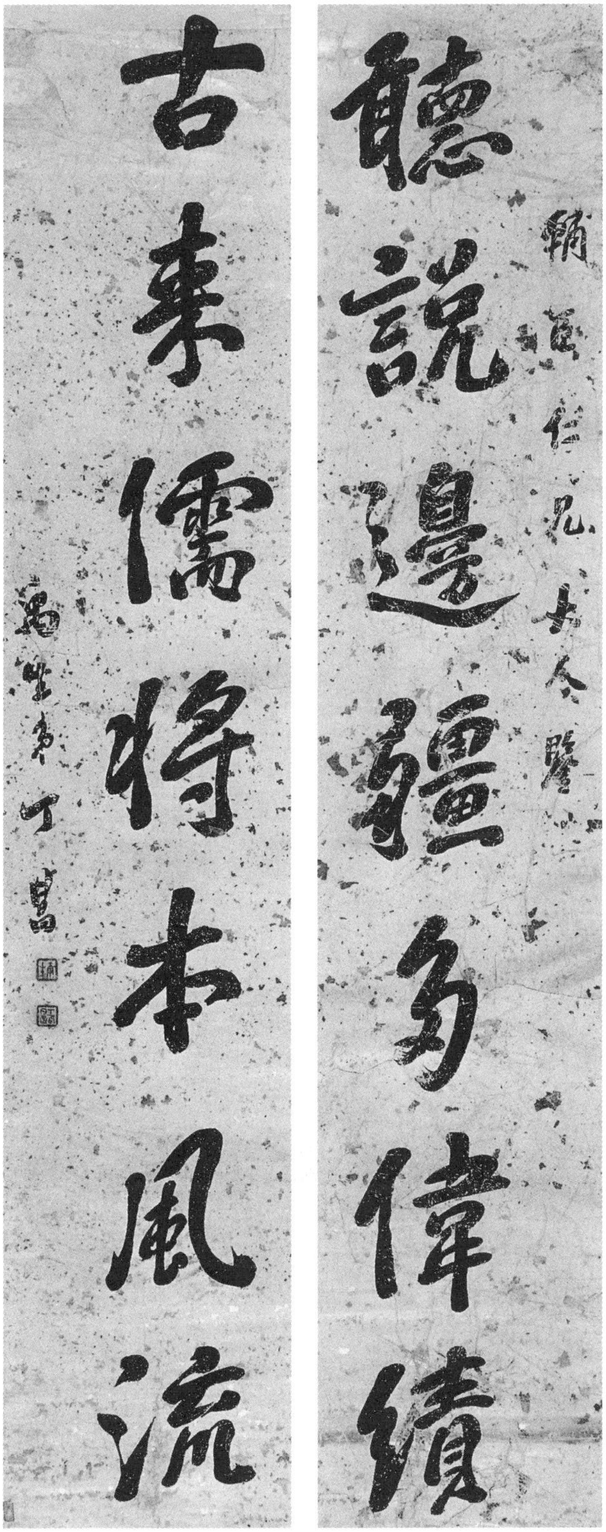

丁日昌书法对联

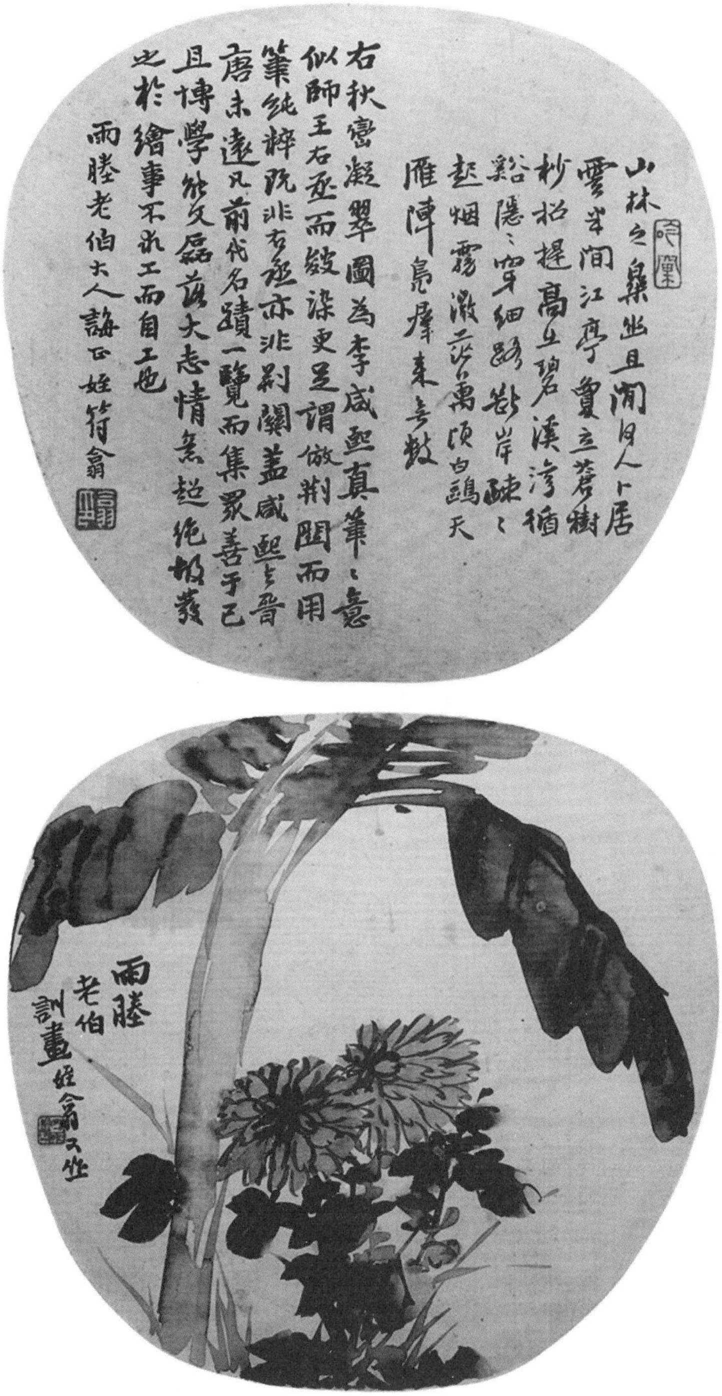

符翕书画扇面

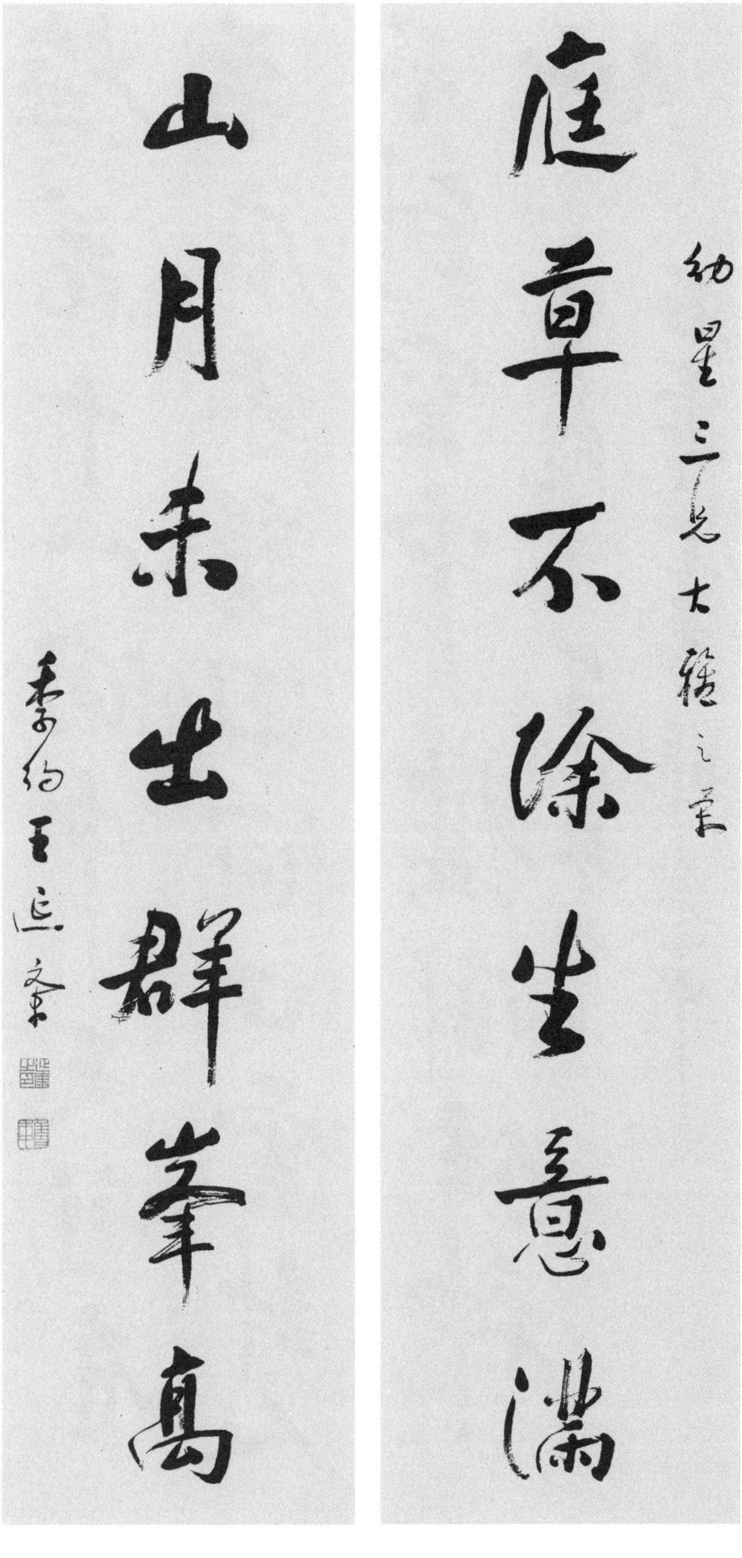

王延康书法对联

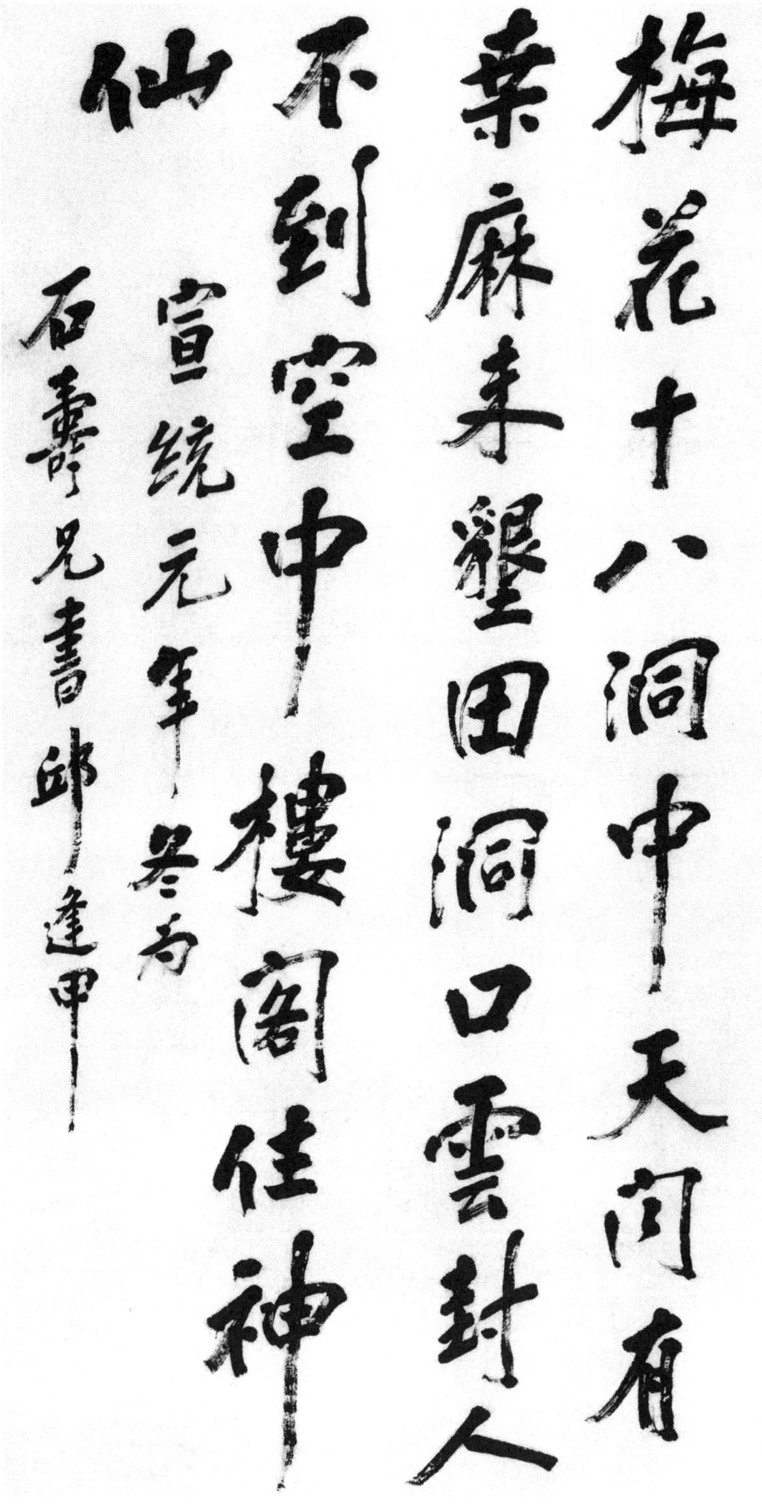

丘逢甲书法条幅

曾习经书法四条屏

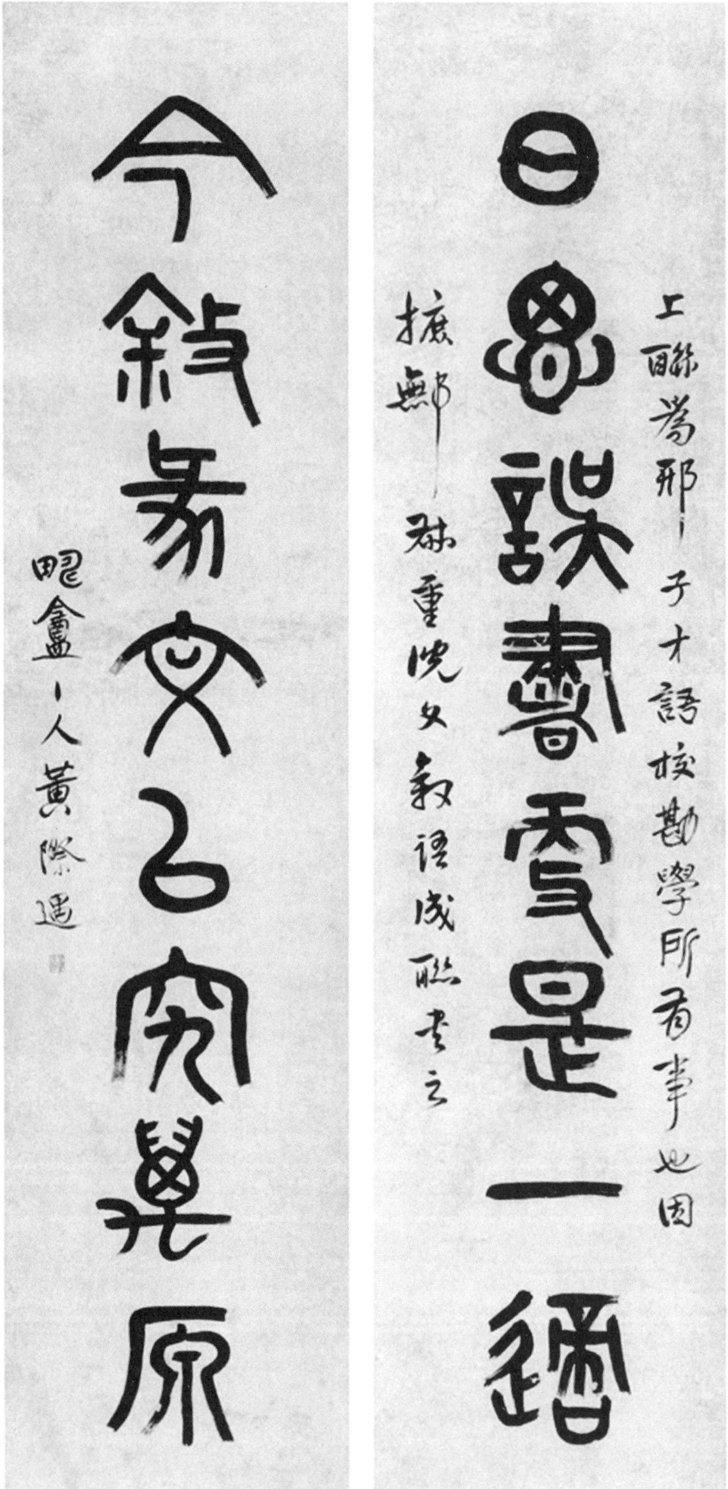

黄际遇书法对联

杨栻书法四条屏

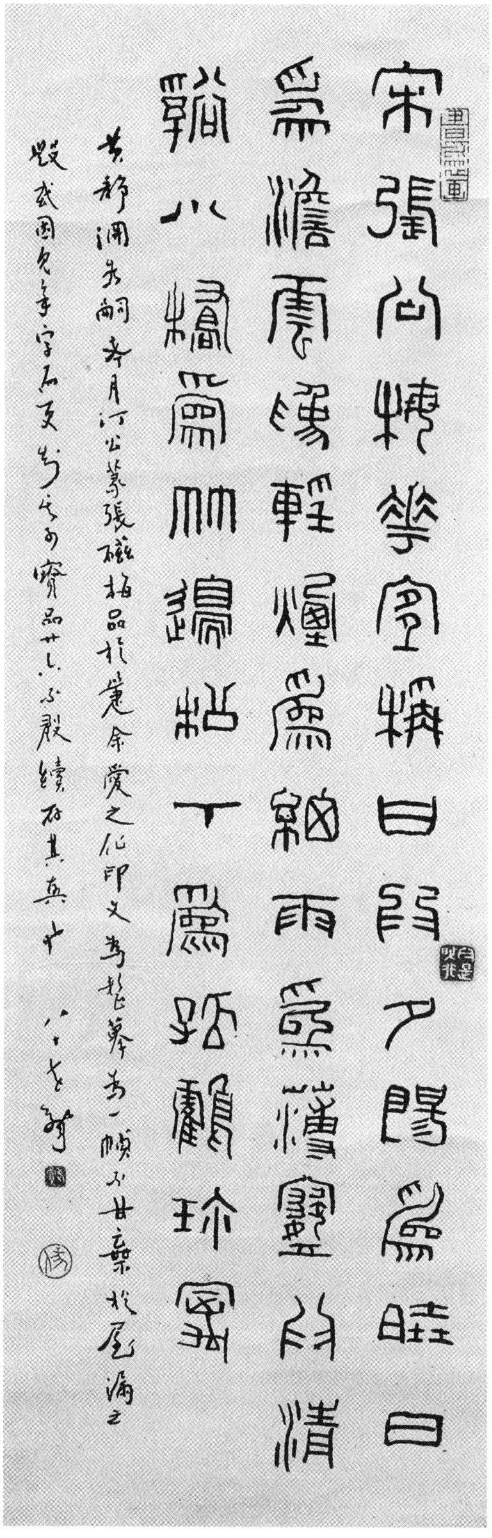

佃介眉书法条幅

孙裴谷国画条幅

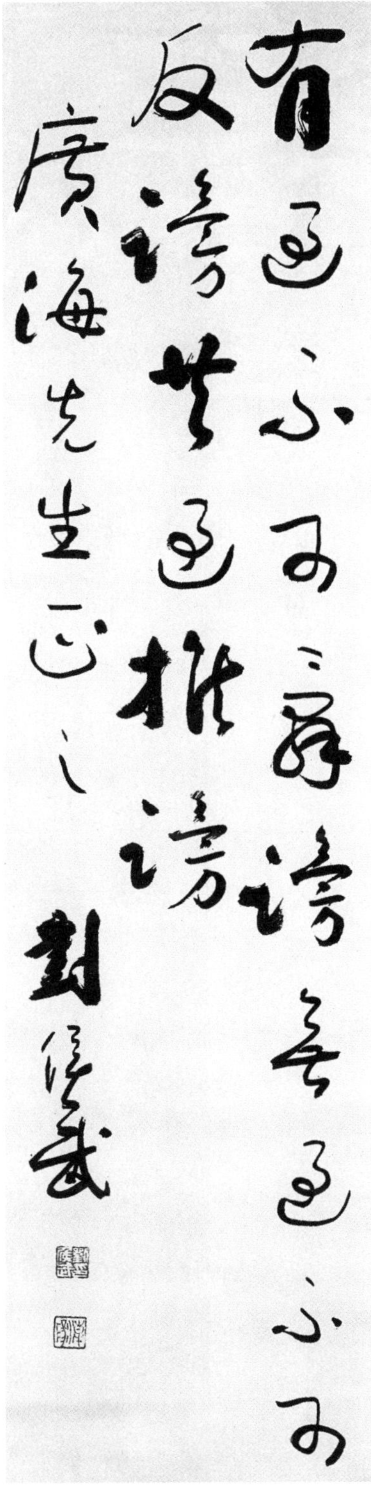

刘侯武书法条幅

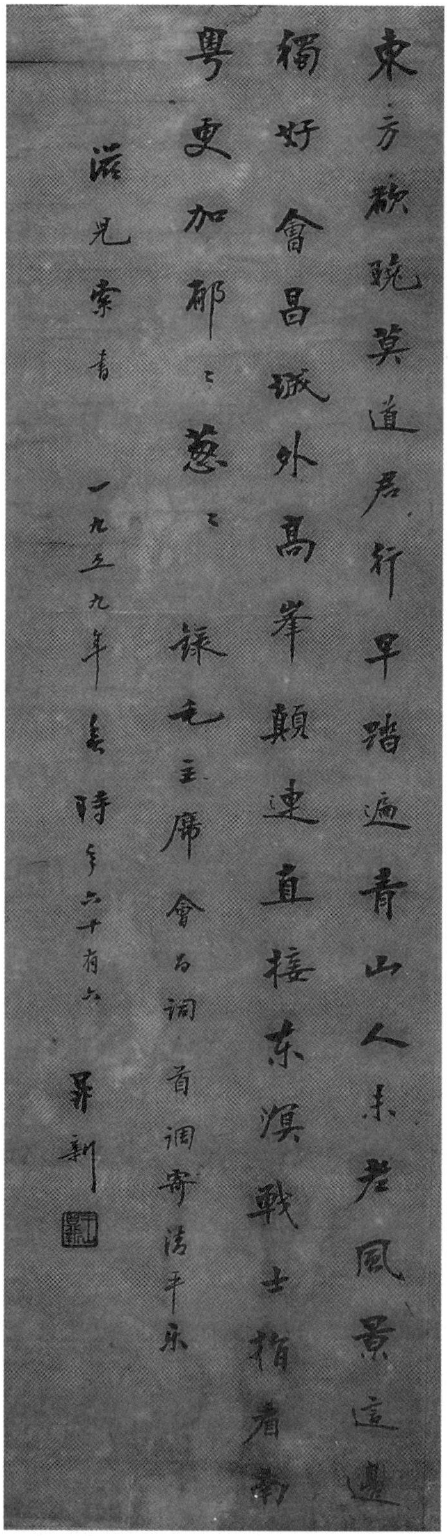

王鼎新书法条幅

李澄之油画《清塘》

郑慕康国画《陈巨来像》

张汝器油画《印度老人》

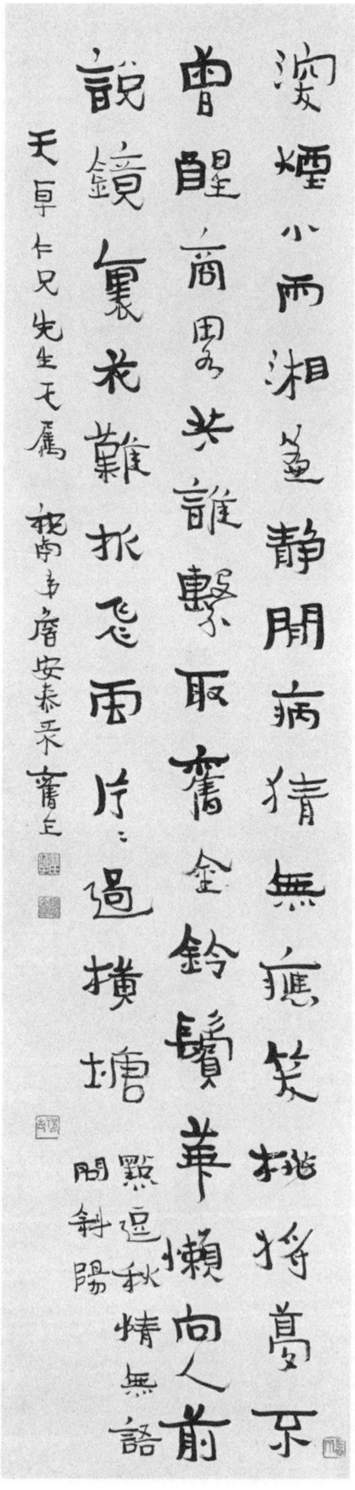

詹安泰书法条幅

陈文希国画《戏剧人物》

刘昌潮国画《竹》

李开麟国画《芭蕉枇杷》

谢海燕国画《芭蕉群兔》

陈普之版画《人力车夫》

王兰若国画《兰》

罗铭国画《观瀑图》

陈宗瑞国画《南洋风光》

陈大羽国画《雄鸡图》

黄独峰国画山水

赖少其国画《山村别墅》

张望版画《五月的太阳升起来了》

饶宗颐书画条幅

杨之光国画《舞蹈人物》

林丰俗国画《溪上人家》

参考文献

A. 著作

吴泽庵:《泽庵诗集》，汕头，1934 年。
陈哲明:《中国纪游》，霹雳，1958 年。
林大春:《井丹诗文集》，香港：香港潮州会馆董事会，1980 年。
廖静文:《徐悲鸿一生》，北京：中国青年出版社，1982 年。
吴芳谷:《吴芳谷水彩画选》，广州：岭南美术出版社，1984 年。
蔡非:《蔡非书画选集》，汕头：汕头画院，1985 年。
郁达夫:《郁达夫日记集》，杭州：浙江文艺出版社，1986 年。
叶楚伧:《叶楚伧诗文集》，上海：上海三联书店，1988 年。
张华云:《筑秋场集》，广州：广东旅游出版社，1988 年。
王琳乾、王晓环、秦梓高:《汕头大事记》，汕头：汕头市地方志编纂委员会办公室，1988 年。
杨影:《杨影画作明信片》，福州：福建美术出版社，1989 年。
黄万德:《汕头建置沿革》，汕头：汕头市地方志编纂委员会办公室，1990 年。
吴芳谷:《海之诗——吴芳谷水彩画集》，台北：国风出版社，1991 年。
周昭京:《潮汕名人采访录》，上海：知识出版社，1991 年。
姚祥智:《习书集藏——姚祥智书法》，福州：福建美术出版社，1992 年。
高煜:《归吟室诗词书画篆刻选》，汕头：汕头市政协岭海诗社，1993 年。
杜应机:《杜应机版画集》，广州：岭南美术出版社，1993 年。
姚祥智:《千思录——姚祥智书录姚华萼先生纪念诗文》，汕头：汕头大学出版社，1993 年。
李开麟:《李开麟国画集》，汕头：汕头大学出版社，1994 年。
陈望:《陈望版画五十年》，广州：岭南美术出版社，1994 年。
蔡起贤:《缶庵论潮文集》，广州：广东人民出版社，1995 年。
陈厚实:《陈厚实诗文集》，广州：花城出版社，1995 年。
春明一衲:《微尘集》，汕头，1995 年。

萧士熙：《萧士熙画集》，北京：中国和平出版社，1995 年。
郑辅宣：《郑辅宣画集》，广州：岭南美术出版社，1996 年。
林廷美：《林廷美书法选》，汕头：汕头大学出版社，1996 年。
方若琪：《当代画家作品集——方若琪》，北京：朝华出版社，1996 年。
方志星：《当代画家作品集——方志星》，北京：朝华出版社，1996 年。
林友：《行不远集》，汕头：汕头市政协岭海诗社，1996 年。
王遗仙：《闲吟集》，汕头：汕头市新闻出版办公室，1996 年。
李彧：《李彧书法篆刻选》，汕头：汕头市达濠区文联，1996 年。
释定持：《行脚吟（一、二集）》，汕头：汕头市政协岭海诗社，1996 年。
宋省予：《宋省予册页选集》，福州：福建美术出版社，1997 年。
黄翼：《见山楼吟草》，汕头：汕头市政协岭海诗社，1997 年。
翁一迂：《迂室文选》，汕头，1997 年。
罗舜祯：《罗舜祯画集》，汕头，1998 年。
许伟余：《庶筑秋轩文稿》，汕头，1998 年。
吴芳谷：《吴芳谷水彩画集》，北京：人民美术出版社，1998 年。
蔡伟民：《蔡伟民书法集》，香港：书艺出版社，1998 年。
蔡金才：《江山漫说潮阳好》，北京：中国文联出版社，1999 年。
苏轼：《苏轼全集》，上海：上海古籍出版社，2000 年。
王树滋：《王树滋书法选》，广州：花城出版社，2000 年。
李扬示：《晚霞学耕集》，汕头：杏园诗社，2000 年。
黄赞发：《潮汕先民与先贤》，汕头：汕头大学出版社，2000 年。
孙淑彦：《岭东人文考论》，北京：中国文联出版社，2000 年。
郑瑞庭：《沙陇史地风情录》，汕头：潮阳市沙陇镇文化站，2000 年。
胡志亮：《木石魂——赖少其传》，北京：中国青年出版社，2000 年。
蔡光远：《蔡光远国画集》，汕头，2000 年。
洪世杰：《洪世杰油画集》，北京：人民美术出版社，2001 年。
邱卓恭：《邱卓恭诗书集》，香港：万里机构出版有限公司，2001 年。
黄挺、陈占山：《潮汕史（上）》，广州：广东人民出版社，2001 年。
吴榕青：《潮州的书院》，香港：艺苑出版社，2001 年。
张大刚：《赤寮见闻录》，汕头：汕头大学出版社，2001 年。
李志浦：《还珠楼联稿》，香港：天马出版有限公司，2001 年。
李扬示：《晚霞习艺集》，汕头：汕头大学出版社，2002 年。
叶肇：《叶肇书法集》北京：北京十方净土文化发展中心，2002 年。
张仿林：《潮史漫记》，汕头：汕头大学出版社，2002 年。
吴来和：《临风集》，香港：天马出版有限公司，2002 年。
裴景福：《河海昆仑录》，兰州：甘肃人民出版社，2002 年。
林修典：《林修典书法作品集》，韶关：韶关书画家协会，2003 年。
谢海若：《谢海若书画集》，汕头：汕头大学出版社，2003 年。

李明烈：《李明烈书画集》，汕头：2003 年。
杨慕南：《杨慕南书画集》，汕头：2003 年。
陈暑木：《陈暑木诗文选编》，澳门：澳门文化广场有限公司，2004 年。
蔡起贤：《毛主席诗词学习札记》，汕头：潮汕历史文化研究中心、汕头市政协岭海诗社，2004 年。
陈汉初：《潮事论谭》，北京：中国文联出版社，2004 年。
杜之鹏：《南洲归雁》，汕头：汕头市政协岭海诗社、汕头市民间文艺家协会，2005 年。
吴伙：《点滴人生》，香港：书艺出版社，2005 年。
孙淑彦：《揭阳历代县长考论》，揭阳：揭阳市民俗博物馆，2005 年。
林适民：《霜操集》，汕头：汕头市政协；潮州：韩愈纪念馆，2005 年。
周城：《周城诗草》，汕头，2006 年。
李芝然：《兰馨清韵》，香港：天马出版有限公司，2006 年。
蓝继旭：《若竹斋诗石雅赏》，香港：中国艺术出版社，2006 年。
蔡理明：《蔡理明诗词散文选》，汕头，2006 年。
郑修宇：《郑修宇书法选集》，香港，天马出版有限公司，2006 年。
张泽贤：《民国版画闻见录》，上海：上海远东出版社，2006 年。
王静勤：《勤园友情嵌名诗联》，香港：中国艺术出版社，2006 年。
许挺：《许挺诗文集》，香港：天马出版有限公司，2007 年。
陈坤达：《一个古镇的情景与记忆》，香港：中国文化出版社，2007 年。
魏育涛：《潮汕灯谜史》，北京：中国文史出版社，2007 年。
杜泽逊：《文献学概要（修订本）》，北京：中华书局，2008 年。
黄羡章：《潮汕民国人物评传》，广州：广东人民出版社，2008 年。
李中庸：《李中庸诗词联集》，汕头：汕头市政协岭海诗社，2008 年。
王庆先：《王庆先书画集》，汕头，2008 年。
蔡敬翔：《蔡敬翔画集》，香港：中国评论学术出版社，2008 年。
彭小鹏：《绽放生命的美丽》，广州：花城出版社，2008 年。
鄞珊：《闲茶逸致》，北京：大众文艺出版社，2008 年。
陈世霖：《陈世霖国画集》，香港：书艺出版社，2008 年。
徐隆德：《大朴厚生——徐隆德画集》，北京：印刷工业出版社，2008 年。
丘逢甲：《岭云海日楼诗钞》，上海：上海古籍出版社，2009 年。
林俊聪：《诗僧传奇——纪念定持法师圆寂十周年》，广州：花城出版社，2009 年。
张永义：《墨者·学者·革命者——杜国庠》，广州：广东人民出版社，2009 年。
杨思园：《艺术家工作室——杨思园》，广州：岭南美术出版社，2009 年。
詹哲明：《詹氏三代书法艺术（詹哲明卷）》，北京：文物出版社，2009 年。
詹励群：《詹氏三代书法艺术（詹励群卷）》，北京：文物出版社，2009 年。
陈伟：《岭东二十世纪诗词述评》，北京：中国戏剧出版社，2009 年。
王庆先：《王庆先六十年画集》，香港：中国书画出版社，2009 年。

陈汉初、陈杨平：《汕头埠图说》，北京：中国文史出版社，2009 年。

陈作畅：《潮海史粟》，香港：天马出版有限公司，2009 年。

刘文星：《榴园集》，香港：天马出版有限公司，2010 年。

陈剑虹：《槟榔屿潮州人史纲》，槟榔屿：马来西亚槟榔屿潮州会馆，2010 年。

许川如等：《庚寅六人画展》，汕头，2010 年。

吴之峰：《吴之峰画集》，广州，2011 年。

方楚雄等：《春风吹过花欲雨 · 王兰若师生作品集》，香港：香港嘉义美术出版社，2013 年。

B. 资料集

《王约公哀思录》，汕头，1926 年。

孙裴谷：《岭东名画集》，汕头：汕头文华美术图书公司，1931 年。

王韶生：《端蒙学校廿五周年纪念刊》，新加坡：潮州端蒙学校，1931 年。

澄海中学版画研究会：《澄中版画集》，汕头：澄海中学，1941 年。

金山中学木刻研究会：《金中木刻》，潮州：金山中学，1943 年。

《暹罗澄海同乡会成立一周年特刊》，曼谷：泰国澄海同乡会，1949 年。

潘醒农：《马来亚潮侨通鉴》，新加坡：南岛出版社，1950 年。

广东省美术摄影展览办公室：《高州、澄海农民版画选》，广州：广东人民出版社；北京：人民美术出版社，1977 年。

汕头画院：《潮汕国画家选集》，香港：中华商务联合香港有限公司，1981 年。

汕头画院、潮汕版画会：《潮汕黑白木刻集》，汕头：汕头画院、潮汕版画会，1981 年。

《汕头市元宵画会特刊》，汕头：汕头市文联、汕头市文化局，1982 年。

刘理之、王杏元：《揭阳乡土录》，揭阳：《揭阳乡土录》编委会，1984 年。

南澳县文物普查办公室：《南澳县文物志》，汕头：南澳县文物普查办公室，1985 年。

《澄海风光》画册编辑委员会：《澄海风光》，汕头：《澄海风光》画册编辑委员会，1985 年。

《潮阳县文物志》编纂组：《潮阳县文物志》，汕头：《潮阳县文物志》编纂组，1986 年。

汕头市计委计划经济研究所：《汕头概况》，汕头：汕头市计委计划经济研究所，1986 年。

吴雪彬、陈克寒：《普宁县文物志》，揭阳：普宁县博物馆，1986 年。

沈柔坚：《中国美术辞典》，上海：上海辞书出版社，1987 年。

汕头画院：《汕头画院作品选》，深圳：海天出版社，1987 年。

《詹安泰纪念文集》编辑组：《詹安泰纪念文集》，广州：广东人民出版社，1987 年。

郑光武、郑学明：《汕头市行政区划简册》，汕头：汕头市撤区建乡建镇办公室、汕头市民政局，1987 年。

蔡英豪：《澄海县文物志》，汕头：澄海县博物馆，1987年。

陈昌恭、吴天金、刘特唐：《揭阳县桂岭区志》，揭阳：揭阳县桂岭镇人民政府，1987年。

《揭阳县东山区志》编写组：《揭阳县东山区志》，揭阳：《揭阳县东山区志》编写组，1987年。

潮阳县教育局：《潮阳县教育志》，汕头：潮阳县教育局，1988年。

澄海县志编纂委员会办公室：《澄海人物志》，汕头：澄海县志编纂委员会办公室，1988年。

李彧：《汕头市达濠区地名志》，汕头：汕头市达濠区地名志编纂委员会，1988年。

《澄海县教育志》编辑组：《澄海县教育志》，汕头：《澄海县教育志》编辑组，1988年。

第五届国际潮团联谊会：《国际潮人书画大展特辑》，澳门：澳门潮州同乡会，1989年。

雷正民：《中国现代美术家人名大辞典》，西安：陕西人民美术出版社，1989年。

汕头市建设委员会：《美丽的汕头》，广州：广东旅游出版社，1989年。

汕头市民建会、工商联工商史料工作委员会：《汕头市工商业联合会志》，汕头：汕头市民建会、工商联工商史料工作委员会，1989年。

陈俊麟：《潮州市文化志》，潮州：《潮州市文化志》编写组，1989年。

普宁县教育局：《普宁教育志》，揭阳：普宁县教育局，1989年。

《庵埠志》编纂办公室：《庵埠志》，北京：新华出版社，1990年。

《汕头画院建院十周年纪念特刊（1980—1990）》，汕头：汕头画院，1990年。

孙寒冰：《榕城镇志》，揭阳：榕城镇地方志编纂办公室，1990年。

彭妙艳：《地都区志》，揭阳：揭阳县地都区志编委会，1990年。

普宁县地方志编委会：《普宁县人物传》，揭阳：普宁县地方志编委会，1990年。

黄逸夫：《潮阳县书协会员作品选》，汕头：潮阳县书法协会，1991年。

吴康民：《吴华胥纪念文集》，香港，1992年。

《潮阳县贵屿镇志》编纂组：《潮阳县贵屿镇志》，汕头：《潮阳县贵屿镇志》编纂组，1992年。

潮州市地方志办公室：《潮州人物》，广州：广东人民出版社，1992年。

《彩塘镇志》编委会办公室：《彩塘镇志》，潮州：《彩塘镇志》编委会办公室，1992年。

《怀念黄声同志》，汕头：《怀念黄声同志》编辑组，1992年。

《诏安历代书画选》编委会：《诏安历代书画选》，福州：福建人民出版社，1992年。

澄海县地方志编纂委员会：《澄海县志》，广州：广东人民出版社，1992年。

汕头画院：《汕头画院作品选》（第二辑），广州：岭南美术出版社，1993年。

陈历明：《潮汕考古文集》，汕头：汕头大学出版社，1993年。

《南离子邱及》编委会：《南离子邱及》，北京：中国世界语出版社，1993年。

饶宗颐、张树人：《广济桥史料汇编》，香港：新城文化服务有限公司，1993年。

《潮汕百科全书》编辑委员会：《潮汕百科全书》，北京：中国大百科全书出版社，1994 年。

饶锷、饶宗颐：《潮州艺文志》，上海：上海古籍出版社，1994 年。

《新加坡先驱画家怀旧展》，新加坡：新加坡币厂，1994 年。

陈予欢：《民国广东将领志》，广州：广州出版社，1994 年。

李才栋、熊庆年：《白鹿洞书院碑记集》，南昌：江西教育出版社，1995 年。

潮州市地方志编纂委员会：《潮州市志》，广州：广东人民出版社，1995 年。

承霈修，杜友棠、杨兆崧纂：《新建县志》，南京：江苏古籍出版社，1996 年。

黄挺：《饶宗颐潮汕地方史论集》，汕头：汕头大学出版社，1996 年。

汕头市地名委员会、汕头市国土房产局：《广东省汕头市地名志》，北京：新华出版社，1996 年。

《广东省潮阳市地名志》编委会：《广东省潮阳市地名志》，广州：广东科技出版社，1996 年。

黄文鸿、黄卓龄：《塘埔村志》，揭阳：揭阳渔湖塘埔村志编委会，1996 年。

陈孝彻：《书林拾翠》，汕头，1997 年。

林湘雄：《潮阳灵山寺》，汕头：潮阳灵山护国禅寺，1997 年。

潮阳市地方志编纂委员会：《潮阳县志》，广州：广东人民出版社，1997 年。

汕头画院：《国际潮人书画大展特辑》，汕头：汕头画院，1997 年。

吴勤生：《汕头大博览》，香港：文化传播事务所有限公司，1997 年。

《潮汕文化百期选》，汕头：潮汕历史文化研究中心、汕头特区晚报，1997 年。

俞剑华：《中国美术家人名辞典》，上海：上海人民美术出版社，1998 年。

《梅云镇志》编纂委员会：《梅云镇志》，长沙：湖南地图出版社，1998 年。

郭平英：《郭沫若题画诗存》，太原：山西教育出版社，1998 年。

潮州市韩愈纪念馆：《韩祠雅集》，潮州：潮州市韩愈纪念馆，1998 年。

《仙乐杨氏族谱》编纂委员会：《仙乐杨氏族谱》，潮州，1998 年。

棫松乡志编修委员会：《棫松乡志》，棫松乡乡史研究会，1998 年。

孙洵：《民国书法史》，南京：江苏教育出版社，1998 年。

黄挺、马明达：《潮汕金石文征（宋元卷）》，广州：广东人民出版社，1999 年。

榕城区志编委会：《榕城区志》，北京：经济日报出版社，1999 年。

郑学秋：《怀念谢育才》，北京：中国文联出版公司，1999 年。

汕头市文化局：《汕头文化艺术志》，汕头：汕头市文化局，1999 年。

汕头市老干部书画研究会：《醉墨十年——汕头市老干部书画研究会成立十周年纪念》，汕头：汕头市老干部书画研究会，1999 年。

汕头市地方志编纂委员会：《汕头市志》，北京：新华出版社，1999 年。

苏林：《国统区黑白木刻》，桂林：广西美术出版社，2000 年。

陈三鹏：《第三届潮学国际研讨会论文集》，广州：花城出版社，2000 年。

孙淑彦：《潮汕孙氏志略》，北京：中国文联出版社，2000 年。

李灵年、杨忠：《清人别集总目》，合肥：安徽教育出版社，2000 年。

南澳县地方志编纂委员会：《南澳县志》，北京：中华书局，2000 年。

《新加坡第一代书画家翰墨集珍》编辑委员会：《新加坡第一代书画家翰墨集珍》，新加坡：布莱德岭民众俱乐部华族传统艺术中心，2001 年。

苏林：《解放区黑白木刻》，桂林：广西美术出版社，2001 年。

郑可因：《潮汕文献书目》，广州：花城出版社，2001 年。

吴勤生、林伦伦：《潮汕文化大观》，广州：花城出版社，2001 年。

陈泽、吴奎信：《逢看湖山便忆家》，汕头：潮汕历史文化研究中心、汕头特区晚报，2001 年。

洪云生：《新加坡潮州文化展特刊》，新加坡：新加坡潮州八邑会馆，2002 年。

郑利平、李照东：《艺海潮声——百年潮人中国画集粹》，成都：四川美术出版社，2002 年。

王刚、王星：《纪念王显诏先生诞辰一百周年》，香港：天马图书有限公司，2002 年。

《南砂乡志》编纂领导组：《南砂乡志》，汕头：《南砂乡志》编纂领导组，2002 年。

汕头市政协岭海诗社：《岭海诗词三百首》，汕头：岭海诗社，2002 年。

陈政明：《汕头美术 1996—2002》，汕头：汕头市美术家协会，2002 年。

林仲伟：《潮阳市书协会员作品选》，汕头：潮阳市书法协会，2002 年。

卢修圣：《詹昭清晚年诗作》，汕头：金山中学汕头地区校友会等，2002 年。

广东省书法家协会：《岭南书论——近五十年广东书法论文集》，哈尔滨：黑龙江人民出版社，2003 年。

李志贤：《海外潮人的移民经验》，新加坡：新加坡潮州八邑会馆，2003 年。

林英仪、吴伟成：《韩师史略》，汕头：汕头大学出版社，2003 年。

卢位凡、吴晓峰：《吴雨三、吴泽庵书画集》，揭阳：揭东县文联，2003 年。

汕头市博物馆：《张树人捐赠书画集》，广州：岭南美术出版社，2004 年。

黄舜生、陈廷文：《汕头十四书家遗墨集》，汕头：汕头大学出版社，2004 年。

林亚杰、朱万章：《岭南书学研究论文集》，广州：广东人民出版社，2004 年。

林俊聪：《潮汕庵寺》，广州：花城出版社，2004 年。

汕头政协学习和文史委员会、澄海政协文史资料委员会：《红头船的故乡——樟林古港》，香港：天马出版有限公司，2004 年。

中国民主同盟汕头市委员会：《汕盟艺风——庆祝中华人民共和国成立五十周年书画摄影作品选》，汕头：中国民主同盟汕头市委员会，2004 年。

汕头市老干部书画研究会：《醉墨十五年（汕头市老干部老年书画研究会成立十五周年纪念）》，汕头：汕头市老干部书画研究会，2004 年。

黄舜生、许习文：《潮汕历代墨迹精选》，汕头：汕头大学出版社，2005 年。

揭西县地方志编纂委员会：《揭西县志（1979—2003）》，广州：广东人民出版社，2005 年。

郑瑞庭：《潮阳历代题刻》，香港：天马出版有限公司，2005 年。

黄柏生：《黄柏长青集》，广州：花城出版社，2005 年。

吴奋先：《南澳美术作品选集》，汕头：南澳文联、南澳政协办公室、南澳美术协会，2007 年。

陈梁钦：《凤塘闻见录》，潮州：《凤塘闻见录》编纂委员会，2005 年。

陈德鸿：《王逸之纪念文集》，汕头：《王逸之纪念文集》编委会，2005 年。

林俊聪：《慈济善堂——纪念大峰祖师香火传入百年暨重光廿周年特刊》，汕头：慈济善堂，2005 年。

郑楚钦：《澄海中学建校 90 周年纪念画册》，汕头：澄海中学，2005 年。

沈茂乐：《潮南历史文化资源》，汕头：汕头市潮南区文化局，2005 年。

吴小坚：《汕头政区概览》，深圳：海天出版社，2006 年。

陈邢准、邢慧子：《邢凤梧纪念文集》，深圳：海天出版社，2006 年。

陈景熙：《潮州艺文志索引》，香港：天马出版有限公司，2006 年。

澄海博物馆：《书画集萃——澄海首次征集名家书画藏品》，香港：中国书画出版社，2006 年。

馆藏潮人书画图录编辑小组：《潮汕历史文化研究中心馆藏潮人书画图录》，汕头：潮汕历史文化研究中心，2006 年。

陈民：《贵屿镇历史文化遗产掠影》，汕头：贵屿镇文化服务中心，2007 年。

王杏元、林贤才：《汕头诗书画文化研究院作品集》，汕头：汕头诗书画文化研究院，2007 年。

林柏仰：《金山中学简史》，汕头：汕头市金山中学校史编纂委员会，2007 年。

林俊聪：《南澳总兵传》，香港：天马出版有限公司，2007 年。

董建伟：《美丽的潮南》，香港：艺苑出版社，2007 年。

林瑞平：《樟林塘西》，香港：天马出版有限公司，2007 年。

郭国英、卢修圣、余昌国等：《听鹃楼诗草》，潮州，2008 年。

黄迎涛：《南澳县金石考略》，广州：广东省地图出版社，2008 年。

韩山师范学院：《陈其铨书学研讨会论文集》，潮州：韩山师范学院，2008 年。

蔡炫辉：《澄海历代书法概览》，香港：中国书画出版社，2008 年。

张维、姚奇丰：《潮阳石刻》，香港：天马图书有限公司，2008 年。

陈韩星：《刘管耀剧作选》，北京：中国戏剧出版社，2008 年。

汕头中国画院：《汕头中国画院五周年优秀作品集》，广州：岭南美术出版社，2008 年。

黄赞发：《岭海诗词选·点评本二》，汕头：汕头大学出版社，2009 年。

程晓东、张楚生：《河浦乡情》，深圳：深圳报业集团出版社，2009 年。

《碧海明珠大南澳》，汕头：中国共产党广东省南澳县委、南澳县人民政府，2009 年。

许沛雄：《南澳书法作品集》，汕头：南澳县文学艺术界联合会、南澳县书法协会，2009 年。

杨得鸿：《历代潮人名家书画》，广州：岭南美术出版社，2009 年。

潮汕历史文化研究中心：《饶锷文集》，香港：天马出版有限公司，2010 年。

杨尔海、杨尔良、杨尔城：《搴华堂文集》，汕头：澄海南徽官沟门杨氏宗亲联谊会，2010 年。

冯树斌：《湘桥区志·人物志》，潮州：潮州市湘桥区地方志办公室，2010 年。

《汕头变迁》编委会：《汕头变迁》，汕头：汕头市龙湖区龙达教育书店，2010 年。
蔡希仁：《鮀浦书艺》，汕头：汕头市金平区文学艺术界联合会，2011 年。
丘金峰、丘玉卿：《潮州历代美术家辞典》，广州：岭南美术出版社，2011 年。

C. 潮汕本土内部刊物

（1）潮汕各地机构社团出版内部刊物
潮汕历史文化研究中心：《潮汕历史资料丛编》。
汕头市历史学会：《汕头史学》。
汕头市志编纂委员会办公室：《汕头方志通讯》。
汕头市地方志编纂委员会办公室：《汕头史志》。
汕头文物管理委员会办公室：《汕头文物》。
汕头画院院刊编辑委员会：《汕头画院通讯》。
汕头市潮阳区青年书法协会：《翰墨潮》。
澄海文博研究会：《文博信息》。
揭阳市史志办公室、揭阳市档案局：《揭阳史志》。
潮州市地方志办公室：《古瀛志乘》。
饶平县历史学会：《饶平史学》。

（2）潮汕各地政协出版刊物
政协江门市委员会文史资料研究委员会：《汕头文史》。
中国人民政治协商会议汕头市龙湖区委员会、学习文史委员会：《龙湖文史》。
汕头市澄海区政协学习和文史委员会：《澄海文史资料》。
中国人民政治协商会议潮阳市委员会、《潮阳文史》编辑委员会：《潮阳文史》。
汕头市潮南区政协文史委员会：《潮南文史》。
广东省南澳县政协文史委员会：《南澳文史》。
揭阳市（县）政协文史编辑部：《揭阳文史》。
政协揭东县委员会文史资料编辑部：《揭东文史》。
政协丰顺文史县委员会文史资料工作组：《揭西文史》。
普宁市（县）政协文史资料委员会：《普宁文史》。
政协广东省惠来县文史资料征集研究委员会：《惠来文史》。
政协潮州市文史资料征集编写委员会：《潮州文史资料》。
潮安县政协文史委员会：《潮安文史》。
饶平县政协文史组：《饶平文史》。
广东省兴宁市（县）政协文史委员会：《兴宁文史》。
中国人民政治协商会议广东省大埔县委员会文史资料委员会：《大埔文史》。
政协丰顺县文史资料委员会：《丰顺文史》。

D. 文章

黄家教：《写字要处理好实用性与艺术性》，《韩山师专学报》，1987 年第 3 期。

吴维科：《潮汕书画史略》，《韩山师专学报》，1989 年第 2 期。

陈维贤：《王用文刻文丞相谒张许庙沁园春词题跋》，《韩山师范学院学报》，1990 年第 1 期。

黄梅岑：《旅新画家张汝器》，《韩山师专学报》，1991 年第 2 期。

贝闻喜：《归侨画家、诗人邱及和他的〈红尘集〉》，《韩山师范学院学报》，1992 年第 1 期。

林伦伦：《登临恨不高千仞——记潮籍著名语言学家黄家教教授》，《韩山师范学院学报》，1993 年第 4 期。

张继光：《只留清气满乾坤——著名书画家丘涸的艺术世界》，《书画艺术》，2002 年第 3 期。

王国梁：《人品诗文相益彰——高修一和她的〈淡泊集〉》，《汕头日报》，2003 年 1 月 5 日。

李敏、李凯：《汕头革命老人高修一，缅怀一代伟人邓小平》，《汕头日报》，2004 年 7 月 21 日。

林俊聪：《缅怀南澳岛才子、海韵诗社吟翁陈著升先生》，《汕头特区晚报》，2004 年 12 月 30 日。

陈达民：《风雨南洲归雁歌——读〈杜之鹏诗联谜集〉有感》，《汕头日报》，2005 年 4 月 24 日。

任之：《展卷之际瀚潮来——〈潮阳历代题刻〉介绍》，《汕头日报》，2005 年 10 月 2 日。

张海鸥：《悼周艾黎同志》，《汕头日报》，2005 年 10 月 9 日。

林子海、林鹏、林海东：《罗舜祯：年近百岁挥毫泼墨》，《汕头都市报》，2006 年 1 月 24 日。

吴白雨：《不袭今人与古人自家有法写风神——宋省予花鸟画赏析》，《石狮日报》，2006 年 2 月 8 日。

张长虹：《明末清初江南艺术市场与艺术交易人》，《故宫博物院院刊》，2006 年第 2 期。

李志浦：《功力深厚、楷书扬世——读〈郑修宇书法选集〉感受》，《汕头日报》，2006 年 4 月 9 日。

陈敏：《王奔腾中国画展 4 月 15 日在汕头画院举行》，《汕头日报》，2006 年 4 月 11 日。

陈达民：《悼李扬示同志》，《汕头日报》，2006 年 4 月 11 日。

黄廷杰：《“狂士”沈吟》，《南方日报》，2006 年 6 月 3 日。

庄小尖：《忆记赖少其先生》，《汕头日报》，2006 年 6 月 4 日。

林曼兰：《诗联留雅韵书画见匠心——谈李明烈的艺术创作》，《汕头特区晚报》，2006 年 12 月 2 日。

韩子：《悼爸爸——吴坚》，《汕头日报》，2007 年 11 月 25 日。

陈安羽：《回忆赖少其》，《浙江日报》，2008 年 8 月 8 日。

杨德鹏：《当代书法创作的审美倾向浅议》，《汕头大学学报（人文社会科学版）》，2008 年第 4 期。

吴建升：《赖少其：戎马中走出的国画大师》，《晶报》，2008 年 12 月 4 日。

林湘雄：《蔡敬翔的传奇艺术人生》，《汕头日报》，2009 年 4 月 12 日。

李小澄：《水色流金——谈潮汕民间艺术与水彩画的结合》，《汕头大学学报（人文社会科学版）》，2009 年第 2 期。

肖彤兰：《永远的师长》，《汕头特区晚报》，2009 年 9 月 10 日。

李晓鞶：《醉墨飘香二十年》，《汕头都市报》，2009 年 11 月 5 日。

沈玮：《依依之情话二中》，《汕头特区晚报》，2010 年 2 月 4 日。

林海莘：《海一般的情怀——记著名水彩画家吴芳谷老师》，《潮商》，2009 年第 4 期。

陈焕钧：《悼念恩师陈玛原》，《潮州日报》，2010 年 10 月 22 日。

小元：《陈玛原与〈赤叶河〉》，《汕头日报》，2010 年 12 月 12 日。

陈敏：《当初只想多切磋　转眼坚持 30 年》，《汕头日报》，2010 年 12 月 24 日。

迟轲：《观洪世杰油画有感》，《汕头日报》，2011 年 5 月 29 日。

林清波：《忆往昔、悼先生》，《汕头日报》，2011 年 5 月 29 日。

索引

（按姓氏笔画排序）

五画

六画

七画

八画

九画

十画

十一画

十二画

十三画

十四画

后　记

潮汕山川，钟灵毓秀，素称“海滨邹鲁”，文物之邦。地域文化，源远流长，是富有中华文化特色的一个支派。潮汕地区历代书画人物辈出，受本地得天独厚的民间艺术的熏陶濡染，著名的潮汕木雕、石刻、剪纸、彩瓷、瓷塑、泥塑、刺绣、抽纱、纱丁以及各式灯彩的民间工艺都有书画原素，闻名遐迩的潮州戏曲、音乐、舞蹈、民间文学等也直接或间接给予书画艺术滋养。是谓史姻。

潮汕地区位于广东省东部韩江下游，是历史悠久的对外贸易港口，商贸经济发达，是中国著名侨乡，与福建接壤，故而书画风气多受闽派、岭南派和海派的影响，良好的生态环境，为书画创作提供最佳的土壤。是谓地缘。

史姻地缘使潮汕书画在艺术内涵与形式上，显示了多姿多彩的风神，有的会心古典，有的妙悟现代，有的趋向前卫，但大道合一，万变归宗。我们编撰本书的缘起，就是为了更好地展示潮汕地区千余年以来书画的发展和历史概貌。

1991 年，潮汕历史文化研究中心成立后，即将《潮汕历代书画人物录》的编撰列为立项课题，聘请饶宗颐、蔡启贤、杜经国等知名学者为顾问，着手组织人力搜集研究。1993 年，饶宗颐教授又专门从香港寄来书名题签。光阴荏苒，不觉已历近三十年，部分人物艺术赏析文章先后在《大公报》《南方日报》《汕头日报》《汕头特区晚报》《汕头都市报》《学习之友》等报刊发表，汕头部分的书画人物还于 2011 年在马来西亚以“汕头历代书画人物录”为主题结集出版。2015 年，在主编的主持下，编委会将全部文稿编汇成书，并列入新《潮汕文库》出版项目。

一方水土育一方人。潮汕书画艺术是潮汕艺术和区域文化的组成部分，是产生于潮汕文化沃土中的滨海奇葩，以艺术门类之繁多、群众基础之广泛、名家阵容之可观、力作品位之高超等而言，这种仅有的文化现象，可以看作中华传统文化之缩影：传达一种特有的文化信息，从中窥见其艺术的渊源、门径及其过去、现状与将来的发展态势。

本书收录的民国以前人物资料主要来自地方志、碑刻等文献，现当代人物的资料主要来自书画集、报刊和书画人物亲属提供的材料，还有不少是多年来征访地方耆宿所获的口述史料。我们对掌握的素材经过核实考证后，进行分析整理，力求客观真实地反映该人物的基本情况和艺术造诣。相信本书的编撰出版，也当视为具有艺术价值的重要文化工程，为弘扬潮汕艺术、进一步研究潮汕艺术史提供史料。

囿于见闻，本书错漏在所难免，尚祈读者行家不吝赐教，以便今后修订再版，不胜感谢！

《潮汕历代书画人物录》编委会

2018 年 8 月于汕头

《潮汕文库》大型丛书第一辑书目

系列名	书名	作者
潮汕文库·研究系列（第一辑）	潮汕史简编	黄挺著
	潮汕方言歌谣研究	林朝虹、林伦伦著
	潮汕华侨史	李宏新著
	选堂诗词集通注	饶宗颐著，梅大圣注
	饶宗颐辞赋骈文笺注	饶宗颐著，陈伟注
	饶宗颐绝句选注	饶宗颐著，陈伟注
	汕头影踪	陈嘉顺著
	汕头埠老报馆	曾旭波著
	潮人旧书	黄树雄著
潮汕文库·文献系列（第一辑）	潮州耆旧集	（清）冯奉初辑，吴二持点校
	郭子章涉潮诗文辑录	（明）郭子章撰，周修东辑校
	潮汕女性口述历史：潮州歌册	刘文菊、陈俊华、李坚诚、吴榕青、刘秋梅编著
	人隐庐集	（清）吴汝霖、吴沛霖撰，吴晓峰辑校
	做“缶”与卖“缶”：近现代枫溪潮州窑陶瓷业访谈录	韩山师范学院图书馆、颐陶轩潮州窑博物馆主编，李炳炎、陈俊华、陈秀娜编
	瞻六堂集	（明）罗万杰撰，黄树雄、王缨缨、林小山整理
	四如堂诗集	（清）陈锦汉著，陈伟导读
	醉经楼集	（明）唐伯元撰，黄树雄、王缨缨、陈佳瑜整理
	百怀诗集、龙泉岩游集	（清）陈龙庆撰，陈琳藩整理
	重刻灵山正宏集	（清）释本果撰，郭思恩、陈琳藩整理
	立雪山房文集	（清）黄蟾桂撰，陈景熙、陈孝彻整理
	汕头福音医院年度报告编译（1866—1948）	（英）吴威凛（William Gauld）等著，朱文平编译